AF570606

Dr. Hans Heinz Rehfeldt

Mit dem Panzerkorps „Großdeutschland“ in Russland, Ungarn, Litauen und im Kampf um Ostpreußen

Dr. Hans Heinz Rehfeldt

Mit dem Panzerkorps „Großdeutschland“ in Russland, Ungarn, Litauen und im Kampf um Ostpreußen

Erinnerungen eines Unteroffiziers und Zugführers im Granatwerferzug 1943–1945

FLECHSIG

Umwelthinweis:
Dieses Buch und der Umschlag wurden auf chlorfrei gebleichtem Papier gedruckt.
Die Einschrumpffolie – zum Schutz vor Verschmutzung – ist aus umweltverträglichem und recyclingfähigem PE-Material.

5. Auflage 2019

Flechsig Verlag
Internet: www.verlagshaus.com
Einbandgestaltung: Silberwald Agentur für visuelle Kommunikation, Rimpar
Gesamtherstellung: Himmer GmbH Druckerei und Verlag, Augsburg
www.himmer.de
Printed in Germany
ISBN 978-3-88189-781-5

Inhalt

Mein Kriegserleben von 1941 bis 1943 – Was bisher geschah

Bevor ich mit meinen Tagebuchaufzeichnungen von Juli 1943 bis über das Kriegsende hinaus fortfahre, möchte ich zunächst meine Kriegserfahrungen bis dato – welche bereits in einem ersten Band unter dem Titel „Mit dem Eliteverband des Heeres ‚Großdeutschland' tief in den Weiten Russlands" erschienen sind – kurz darlegen, um wichtige Stationen und Zusammenhänge nochmals zu veranschaulichen.
Nach meinem Abitur 1940 meldete ich mich sogleich als Kriegsfreiwilliger. Ob sich mein Wunsch, zum Panzersoldaten ausgebildet zu werden, realisieren lassen würde, wusste ich zu diesem Zeitpunkt noch nicht. Auch ahnte ich nicht im Geringsten, was mich als Soldat in Zeiten des Krieges, an der Front erwarten sollte. Wir sahen den Krieg zu diesem Zeitpunkt noch als eine Art „Erlebnis". Wir lernten, mit Infanteriewaffen umzugehen und bald schon konnten wir im Schlaf unsere Waffen bedienen, zusammensetzen und abbauen. – Nach der ersten Musterung wurde ich prompt den Granatwerfern zugeteilt.
Nach kurzem Aufenthalt beim Ersatzbataillon des „Verstärkten Infanterieregiment Großdeutschland" fuhren wir direkt nach unserer Ausbildungszeit im Oktober 1941 per Bahn zur Front. „Endlich", so dachten wir damals. Doch schon während der Fahrt sahen wir die Spuren des Krieges: Holzkreuze – die ersten deutschen Soldatengräber. Die Stimmung unter uns Kameraden änderte sich mit einem Schlag.
Bei der Schlacht um Tula lernte ich auch die allseits gefürchtete „Stalinorgel" kennen. Nun stand ich also an vorderster Front und wusste um die Bedeutung des häufig zitierten und nur allzu wahren Satzes: „Wer gräbt, hat mehr vom Leben!"
Wir hatten jedoch nicht nur mit dem Krieg zu kämpfen. Die fortdauernde Sorge um den Versorgungswagen – oft kam er einfach nicht zu uns durch – ließen uns oft nicht zur Ruhe kommen. Aber auch die banalen Dinge wie Läuse, das „endlose" Warten auf Post von zu Hause oder die Frage, wo man die nächste Zigarette herbekommt, plagten uns sehr. Nichts dergleichen jedoch ging über die eisige Kälte des russischen Winters von 1941/1942. Zumal wir diesen ohne Winterbekleidung meistern mussten. Es dachte auch niemand daran, dass der Krieg bis in den Winter hinein andauern könnte. Kannten wir das Lager eines Kameraden nicht, um ihn rechtzeitig zu wecken, waren Erfrierungen das nur logische Ergebnis.
Wie sehr man sich schließlich über die erste Post von zu Hause freute, kann sich kaum ein Mensch vorstellen. „Rehfeldt, du hast Post!" – Dieser Satz klang wie Musik in meinen Ohren.
Bis hierher bin ich schon einige Male dem Tod von der Klippe gesprungen. Des Öfteren hatte ich aber einfach nur Glück. Die Frage, wann es einen selbst einmal erwischen mag, lag nicht sonderlich fern. „Vom eigenen Töten bis zum getötet werden, ist es im Krieg nicht weit." – Die Verluste waren hoch und nahmen kein Ende. Doch stets wurde uns Hoffnung vermittelt und unsere Verantwortung vergegenwärtigt: „Deutschland muss leben, auch wenn wir sterben müssen."
Dann das Jahr 1942. Der Winterkrieg ging zu Ende und der Frühling brach mit aller Macht durch. Und mit ihm kam mein erster Heimaturlaub. Ich hatte ein paar herrliche Frühlingstage

zu Hause. Zurück an der Front, erwarteten wir einen Schlag, welcher mit der großen Sommeroffensive 1942 von Kursk nach Woronesh sogleich folgen sollte. Die erfolgreiche Offensive nach Süden, Stalino (Donezk), der Donübergang und der Vorstoß bis an den Manytsch-Liman schlossen sich an.

Dann der September 1942. – Rshew. Schwerste Abwehrkämpfe. Ein „Ratsch-Bumm!"-Angriff des Iwan ließ uns zu Boden gehen. Ich hatte Glück – und nichts abbekommen. Mein Kamerad Gottfried Fritsch hingegen ließ Todesschreie laut werden. Das ganze Bein am Oberschenkel war fast weg. Mit zittrigen Händen öffnete ich ein Verbandspäcken und versuchte, das Blut zu stillen. Doch Gottfried wollte keine Unternehmungen dieser Art. „Erschieß mich, erschieß mich!", schrie er. Ich konnte nur den Sanitäter rufen. Jedoch gab es nichts mehr zu tun und so starb Gottfried unter unseren Händen. Auch solche persönlichen Schicksale mussten wir hinnehmen und verarbeiten.

Dieser September bei Rshew hatte es in sich, denn hier handelte ich mir meine erste Verwundung, einen Granatsplitterdurchschuss am Knie, ein. Ich blieb jedoch eine Zeit lang in der Feuerstellung meines Granatwerfers, sodass sich diese zunächst relativ leichte Verletzung zu einer schweren Schleimbeutelentzündung ausdehnte. – Die Folge: Lazarettaufenthalt in Warschau – Heimaturlaub – Genesungsurlaub – Ersatzbrigade, Cottbus.

Das Jahr 1943 – Große Kämpfe standen bevor. Wieder an der Front wurde ich ostwärts Charkow, dann in der Stadt selbst eingesetzt! Dann ging es zurück bis vor Poltawa. Im März folgte der gelungene Gegenstoß bis Tomarowka. Doch wie sehr wünschten wir uns den Frieden herbei. Außerdem verlieh man mir das Eiserne Kreuz II. Klasse. Danach folgte die Ausbildungszeit – Unteroffizierslehrgang – und Vorbereitung für das große Unternehmen „Zitadelle". Nach Einbruch und Durchbruch durch gewaltige russische Feldstellungen und Befestigungen, wurde dieses Unternehmen jedoch aufgrund des Badoglio-Verrats in Italien bald abgebrochen. SS-Verbände wurden aus der Front herausgezogen und im Eilmarsch nach Italien verlegt. Auch wir sollten in unsere Ausgangstellung zurückverlegt werden.

Es sollte jedoch keine Ruhe geben. – Großdeutschland, die „Feuerwehr", wurde wieder an die Front, nordostwärts Smolensk und Brijansk, gerufen und so ging es direkt in den Wald von Karatschew, wo der Iwan bei seiner Gegenoffensive bei Orel eingedrungen sein sollte. Schwere Abwehrkämpfe führten zu großen Verlusten und wir, die „Feuerwehrdivision", wurden nach Achtyrka verlegt. – Auf der Fahrt dorthin wurden wir von zurückflutenden Soldaten mit „Kriegsverlängerungsdivision" beschimpft. Wir trauten unseren Ohren nicht, jedoch muss man eingestehen, dass die Wehrmacht seit dem Abbruch des „Zitadelle"-Unternehmens nicht mehr offensiv werden konnte. – Das war die traurige Wahrheit. Der Verlust an Panzern und Menschen war zu groß. – Stattdessen stand die Abwehr des Feindes auf dem Programm, bis die neuen Wunderwaffen eingesetzt werden können. Das war der Plan. Wir wollten daran glauben – wir mussten, sonst wäre alles verloren gewesen. – Die bedingungslose Kapitulation, die die Alliierten forderten, konnten wir nicht annehmen.

Vae Victis! – Wehe den Besiegten!

So ging es weiter Richtung Achtyrka. – Es sollte doch wieder angegriffen werden!

Mein Kriegserleben von 1943 bis 1945

Schwere Abwehrkämpfe im Raum Achtyrka

11. August 1943: Wir fahren durch Achtyrka zurück nach Tschernetschino. Die russische Luftwaffe ist sehr aktiv! Überall greift Iwan an. Hier soll erst wieder eine richtige Front hergestellt werden! Das Chaos ist perfekt. An der Hauptkampflinie sind Feindeinbrüche immer wieder möglich. Russische Panzer spuken plötzlich bei den Trossen herum und stiften dort große Verwirrung. Die Stadt Achtyrka ist Kampfgebiet. Immer noch strömen zerschlagene versprengte Truppen zurück in Auffanglager. Unsere „Großdeutschland"-Männer, die aus einer „Scheiße" in die andere rollen, sehen mit verbissenem Gesicht geradeaus. – Nur, um nicht diese demoralisierten Soldaten ansehen zu müssen. Wieder einmal sind wir die Feuerwehr! Auch unser Gefechtstross muss höllisch aufpassen. Da ist man bei einer solch verworrenen Lage oft bei der Kampftruppe besser und sicherer aufgehoben. Wir haben in den Verpflegungslagern Schnaps erbeutet und viele Eier! Also – da kann die Lage sein wie sie ist – jetzt wird erst einmal Eierlikör gemacht. Morgens beim ersten Büchsenlicht sind die russischen Bomber und Schlachtflieger wieder da. Treffer mit Bomben und Bordwaffen! Ein Haus brennt. In den Jahren 1941 und 1942 hatte unsere Luftwaffe die Luftherrschaft – und wir wissen, was das bedeutet! Jetzt ist unsere Luftwaffe sehr geschwächt. Da erringt der Iwan jetzt die Luftherrschaft! Und jetzt erfahren wir am eigenen Leibe, was das für uns bedeutet! Wir haben einen Pkw losgeschickt, um festzustellen, wo sich die 9. Kompanie im Einsatz befindet. Doch er kommt zurück, die Kompanie habe er jedoch nicht gefunden. Jetzt schicken wir einen Kradmelder los, der soll feststellen, wo das II. Bataillon kämpft, und wo genau sich die 9. Kompanie befindet. Irgendwo sind zwei T-34 durchgebrochen und stehen plötzlich am Stadtrand von Achtyrka. Iwan stößt nach und besetzt den Südteil der Stadt! Unsere leichten Feldgeschütze (leichte Feldhaubitze: 10,5 cm) und auch die schweren Feldhaubitzen (schwere Feldhaubitze: 15 cm) schießen auf 500 Meter! Ein schwerer 52 Tonnen-Panzer wird dabei im direkten Schuss vernichtet. Das Fahren auf den Rollbahnen ist jetzt sehr gefährlich geworden! Immer wieder kommen große Pulks von russischen Bombern oder Schlachtflugzeugen (IL 2-„Stormovik"). Unsere Division ist erst zur Hälfte ausgeladen. Der Iwan bedroht schon die Ausladebahnhöfe! Es fehlt noch das „Füsilierregiment" und unsere Panzer! Man munkelt, SS-Einheiten sollen hierher von der Mius-Front kommen. Ich frage mich: „Was soll hier erst im Winter werden? Kommen die Wunderwaffen noch früh genug?" **1943**

12. August 1943: Heute fahre ich als Vorkommando für den gesamten Gefechtstross des II. Bataillons. Wir sollen nach Lebedin zurück. Mit weiten Abständen geht es über die „Rollbahn". Dort sind jede Menge Fahrzeuge, die in beide Richtungen streben, zur Front hin und von vorne zurück. Wie jeden Tag sind die Schlachtflieger sehr aktiv! – Und gefürchtet! Da fragt man sich: „Wo bleiben unsere Jäger?" Die „Sturen" beharken uns mit Bomben, Raketen und ihren Bordwaffen. Dreimal fliegen sie an! Nach einer weiten Kehre kommen sie im Tiefflug auf uns zu. Aus allen Rohren schießen Feuerblitze! Lkw Stopp! Alles runter vom Fahrzeug und volle Deckung! Aber wohin? Wir springen aufs Feld und werfen uns hinter Getreidehocken. Die Einschläge der Bordkanonen krachen dicht neben uns in die Erde, mit ekligem Geräusch hören wir die Raketen! Die Maschinengewehrsalven gehen dicht über uns hinweg. Alles geht 5 bis 10 Meter hinter uns in den Acker! Und das von allen 15 Maschinen innerhalb weniger Minuten! Wir glauben alle: „Jetzt ist es aus!“ Brandgeschosse entzünden Stroh und das gemähte Getreide. Durch leichte „Infanteriebomben“ werden 3 Männer verwundet. Kaum ist alles vorüber, da springen wir auf unsere Fahrzeuge und brausen mit Vollgas los, hinter uns lange Staubfahnen herziehend. Da haben es die Fahrer schwer, denn sie können ja kaum etwas sehen. Einige Lkws stehen verlassen und brennend auf der Rollbahn. Die hat es erwischt! Endlich erreichen wir den neuen Unterkunftsraum, ein Dorf etwas abseits der Rollbahn. Die Männer schreiben mit Kreide an die Türen: „Nahtross, 9. Kompanie, Waffen und Gerät oder Feldküche, Fahrer usw.“ Mit einem Lkw fahre ich nun zurück, um das II. Bataillon nachzuführen. Wegen der Flieger rasen wir mit 70 km/h über die Rollbahn, bei strahlend blauem Himmel, fast wolkenlos! Riesige Staubfahnen ziehen hinter allen Fahrzeugen her. Wenn Fahrzeuge entgegenkommen, muss langsam gefahren werden, man sieht tatsächlich auf wenige Meter so gut wie nichts mehr. Unsere Uniformen, die Waffen, alles ist bedeckt mit diesem hellgelblichen Staub. Auf den schweißnassen Gesichtern klebt eine gelbbraune Schicht von Staub! Zwischen den Zähnen knirscht es vom Staub! Um 13.00 Uhr kann ich das Bataillon auf der Rollbahn zurückführen. Dort fahren noch viele andere Kolonnen, und wegen der durch den Staub verursachten schlechten Sicht, fahren die jetzt langsamer. Da denke ich an die vielen Schlachtflieger, die uns kaum drei Stunden vorher hier so böse „beharkt“ haben. – Ich weiß nicht, woher und wieso das Wort „beharkt“ dafür benutzt wird, wenn wir feindlichem Beschuss oder Fliegern ausgesetzt sind. – „Wenn die jetzt wieder kämen!“ Aber Glück muss der Mensch haben! Wir erreichen unbehelligt die neuen Unterkünfte. Schnell sind die einzelnen Kompanien eingewiesen, die Häuser bezogen. Die Landser machen sich ans Löcher graben! „Wer gräbt, hat mehr vom Leben!“ Ich kann dem Bataillonsführer melden, dass alles ohne Verluste den Ort und die Quartiere erreicht hat. Eine gute Nachricht: Vom „Ferntross“ (der liegt etliche Kilometer weiter hinten) ist Post vorgebracht worden! In der Nacht ärgert uns Iwan mit seinen verflucht lästigen „Nähmaschinen“. Andauernd rummst es mal näher, mal weiter entfernt.

13. August 1943: Die vorderen Stellungen können gehalten werden. Es ist befohlen, bis an die Worskla (kleiner Fluss) zurückzugehen. Noch ist Achtyrka in unserer Hand. Ersatz kommt vor! Es sind allerdings nur sehr wenige Männer! Auch SS-Einheiten kommen vom Mius zur Verstärkung. Es soll wieder angegriffen werden. Nach dem Motto: „Angriff ist die beste Verteidigung!“

Rückzugskämpfe bis Krementschug

14.-17. August 1943: Ich führe den Tross 1, d.h. den Nah-Gefechtstross. Wir sind wieder in dem Dorf, dem kleinen Städtchen Tschernetschino. In der Nacht laufen wir als Streife durch den Ort.
Bei dem derzeitigen Durcheinander muss man immer mit dem Unmöglichsten rechnen. Die 9. Kompanie wird abgelöst. Unterkunft in Achtyrka. Nur kurze Pause zum Waschen und Schlafen.

18. August 1943: Heute Angriff! Starke Stuka-Verbände greifen an! Iwan beschießt die Rollbahn mit schwerer Artillerie (15,2 cm = „Schwarze Sau"). Es sind nur örtliche Ziele für unseren Angriff genannt. Wir kommen gut voran! Unsere „Großdeutschland"-Panzerspitze hat Verbindung hergestellt mit von Südosten heraufgekommenen SS-Einheiten. Der „Nahtross" zieht nach Achtyrka vor. Nachts haben wir laufend russische Bombenangriffe. Verdammt! Woher hat der Iwan jetzt die ganzen Flugzeuge? Das sind schwere Bomber und unsere ach so beliebten „Nähmaschinen"! Die begleiten uns den ganzen Krieg hindurch!

19. August 1943: Die Fahrzeuge stehen gut getarnt, die Männer haben tiefe Deckungslöcher! Im Augenblick ist am Himmel der Teufel los! Laufend kommen in der Nacht Iwans Bomber. Aber auch unsere Luftwaffe ist aktiver! Den ganzen Tag über dröhnende Flugzeugmotoren, Artilleriefeuer und schweres Flak-Feuer! Morgen soll wieder angegriffen werden.

21. August 1943: Wir greifen an! Iwan wehrt sich mächtig! Das ist hier kein Zuckerschlecken! Er war so schön am Zuge und nun kommen wieder wir!

22./23. August 1943: Der Gefechtstross zieht nach Ochuchra. Hier haben wir einen Kessel gebildet und den Iwan schwer verhauen! Wüst sieht es hier aus! Nur Zerstörung und Vernichtung überall! Weiter geht's über Kotelwa – Oposchnia – nach Dikanka! Dort hatten wir vor der Zitadelle-Offensive einige Wochen in „Ruhe" gelegen.

24. August 1943: Wir rollen die ganze Nacht! Überall sehen wir das Aufblitzen der Bomben der „Nähmaschinen". Damit der Pilot nach dem Bombenabwurf seinen Flugplatz wieder finden kann, steht dort ein Scheinwerfer, der „blinkend" Lichtzeichen gibt. Wir nennen den blassen Lichtstrahl auch „Leichenfinger". Das heißt also: „Iwan! – Hierher musst Du zurück!" Da kann die Fla schießen, wie sie will, die „Krähen" sind fast nicht abzuschießen! Ich selbst habe in den fast 4 Jahren an der Ostfront nur einen Abschuss einer „Nähmaschine" erlebt! Der hatte den Rückflug zu spät angetreten, wir konnten das Kleinflugzeug (Schulungsmaschine) mit unseren Augen in gar nicht so großer Höhe sehen! – Das war sein Pech. Die Tragflächen sind mit Segeltüchern bespannt, da gehen die Granaten anscheinend wirkungslos durch!

25.-27. August 1943: Unsere Division wird abgelöst. Was wird nun wohl wieder werden? Wir hören, die „Neue 6. Armee" (Neuaufstellung nach dem Stalingrad-Untergang der alten 6. Armee) soll hier die Lage meistern. Das haben bisher SS-Einheiten und wir, „Großdeutschland", gemacht. Einsatzbefehl für die Kampftruppe! Ich führe den Nah-Tross nach Ljutyschja – Budetschija, nordwestlich von Poltawa.

28. August 1943: Die 9. Kompanie ist mit dem II. Bataillon einen Tag und eine Nacht im Fronteinsatz zur Frontbereinigung. Da hat es wieder irgendwo nicht geklappt.

29. August 1943: Abgelöst! Parolen laufen um, es solle nach dem Süden an die Mius-Front gehen!? Heute Abend findet aber jedenfalls erst einmal ein zünftiger Kompanie- und Unteroffiziersabend statt. „Wer Sorgen hat, hat auch Likör" (Wilhelm Busch). Wir haben hier, weiß Gott, von beidem genug! Da werden Sorgen und Bedenken glatt ersäuft!

30. August 1943: Die Verlegung scheint wahr zu werden. Teile der Division fahren nach Poltawa zur Bahnverladung. Das wird bestimmt wieder ein „Feuerwehr“-Einsatz!? Aber kurz vor Poltawa landet ein Fieseler Storch vor der Kolonne: „Anhalten! Kehrt, marsch! Neuen Befehl abwarten!“ Es geht zu einem Einsatz. Alles rollt wieder zurück!

31. August 1943: Die Division sammelt, stellt sich bereit. Was kommt nun auf uns zu?

1. September 1943: Das 5. Kriegsjahr beginnt heute! Wir liegen in Gadjatsch.

2. September 1943: Ich fahre mit dem Lkw zum Feldersatzbataillon „Großdeutschland“. Die Fahrt geht über Birki nach Sorotschinzy. Von dort soll ich 4 Sanitätsdienstgrade abholen. Das sind etwa 30 Kilometer Entfernung. Ich sitze mit schussbereiter Maschinenpistole im Führerhaus, ein Soldat hinten auf dem Wagen, ebenfalls schussbereit. Das ist notwendig wegen der Partisanen! Der Weg führt durch einige ziemlich unangenehme Wälder nach Ljutyschja-Budetschia. Es ist aber alles gut gegangen.

3. September 1943: Abmarsch nach Dikanka. Aber in Birki kommt schon der Einsatzbefehl: „Kehrt, marsch! Feuerwehr! Nach Sjenkiw! Dort muss eine Lücke zwischen zwei Divisionen geschlossen werden. Abends noch ein gewaltsamer Vorstoß nach Sjenkiw hinein. Der Ort wird genommen. Noch ist die aufzubauende „Front“ nicht stabil!

4. September 1943: Unser Angriff erfolgt mit neuen Panzern! Ich höre von 10 Tigern, Panzer IV und Panthern. Summa summarum 50 neue Panzer!

5. September 1943: An der Front ist viel Bewegung! Noch ist keine Ruhe eingetreten. Wir fahren den Gefechtstross nach Daidalowka. Kaum sind wir im Ort, kommen schon die „Sturen“ (IL 2 „Stormovik“) Schlachtflieger und beehren uns, aber auch die Rollbahn. Woher hat der Iwan nur jetzt diese Menge an Schlachtfliegern? Als Gegner muss man neidlos sagen, was der T-34 auf der Erde, das sind seit 1943 die IL 2-Schlachtflieger (Konstrukteur Iljuschin) am Himmel. Aber auch unsere Stukas fliegen im Dauereinsatz.

6. September 1943: Unsere Division wird nachts um 03.00 Uhr abgelöst. Schon eine Stunde später ist Iwan mit fast 30 kleineren Panzern bis Sjenkiw wieder durchgebrochen. Unsere Trosse, die wegen der Ablösung bereits die Unterkunftsräume gewechselt haben, kehren wieder um, auf halbem Weg aber neuer Rastraum. Ich erfahre, dass unser „Füsilierregiment Großdeutschland“ südlich des Grenadierregiments eingesetzt ist. Am Horizont ist Rauch und Qualm. Über den Kolonnen liegt dichter gelbgrauer Staub auf der Rollbahn. Soviel Staub habe ich in meinem ganzen Leben noch nicht gesehen!

7. September 1943: Das Grenadierregiment „Großdeutschland“ wird nach Süden zum Einsatz nach Oposchnia eingesetzt. Auf beiden Seiten rege Fliegertätigkeit. Leider mehren sich die Verluste bei diesen „Feuerwehr“-Einsätzen. Die Männer vorne (18-24 Jahre) finden keine Ruhe. Sie geraten oft in die schwierigste Lage, wenn links oder rechts kein Anschluss an eine „verlässliche“ Einheit besteht! Die Gefallenen werden vom Verpflegungswagen zu uns

Gefolgschaft 9/135
(Hagen-Emst-Eppenhausen)
... erkenne ich durch eigenhändige Unterschrift, daß ich für die Folgen verantwortlich bin, die der Verlust, die Unterschlagung oder die betrügerische Verwendung dieses Ausweises nach sich ziehen können.

Hans Rehfeldt
Eigenhändige Unterschrift des Inhabers

Die Ordnungsmäßigkeit d. Unterschr. u. d. Bildes bescheinigt:

Ausweis für das Jungvolk in der Hitler-Jugend von Hans Heinz Rehfeldt.

Grenadier Hans Heinz Rehfeldt in der Ausgehuniform mit Schirmmütze.

Ein Eingangstor der Kaserne des Infanterieregiments „Großdeutschland“ in Berlin-Moabit.

Links Hans Heinz Rehfeldt als Schütze 2 am 8 cm-Granatwerfer, rechts im Bild ist der Schütze 1.

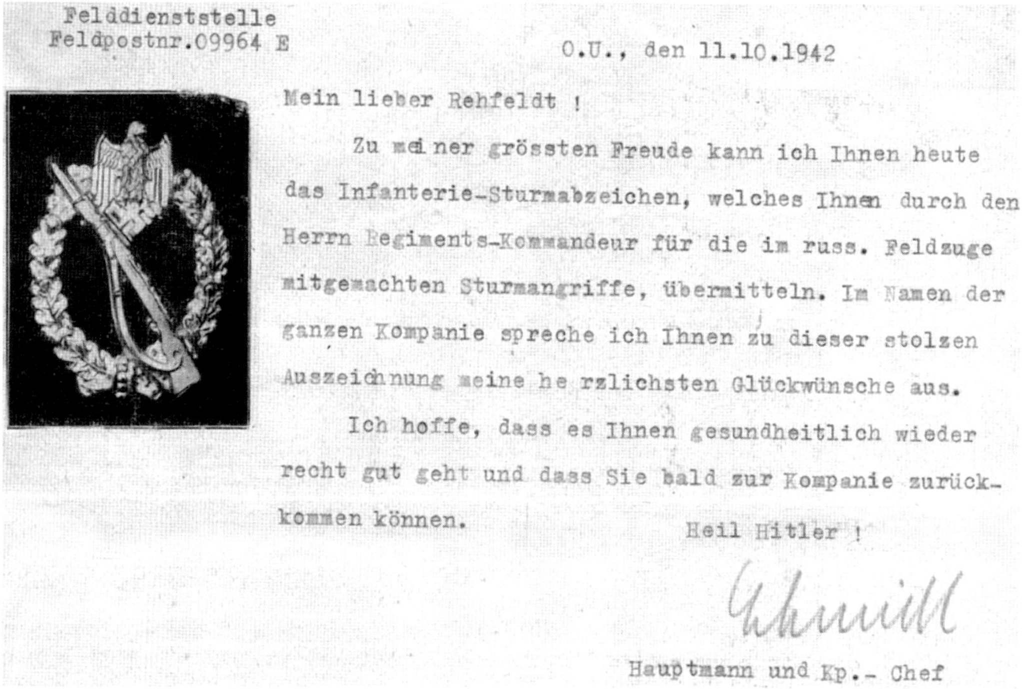

Felddienststelle
Feldpostnr.09964 E

O.U., den 11.10.1942

Mein lieber Rehfeldt !

Zu meiner grössten Freude kann ich Ihnen heute das Infanterie-Sturmabzeichen, welches Ihnen durch den Herrn Regiments-Kommandeur für die im russ. Feldzuge mitgemachten Sturmangriffe, übermitteln. Im Namen der ganzen Kompanie spreche ich Ihnen zu dieser stolzen Auszeichnung meine herzlichsten Glückwünsche aus.

Ich hoffe, dass es Ihnen gesundheitlich wieder recht gut geht und dass Sie bald zur Kompanie zurückkommen können.

Heil Hitler !

Hauptmann und Kp.- Chef

Hans Heinz Rehfeldt wurde im Oktober 1942 das Infanterie-Sturmabzeichen verliehen.

Ein Blatt aus einer russischen Nahkampffibel.

Ein Blatt aus einer russischen Nahkampffibel.

Ein Blatt aus einer russischen Nahkampffibel.

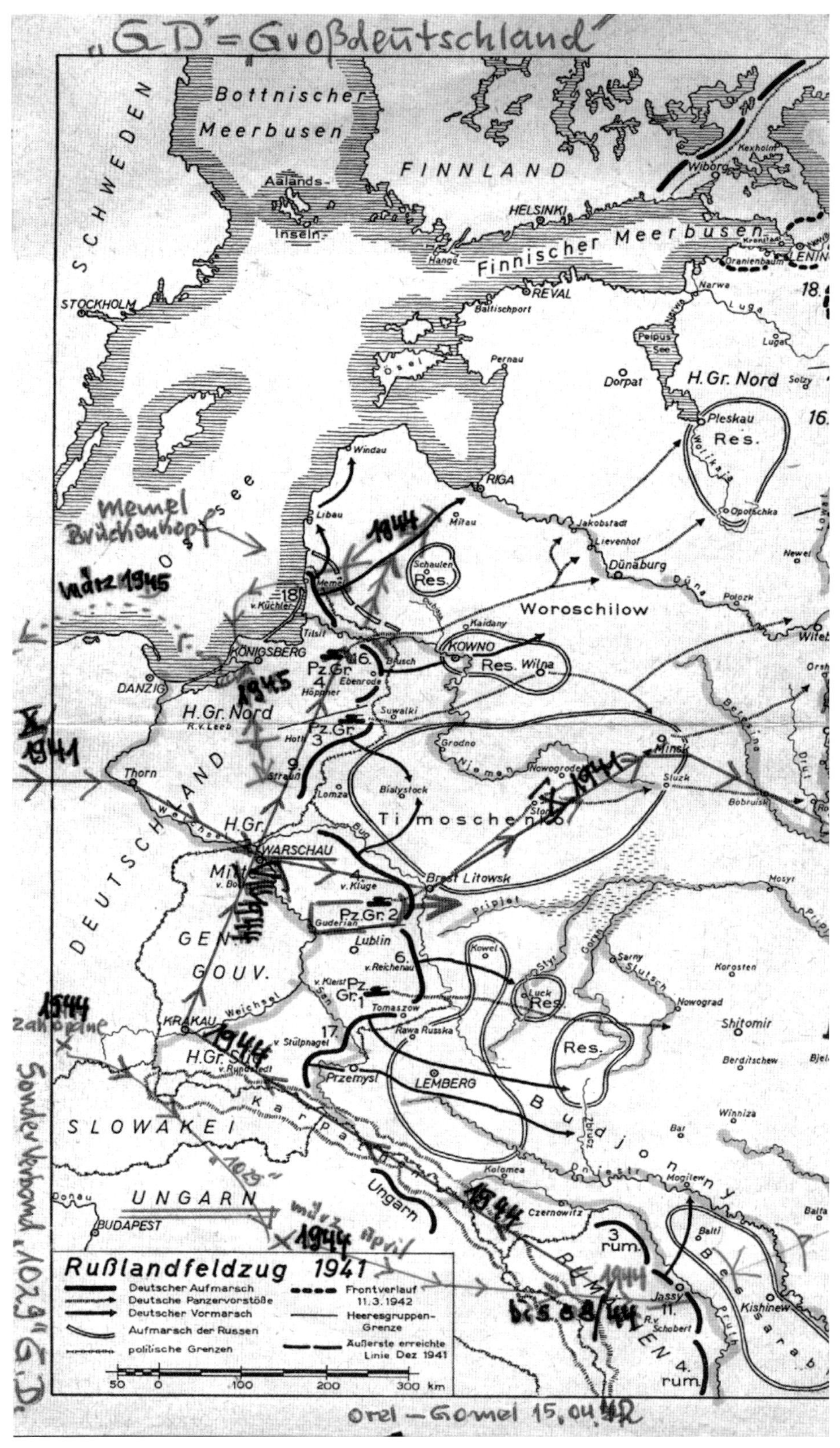

Übersichtskarte der Einsätze von Hans Heinz Rehfeldt von 1941-45 bei der „Großdeutschland".

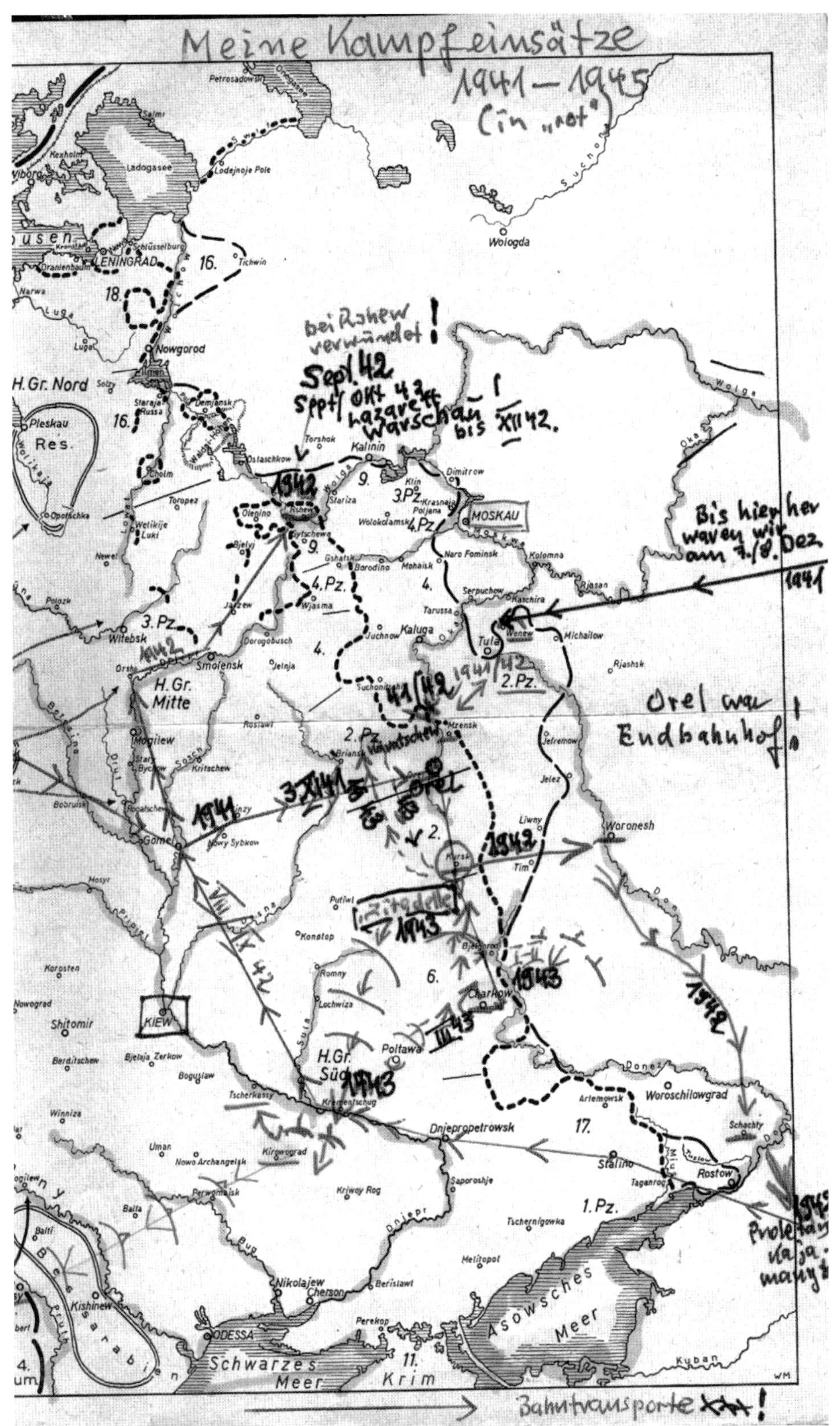

Übersichtskarte der Einsätze von Hans Heinz Rehfeldt von 1941-45 bei der „Großdeutschland".

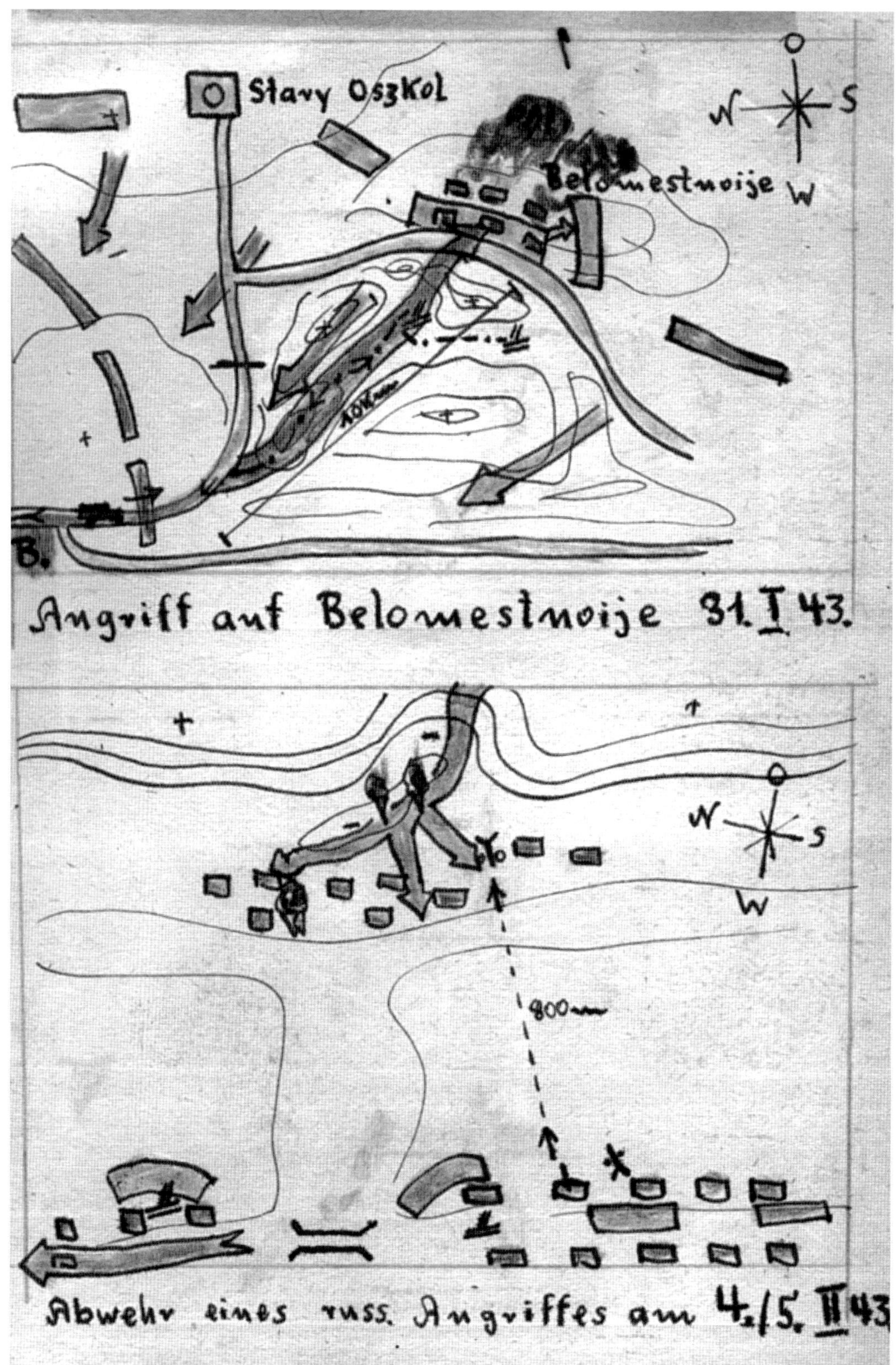

Handgezeichnete Gefechtsskizze vom Frühjahr 1943.

Ein aufgefundener Rubelschein mit Lenin-Kopf.

Ein 5-Rubelschein mit patriotischem Bild, hier einem Piloten.

Ein 10-Rubelschein war für einen einfachen russischen Bauern viel Geld.

Jupp Dörfler (links im Bild) mit Kameraden vor einer einfachen russischen Bauernkate.

General Wolff gibt dem Hitler-Jungen Manfred Pösch ein Autogramm. Der Hitler-Junge rechts trägt bereits das „GD-Zeichen" auf der Schulterklappe.

Drei Granatwerferbedienungen mit Hans Heinz Rehfeldt (2. von links) beim Gruppenbild.

Rechts im Bild Unteroffizier Pfeil, oben auf Schirrmeister „Ohm" Krüger.

Der Tross der 9. Kompanie, Grenadierregiment „Großdeutschland".

Das Lazarett in Shitomir im März 1943.
Jupp Dörfler rechts im Bild mit Beinverband.

Marschpause der Granatwerfergruppen. Hans Heinz Rehfeldt ist links unten im Bild zu sehen.

Jupp Dörfler (rechts im Bild) ist mit der bronzenen Nahkampfspange ausgezeichnet worden.

Unteroffiziere der 9. Kompanie. Leider sind die Namen nicht mehr zu rekonstruieren.

Jupp Dörfler (rechts im Bild) an einem Kfz. 15, das noch die Wintertarnbemalung 1942/43 trägt.

Obergefreiter Jupp Dörfler mit Kameraden bei einem Plausch.

Gruppenbild irgendwo in der Ukraine 1943.

Juni 1943 vor dem Unternehmen „Zitadelle": Die Trossfahrzeuge der 9. Kompanie sind gut getarnt in einem Wäldchen untergezogen. Leider sind vom Unternehmen „Zitadelle" keine Bilder erhalten.

August 1943: Unterkunft bei Ashtyrka.

Jupp Dörfler (2. von links) mit Kameraden unter einem Maulbeerbaum.

Es wird gebrutzelt solange es ruhig zugeht.

Eine Werbebroschüre für Unteroffiziere des Heeres. Auch hier hatte die Einheit „Großdeutschland" eine Vorbildfunktion.

Hans Heinz Rehfeldt wurde am 1. August 1943 zum Unteroffizier befördert.

Ein 8 cm-Granatwerfer in Aktion. Die Bedienung geht in Deckung vor dem Abschussknall und dem Luftdruck, der beim Abschuss entsteht.

16. August 1943: Hans Heinz Rehfeldt und Helmut Geick auf Erholung beim Nahtross in Tschernetschino.

September 1943: Hans Heinz Rehfeldt im Urlaub. Auf dem Bild trägt er eine Krawatte, was beim Tragen einer Heeresuniform unüblich war.

Ein Bild aus den Tagen des Vormarsches im Jahr 1942. Diese Zeit war vorbei. Ab jetzt ging es nur noch zurück.

zum Gefechtstross gebracht. Meine Aufgabe ist auch, diese armen Kerle „fertig" zu machen. Zuerst wird die Erkennungsmarke abgebrochen (die sammelt der Spieß, Hauptfeldwebel der Kompanie), dann werden alle Taschen durchsucht, Privatbesitz wie Brieftasche, Geldbörse, andere Papiere, evtl. die Pfeife, Fotos und Briefe, Mundharmonika... – alles wird in seinen Wäschebeutel gepackt. Noch brauchbare Stiefel werden ausgezogen. Zuletzt werden die Gefallenen in eine Wolldecke oder Zeltplane eingenäht und später an eine genau gekennzeichnete Stelle bei irgendeinem „markanten Punkt" begraben. Da liegen dann oft viele Kameraden nebeneinander. Jeder bekommt sein Holzkreuz. Die Schreibstube bekommt eine genaue Lageskizze. Der „Spieß" schreibt dann an die Eltern oder die Braut – oder andere bekannte Angehörige die Todesnachricht. Schließlich wird diese auch vom Kompanieführer unterschrieben. Das ist schon eine traurige Arbeit! – Wie viele Kameraden, die ich gut gekannt hatte, mit denen ich manche schwere Stunde durchgemacht hatte, musste ich so in Russlands Erde legen. Der Unteroffizier für Waffen und Gerät ist bei schweren Kämpfen laufend damit beschäftigt, Holzkreuze zu zimmern. Dann wird das Kreuz beschriftet. Oben ist oft das verschlungene „Großdeutschland"-Symbol eingebrannt, dann Dienstgrad, Vor- und Familienname. Oft auch die Kompanie und manchmal auch die Worte Gott – Ehre – Vaterland. Und natürlich das Todesdatum.

8. September 1943: Es gibt etwas Ärger. In „unser Dorf" kommt ein Oberfeldwebel und will für seinen General von Knobelsdorff Quartier machen! Nach kurzer aber lauter „Kabbelei", wobei der Oberfeldwebel wegen des höheren Dienstgrads glaubt, mich fertig machen zu können, muss er das Feld räumen. Er haut schimpfend ab! Als sein General später kommt und seine Quartiere beziehen will, melde ich diesem, dass der Oberfeldwebel ins nächste Dorf gegangen sei. Da bedankt sich der General und fährt ab. Ein Melder kommt mit dem Befehl, das Dorf binnen drei Stunden zu räumen! Das ganze Gelände, ostwärts des Dnjepr, soll aufgegeben werden. Eine neue Front soll dahinter aufgebaut werden.
Weiter soll alles Getreide, Vieh, Pferde, überhaupt alles, was wertvoll ist, hinter den Fluss zurückgeführt werden. Auch die Zivilisten, die bisher noch geblieben sind. Das gibt eine „Völkerwanderung". Ich sehe, dass auf den reifen Getreidefeldern gemäht und gleich gedroschen wird. Das Getreide wird auf Lkws geladen und abgefahren. Der Russe soll in einen völlig leeren Raum stoßen, wo es nichts mehr zu holen gibt. Auch alle großen Strohhaufen, oft so groß wie Häuser, werden angesteckt und wir sehen wie sich das Feuer durch das noch auf den Feldern liegende Stroh hindurchfrisst. Überall qualmt und raucht es. Wir hören viele Sprengungen, auch die Eisenbahnlinien werden mit dem „Schienenaufreißer" zerstört. „Verbrannte Erde" – Genau das hatte uns Iwan im Winter 1941/42 vor Moskau vorgemacht. (Napoleon, Moskau – 1812!)
Nachts brennt, glüht und glimmt es rund um uns her. Auch viele Häuser brennen ab. Das ist ein grausiges Bild. „C'est la guerre!" – Das ist Krieg! Heller Wahnsinn! Aufhalten kann es den Russen aber nur wenig.

9. September 1943: Heute übernehme ich den Tross II der 9. Kompanie. Ich fahre zur Erkundung mit 3 Lkws nach Sorotschinzy (ca. 40 Kilometer nach Westen).
Im Radio hören wir: „Italien hat kapituliert – Badoglio-Verrat!" Was soll das? Hier geht der verdammte Krieg weiter.

10. September 1943: Viel schlimmer aber ist die Meldung, dass gestern Abend beim Essensempfang an der Front in einem Hof durch einen russischen Granatwerfer-Feuerüberfall in wenigen Minuten die Unteroffiziere Spiegel, Ahlburg und Muggenburg und weitere vier Grenadiere gefallen sind! Tagsüber sind bei harten Kämpfen bereits vier Grenadiere gefallen. Das sind an diesem einen Tag 11 Kameraden! Als ich das erfahre, habe ich sofort an meinen Kompanieführer geschrieben, ich möchte wieder nach vorn, eine Gruppe oder auch den Granatwerferzug übernehmen! Wider Erwarten bleibt der Befehl: „Sie bleiben wo und was Sie sind!" Ich bin enttäuscht! Wie viele Kameraden bei diesem Feuerüberfall noch verwundet wurden, habe ich noch nicht erfahren. Von meiner Werferbedienung ist jetzt keiner mehr da! Ich erfahre auch, dass es einen Rohrkrepierer gegeben hat, wobei der Gefreite Stomberg (Richtschütze) gefallen und der Werferführer sowie der Rohrschütze schwer verwundet worden ist. – Scheißkrieg!
Das ist in den ganzen Kriegsjahren der erste Rohrkrepierer bei uns. Ich notiere die Stärke der 9. Kompanie. Im Einsatz nur noch zwei schwere Maschinengewehre und vier Granatwerfer (8,14 cm), das sind etwa 45 bis 50 Mann! (Kompanie voll aufgefüllt: Sollstärke: 150 Mann!) In dem zu räumenden Gebiet geht es hoch her! Räumungskommandos evakuieren Dörfer und Städte. Alles, was brauchbar und beweglich ist, wird fortgeschafft. Mit Getreide voll beladen, fahren Lkw-Kolonnen zum Bahnhof Mirgorod (Mir = Frieden).

11. September 1943: Ich fahre mit meinen drei Lkws nach Welika Bahatschka (etwa 70 Kilometer westlich (hinter) Poltawa. Zur Abwechslung hat es mal wieder geregnet. Schon ist aus dem Staub glitschiger Schlamm geworden. Da fährt man wie auf Schmierseife! Auch hier sehen wir die großen Kolchosgebäude und Scheunen brennen. An vielen Orten sehen und hören wir auch Sprengungen! Iwan soll nichts Brauchbares mehr vorfinden! Unsere Truppen gehen „planmäßig" zurück. Aber leider bestimmt oft der Iwan das Tempo und den Ort, wo es zurückgehen muss. Unsere inzwischen auch angeschlagene Division ist im andauernden Fronteinsatz Nachhut und wie immer Feuerwehr! Wir hören, ein russischer Funkspruch sei aufgefangen worden mit den Worten: „Wir wollen ‚Großdeutschland' einschließen und vernichten!" Ho, ho – uns vernichten!? So einfach ist das nicht! Wie oft schon haben wir die Stellung bis zuletzt gehalten, an beiden Seiten ist Iwan schon vorbei, wir sind überflügelt! Andere Einheiten haben sich längst abgesetzt. Wir stehen noch! Und sind wir wirklich mal eingeschlossen, dann schaffen es ein paar Panzer und Sturmgeschütze – dazu 3,7 cm und 2 cm-Fla-Kanonen und mit „Hurra!" sind wir herausgehauen! Allzu gerne möchte Iwan uns hier kassieren! Wir sind es hier, die ihm noch so viel zu schaffen machen! Oft haben wir seine weitgesteckten Pläne durchkreuzt! Ich muss da an die Worte in Neuruppin denken, wo uns bei der Verabschiedung an die Front zugerufen wurde von Major Tode (Kommandeur des Ersatzbataillons „Großdeutschland"): „Wo ‚Großdeutschland' steht, da ist immer was los!"

12. September 1943: Heute habe ich den Auftrag, das Feldpostamt zu suchen! Die haben sich natürlich auch schon abgesetzt.

13. September 1943: Wieder erfahren wir von aufgefangenen russischen Funksprüchen: „Alles geht zurück – nur die Pimpfe Hoernleins stehen noch. Wir werden sie einkesseln und vernichten!" Am selben Tag noch, als wir der 8. Armee zugeteilt werden, funkt Iwan:

„Hoernlein und seine Banditen eilen von Armee zu Armee!“ Also, das mit den Banditen haben wir dem Iwan sehr übel genommen. Sonst allerdings hat es ja gestimmt.

14.-17. September 1943: Tross des II Grenadierregiment „Großdeutschland“. Abmarsch 08.00 Uhr! Wir rollen über Bahatschka auf zerfahrenen, schlammigen Wegen zu der kleinen Stadt Retschetilowka (Fahrstrecke 70 Kilometer). Weiter kommen wir heute nicht mehr! Vor dem dortigen „Soldatenheim“ kurze Rast (15 Minuten). Wir brauchen dringend Motorenöl und Sprit für die Fahrzeuge. Woher nehmen? Todmüde schlafen wir in den Führerhäusern der Lkws. Als wir aufwachen, klart das Wetter auf.

18. September 1943: Wir überholen eine ungarische motorisierte Einheit. Da besorgen wir uns gegen eine Flasche Wodka 20 Liter Motorenöl und lassen einen Kanister Benzin „mitgehen“. Wir fahren jetzt auf der großen Rollbahn IV, C in Richtung Krementschug. Die Rollbahn ist wieder gut abgetrocknet. Zum Glück werden wir kaum von russischen Fliegern belästigt. Mit uns rollt auch eine SS-Einheit (Tross) und andere Trosse zurück hinter den schützenden Dnjepr. Wir sehen auch eine Flak-Gruppe in den Kolonnen. Gegen 16.00 Uhr erreichen wir ziemlich unbehelligt Krementschug/Dnjepr. Da sich vor der einzigen großen Brücke der Verkehr staut, bleiben wir über Nacht noch auf dem ostwärtigen Teil der Stadt.

19. September 1943: Wir haben Quartiere gefunden und wollen gerade schlafen, da gibt es Fliegeralarm! Schwere 8,8 cm-Flak ballern los! Scheinwerfer suchen. Einige Bomben fallen. Um 21.00 Uhr ist die Ruhe wieder eingekehrt. Wir bemerken, dass hier viele schwere Flak-Batterien stehen. Die große Brücke ist wegen ihrer enormen Wichtigkeit gut mit schwerer Flak geschützt!

Über den Dnjeper Richtung Kirowograd

20. September 1943: Morgens um 04.00 Uhr Abmarsch! Tross I rollt an uns vorbei und dann folgen wir. Es geht über die große „Rundstedt-Brücke“ über den Dnjepr Richtung Kirowograd über Alexandrija. So, wie sich die Trosse von ostwärts trichterförmig von der Front auf den Flussübergang konzentriert haben, verteilen sie sich wieder hinter dem Strom. Unsere Fahrt geht durch Kirowograd, wo reinster „Friedensbetrieb“ herrscht! Dann fahren wir in den zugewiesenen Unterkunftsraum. Das sind 2 Dörfer Krasnozilka und Stawidlo, nördlich von Kirowograd. Vom Flugplatz Kirowograd starten wohl 100 He 111-Bomber zum Frontflug. Große „Lastensegler“ werden hinter Motorflugzeugen abgeschleppt. Zwei große sechsmotorige Maschinen starten. Solche Riesenvögel sehe ich hier zum ersten Mal. Ob Bomber oder Transporter? – Ich weiß es nicht. Später erfahre ich, dass es die „Gigant“-Maschinen sind. In der Stadt Kirowograd sehen wir auch deutsche Mädchen: Stabshelferinnen, Nachrichtenhelferinnen, „Blitzmädchen“ und Rote-Kreuz-Schwestern.

21./22. September 1943: Wir sehen russische Hilfstruppen, Partisanenjäger, Kosaken und Ukrainer. Wilde, verwegene, stolze Kerle! Sie reiten wie der Teufel! Ihre Lieder sind genauso wilde Melodien. Fast immer klingt da etwas Wehmut mit. Sie tragen deutsche Uniformen mit blutroten Kragenspiegeln. Einige tragen Fellmützen. Sie führen russische Beutewaffen und werden von eigenen Offizieren geführt. Aber es sind drei deutsche Offiziere mit dabei. Sie alle haben den Bolschewismus satt!

23. September 1943: Unser Kompanieführer Oberleutnant Schmelter ist wieder zurück, er hatte sich ja im Einsatz im Wald von Karatschew das Bein gequetscht, als der Panzer, auf dem er aufsaß, den Turm drehte. Ich nehme Kontakt mit ihm auf wegen des beantragten Studienurlaubs. Ich bekomme den Rat, erst einmal mit dem leitenden Veterinär der Schlächterei-Kompanie Kontakt aufzunehmen. Den besuche ich in Kamenka. Er kann mir einige gute Informationen geben. Ich bekomme einen Einblick in eine Schlachterei. Aber das ist ja nur ein kleiner Teil des Veterinär-Studiums. Ich sehe bei der Fleischbeschau zu und bei der Verarbeitung.

24. September 1943: Ich bin zur besonderen Verwendung tätig. Und da gibt es auch hier jede Menge zu tun.

25.-27. September 1943: Um die Anspannungen der vergangenen Wochen etwas zu vergessen, nehmen wir Alkohol als „Gegenmittel". Und dann ist da noch ein sehr wichtiges Ereignis! Unser Spieß Oskar Gellert wird 27 Jahre alt! Ich war im April 1943 20 Jahre alt geworden. Da waren wir wohl fast 3 Tage lang „pjanie" (betrunken).

28. September 1943: Alarm! – Partisaneneinsatz! Ein Alarmbataillon fährt los. Mit dabei Pak, Fla und schwere Maschinengewehre sowie Granatwerfer. Ein Wald, in dem ein Dorf liegt, wird umstellt. Er wird in breiter Front durchkämmt. Das Dorf selbst wird leider nur sehr flüchtig durchsucht. Gefunden wird nichts. Zurück nach Krasnozilka. Unsere Kampftruppen ziehen sich trichterförmig auf Krementschug und die wichtige Dnjepr-Brücke zurück. Der Russe drängt ungestüm nach!

29. September 1943: Wenn alle Truppen den Dnjepr überschritten haben, soll die große Brücke gesprengt werden. Die Kampftruppen müssen dann hinter dem Strom seitlich breit ausfächern, um wieder eine Frontlinie bilden zu können.

30. September 1943: Ein neuer Einsatz gegen Partisanen wird gestartet. Unser Feld-Ersatzbataillon durchkämmt jetzt den Wald. Wir stehen sichernd am Waldesrand. Ich muss nach Kamenka fahren, um von dort Gepäck des Ersatzes zum FEB zu bringen. Bei der Walddurchsuchung stoßen die Männer auch auf das Walddorf. Aber da sind die Partisanen mit Maschinengewehr bereit zum Kampf! Das Bandennest wird ausgehoben. Leider sind drei Kameraden im Gefecht gefallen. Es werden 34 Partisanen festgenommen, bei einer genauen Durchsuchung Waffen und Karten sowie Munition gefunden.

1. Oktober 1943: Mit der heutigen Post bekomme ich eine böse Mitteilung! Meine Mutter schreibt: „Schwerer Terrorangriff der Angloamerikaner auf die Stadt Hagen! 260 Tote, 23.000 Obdachlose, viele schwere Zerstörungen in der Stadt!" Ich erhalte ein Telegramm:

„Schwer bombenbeschädigt!" Da habe ich sofort Heimaturlaub eingereicht. Die nächsten Tage verlaufen ziemlich gleich. Ich habe jede Menge zu tun!

2.-6. Oktober 1943: Es muss Munition fertig gemacht werden. Und es gibt viel an Schreibarbeiten zu erledigen. Der Ausdruck zur besonderen Verwendung heißt ja, dass der Spieß mich überall einsetzen kann, wo er glaubt, dass es nötig ist. Langeweile habe ich auch hier nicht. Aber es ist für mich ein unglückliches Gefühl! Meine Kameraden vorne am Werfer – immer muss ich an sie denken. Besonders dann, wenn Granatwerfer-Munition verladen wird. Oft komme ich mir hier vor wie ein Drückeberger. Aber ich habe ja dem Kompanieführer geschrieben, dass ich eine Gruppe oder den Granatwerfer-Zug übernehmen will, nachdem bei einem Feuerüberfall so große Verluste zu beklagen waren. Aber der sagte nur: „Sie bleiben hier, machen ihre Arbeit, alles andere wird sich finden!" Für morgen habe ich schon wieder einen Auftrag!

7. Oktober 1943: Ich fahre als Vorkommando über Kirowograd nach Nowo-Praga in den neuen Unterkunftsraum. In der Nacht bleibe ich in Korsseniwka.

Schließlich halten wir in dem Dorf Njädaiwoda („Ich gebe kein Wasser" – frei übersetzt). In einem Haus treffe ich auf eine russische junge Feldscherin (Sanitäterin), die mir mit ihrem „weißen" Kittel aufgefallen war. Ich frage sie, wie das Dorf zu diesem eigenartigen Namen gekommen sei. Darauf sie: „Als die Tataren-Mongolen damals unter Dschingis-Kahn das Dorf eroberten, haben sie nach Wasser gefragt. Die Bewohner haben gesagt: „Wir geben kein Wasser!" Daraufhin wurde das Dorf völlig zerstört und die wütenden Eroberer haben den Überlebenden gesagt: „So, jetzt heißt das Dorf „Ne dai woda!" Vorher hat es Katharinowka geheißen. Das ist sehr interessant für mich. Jetzt suche ich mir für meinen Fahrer und mich ein Quartier. Mit der jungen Frau kann man sich gut verständigen. Es haben ja viele der jungen Russen in der Schule die deutsche Sprache gelernt! Mit gezogener Pistole gehen mein Fahrer und ich mit dieser Feldscherin von Haus zu Haus. Wir besichtigen die Räume und dann schreibe ich mit Kreide an die Tür, wer hier Unterkunft haben soll. Die Feldküche bekommt immer ein Haus dicht beim Dorfbrunnen. Bei der Gelegenheit sehe ich mir auch die Einwohner an. In einem Haus näht eine Frau mit einer alten Nähmaschine an einer Art Winterbekleidung. Im selben Haus finden wir einen Mann, der mir irgendwie verdächtig vorkommt. – Erstens ist er im wehrfähigen Alter, dann hat er die Haare so kurz geschnitten, wie die russischen Soldaten. Auf meine Fragen sagt er, er sei krank und er tut auch so. Wir gehen weiter, um Quartiere zu machen. Ich denke mir im Stillen: „Holzauge, sei wachsam!" In der ersten Nacht haben wir beide abwechselnd geschlafen und gewacht. Es blieb aber ruhig.

8. Oktober 1943: Morgens kommt für uns überraschend ukrainische Polizei, um einen hier verborgenen, verratenen Partisanenführer zu verhaften. Mein Fahrer und ich gehen mit. Und sie gehen zielstrebig auf das Haus zu, wo mir gestern der Mann schon aufgefallen ist. Als wir beide am Haus ankommen, ist der Partisan schon überwältigt und steht mit auf dem Rücken gebundenen Händen frech in der Stube. Das ganze Dorf wird sehr gründlich durchsucht. Im Haus finden wir militärische Papiere, einen deutschen Brotbeutel und ein verstecktes Fahrrad. Der ukrainische Polizeiführer fragt ihn: „Orujgie jest? Gdjä wintowka?" – Hast du Waffen? Wo

ist das Gewehr? – Der antwortet: „Mnja niema wintowka!“ – Ich habe kein Gewehr. Indessen wird im Haus und Garten weiter gesucht. In einem Schuppen finden wir eine Wehrmacht-Koppel-Patronentaschen voll mit Munition, eine deutsche Uniform und ein Wehrmacht-Tragegestell! Welchem armen Kameraden, den er vielleicht hinterrücks abgeknallt hat, mag er das abgenommen haben? Da nimmt der ukrainische Polizeiführer eine Peitsche und zieht dem mit entblößtem Oberkörper Dastehenden einige über! Dabei brüllt er den Kerl an: „Gdjä wintowka, gdjä orujgie!“ – Wo Gewehr? Wo Waffen? Der Kerl heult: „Njäma wintowka!“ – Ich habe kein Gewehr! Einer der Hilfspolizisten redet mit den umstehenden Dorfbewohnern. Er fragt sie etwas, dann kommt er zu mir und sagt: „Pan, andere sprechen, Matka wintowka na semelja.“ – Herr, die Leute sagen, die Frau habe ein Gewehr in der Erde versteckt. Komm', jetzt gucken. – Ich gehe mit ihm in den Garten und wir suchen genau! Da sehen wir eine frische Vertiefung im Boden, graben mit den Händen und dann haben wir das Gewehr!
Es ist ein deutscher Karabiner! Kaum haben wir den ausgebuddelt und halten ihn hoch, da „pocht“ der ukrainische Polizeiboss dem verlogenen Partisanen einen vor die Nase, dass dem Hören und Sehen vergeht! Die Polizisten stecken einen kleinen Schuppen an und bald schon geht knatternd Munition hoch! Na, das genügt! Der Kerl wird abgeführt. Auch die Frau muss mit. Um zur Polizeistation zu gelangen, müssen wir über eine hohe Brücke, die über einen Fluss geht. Ich rufe noch: „Passt auf, dass der nicht ausbüxt!“ Da ist es auch schon passiert! Das ging sehr schnell, da war der Kerl mit einem Satz über das Geländer und kopfüber in den Fluss hinunter gesprungen. Und das mit auf dem Rücken gefesselten Händen. „Verdammt! Das war wohl der Mut der Verzweiflung!“ Entkommen ist er aber nicht. Einer der Polizisten holt ihn wieder raus, auch den Brotbeutel und die Papiere! Durch hartes Verhör stellt es sich heraus, dass er ein sowjetischer Leutnant ist, und, wie er zugibt, mit noch vier weiteren Komplizen „gearbeitet“ hat.
Mehr ist aber nicht aus ihm herauszukriegen. Plötzlich tritt er dem ihn vernehmenden ukrainischen Polizei-Unteroffizier mit voller Wucht in den Leib! Der ist nicht faul, schlägt einen handfesten Knüppel auf diesem frechen Kerl kaputt, bis er umfällt! Ich denke nur „Oha! – Oha!“ Das sind die Ukrainer und Russen in ihrem Hass! Dann wird ihm noch eine kleine Schweinerei „eingebaut“. Sie binden ihm Hände und Beine auf dem Rücken zusammen, sodass er auf dem Bauch liegen muss.
Das alles hat mir genügt! Da kann man immer wieder nur sagen: „Scheißkrieg!“
Er wird zur Polizeistation gebracht. Ich glaube nicht, dass man mit ihm dort zimperlich umgehen wird. Sehr wahrscheinlich wird er sogar erschossen.

Verlegung nach Seleni

10. Oktober 1943: Stellungswechsel ist befohlen. Die Kampfgruppen vorne haben es sehr schwer! Der Russe ist in der Übermacht, die Front wieder immer durchbrochen. Wir verlegen nach Seleni.

11./12. Oktober 1943: Ich liege allein im Kompaniebereich. – Der Tross II ist noch nicht angekommen. Aber ein Pkw von der 9. Kompanie ist noch gekommen.

13./14. Oktober 1943: Vorerst sind wir im Dorf allein. Aber der Tross II kommt doch am 14. Oktober. Ich will nun endlich in meinen „Bombenschaden-Urlaub". Aber da ruft ein Befehl alle entbehrlichen Trossleute nach vorn zum Schanzen. Wir fahren mit Waffen und Arbeitsgerät vor zum 1. Generalstabsoffizier. Ich will mir endlich meine Urlaubspapiere holen! Ich melde mich ab und gehe mit einem Sanitätsunteroffizier zum Gefechtstross der 14. Kompanie. Am Hauptverbandsplatz kommt der neue Ritterkreuzträger, der krank oder verwundet war, wieder zurück und nimmt uns mit. Der Himmel ist strahlendblau, nur wenige weiße Wolken. An der Front lautes Donnern und Grummeln! Wahrscheinlich greift Iwan wieder an! Da wir oft zum Himmel hochblicken wegen Fliegergefahr, sehe ich Kreise sich ausbreiten, so als wenn man in ein stehendes Gewässer mehrere Steine wirft. Ganz genau so sieht es am Himmel aus. So etwas habe ich noch nie gesehen. Ich mache Oberleutnant Konopka darauf aufmerksam, aber auch der hat dafür keine Erklärung. Wie mag dieses physikalische Phänomen entstanden sein?

15. Oktober 1943: Da mich der Oberleutnant noch kennt, von meiner Ernennung zum Unteroffizier im Wald von Karatschew, frage ich ihn bei passender Gelegenheit wegen einer Urlaubsgenehmigung. Er ist ja gekommen, um das II. Bataillon wieder zu übernehmen. Da lacht er und sagt: „Noch nicht heute, aber morgen. Ich bin noch nicht Ihr Bataillonskommandeur." Wegen dauernder Tieffliegergefahr geht es mit hohem Tempo zum Tross. Am Horizont sehen wir Granateinschläge und Iwans Schlachtflieger. Iwan hat bereits einen Brückenkopf über dem Dnjepr. Dort ist ordentlich was los. Iwan bereitet einen Großangriff vor. Bei der 14. Kompanie bekomme ich endlich, weil unsere Schreibstube nicht erreichbar ist, nach kurzer Erklärung meine Urlaubspapiere. Abends fahre ich mit einem Oberschirrmeister mit einem „Fiat"-Pkw zurück nach Seleni. Mein Heimaturlaub ist genehmigt!

16. Oktober 1943: Jetzt werden aber Urlaubsvorbereitungen getroffen! Wichtig ist, dass ich eine neue Uniform bekomme! Man will doch zu Hause auch ordentlich aussehen! Wichtig ist ferner, dass jede Menge Eierlikör hergestellt wird! Endlich ist alles fertig und ich gehe mittags zur Rollbahn. Dort spiele ich Anhalter. Nach einer halben Stunde nimmt mich ein Lkw mit nach Kirowograd. Er fährt zum Hauptverbandsplatz. Gegen 20.00 Uhr erreichen wir Kirowograd. Ich erwische im Bahnhof einen Dienstzug nach Snamenka. Dort übernachte ich.

17./18. Oktober 1943: Frühmorgens gehe ich gleich zum Kommandoführer für Urlauberüberwachung und lasse mir eine Reisegenehmigung ausstellen. Der Zug steht mehr als er fährt! Partisanen haben an mehreren Stellen die Schienen gesprengt! Na, denke ich, der Urlaub fängt ja gut an!

19. Oktober 1943: Wir rollen langsam, aber sicher! Endlich kommen wir in Fastow an. Dort steht der Zug bis 22.00 Uhr! Kaum dass wir den Bahnhof dann verlassen haben, belegt Iwan den Bahnhof mit Bomben!

20. Oktober 1943: Die Fahrt führt über Berditschew – Stolbunow. Hier verlasse ich den „Schneckenexpress" und steige um in einen Urlauberzug.

21. Oktober 1943: Ankunft in Kowel. Dort ist die uns Landsern gut bekannte „Fronturlauber-Entlausungsanstalt". Hier werden wir wieder „stubenrein" gemacht! Zu unserer Überraschung gibt es hier sogenannte „Führerpakete" (Inhalt: 5 Kilo Mehl, 1 Liter Öl, 500 Gramm Erbsen, 1 Kilo Gries, 500 Gramm Hirse und 500 Gramm Zucker). Ich habe Glück, ein Kamerad, der Landwirtschaft zu Hause hat, gibt mir sein Paket! Da haben sich meine Eltern sehr gefreut! Am Zug erfolgt die Einteilung auf die Waggons. Ich werde zum „Wachhabenden" ernannt. Das ist notwendig wegen Partisanengefahr! Abfahrt 16.00 Uhr.

22. Oktober 1943: Es geht der Heimat entgegen! Wir passieren Warschau – Litzmannstadt (Lodz) – Magdeburg – Hannover – und kommen in Hagen um 06.00 Uhr früh an.

23. Oktober 1943: Ich habe 21 Tage Heimaturlaub. Es werden schöne Tage! Leider hat der Bombenkrieg auch Hagen heimgesucht! Mein Elternhaus ist zum Glück nur leicht beschädigt! Die erste Sprengbombe, die auf die Stadt abgeworfen wurde, detonierte mitten auf der Straße „Im Buchenhain", eine andere als Volltreffer auf eine Villa an der Straße „Im Wasserlosen-Tal". Aber die Stadt selbst ist sehr schwer zerstört. Ich beantragte sofort 10 Tage Nachurlaub bei der Kompanie. Leider kommt das Telegramm drei Tage zu spät in Hagen an: „Genehmigt".

14. November 1943: Urlaubsende. Ab Hagen 05.18 Uhr – Hamm Fronturlauberzug (Sonderfronturlauberzug) 184. Weiter durchgehend: Leipzig – Cottbus – Litzmannstadt – Warschau – Kowel. Dort an der Frontleitstelle: Zubringerzug – Odessa.

Wieder an der Front

16. November 1943: Der Zug fährt infolge der veränderten Frontlage (der Russe ist nach Westen weiter vorgekommen) über Schepetowka durch rumänisches Gebiet (Transnistrien) nach Crijopol (Criopolje). Auch hier Partisanentätigkeit! Wir sehen einen Zug mit 10 Waggons, beladen mit Flak-Geschützen (8,8 cm), der nach einer Schienensprengung aus den Schienen gesprungen ist. Der Sachschaden ist nur gering.
Ein Saboteur (Partisan) hängt aufgeknüpft an einem Baum. Das Wetter ist nebelig, feucht, warm. Auf dem Nebengleis steht ein Zug mit evakuierten Volksdeutschen. Wir reden mit ihnen. Sie sprechen gut deutsch. Sie sollen nach Oppeln. Scherzend sagen sie: „Wir wollen mithelfen, den Engländer kaputt machen! Damit Schluss wird mit dem Krieg!" Der Krieg dauert schon zu lange!

18. November 1943: Wir fahren wieder weiter über Migaero-Razdelnaja-Whygoda-Odessa. Bei jedem Halt an einer Station kommt die Bevölkerung an den Zug und verkauft uns Butter, Öl, Wein, Milch, Äpfel und gebratene Hühnchen! Und da ein Soldat viel vom Essen hält, haben wir ordentlich eingekauft!

19. November 1943: Unsere Fahrt endet vorerst in Odessa. Wir hören die Schiffe im Hafen tuten und sehen Scheinwerfer aufleuchten. Es gibt zwei Marschwege zur Front. Marschweg 1:

Nikopol. Marschweg 2: Apostolowo. Ich muss auf den Marschweg 2, dann kann ich meine Division wiederfinden!

20. November 1943: Nach einer „Schneckenfahrt" auf eingleisiger Strecke, wo immer erst der Gegenzug abgewartet werden muss, komme ich endlich in der Stadt Nikolajew an. Müde und zerschlagen mache ich hier mit zwei Kameraden erst einmal zwei Tage Rast. Wir wandern durch die große Stadt, die früher sicher einmal ganz schön gewesen war. Wir sehen im Hafengebiet große Docks und Kräne und einen Teil vom „Schwarzen Meer". Im Soldatenheim essen wie zu Mittag und zu Abend. Dann gehen wir ins Soldatenkino. – Ich stelle hier fest, dass ich mir als Soldat eine Unmenge an Filmen angesehen habe.

21. November 1943: Wir übernachten im Soldatenheim - und am nächsten Morgen habe ich die erste Laus! Oh, weh! Jetzt geht das wieder los! Zuerst sehen wir uns wieder einen Film an und danach in ein russisches Theater! Dort sehen wir „Der Mann ohne Kopf" und anderes mehr. Durch ganz raffinierte Licht- und Schatteneffekte scheint der Mann tatsächlich keinen Kopf zu haben. Schwarz verhängter Kopf vor schwarzem Hintergrund, der Körper aber grell beleuchtet! Das ist schon toll! Abends gehen wir wieder zum Soldatenheim. Morgen soll es weitergehen. Von den Fronten hört man nicht viel Gutes!

22. November 1943: Die Abfahrt geht früh los! Mit der Eisenbahn sind wir gegen 19.00 Uhr in Apostolowo. Hier wird für eine Nacht Quartier gemacht. Mit Lkws gelangen wir endlich nach Michailowka (wenige Kilometer westlich von der Stadt Kriwoi Rog).
Hier ist das rückwärtige Munitionslager für unsere Division. Jetzt warten wir auf Lkws, die uns zum Bataillon mitnehmen sollen. Aber es kommt heute kein Fahrzeug. Die Straßen sind wegen des Regens sehr verschlammt. Da vertreiben wir uns die Zeit mit Kartenspiel und Briefe schreiben.

23.-28. November 1943: Vorläufig liegen wir hier fest. Kein Lkw kommt her. Iwan bombardiert fleißig den Bahnhof Apostolowo. Dort steht unsere 8,8 cm-Flak und schießt ebenso eifrig.

29. November 1943: Heute will ein Lkw von hier versuchen, zum Tross I unseres II. Bataillons zu kommen. Wir erreichen aber wegen Motorschadens das Ziel heute nicht. Wir bleiben in der von deutschen Auswanderern einst gegründeten Stadt Felsenhut. Wir suchen uns an der Straße in der Nähe unseres Lkws ein Haus, um dort zu übernachten. Das steht leer, also hinein! Iwan bombardiert laufend den Bahnhof in Apostolowo. Wir legen uns dicht an die Hauswand und schlafen trotzdem ein.

30. November 1943: Hier liegen wir richtig fest! „Am Arsch der Welt", wie man so als Landser spricht. Mit einer schweren Zugmaschine fahren wir zurück nach Michailowka. Von dort nimmt uns ein Lkw vom Grenadierregiment, der einen anderen Weg nimmt, also nicht über Felsenhut, mit nach vorne zum II. Bataillon.
Mit Mühe und Not erreichen wir noch im Finstern die Kompanie! – „Kompanie, du hast uns wieder!" Die Kompanie ist für uns ja die zweite Heimat geworden.

1. Dezember 1943: Meine 9. Kompanie Grenadierregiment liegt in Wodana (Wodjane), einige Kilometer westlich von Kirowograd. Es hat viel geregnet, darum ist auf den Wegen und Straßen viel Schlamm. Frost wäre jetzt besser! Aber es will noch nicht richtig Winter werden. Da werden Freund und Feind durch diesen glitschigen Schlamm gleichermaßen in ihren Bewegungen behindert. Das ist schon eine üble Sache!

2./3. Dezember 1943: Da kommt sogar die Verpflegung nicht heran! Aber wir müssten nicht schon im 3. Kriegsjahr hier in Russland sein! Und wir wissen uns zu helfen. Da sind ja doch noch immer einige Schweine und Hühner übriggeblieben. Wir essen Bratenfleisch und gekochte Hühner! Am Abend sitzen wir bei schöner, leichter Radiomusik in der Schreibstube zusammen. Dabei unser Spieß Oskar Gellert, Oberfeldwebel Baerwald und weitere „Trossbuben". Der Schirrmeister, der Wart für Waffen und Geräte und ich.

4. Dezember 1943: Oberfeldwebel Ernst Baerwald wird Offiziersanwärter! Er kommt vom General (Hoernlein) zurück und fährt zur Kriegsschule in die Heimat. Da feiern wir einen alkoholreichen Abschiedsabend!

5. Dezember 1943: Heute schneit es hier zum ersten Mal – und der Schnee bleibt liegen. Aber die Kälte ist nicht stark und der Schnee dünn. Auf den Höhen arbeiten Zivilisten und Hiwis an einer Stellungslinie mit Erdbunkern. Wir gehen auf Krementschug zurück und wir hoffen, am Dnjepr eine ausgebaute und gut vorbereitete Feldstellung mit Bunkern vorzufinden! Aber da ist nichts!

6. Dezember 1943: Das Gebiet hinter der Front wird evakuiert. Die Evakuierten kommen mit ihrer Habe z.T. mit Panjewagen oder zu Fuß zurück. Es ist schon ein sehr trauriges Bild, wenn man das Volk so mit Sack und Pack flüchten sieht! Ich selbst erlebe es ja eine Zeit lang, wie gut man beim Tross leben kann! Da vorne aber liegen Kameraden bei diesem nasskalten Sauwetter in den Stellungen in Erdlöchern und dazu ständiger Beschuss! Hier beim Tross gibt es sicher auch Ärger und Arbeit, aber was ist das gegenüber allen Entbehrungen, Härten und Gefahren vorne in der Hauptkampflinie! Hier haben wir Häuser, können im Trockenen schlafen, vielleicht mal die „Nähmaschine", aber das kann man nicht vergleichen. Meine Dienststellung ist noch immer „zur besonderen Verwendung". Ich selbst habe mich nicht darum beworben! Aber es muss etwas mit meinem Studienantrag zu tun haben. So mache ich mich überall nützlich. Ich schreibe Gefechtsberichte für die Kompanie, d.h. für das Kriegstagebuch. Aber, was für mich das Schlimmste ist, ich habe die von vorne gebrachten Gefallenen „fertig" zu machen. Ich habe schon einmal beschrieben, was es da alles zu tun gibt. Da sehe ich noch einmal in die Gesichter der Gefallenen, drücke ihnen die Augen zu und lasse sie dann an einem festgelegten Platz, einem markanten Ort, begraben. In das Grab hinein lege ich eine verschlossene Flasche mit den Daten des Gefallenen. So kann man noch feststellen, wer da liegt, auch wenn das Holzkreuz aus irgendeinem Grund nicht mehr da steht. Beim Tross befindet sich die Schreibstube, die Feldküche, der Waffen- und Gerätewart, der Bekleidungswagen mit Schuster und Schneider, der Schirrmeister, zuständig für alles, was mit Maschinen, Motoren und Fahrzeugen zu tun hatte. Hier sind der Kompaniehauptfeldwebel, der Spieß, die Lkw- und Pkw-Fahrer und die Nachrichtenmänner. Hier wird für die Kampftruppe gebraten, gekocht, hier werden Kartoffeln geschält, Munition für die Maschinengewehre gegurtet in die Kästen gepackt und für die Granatwerfer die Granaten mit einem Putzlappen, der mit Petroleum getränkt ist, gegen Rost behandelt. Der Schirrmeister mit dem Instandsetzungstrupp lässt Motoren ausbauen, reparieren oder aus zwei schadhaften einen zusammenbauen, der funktioniert. Es ist für den Schirrmeister nicht einfach, da die Wehrmacht viele verschiedene Lkw und Pkw-Typen aus ganz Europa benutzt. Sogar russische Beute-Lkws und ebenfalls erbeutete amerikanische Studebaker-Lkws fahren unter deutscher Flagge! Abends wird das Feldküchenessen und die kalte Verpflegung mit dem Verpflegungswagen nach vorne gebracht, ebenso die Post. Ich weiß aus eigener Erfahrung, wie sehnsüchtig die Männer da vorne darauf warten! Es wird auch Munition vorgebracht, Ersatzteile und auch Ersatzmänner für die Gruppen schwerer Maschinengewehre oder die Granatwerfer. In der Nacht, oft früh morgens, kommt das Fahrzeug dann zurück. Die Verwundeten und Gefallenen werden zum Tross gebracht. In besonders schwierigen Situationen ist das Verpflegungsfahrzeug oft überhaupt nicht bis zur Kompanie gekommen, (im Winter 1941/42 sehr oft!). Auch bei sogenannten Großkampftagen, wo oft abends noch gar nicht klar ist, wo die eigenen Stellungen verlaufen, ist einige Male keine Versorgung erfolgt. Aber sonst, das muss ich sagen, ist die Verpflegung, ob warm oder kalt, bei unserer 8. bzw. 9. Kompanie immer sehr gut. Wir haben Köche, die aus dem was zugeteilt ist, immer besseres Essen zubereiten konnten, als die von anderen Kompanien, denen sehr oft unsere schweren Maschinengewehr- oder Granatwerfer-Gruppen zugeteilt werden. Dann haben wir den Unterschied gemerkt. Feldwebel Berbrich oder Feldwebel Reimann sind neben den verschiedenen Köchen unsere guten Leute. Im eisigen Winter tut Tee mit Rum gut! (Da habe ich mich oft freiwillig zum „Kaffee holen“ gemeldet. – „An der Quelle saß der Knabe!“). Aber auch im heißen Sommer schmeckt der Tee kalt!

13. Dezember 1943: Nun ist es endlich so weit! Heute muss ich zum Regimentsgefechtsstand, zum IIa/2. Generalstabsoffizier (Versorgung) vorkommen nach Petrowa-Dolina. Es ist so weit! Abkommandierung zur Heeres-Veterinär-Akademie, Hannover. Wir sind zwei Unteroffiziere, der andere Kamerad will Medizin studieren. Als wir dort ankommen, ist nur wenige Kilometer vor uns an der Front der Teufel los. Iwan schießt auch eifrig mit seiner Artillerie hier in die Gegend. Vorne wird jede Nacht geschanzt. Bunker, Laufgräben und Feuerstellungen. Es wird Stroh vorgebracht zu den einzelnen nasskalten Schützenlöchern. Dicht hinter der Front stehen unsere schweren Waffen in guter Deckung und sichern. Auf jeden Vorstoß des Iwans gibt es einen Mordsfeuerschlag! Da sehe ich herumstehen, z.T eingegraben: 2 Batterien Nebel-Werfer, Do-Geräte auf Schützenpanzerwagen, weiter die Feldgeschütze vom Kaliber 10,5 bis 15 cm-„Hummel“ und eine Kanonenbatterie mit 10,5 cm. Das ist schon eine ganz schöne Feuerkraft! Nach unserer Vorstellung beim IIa/2. Generalstabsoffizier haben wir die gute Hoffnung, dass es mit unserer Abkommandierung klappen wird. Ich fahre wieder nach Wodana zurück.

14./15. Dezember 1943: Ich höre von „Parolen“! Ein von „Großdeutschland“ gehaltener Frontbogen soll begradigt werden, unsere Division herausgezogen und nach Lemberg in Ruhe kommen. – Da ist wohl der Wunsch der Vater des Gedanken! Aber verdient hätten wir es ganz gewiss!

16./17. Dezember 1943: Ich erhalte neuen Auftrag (zur besonderen Verwendung!) – Weihnachten steht vor der Tür! Der Spieß sagt nur: „Tannenbäume besorgen!" Ich fahre in die nächste größere Stadt nach Nowo-Shitomir. Lange Trecks von Evakuierten ziehen durchs Dorf. Schicksalsergeben trotten Männer wie Frauen neben den Panjewagen her, die oft schon sehr brüchig aussehen. Die Kinder sind, in Decken und Lumpen verpackt, oben auf der wenigen Habe verstaut. Im Dorf selbst gibt es keine Tannen! Hier in der Ukraine gibt es ja kaum Wald. Wo soll ich da wohl Tannen herbekommen? Also geht unsere Fahrt weiter nach Kriwoi-Rog. Ich hoffe, dort in der größeren Stadt eventuell im „Kulturpark" Tannen zu finden. Aber die haben die in Kriwoi-Rog wohnenden Landser schon selbst geholt! Wir finden aber noch ein paar Äste von Tannen und Kiefern. Bei der Fahrt durch die Straßen hätten wir beinahe noch eine dicke Gans erbeutet, die von den Landsern an einem Draht außen an der Hauswand aufgehängt worden ist. Das soll wohl den Kühlschrank ersetzen und ist außerdem eine ziemlich sichere Aufbewahrungsart! Uns läuft schon das Wasser im Mund zusammen, aber leider hängen die „Trauben zu hoch". Mitten in der Stadt sind Erzgruben, auch Kohlegruben, wie in Kirowograd. Ob durch leichtsinnige Abbauweise verursacht oder ob durch eine militärische Sprengung, sehe ich einen eingefallenen, offenen, abgesoffenen Schacht, der sich durch die Stadt hinzieht. Rote Erde, vom Abbau? Ist zu hohen Halden aufgeworfen. Schroffe und verwitterte Hänge fallen steil zu einem Fluss hinab. Es sieht etwas wild aus in dieser Stadt. Ich erfahre, dass der Iwan vor einigen Wochen schon mal in der Stadt war, er wurde aber wieder vertrieben.

21. Dezember 1943: Deutsche Dienststellen sind eifrig beim Einrichten (oder Abbauen?). Um die Stadt herum liegen Hütten- und Bergwerke. Von hier aus geht die Rollbahn IV nach Lemberg. Spät am Abend sind wir leider nur mit wenig Tannen bzw. Kieferngrün wieder in Wodana.

22. Dezember 1943: Wieder einmal fahre ich nach Petrowa-Dolina, zum IIa/2. Generalstabsoffizier. Dort treffe ich auch den Unteroffizier, der Medizin studieren will. Nach einer Stunde des Wartens heißt es für uns: „Machen Sie sich bereit, dem General vorgestellt zu werden." Jetzt wird es ernst! Zuerst melden wir uns beim Adjutanten Major Theo Bethge. (War früher einmal der Kompanieführer der 8. Kompanie und Bataillonskommandeur II. Bataillon „Grenadiere".) Der mustert uns von oben bis unten, ermuntert uns, und sagt dann zu mir, als er die Tür zum General öffnet, ohne dass ich weiß, worum es sich da handelt: „Den ersten langsam!" Dann melden wir uns ganz „zackig", wie sich das gehört: „Unteroffizier Rehfeldt, 9. Kompanie, Granatwerfer-Zugführer, II. Bataillon meldet sich ab zum Studium der Veterinär-Medizin, zur Heeres-Veterinär-Akademie Hannover." Mein Kamerad meldet sich entsprechend. Nun sieht uns der General Walter Hoernlein mit ernstem Gesicht erst einmal genauer an. Als er die Auszeichnungen sieht, meint er: „Na, die haben Sie sich sicher hart verdient? – Dann sollen Sie auch jetzt zu Ihrem Studium fahren können. Und Sie, Sie wollen ‚Kuharschastronom' werden? – Tierarzt ? Wollen weg von unserer herrlichen Panzertruppe?" Da sage ich nur: „Jawohl, Herr General!" Nun dürfen wir rühren und er greift unter den Tisch, holt drei Cognacgläser hervor und eine Flasche „Hennessy". Behutsam schenkt er ein, ergreift sein Glas, ermuntert uns und setzt das Glas an. Mein Kamerad hebt das Glas an den Mund, macht einen tüchtigen Schluck und hustet leicht. Ich habe auch schon genippt, als ich sehe, wie der General genüsslich den ersten kleinen Schluck „kaut". Da halte ich ein, mache es so ähnlich wie mein General und nehme danach den nächsten Schluck. „Ich sehe, dass meine Unteroffiziere es verstehen, einen solchen Tropfen zu trinken“, sagt er und sieht mich an. Dann schenkt er sich und mir das 2. Glas ein. Jetzt mache ich es aber ganz richtig. Mein Kamerad verzichtet, nachdem ihn der General kurz „aufklärt“, wie man einen solchen edlen Tropfen trinken solle. Nach kurzen privaten Fragen wie: „Wo sind Sie zu Hause? Verheiratet? Verliebt? Verlobt? Na, Sie sind ja noch jung, da können Sie noch etwas warten!“ „Jawohl, Herr General!“ Das kommt wie aus einem Mund. Wir stehen stramm, grüßen und machen auf dem Absatz kehrt. Im Vorzimmer regelt Major Bethge das Schriftliche. Wir werden „einfach versetzt“. In der Nähe treffe ich Feldwebel Walter Pfeil aus Hagen. Wir reden einen Augenblick. Er ist mit der Feldküche vorgekommen. Am selben Tag fahre ich wieder zurück nach Wodana. Hier ist der Stabsgefreite Willi Klein für einige Tage aus der Front geholt worden, weil er das Eiserne Kreuz I. Klasse verliehen bekommt. Er hat den schönen Beinamen „Tschingschang“, weil er bei Zug- oder Kompanieabenden das schöne „Chinesen-Lied“ vorträgt. Er stammt aus dem Münsterland und spricht plattdeutsch!

23. Dezember 1943: Wir bauen uns einen Weihnachtsbaum! Da wir ja kaum Tannengrün, viel weniger ganze Tannenbäumchen hier in der Gegend finden können, nehmen wir einen Holzstiel, machen Löcher und stecken einige Tannenreiser hinein! – „Oh Tannenbaum, oh Tannenbaum!“ Aus Silberpapier schneide ich Lametta. Feingezupfte Watte kommt als „Schnee“ in die Zweige, fertig ist der Weihnachtsbaum. Den Rest der Zweige stecken wir dekorativ in der Stube an die Wand. Es sieht bei uns schon recht weihnachtlich aus. Als alte Soldaten backen wir uns Plinsen und Krapfen selbst!

24. Dezember 1943 – Heiligabend: In der Schreibstube findet gemütliches Beisammensein statt. Radiomusik. Post ist gekommen. Zwei Säcke voll für unsere Kompanie. Der Spieß Oskar Gellert kommt später zu uns. Er ist nach vorne zu den Kampfgruppen gefahren, hat den Jungs Grüße und Weihnachtsgeschenke gebracht. Er berichtet, dass alle „hohen Tiere“ vorne bei der Kampftruppe gewesen seien. Selbst unser General Hoernlein und alle Kommandeure. Es ist meine 3. Kriegsweihnacht fern von zu Hause! Wir machen Blitzlichtaufnahmen. Unser Spieß hält eine Ansprache: Er betont, dass unsere Kompanie (Maschinengewehr-Granatwerfer) noch nie zuvor so auseinandergerissen war wie derzeit! Vorne in den Stellungen liegen gut 20 Mann, 2 schwere Maschinengewehre und 2 Granatwerfer, von 125 bis 150 Mann. Das ist die Kampfstaffel. Wir, der Tross I, liegen hier in Wodana. In Nachbardörfern sind Männer unserer Kompanie zum Schutz zum Stab kommandiert. Weiter hinter uns, in Nowo-Ukrainka liegt der Tross II mit der Instandsetzungsstaffel und dann, überall in den Feld-, Kriegs- oder Heimatlazaretten unsere Verwundeten. Selbst unser Kompaniechef ist nicht bei uns! Auch er ist verwundet, irgendwo in der Heimat. Unsere Kompanie hat keinen Offizier mehr! Feldwebel und Unteroffizier führen die Kompanie. Dann folgt ein Rückblick auf das Jahr 1943: Es brachte uns viel Schweres und Not. Aber wir lassen uns nicht unterkriegen! Und ein Wort kennen wir nicht: Kapitulation! Anschließend gedenken wir unserer gefallenen Kameraden. Es ist zu viel! Danach sitzen wir still beisammen. Erst später werden wir wieder lebendiger!

25./26. Dezember 1943 – Die Weihnachtstage, Wodana: Die Kompanie ist sehr großzügig mit Geschenken! Zuerst die Männer der Kampfgruppe vorne, sie sind gestern besucht und beschenkt worden, dann die Trosse. Für jeden gibt es zwei Christstollen, Zigaretten, Schnaps, Wurst und andere Marketenderwaren. Kuchen ist mehr da, als wir aufessen können. Den haben wir am Abend mit nach vorne gegeben. Aber wir haben kein Winterwetter! Tagsüber regnet es, in der Nacht friert es. Das gibt böses Glatteis. Die Wege und Straßen sind wie „Zuckerguss" mit Glatteis überzogen! So ein Glatteis habe ich noch nie zuvor erlebt! Iwan greift, wie voraussehbar war, bei den Füsilieren an – am 1. Weihnachtstag. Er wird aber im Gegenstoß wieder zurückgeworfen, die Eindringlinge vernichtet und die Front gehalten. Durchs Radio erfahren wir, dass Iwan bei Shitomir Rjetschitza und nördlich bei Newel offensiv geworden ist.

An der Heeres-Veterinär-Akademie – Hannover

27.-30. Dezember 1943: Ich bringe meine Sachen in Ordnung und bereite meine Abfahrt vor. Heute erhalte ich vom Spieß meine Versetzung zur Heeres-Veterinär-Akademie. Jetzt kommt die wichtige Frage: Wie komme ich hier von Wodana zu einem Bahnhof?

31. Dezember 1943 – Silvester: Wir feiern in einem großen Raum gemütlich bei Punsch und leckerem Kuchen. Aber die Gemütlichkeit findet ein jähes Ende! Vom Nachbardorf, wo der Tross der 14. Kompanie liegt, hat man sich etwas Böses ausgedacht! Die Leute kommen her zu uns und werfen in unsere friedliche Runde Rauchsichtzeichen! Da geht uns die Luft aus! Wir müssen raus. Hustend und prustend gehen wir zum „Gegenangriff" über! Mit den letzten Flüchtenden der 14. Kompanie dringen wir in deren Schreibstube ein, wo auch gefeiert wird und vergasen sie mit Tränengas! Warum soll es denen besser ergehen! Die Männer der 14. Kompanie müssen den Raum wechseln, aber auch wir müssen eine Zeit draußen bleiben, bis sich der gelborange Rauch verzogen hat. Um Mitternacht ist dann aber der Frieden wieder hergestellt! Um Mitternacht sehen wir an der Front von links bis rechts und vor uns Leuchtkugeln hochsteigen. Die ganze Front ist illuminiert! Wir hören auch Schüsse, die in den Nachthimmel knallen. An wenigen Stellen krachen Handgranaten. Früher machten wir aber, der Zeit und Lage entsprechend, viel mehr „Rabatz". Die Lage ist für uns viel ernster als noch bei der Jahreswende 1942/1943! Was mag das neue Jahr 1944 uns wohl bringen?

1944

1. Januar 1944: Heute habe ich auch meinen Marschbefehl erhalten. Von den Kameraden der Kompanie verabschiede ich mich persönlich. Meinem Kompanieführer schreibe ich einen Brief ins Lazarett. Schwer beladen mit den „Schätzen des Orients" (wie es in dem Lied so schön heißt!) werde ich mittags von „Wilhelm" Feldwebel Berbrich zur Rollbahn IV gefahren. Dort letzter Abschied, ich muss nun auf eine Mitfahrgelegenheit warten. Schließlich nimmt mich ein Lkw mit nach Dolizewo (etwa 6 Kilometer vor Kriwoi-Rog). Von dort geht es mit der Eisenbahn bis Apostolowo.

2. Januar 1944: Von hier geht es mit der Bahn weiter nach Nikolaijew. Aber von hier bis Odessa fahre ich mit einem Lkw, fast immer an der Küste des Schwarzen Meeres entlang. Mal dichter, mal weiter ab von der Küste. Einmal sehe ich ein zerschossenes russisches Kanonenboot am Ufer aufgesetzt liegen. Nach gut sechs Stunden kommen wir in Odessa an. Da der Zug, der mich weiter bringen soll, bald fährt, habe ich in der Stadt leider nicht viel Zeit. In einer Straße kaufe ich mir ein gut duftendes Stück Seife. Dann gehe ich zum Wasser und sehe dort die berühmte breite Treppe (Film: „Panzerkreuzer Potemkin"). Am frühen Nachmittag fahre ich mit einem „Dienstzug" durch Transnistrien. Meine Gedanken fliegen dem Zug voraus! Wie wird das mit dem Studium vor sich gehen? Wo finde ich die Heeres-Veterinär-Akademie? Brauche ich Bücher? Viele Fragen, die noch offen sind.

3./4. Januar 1944: Die Fahrt geht über Shmerinka-Lemberg-Przemisl. Dort ist eine große Entlausungsanstalt für alle Osturlauber. Mit einem Kameraden der Schwarzmeerflotte zusammen geht es weiter nach Krakau.

5./6. Januar 1944: Der Zug fährt durch den Bahnhof von Dresden. Von hier mit einem D-Zug geht es weiter nach Hannover. Irrtümlich begebe ich mich zuerst zur „Tierärztlichen Hochschule". Dort erklärt man mir den Weg zur Möckern-Straße, zur Heeres-Veterinär-Akademie. Dort werde ich formal aufgenommen, einer Lehrgruppe (L II) zugeteilt und dann beginnt ein für mich anfangs schwieriger „Kasernenbetrieb". Meine erste Handlung ist, auf der Schreibstube einen Kurzurlaub zu beantragen.

7./8. Januar 1944: Das wird auch genehmigt, und so fahre ich am 8. Januar nach Hagen. Das wird eine gelungene Überraschung! Damit hat keiner gerechnet! Leider sind 3 Tage viel zu schnell vorbei!

8./9. Januar 1944: Ich bin bei meinen Eltern, die sich natürlich freuen, weil ich ja nun eine Zeit lang von der Front weg bin. Was kann das Leben schön sein! Ich atme richtig auf!

10. Januar 1944: Nachts fahre ich nach Hannover. Dort besuche ich einige Vorlesungen. Dann muss ich mich beim General melden. Anfangs wollte ich „Aktiver Veterinäroffizier" werden. Dann wäre ich in die „LI" gekommen. Die hat aber schon Vorlesungen für das 2. Semester. Besser „Trimester", da in Kriegszeiten in einem Jahr 3 „Semester" gelesen werden. Außerdem werden die Herrschaften hier mit der sogenannten Abkommandierung durch meinen General nicht fertig! Da muss wohl irgendein „Formfehler" passiert sein. Meine ungeklärte Angelegenheit geht nach Berlin zur Inspektion. Bis dahin werde ich der L II (Reserveoffiziere) zugeteilt. Jeden Morgen werden wir mit einem „Holzgas-Omnibus" zur Hochschule gefahren. Ich habe mir inzwischen einige Bücher beschafft, u. a. auch das Anatomiebuch „Ellenberger Baum". Neueste Auflage „Z.A.G." (Zietschmann-Ackerknecht-Grau). Als ich da hineinsehe, denke ich nur: „Donnerwetter, was muss da noch alles in deinen Kopf." Und das ist nur ein Buch! In Hannover gibt es bereits viele Fliegeralarme! Die Angloamerikaner kommen bald jede Nacht! Ich bekomme zwar bei diesem belegten 1. Trimester nicht allzu viel von der Anatomie, Physiologie, Chemie oder Physik mit! Wichtig ist aber, dass ich eine Immatrikulationsnummer habe! Unter den Studenten, die alle in Uniform sind, gibt es alle Dienstgrade und es besteht eine tolle Kameradschaft. Mir sind einige der hier Studierenden aufgefallen, weil sie immer in den kurzen Vorlesungspausen draußen zusammenstehen. Eines Tages werde ich von einem dieser Herren angesprochen, ob ich nicht einmal zu ihnen aufs Haus kommen möchte. Es ist

Erich Hagena, Führer einer Studentenverbindung, die sich „Kameradschaft Leibniz" nennt. Es gibt einige dieser Kameradschaften, die alle vor der Machtergreifung der Nazis aktive Corps gewesen sind. Bei denen wird sogar noch gefochten, obwohl das zu der Zeit verboten ist. Mir gefallen die Herren dieser Kameradschaft gut. Ich werde über das Verhalten in solchen Verbindungen informiert und verlebe mit diesen Herren viele schöne Stunden! - Einmal machen wir einen „Zug durch die Gemeinde" und haben ziemlich getrunken! Um nun in dunkler Nacht nicht die Richtung zur Möckern-Straße zur Heeres-Veterinär-Akademie zu verlieren, legte der Erste seinen Säbel in die Straßenbahnschiene der Linie, die nach Vahrenwald rausfährt. Dahinter hängen wir mit fünf bis sechs Mann an den Rockschößen und halten uns fest, und dann „fahren" wir los! Am großen Depot müssen wir mit dem Säbel mehrfach die Schiene wechseln, um in die richtige Richtung weiter zu „fahren". Weil wir „über den Zapfen gehauen" haben, (nach Zapfenstreich!) können wir nicht durch den Haupteingang der Akademie gehen. Aber wir kennen ein Loch im Zaun der benachbarten Nachrichter-Kaserne und da sind wir leise hindurchgeschlüpft, einzeln zum Akademiegebäude und dann die Treppen hoch zu unseren Zimmern! Wir sind nicht aufgefallen. - Ich warte ja nun auf die Nachricht von der „Inspektion-Berlin". Der Kommandeur der Lehrgruppe II ist auch Mitglied der Kameradschaft „Leibniz", Oberfeldveterinär Dr. Gerhard Schulze (Bockenem). Wir können sogar Reitunterricht bekommen, aber leider bleibe ich dort nicht lange. Interessant ist es immer nach dem Mittagessen. Ist der Kommandeur fertig, stehen alle auf, beenden ihr Essen, und nehmen, wenn der Kommandeur den Speisesaal verlässt, Haltung an. Kaum ist der aber aus dem Saal, greifen fast alle zum Löffel und packen sich einige Kartoffeln aus den Terrinen in ihre Uniformmütze, die mit einem Taschentuch ausgelegt ist. Abends werden in den Stuben dann auf dem Kanonenofen Bratkartoffeln gemacht. Nicht nur der Geist, auch der Körper braucht Nahrung! So vergehen die schönen Tage von Hannover!

Versetzung zur Ersatzbrigade „Großdeutschland"

2. Februar 1944: Ich muss mich wieder beim General melden. Der sagt mir, dass die Inspektion in Berlin von meiner Abkommandierung zur Akademie nichts wisse. Ich soll zu einem Ersatztruppenteil in Hannover versetzt werden! Ich bestehe aber darauf, dass ich nur zum Ersatzbataillon meiner Division „Großdeutschland" nach Cottbus versetzt werde! Wir haben eine Soldbucheinlage: „Darf nicht zu anderen Truppenteilen kommandiert werden. Heimatgarnison Cottbus. Ersatzbataillon „Großdeutschland".

3. Februar 1944: Als ich mir dann meine Marschpapiere auf der Schreibstube abhole, sage ich dem Schreiber: „Machen Sie einen Vermerk: Fahrt aus dienstlichen Gründen über Schwerin." Und so schrieb er es auch. Jetzt habe ich die Möglichkeit, „ganz offiziell" einen Abstecher nach Schwerin zu machen. Die Überraschung bei Onkel Adolf, Tante Trudi, Ursel und Jürgen, ist groß! Ich verlebe bei und mit ihnen zwei schöne Tage.
Nun fahre ich nach Berlin. Inzwischen sind die Angloamerikaner mit ihren Bombenangriffen immer schlimmer geworden! Ich mache noch zwei Tage „Berlin-Urlaub"! Immer, wenn der Zug überfüllt abfährt, und ich nicht mehr mitkomme, lasse ich mir vom Bahnhofsoffizier eine

Bescheinigung ausstellen! Auf diese Weise habe ich zwei Tage für Berlin! Alles ist rechtens und korrekt. Als ich nun nach Tagen endlich in Cottbus, bei der Ersatzbrigade „Großdeutschland" ankomme, fragt man mich natürlich, wieso ich von Hannover nach Berlin vier Tage gebraucht habe? Da sage ich dem Oberleutnant: „Seien Sie doch froh, dass ich überhaupt da bin. Was glauben Sie, wie die Flieger die Eisenbahn beschießen und bombardieren. Besonders in Berlin ist es ganz schlimm!" In Cottbus weiß man zuerst überhaupt nicht, was man mit mir anfangen soll. Ich bin ja nicht als Genesener aus einem Lazarett gekommen, sondern komme von der Heeres-Veterinär-Akademie. Da muss ich denen erst einmal erklären, wie so ein Unteroffizier von „Großdeutschland" dort hingekommen ist, und wieso ich wieder von dort wegmusste. Man hat mich dann als Unteroffizier zur besonderen Verwendung eingesetzt. Da brauche ich keinen Truppendienst mitmachen! Ich habe da zuerst einmal Kurzurlaub eingereicht. Auf der Schreibstube erfahre ich, dass wir gesperrt sind. Ich habe als Unteroffizier vom Dienst mehrere versiegelte Briefe im Schrank. Auf einem steht das Wort „Walküre". Was ist denn das schon wieder? Auf mein drängendes Nachfragen sagt man zu mir: „Wenn sie für die drei Tage einen Ersatzmann stellen können – einen Unteroffizier oder Feldwebel, dann können Sie fahren." Ich finde sehr schnell einen, und fahre dann noch einmal für drei Tage nach Hagen. Am letzten Tag bringt der Postbote ein Telegramm von der Brigade. „Walküre" aufgerufen! – Also, sofort zur Garnison nach Cottbus zurück. Als ich in Cottbus ankomme, ist kaum noch ein Soldat in den Kasernen. Die sind aufgrund des „Walküre"-Abrufs auf die Bahn verladen worden und in Richtung Hohe Tatra – Zakopane abgefahren. Nun muss ich mit einigen wenigen hinterher!

Unternehmen „Margarethe I“ – Einmarsch in Ungarn

Beim Verstärkten Infanterieregiment mot. 1029 „Großdeutschland“

8. März 1944: Heute erhalte ich meine Versetzung zu dieser neuen Einheit. Wegen der zurückgehenden Front hat man Sorge, dass die mit uns verbündeten Ungarn und Rumänen eventuell „wankelmütig“ werden könnten. Ich komme in die 4. „Schwere Kompanie“. Dort treffe ich den Feldwebel Gerber und einen anderen Unteroffizier meiner alten 8. Kompanie. Unterkunft im Keller der Sachsendorf-Kaserne. – Da scheint sich etwas ganz Außergewöhnliches anzubahnen – aber was? Wir können anfangs nichts Genaues erfahren. Alles scheint so eigenartig. „Alles Geheim!“ Es wird von einem „Sonderverband 1029 ‚Großdeutschland‘ mot.“ gemunkelt.

9. März 1944: „Fertig machen!“ Um 17.00 Uhr Abmarsch zum Verladebahnhof Neuhausen bei Cottbus. Der Zug kommt aber vorerst nicht. Wir warten im Gasthof. Natürlich diskutieren wir, was wohl der eigentliche Grund dieser Aktion sein könnte. Die Ungarn sind bisher immer gute und treue Verbündete gewesen. Anders als die Rumänen. Damals im Ersten Weltkrieg hatten sie gegen uns gekämpft.
Für uns sind aber die Ölquellen von Ploesti von ganz besonderer Bedeutung! Ich denke da an unseren Vormarsch bei der großen Sommeroffensive im Jahr 1942. Mehrmals hatten wir dort die Verfolgung wegen Spritmangel unterbrechen müssen! Vielleicht sollen wir die Ölquellen in Rumänien sichern? Es ist uns jetzt aber auch bekannt, dass gewisse Leute in der ungarischen Regierung nicht mehr ganz so ehrlich und vertrauenswürdig sind. Aber der Soldat erhält einen Befehl, einen Auftrag, da hat er nicht lange zu fragen! Es muss also alles getan werden, was der Sicherheit Deutschlands dient! Ich schicke ein Telegramm nach Hause. Im Wartesaal vertreiben wir uns die Zeit mit Kartenspielen. Wir haben einen ganz jungen Leutnant Hartwig, dem wir alten Krieger nun dort mit Kartenkunststücken und „17 und 4“ die tollsten Kniffe beizubringen versuchen. Dabei gibt es viel Spaß. Ich beherrsche zu der Zeit fast 12 gute Kartenkunststücke, die den Leutnant sehr beeindrucken. Er ist ein sehr ruhiger und kameradschaftlicher Offizier. Da er kaum Fronterfahrung hat, hält er sich immer sehr an uns. Und er tut gut damit! Um 03.00 Uhr beginnt das Verladen, gegen 04.00 Uhr kann Vollzug gemeldet werden. Dann können wir noch bis 06.00 Uhr im Wartesaal schlafen. Aber dann Einsteigen und ab geht die Reise! Es geht über Cottbus-Sagan-Liegnitz-Reichenbach (Eulengebirge)-Kamens-Neisse-Beskiden. Der Zug windet sich durch das Gebirge. Landschaftlich herrliche Gegend! Schnee liegt noch überall. Lachowice-Karpaten-Neumarkt. Hier hält der Zug. Aus- und Abladen! Dann Motor-Marsch bis Poronin, wenige Kilometer vor Zakopane (Hohe Tatra).

10. März 1944: Wo wir untergebracht werden ist ein Luftkurort. Wir erhalten Quartier in kleinen Hotels. Hier gibt es fast nur Holzbauten, die aber sehr gut aussehen und in Ordnung sind. An den steilen Berghängen stehen dunkle Tannen und Fichten, z. T. mit Schnee bedeckt. Kahle Felsen sind zu sehen und Wolkenfetzen an den Gipfeln. Hier kann man den Krieg gut aushalten! Es beginnt zu schneien, da verschwinden die Berge im Nebel. Hier sind viele Winterkurorte. Die Tatra-Guralen, ein hier lebender Volksstamm, haben eine sehr kleidsame Tracht.

11./12. März 1944: Wenn der Nebel verschwindet, hat man eine wunderbare Sicht auf die Hohe Tatra mit dem höchsten Berg Giewont. Von meiner Stube aus kann ich aus dem Fenster diese schöne Bergwelt sehen.

13. März 1944: Die Märzsonne scheint schon etwas warm. Mit den jungen, noch nicht richtig ausgebildeten Rekruten üben wir im Schnee. Die Gegend ist einmalig schön – und dann haben wir diesen verdammten Krieg!

14. März 1944: Zum Gipfel führt eine Drahtseilbahn. Oben ist das Gipfelkreuz zu sehen. Im schneebedeckten Gelände machen wir Werferausbildung und Schießübungen. Durch die Sonne werden wir schon im Gesicht gebräunt! Und immer wieder Übungen mit den jungen Soldaten.

15. März 1944: Das Wetter wechselt oft innerhalb weniger Minuten! So wechseln sich dauernd Schneefall und Wolken mit der Sonne ab. Die Goralen sind geschickte Holzschnitzer. Ich lasse mir einen Brieföffner und einen Serviettenständer schnitzen. Als Motiv ist oft das Edelweiß zu sehen. Den Brieföffner habe ich noch heute!
Heute machen wir einen Marsch nach Zakopane. Das ist ein sehr guter und bekannter Wintersportort! Viele große Hotels sind zu Reservelazaretten umfunktioniert. Im Hotel „Meerauge“ ist Musik zu hören, da gehen wir hin und treffen deutsche Mädels (Krankenschwestern und Wehrmachthelferinnen). Mit denen trinken wir in der „Arcadia-Bar“ Likör und unterhalten uns nett. Nachdem wir einige Andenken erstanden haben, treten wir den Heimweg an. Die jungen Soldaten sind inzwischen im Soldatenheim gewesen und marschieren auch geschlossen wieder nach Poronin zurück. Wir alten Kämpfer nehmen einen Pferdeschlitten und lassen uns nach Poronin zurückfahren. Eine romantische Fahrt! Vorne zwei Pferde, auf dem Bock der Gorale als Kutscher und im Schlitten wir unter einer dicken wärmenden Decke. Mein Kamerad, der Unteroffizier Heinz Spieß, kann wunderbar singen! Die Pferde schnauben, die Kufen rutschen über den Schnee, ab und zu ruft der Kutscher: „Via, Mischa, via!“ und die Pferde traben los. Dann erklingt in der Stille der Nacht eine Operetten-Arie und danach noch weitere Lieder. Auf mein Bitten hin singt er auch noch das Wolgalied. Verdammter Krieg, was könnte das Leben so schön sein! Der Goralen-Kutscher sagt nur „Dobre, panie dobre!“ Es ist eine unvergessliche winterliche Schlittenfahrt!

16.-18. März 1944: Die jungen Soldaten müssen ordentlich ran. Unser Kompanieführer, ein Hauptmann Brinken (guter Offizier!), lässt sie im Schnee üben und scharf schießen, auch im Schneetreiben. Möglichst wirklichkeitsnah! Abends schauen wir den Goralen bei ihren Schnitzarbeiten zu. Während wir uns schon die schönsten Gedanken für einen Unteroffiziersabend machen, kommt völlig überraschend der Befehl, uns sofort abmarschbereit zu machen. Schnell ist alles verladen und dann sitzen wir wartend in den Quartieren. Da kommt ein Melder und die Abfahrt wird verschoben auf den nächsten Tag – auf 04.00 Uhr! Mit zwei

Kameraden gehe ich in eine Kneipe und rede mit den Polen über einen guten Schnaps. Aber da tut sich nichts. Im Quartier überreden wir unseren Feldwebel Pan Gerber und es gelingt uns, eine Flasche „Grüne Pomeranzen“ frei zu bekommen. In gemütlicher Runde und mit viel Spaß leeren wir die Flasche.

19. März 1944: Es ist Sonntag! Das ist der traditionelle Reisetag für „Großdeutschland“. Um 08.00 Uhr sitzen wir auf und rollen bei Schneetreiben und Kälte über Neumark an den Fluss Dunajec. Dort erfahren wir unseren Auftrag. Seit 04.00 Uhr Einmarsch deutscher Truppen in Ungarn! Grund: Dortige Regierungskrise! Unser Auftrag: Blitzschneller Vorstoß bis an den Fluss Theiß und Sicherung der Theißübergänge bei Tiszadorogma. Es geht durch eine tief verschneite Gebirgswelt. Auf beiden Seiten hohe Berge, deren Gipfel in Dunst und Nebel verschwinden. Die Straßen sind vereist! – Schneewehen hindern unser Vorankommen. Schneepflüge sind schon vorausgefahren und haben die Straßen einigermaßen frei geschoben. Auf Serpentinen geht es über die Pässe. Aus dem Gebirge und dem Schnee kommen wir an die Grenze Slowakei – Generalgouvernement. Jetzt geht die Fahrt durch das Tal des Dunajec. Links und rechts steile Karsthänge mit Tannen und Fichten. Es taut, der Fluss schießt zwischen den Felsen dahin als schäumendes Wildwasser. Wir halten oft an, weil auf den vereisten Straßen einige Fahrzeuge nicht vorankommen. Auf kegelförmigen Bergkuppen stehen an Talengen trutzige verfallene Burgruinen. Wir erreichen die Grenze. Hier führt eine Holzbrücke über den Dunajec, der hier mehrere Kilometer zur Grenze wird und sich in vielen Windungen durch das Gebirge schlängelt. Auffallend ist, dass das Volk auf der bisherigen polnischen Seite ziemlich frech und finster blickt, der Gesichtsausdruck der Slowaken ist gleich freundlicher. In allen Dörfern stehen die Menschen und winken – oder grüßen sogar mit „Heil Hitler!“ Unsere Fahrt geht immer weiter und wieder ins Gebirge. Wieder auf beiden Seiten tief verschneite Berghänge. Wir sehen hier viele Reklameschilder der tschechischen Schuhfabrik Bata und auch der gute „Neheran robi saty dobre“ ist als Reklame überall zu sehen. Bis in die Nacht hinein stehen die Slowaken auf der Dorfstraße und lassen die Kolonnen vorbeirollen. Wegen der Kälte sitzen wir zu dritt im Führerhaus und singen wie die Weltmeister, um den Fahrer wach zu halten und um uns warm zu singen! Wir sind in ausgelassener Stimmung, denn es geht neuen unbekannten Orten und Gegenden entgegen. Ungarn – da waren wir noch nicht. Wild sprießen die Gerüchte! Wohin wird diese Fahrt weitergehen? Nach Nettuno (dort waren die Angloamerikaner in Italien gelandet), wieder nach Russland oder nach Frankreich? Aber da ist ja wohl die Richtung falsch! Aber jetzt wollen wir uns mal die viel besungene ungarische Puszta selbst ansehen! Unsere Kolonne fährt mit abgeblendeten Scheinwerfern durch die Nacht und die Täler. Von 23.00 Uhr bis 07.00 Uhr stehen wir in einem Ort. Von einer Seitenstraße rollt dann ein Teil des Regiments „Feldherrnhalle“ überholend an uns vorbei. Als wir wieder anfahren, beginnt ein heftiges Schneetreiben. Wir erreichen Stara Lubovna (Alt Lublau) am Poprad-Fluss. Immer wieder sind die Straßen vereist, aber wir legen an Tempo zu! Auf Serpentinen und eisigen Wegen geht es auf Presov zu. Auch hier winkt uns die Bevölkerung zu und wir winken zurück. Bald müssen wir die ungarische Grenze erreichen. Gespannt sind wir, wie sich wohl das ungarische Militär uns gegenüber verhalten wird. Sie sind ja doch noch unsere Verbündeten. Der Weg geht bergan, mitten im Wald steht plötzlich das Grenz- und Zollhaus mit dem Schlagbaum in den Landesfarben. Auf der einen Seite slowakisch, auf der anderen die ungarischen Farben. Der Aufenthalt hier ist sehr kurz. Der ungarische Posten

guckt ziemlich dumm, hat aber das Gewehr umgehängt. Nach der Grenze geht es in schneller Fahrt auf Kosice/Kaschau zu. Bald sehen wir schon die Türme und Gebäude der Stadt. Das Regiment „Feldherrnhalle" bleibt in Kaschau, wir rollen weiter durch. In den Straßen der Stadt steht die Bevölkerung und winkt uns zu. Deutsche Nachrichtenhelferinnen stehen auf den Bürgersteigen und werfen uns Zigaretten zu.
Das ungarische Militär wird nicht entwaffnet, wir kommen ja zum Schutz des ungarischen Staates, den schmutzige Geschäftemacher in den Dreck und Ruin zerren wollen. Wir hören weiter, dass der Ministerpräsident mit Juden zusammengearbeitet habe und sich durch dunkle Machenschaften ein riesiges Vermögen verschafft habe. Nach diesem Verrat soll er mit einem Flugzeug ins Ausland geflohen sein. Damit nicht wichtige Staatspapiere auch noch verschwinden, sollen wir an der Theiß eine „Sperre" bilden. Es soll jeder Verkehr über den Fluss verhindert werden. Unsere Fahrt geht in der Nacht durch die große Stadt Miskolc. Hier sehen wir viele Geschäftsstraßen, Gastwirtschaften und Lokale. Anfangs „verfranzen" wir uns in der Stadt, wenden, um dann auf die Betonstraße in Richtung Budapest zu kommen.

21. März 1944: Morgens machen wir in einer Ortschaft Halt, um dann endlich nach Aufteilung des Bataillons zu unserem Kompaniegefechtsstand zu fahren. Mezökeresztes. Hier werden wir in Kampfgruppen aufgeteilt. Unsere 3. Kompanie sichert einen 24 Kilometer langen Abschnitt an der Theiß. Kampfgruppe Gerber, II/3. Kompanie, wird entlassen und wir fahren auf sehr schlechten Wegen in den uns zugewiesenen Ort Tiszadorogma. Mit kochendem Kühlwasser erreichen wir den Ort. Kaum sind wir von den Fahrzeugen abgestiegen, da werden wir schon von der sehr freundlichen Bevölkerung zum Wein eingeladen! Quartiere sind schnell gemacht und die ersten Wachen eingeteilt. Auch hier haben wir einen bestimmten Uferstreifen am Fluss zu bewachen. Jeglicher Verkehr über den Fluss, gleich in welche Richtung, ist zu unterbinden. Hier sind wir mitten in der Puszta, im Überschwemmungsgebiet der Theiß. Die Bevölkerung steht neugierig herum und wir werden kritisch betrachtet. Die Ungarn sehen in uns ein großes Vorbild. Die Menschen sind alle sehr freundlich. Wir sehen junge Leute, die Levente-Jugend, die als Uniform die Honved-Feldmütze tragen. Wir drei Unteroffiziere haben ein sehr gutes Quartier! Da jeden Tag einer von uns Wache hat, kommen wir mit dem uns freundlicherweise zur Verfügung gestellten Ehebett aus. Leider klappt die Verständigung nur sehr schlecht. Denn wer kann schon ungarisch verstehen oder gar reden. Aber das Verhältnis zwischen den Ungarn und uns ist das denkbar beste! Es sind sehr saubere Menschen, und wie sauber sind erst ihre Höfe gefegt. Das ist anders, als wir es damals in Russland gewohnt waren! Abends schenkt uns Lajos Rusnjak, unser Quartierwirt, von seinem selbstgemachten Wein ein (Tokajer-Gegend). Zum Abendessen gibt es Weißbrot, wie Kuchen! – Und das Brot ist groß (Durchmesser: ein halber Meter). Dazu Paprika und Speck. Na, das sind alles Sachen, die wir nur noch vom Hörensagen kennen! Wir essen uns so richtig satt!

22. März 1944: Heute Morgen gehen wir zum Bürgermeister, einen Höflichkeitsbesuch machen. Er hilft uns wo er nur kann. Auch spricht er ziemlich gut deutsch! Er besorgt uns Brot und Kartoffeln kostenlos. Danach gehe ich mit Feldwebel Gerber die Stellungen und Postenwege erkunden. Es pfeift ein ziemlich kalter Wind hier über den Fluss, der hier in vielen Windungen und Nebenarmen etwa 200 bis 300 Meter breit ist. Noch ist die Hochwasserzeit nicht gewesen. Hier in der Puszta sehen wir auch das ungarische Hornvieh mit den mächtigen, langen Hörnern. Und der typische Ziehbrunnen fehlt nicht! Auch gibt es viele sehr gut gepflegte Pferde – und natürlich die Schweine! Dafür ist Ungarn ja bekannt! Ganz früh am Morgen geht der Schweinehirte mit seinem Tuthorn und langer Lederpeitsche durchs Dorf. Wenn er tutet, kommen aus allen Höfen die braunen Borstentiere gerannt. Wenn er sie mal mit seiner langen Peitsche trifft, grunzen und quietschen die wolligen Schweine laut auf. Ich verständige mich mit einem Karpatho-Ukrainer auf Russisch. – Und so habe ich einen Dolmetscher. Unser Lajos Rusnjak ist Kovatschmester (Schmiedemeister) und hat eine Kornmühle. Wir befinden uns hier auf einem Außenposten, ziemlich von der Welt abgeschnitten! Der Vorteil ist, dass uns hier so schnell kein ungebetener Gast findet. Zu bestimmten Zeiten hören wir Musik im Radio, aber nur sehr leise, da die Batterie sehr schwach ist (Radio Budapest). Am Nachmittag besteigen wir den Kirchturm, um uns von der hohen Warte einmal das Gelände der Umgebung anzusehen. Man sieht weit in das ungarische Land hinein. Die weite Ebene der Puszta, einige Ziehbrunnen und die Wasserläufe der Theiß. Heute habe ich ab 18.00 Uhr Wache. Kaum bin ich in der Wachstube, da bringen mir freundliche Ungarn-Mädchen ein großes rundes Brot und fast 5 Kilo Speck! Gerne nehme ich diese „Zusatzverpflegung“ entgegen. In der Nacht bleibt es ruhig.

23. März 1944: Heute kocht unser Feldkoch zum ersten Mal unser Mittagessen in einem großen Kessel auf offenem Feuer. Ich esse in meinem Quartier eine leckere Griessuppe mit einem fast faustdicken Stück fetten, gelben Speck! Wegen des scharfen Paprikagewürzes bekomme ich einen schönen Durst! Mittags erhalten wir den Befehl: „Bis 15.30 Uhr abmarschbereit sein!“ In Eile wird alles verladen und ich löse meine Wache auf. Da die „Kameraden“ ziemlich viel Wein getrunken haben, sind sie und auch zwei Fahrer ziemlich „pianje“ (betrunken). Das könnte ein Fiasko geben! Mit Müh’ und Not schaffen wir dann doch den Abmarsch um 15.30 Uhr. Das ist ein Abschied! Die Ungarn kommen, küssen uns die Hände und bringen Brot, Speck und Wein und andere leckere, essbare Sachen! Als wir abfahren, ist fast das ganze Dorf versammelt. Winkend und mit Tränen in den Augen stehen die braven Ungarn da und wir brausen, eine Staubfahne hinter uns lassend, in Richtung Aröktö. Die Fahrer fahren mit „Affentempo“ über die schlechte Straße. Schweineherden werden langsamer durchfahren und dann wieder Tempo! In dem Dorf Meszökat (Mezökeresztes) platzt einem der Lkw ein Reifen, die anderen Wagen fahren sich auch einen Platten. Da bleiben wir mitten im Ort stehen und die Fahrer machen sich ans Platten-Flicken. In der Zwischenzeit gehe ich mit Unteroffizier H. die Straße auf und ab und wir kommen bald in eine Unterhaltung mit zwei jungen Ungarinnen. Sie radebrechen etwas deutsch. Ich merke, wie eine von ihnen versucht zu sagen: „Ich liebe Dich“. Aber es ist ihr nicht klar, ob es nun Dir oder Dich heißen muss. Da gibt es viel zu lachen. Ein älterer Mgyar kommt, der spricht etwas russisch, und da habe ich ja wieder einen Dolmetscher. Es kommt eine „fabelhafte“ Unterhaltung zustande! Ein Honved-Soldat kommt schüchtern heran und fragt, ob er mit seinem Mädel spazieren gehen dürfe. „Aber klar doch Kotonaki (Kamerad). Wir wollen Dir doch Deine Ida nicht abspenstig machen!“ Mit strammer Ehrenbezeugung verabschiedet er sich erleichtert. Bald haben wir eine neue Bekanntschaft! Bei dieser drehen sich unsere Gedanken nur um Zigaretten und Wein. Wein – Fehlanzeige, aber Zigaretten gibt sie uns. Hier gibt es viele hübsche Mädchen, denen man mal mit einem Auge zuzwinkern kann! Und die zwinkern lachend zurück! Das ist wahre Völkerverständigung! Nach dieser angenehmen Unterbrechung melden die Fahrer ihre Wagen

wieder fahrbereit. Alles Aufsitzen! Und dann brausen wir mit 80 Sachen auf kurvenreichen Straßen ab! Es ist etwas dunkler geworden. Nach einer Kurve nehmen wir beinahe einen großen Heuwagen mit. In einer scharfen Kurve steht unser Wagen fast auf 2 Rädern! „Tempo!" „Karbid" und mit „Affenfahrt" erreichen wir unser Ziel Mezőkeresztes und sind wieder bei der Kompanie. In einer Wirtschaft machen wir Quartier.
Am Abend. Ein „Volksdeutscher" kommt zu uns, und es dauert verdammt lange, ehe wir kapieren, dass er uns zu einem Schnaps einladen will. An der Theke gibt es dann noch viel zu lachen. Er ist schon erheblich angetrunken und redet die tollsten Sachen! „Ich bin ein Ungarn-Mensch, ich bin ein Lehrer, ich bin sehr fleißig!" Da sage ich zu ihm „Ich bin ein Westfalenmensch und eijen! Magyar orszag!" Dann bringt er uns ein ungarisches Trinklied bei. „Cutaresch roscjhjad ö konviret!" Danach singt er uns noch ein uraltes deutsches Lied – von 1870! Dann lasse ich ihn, um ihm einen Unfall zu ersparen, von der Wache nach Hause bringen. In der Nacht schlafe ich mit Übermantel auf Stroh. Das ist immer noch besser als draußen im Schützenloch!

24. März 1944 – Mezőkeresztes: Den Soldaten wird wieder etwas „Dienstauffassung" beigebracht! – Strammes Exerzieren! „Stunde der jungen Nation!" 14.00 Uhr – die noch fehlenden Kampfgruppen kommen an. Mit meinem Kameraden Unteroffizier Spieß gehe ich in ein Haus und wir treffen es gut! Es ist das Haus des Bürgermeisters, aber er ist nicht anwesend. Nur sein Dienstmädchen ist im Haus. Sie spricht etwas deutsch, ist aber sehr schüchtern. Da laden wir uns kurzerhand selbst ein. In der Stube ist es warm, und dann bietet sie uns einen Barrak-Palinka an und auch Zigaretten. Nun versuchen wir beide, das Mädchen mal so richtig „auf den Arm zu nehmen". Wir reden viel dummes Zeug lachen genausoviel. Als wir sehen, dass unsere Kolonne losfährt, wetzen wir fix hinterher. Das gibt einen kurzen, schmerzlosen Abschied. Unser Weg geht etwa 20 Kilometer weiter in den Ort Emőd. Hier bekommen wir Privatquartier. Ich liege mit meinem Kameraden Unteroffizier Spieß in einem Haus. Abends gehen wir in die Apotheke. Die Apothekerin ist eine volksdeutsche Dame. Die Witwe Wattay Cornelne, sie hat auf ihrer Visitenkarte eine fünfzackige Krone! Sie bewirtet uns mit Wein und kleinen Kuchen. Dann setzt sie sich ans Klavier und spielt uns sehr schöne Musikstücke gekonnt vor! Bei Kerzenlicht ist das ein richtiger Kulturabend! Wir haben die Dame später noch oft besucht.

25. März 1944: Die Mannschaften machen strammen Dienst! Es sind ja zum Teil noch nicht ganz fertig ausgebildete Soldaten! Wir haben uns in der Zwischenzeit im Dorf umgesehen. Alle sind sehr freundliche, nette Menschen! Wir bekommen Weißbrot, Pfannkuchen und Milch angeboten. – Und ein Soldat kann immer essen! Mit unseren Quartiersleuten nehmen wir engere Fühlung auf. Auch sie sind sehr freundlich. In unserem Quartier ist Laszlo Veresz, er war als Soldat in Russland gewesen und hatte im ersten kalten Winter Erfrierungen gehabt. Er ist ein seelenguter Kerl! Unsere Quartiergeber überlassen uns ihre Ehebetten. So haben wir, Unteroffizier H. Spieß und ich, ein richtiges Schlafzimmer mit richtig dicken Federbetten. Draußen ist es noch immer recht kühl.
Am Abend gehe ich mit Feldwebel Gerber in die Apotheke und wir besuchen Frau Wattay (Apothekerin). Sie freut sich sehr und bittet uns, ihr viel von Deutschland zu erzählen. Bei gutem Wein lässt sich gut berichten.

26. März 1944: Es ist Sonntag. Morgens läuten die Kirchenglocken und alles strömt zur Kirche. Interessiert sehen wir zu, wie die Führer der Levente-Jugend dem Pfarrer wie beim Kommiss Meldung machen. Danach gehen sie gemeinsam in die Kirche. Dann beginnt der Gottesdienst. Wir machen einen Spaziergang zum Gut, dort ist unsere Schreibstube eingerichtet. Wir informieren uns und gehen dann weiter. Auch heute Abend sind wir Unteroffiziere und Feldwebel Gerber bei Frau Wattay in der Apotheke. Wir unterhalten uns, trinken guten Wein und Frau Wattay spielt wieder schöne Melodien auf dem Klavier. Mein Kamerad, Unteroffizier Heinz Spieß, hat eine sehr gute Bariton-Stimme. Er singt einige schöne Lieder mit Klavierbegleitung. Das verschönt uns den Abend. Gegen 22.00 Uhr machen wir uns auf den Heimweg. Da haben wir mitten im Krieg einen schönen, kulturell wertvollen Abend verlebt. Unter den dicken Federbetten schläft es sich wie im Paradies. Da darf man gar nicht an das nasskalte Schützendeckungsloch irgendwo in Russland denken!

27. März 1944: Auf dem Dienstplan steht: „Waffendienst – schwere Maschinengewehre und Granatwerfer". Nachts hat es wieder geschneit. In der Hangya (Kaufmannsladen) kaufe ich eine Flasche Parfüm (Veilchen-Konzentrat) und eine Flasche Wein. Abends ist es sternenklar und sehr frisch! Am Himmel ist der Mond als feine Sichel zu sehen zwischen leichten Wolkenschleiern. Im Quartier schreibe ich einen langen Brief an meine Eltern. Die sollen doch auch erfahren, dass ich jetzt eine ganze Zeit lang nicht im Fronteinsatz bin, das wird besonders meine Mutter sehr beruhigen. An richtigen „Scheiß-Schieß-Krieg" mag man hier gar nicht denken! Mein Gott, was kann das Leben schön sein! Am Abend besucht uns ein junger Ungar, er ist der Bruder unserer Quartierswirtin. Er spricht etwas deutsch und ist von Beruf Junglehrer.

28. März 1944: Als wir heute Abend in unser Quartier kommen, steht auf dem Tisch eine große Karaffe mit Wein, daneben liegt eine Visitenkarte: „Kassay Viktor, Tanito jelölt, Emöd". (Lehrer aus Emöd)
Auf der Rückseite steht mit Bleistift geschrieben:
„Libe Hans!
Ich war da und warte dich. Da ist ein Liter Wein, gieße du, das ist deine und Henrich. Da ist die Karte und schreibe du an dieser Titel. Auf wiedersehen.
Kassy Viktor."

Durch das wilde Karpatengebirge

29.-31. März 1944: Die „Große Lage" in Ungarn ist bereinigt. Wir erfahren wenig von dem, was eigentlich der Grund unseres Einsatzes hier ist. Wir sollen unseren Verbündeten wohl durch unsere Anwesenheit den Rücken stärken. Der Russe ist auch in Richtung auf die Ostgrenze Rumäniens vorgedrungen. In den Karpaten soll ihm Halt geboten werden! Wir erfahren, dass sich unser „Regiment 1029 Großdeutschland" um Miskolc versammeln soll, um auf die Bahn verladen zu werden. Neuer Auftrag: Das „Verstärkte Grenadierregiment Großdeutschland mot. 1029" soll in Eiltransporten an die ungarisch-rumänische Grenze gebracht werden, um die dortigen Pässe zu sperren, da die Sowjets bereits an den Osthängen der Karpaten stehen. Die Karpaten sollen unbedingt gehalten werden. Die Bahn fährt über Scerenc-Tokay Nyiregyhaza-Debrecen.

4. April 1944: Wir überschreiten die Grenze. Was wird uns dort erwarten? Es geht auf den Pass zu in Richtung auf die Stadt Vatra-Dorney. Wir sehen auf der Straße lange Kolonnen zurückfahren – ein trauriges Bild. Aber wir wissen ja nicht, ob sie nicht einen Befehl dazu haben? Unser Zug fährt sehr langsam. Auf dem Nebengleis ziehen Kolonnen von russischen Gefangenen, die mit hängenden Köpfen dahintrotten. Im Graben neben den Gleisen liegt ab und zu ein erschossener Iwan, der türmen wollte. In den engen Tälern sind Panzerhindernisse und Stacheldrahtverhaue. Die Bahn führt an steilen Berghängen vorbei, an der anderen Seite ist tief unten das Tal. Wegen der vielen Windungen und Serpentinen geht es durch etwa 10 Tunnel, der längste ein Kilometer lang. Rumänische Wachposten stehen an den Tunneln und an Viadukten und Brücken. Wir hören, dass die Stadt Czernowitz von ungarischen Truppen wieder genommen wurde. Wir wissen nicht genau, wie die Lage an der ganzen südlichen Ostfront ist. Auf einer kleinen Station steht seit 4 Wochen ein Transportzug mit Lkws und Pkws beladen. Er soll nach Odessa. Aber bei der veränderten Frontlage wartet er hier auf neue Befehle. Wir kommen im Bahnhof von Vatra-Dornei an. Auf dem Nebengleis steht ein Zug mit flüchtenden Volksdeutschen. Nach zwei Stunden Aufenthalt geht die Fahrt weiter. Der Nachthimmel ist sternenklar und mondhell. Die tief verschneite wilde Gebirgslandschaft sieht im Mondlicht phantastisch aus. Mit drei Unteroffizieren sitzen wir bei Akkordeonmusik gemütlich beisammen. Nach einigen Fahrtstunden hält der Zug und wir werden in Zodoweie/Campolo ausgeladen. Im Morgengrauen fahren wir motorisiert durch das wilde Karpatengebirge. Jetzt rätseln wir, wo wird es hingehen. Der Mond steht teils hinter den Wolken, die dann silbrige Ränder haben. An allen Brücken sehen wir Straßensperren. In wilden Windungen fließt die Moldau durch das Gebirge. Wir halten an in der Stadt Gura-Humorului und machen dort Quartier. Wir wundern uns, weil die Stadt einen leeren, verlassenen Eindruck macht. Von hier stationierten rumänischen Soldaten erfahre ich: Als die Ostfront hier unerwartet und schnell zurückging, sind Bevölkerung und Dienststellen in Eile und Hast aus der Stadt geflohen. Die Juden hätten eine zweistündige Frist gehabt, um sich abmarschbereit zu machen. Viel mitnehmen konnte da keiner. - Unser Quartier ist in einem Gebäude neben der Kirche. Wir sichern den Ort gemeinsam mit rumänischem Militär. Ebenso die Passstraße. Weiter vorne liegen Verbände, die den Auftrag haben, hinhaltenden Widerstand zu leisten und sich im Notfall auf unsere Passstellungen zurückzuziehen. Wir liegen in Bereitstellung. Der größte Teil der Bevölkerung, der zurückgeblieben ist, sind die Volksdeutschen, mit denen wir uns sehr gut unterhalten können. Mit unserem Quartierswirt haben wir eine gute Unterhaltung. Voll heller Begeisterung erzählt er von seiner Soldatenzeit aus der „kuk"-Zeit (Österreich vor dem 1. Weltkrieg 1914/18 – Kaiserlich und königlich). Er lobt alles sehr, Verwaltung, Post und Handel. Er kann auf ulkige, drastische Art und Weise den Unterschied zwischen dem deutschen und dem rumänischen Heer erklären. Sein Sohn ist auch als Soldat mit 18 Jahren an der Ostfront und hat von der zum Teil sehr schlechten Behandlung durch rumänische Vorgesetzte erzählt. Er selbst lobt und preist alles Deutsche und gibt der Hoffnung Ausdruck, dass Deutschland siegen möge. Dass er einige Jahre in Amerika gewesen war, erzählt er uns auch und gibt einige Proben seines Könnens der englischen Sprache.

Es klingt tatsächlich etwas „auswärts". Nachdem ich mich gewaschen und „morgenfrisch" gemacht habe, müssen wir ein anderes Quartier beziehen. Während die Landser sich einrichten, durchstreife ich die leerstehenden Häuser. - Die hier zurückgegangenen deutschen Hilfstruppen, meist Kosaken und tatarische Einheiten, haben, wie sie es gewohnt waren, die Häuser z.T. geplündert. In den Häusern sieht es schlimm aus. Alles liegt aufgerissen und verstreut herum. Traurig, traurig! Wir kommen mit der Zivilbevölkerung sehr gut aus! Die meisten sprechen sehr gut deutsch. Auf der Straße sieht man schnell den Tauschhandel blühen! Wir geben Tabak und Zigaretten, bekommen dafür Speck, Eier und Butter. Wir Granatwerfer werden vorerst noch nicht eingesetzt. So sichern von unserer Kompanie nur zwei Pak-Geschütze (5 cm) die Passübergänge. Wir liegen abrufbereit.

5. April 1944: Der Tag vergeht mit dem üblichen Dienst. Am Abend sitzen wir Unteroffiziere mit unserem Feldwebel und den Unteroffizieren von der Pak in einer Stube gemütlich beisammen. Nachmittags haben wir, von Haus zu Haus gehend, Kartoffeln und Eier „organisiert". Die Iwans, die hier kurzzeitig eingedrungen waren, hatten übel gehaust! Unser Sani sorgt mit seinem Schifferklavier für Unterhaltungsmusik, während uns Unteroffizier Heinz Spieß mit seiner guten Stimme erfreut. Gegen 22.00 Uhr: Wir verabschieden uns und legen uns nach der Kontrolle der Posten zum Schlafen nieder. Mitten in der Nacht werden wir plötzlich mit Alarm geweckt: „Alle Unteroffiziere sofort zum Chef!" – „Nanu? Was kann denn das bedeuten? Was mag da los sein?" Schnell sind wir bei unserem Chef, Hauptmann Brinken versammelt. Er gibt uns einen kurzen Bericht. – Von zurückgehenden Zivilisten und deutschen Soldaten ist gemeldet worden, dass etwa 25 bis 30 Kilometer vor uns der Russe mit 20 Panzern in einen Ort eingebrochen sei. Deren allgemeine Marschrichtung wäre auf Gura Humorului zu! Also: „Panzer-Alarm!" Da an unserem Frontabschnitt nur noch versprengte, zurückgehende deutsche Truppen vor uns sind, ohne schwere Waffen und Pak, muss hier bei uns, wo sich panzerbrechende Waffen befinden, alles zur Panzerabwehr bereitgemacht werden. Wir haben zwar auch nur die alte 3,7 cm- und die 5 cm-Pak als „Panzeranklopfgeräte", aber wir machen alles einsatzbereit.

6. April 1944: Wir wollen auch unsere jungen Soldaten noch vorbereiten und ihnen die Panzerbekämpfung erklären und zeigen. Eine kurze Unterweisung der Unterführer in Panzernahbekämpfung ist angesetzt. Die Männer müssen die neuen Panzerbekämpfungsmittel kennenlernen. Da gibt es das „Ofenrohr", den „Panzerschreck" und die uns schon seit 1943 bekannten „Glasbirnen", die mit zwei getrennt gehaltenen Flüssigkeiten gefüllt sind und die beim Aufprall zerbrechen und dann einen als Reizgas wirkenden Nebel erzeugen, der die Besatzung kampfunfähig machen soll. Das Wetter ist warm und sonnig, die Berge erheben sich braun und kahl aus dem Tal. Der Schnee ist zum größten Teil schon getaut, Tannen und Fichten wachsen nur spärlich bis auf die höchsten Bergspitzen. Nun warten wir auf die gemeldeten russischen Panzer. Aber bis zum Mittag ist noch keiner bei uns angekommen. Der Alarm wird abgeblasen, er hat nicht auf Tatsachen beruht. Es ist das übliche, ängstliche und entschuldigende Gerede der flüchtenden Soldaten und der Bevölkerung. Von vorne kommen immer noch fluchtartig zurückgehende Soldaten. Die sind zum Teil demoralisiert! Wir gehen wieder in Stellung und richten uns häuslich ein. Auf der Straße „verhökere" ich ein Päckchen Tabak gegen ein Kilo Speck! (50 g Tabak für 400 Lei). Unter den Zivilisten ist auch ein alter

„Pan", der aus dem Kaukasus über den Kuban-Kertsch-Krim-Odessa bis hierher geflohen ist. Ich kann mich mit ihm auf russisch etwas unterhalten, das hatte ich in den letzten Jahren recht gut gelernt! Er will von den „Kraßnije" (den „Roten") nichts mehr wissen. Er hat den Bolschewismus satt! Jetzt will er nach „Romania". Dort, so glaubt er, sei er sicher. Hoffentlich irrt er sich da nicht! Abends machen wir Unteroffiziere, Hans, Heinz und Adolf noch einen Gang bis zu den vordersten Barrikaden an der Straße. Die Posten sind auf Draht. Das Wetter ist frühlingshaft schön.

7. April 1944: Heute wollen wir mal strammen Dienst machen! Unsere Soldaten sind ja Rekruten, die noch nicht fertig sind mit ihrer Waffenausbildung. Da gibt es viel nachzuholen! Wir gehen ins Gelände und bis auf den höchsten Berg. Und das alles gefechtsmäßig mit dem Granatwerfergerät und den Munitionskästen. Gegen 11.00 Uhr improvisieren wir einen Alarm, um danach einen Gewaltmarsch zu machen. Da geht es im „Karacho" zurück, über einen Bach und hin zu unseren Feuerstellungen. Dort fällt es mir zu, den fluchenden und schwitzenden Männern zu sagen, dass alles nur eine Übung ist! Da machen die Kerle aber blöde Gesichter. Am Nachmittag machen wir in den Stellungen noch einmal Unterricht über Panzerbekämpfung und wie sich ein Soldat vor Panzern schützen kann. Mitten im Unterricht kommt für meinen Zug tatsächlich Alarm! Fertig machen zum Abmarsch in 20 Minuten! Wir hetzen hin und her, um ja nichts zu vergessen! Schließlich ist alles auf die Fahrzeuge zu verladen. Wir werden informiert: Die 2. Kompanie mit unserem Granatwerferzug fährt zur Sicherung etwa 20 Kilometer zurück in den Ort Vama. Ich habe mit meinem Lkw etwas Pech: er will nicht anspringen. So muss ich noch fast zwei Stunden hierbleiben, weil die Lichtmaschine ausgebaut und ersetzt werden muss. Um 19.00 Uhr fahren wir dann mit Höllentempo nach Vama. Die Straße ist schmal, aber hat festen Untergrund und sie führt in vielen Windungen durch das Tal der Moldau (Fluss), dabei geht es über viele Brücken. Überall sind Straßen und Panzersperren errichtet. Unser Chef hat uns gewarnt, die Rumänen hätten die Durchlässe an den Sperren so eng gemacht, dass es Schwierigkeit geben würde bei der Durchfahrt. Wie sollen da wohl eigene Panzer und größere, schwerere Fahrzeuge durchkommen? Überall stehen sichernde rumänische Soldaten. Aber die Brückensprengkommandos werden von der Wehrmacht gestellt, da zu befürchten ist, dass die Rumänen die Brücken schon hochjagen würden, bevor eigene Truppen sie passiert hätten. Das sind ja schöne Aussichten! Wir brausen schnell durchs Tal und überholen ein „Bähnle", welches mit Holzbarackenteilen und anderem Material beladen ist. Endlich haben wir Vama-Judetui Cimpolung erreicht. Schnell werden die bereits gemachten Quartiere bezogen. In der ersten Nacht schlafe ich auf einem schweren Diplomaten-Schreibtisch.

8. April 1944: Damit in Kriegszeiten die Kultur nicht zu kurz kommt, erkunde ich eine Badegelegenheit. Die finde ich in einem Neubau, der ein Lazarett werden soll. Nach schwierigen Vorbereitungen klappt es dann schließlich! Mittags nehme ich ein herrliches Wannenbad! Durch den Ort rollen neue Verbände mit 7,5 cm-Pak und leichten Feldhaubitzen vor. Morgen ist Ostern, sehe ich in meinem Notizbuch.
Unsere in Gura Humorului gebliebene Kampfgruppe hat schon Feindberührung gehabt, hören wir von einem Kradmelder. Iwan sei aus Nordosten gekommen, aus der Gegend von Czernowitz. Die Aufmerksamkeit hier wird erhöht.

9. April 1944: Ostern! Bei der ersten Feindberührung in Gura Humorului hatte es durch Granatwerferfeuer Verwundete gegeben. Von vorne kommen Sankas mit verwundeten deutschen und rumänischen Soldaten, die zu den Lazaretten gebracht werden. Während wir uns österlich frisch machen wollen, kommt der Befehl, sofort am Stadtrand von Vama mit Stellungsbau zu beginnen. Wir erkunden und bauen dann auf einer Höhe am Ostrand von Vama die Stellungen für meine Werfer. Werfer in Hinterhangstellung, Beobachtungsstelle am Rand direkt hinter den Infanteriestellungen. Bis 14.00 Uhr sind wir fertig und es geht wieder in die Quartiere zurück. Draußen bleiben aber Beobachtungsposten und es wird eine Telefonleitung verlegt. Abends gehe ich zu einem Rumänen in sein Haus. Das alte Mütterchen dort hat mir dann viel Interessantes erzählt! „Die Russen sind schlecht, sie glauben nicht an Gott. Sie sind dumm wie das Vieh. Der Jude herrscht dort! Gott behüte, dass die Russen nicht kommen!" Dann erzählt sie vom Ersten Weltkrieg: „Damals in 1914 waren die Russen noch Christen, aber sehr schlechte Menschen. Viele, viele kamen damals, aber auf der Höhe bei der Stadt Dorna-Vatra kam es zum Stellungskrieg. Die Rumänen, Tschechen und die deutschen Soldaten haben die Russen aber geschlagen. In 1916/17 sind die Russen dann fast zwei Jahre hier gewesen, dann haben die Unsrigen sie aber wieder geworfen. Das war ganz schlimm. Das Wasser in den Flüssen und Bächen ist ganz blutig gewesen. Viele tausend Tote gab es bei den Russen. Gott behüte, dass sie hier nicht wieder zu uns kommen." Ich frage sie, woher sie so gut deutsch sprechen könne. Darauf sie: „Ich bin alt, ich habe bei Kaiser Franz-Josef gelebt, da war noch die Gerechtigkeit, alles war ordentlich und gut und die Rumänen waren damals froh! In Austria war es gut. Nach dem verlorenen ersten Krieg sind dann die Rumänen gekommen, und da fing es an, das Elend! Immer Trinkgeld, wenn man etwas wollte, keine Ordnung nicht mehr! Nur die armen kleinen Leute mussten zahlen und mussten zum Militär! Die großen, die reichen Leute sind auch heute nicht Soldat! Rumänien ist ein reiches Land, aber wir sind arm geblieben – schauen Sie, alles nur für die hohen Herren!" Ich frage weiter: „Wie ist denn Ihrer Meinung nach die rumänische Führung?" Darauf sie ganz erregt: „Der dreischwänzige Teufel soll den Antonescu holen!" – Da bin ich ganz erstaunt. Was höre ich denn da? „Der Antonescu hat zwei Gesichter, eines für den Hitler, weil er Angst vor dem hat, lieber würde er mit Anglia (England) gehen. Die ganzen hohen Herren sind nicht gut!" Das ist Volkesmeinung! Und das ist sehr deutlich.

10. April 1944: Ostermontag. Lage bei der Kampfgruppe Brinken: Der Russe versuchte gestern einen Angriff – etwa 200 Infanteristen. Da sind die Rumänen aus den Löchern, und Iwan wurde zurückgeschlagen. Dabei ließ er zwei 4 cm-Pak-Geschütze stehen. Leider war nur ein Kasten mit Munition dabei. Unser Leutnant „Bubi" Hartwig holte mit einer Gruppe beide Geschütze. Der Russe hat dort zwei Panzer, zwei Batterien Artillerie, und Pak („Ratsch-bumm") und Granatwerfer. Seine vordersten Stellungen sind noch vor dem Ort. Die eigene Artillerie zerschlug russische Trosse. Heute Morgen ist es sehr ruhig, die Luft ist schön warm, herrliches Osterwetter – und dazu die schöne Gebirgslandschaft. Schnee liegt nur noch an den Nord- oder Nordosthängen. Da gibt es am Nachmittag plötzlich Alarm! Mein Granatwerferzug wird abgestellt zu einem sogenannten Karpatenbataillon unter Führung des „Großdeutschland"-Rittmeisters Kühn. Der „Verein" ist aus Versprengten zusammengestellt. (Bei solchen Verbänden ist immer Vorsieht geboten!) Wir beziehen Feuerstellung etwa zehn Kilometer nördlich der Karpatenrollbahn II/III in Vatra Moldavita. Mein Quartier ist in einem ehemaligen Sanitätsgebäude. Spät abends stehe ich draußen. – Vollmond, sternklare Nacht und Frühlingsluft! Und dann ist Krieg! Um für meine Leute Kaffee zu holen, fahre ich zur 2. Kompanie nach Gura Humorului. Das Karpatenbataillon, dem ich zugeteilt bin, sichert das ganze Quartal auf etwa 10-15 Kilometer links und rechts unseres Ortes. Die Nacht verläuft, was den Feind betrifft, ruhig, aber es sollte dennoch eine erregte, sehr unruhige Nacht werden! Mitternacht – Geisterstunde! Der „heilige Geist" erscheint! Kamerad R., der schon sehr häufig schlecht aufgefallen ist, bekommt seine verdiente Abreibung! Dabei passiert den Männern in der Rage ein peinliches Missgeschick! Da es ja dunkel ist, bekomme auch ich einige Hiebe mit dem Lederkoppel ab, was mich aufweckt! Mit einem Donnerwetter springe ich hoch, und als die Männer sich noch lange entschuldigen wollen, sage ich nur leise: „Haut zu! Der hat's verdient!" Ich leuchte dann mit der Taschenlampe das „Schlachtfeld" ab. Wohl 5 Minuten lang dreschen die Männer auf den „Genossen" ein! Aber urplötzlich ist dann wieder Ruhe! Alle liegen wieder zugedeckt, atmen laut und einige kichern. Er hat es wirklich verdient! Am nächsten Morgen beim Antreten frage ich ihn, woher er die roten Striemen habe. Da legt er zornig los: „Beim ersten Angriff, die erste Kugel kriegen Sie!" Ich antworte, dass ich immer ein Auge auf ihn haben werde, er solle sich ja vorsehen!

11. April 1944: Das war in fast vier Jahren Krieg der einzige Fall, wo ein renitenter Soldat den „Heiligen Geist" nötig hatte. (Über „den ersten Schuss" schreibe ich später!) Kloster Monastir Vatra Moldavita: Wir erstehen ein Kalb für fünf Päckchen Tabak! Das Karpatenbataillon hat keine Feldküche und so müssen wir uns aus dem Land ernähren. Mit meinem Kameraden Unteroffizier Heinz Spieß gehe ich in mehrere Häuser, bis wir ein junges Mädel entdecken, die bei einer alten Frau (Mutter) wohnt. Sie erklärt sich bereit, uns Stampfkartoffeln mit Milch und eine Speck-Zwiebelsoße zu machen. Mittags essen wir dort und es schmeckt bestens, wir bekommen als Nachtisch sogar noch einen Maiskuchen! Von der 2. Kompanie erhalten wir die „Kalte Verpflegung". Wir finden viele russische Granatwerfermunition und da will ich doch mal probieren, ob man die nicht aus unseren Rohren verschießen kann. Ich nehme eine entschärfte russische Wurfgranate mit der 2. Ladung und schieße sie ab. Ich selbst bin beim Abschuss, nachdem ich die Granate von oben ins Rohr habe fallen lassen, in ein Deckungsloch gesprungen. Die Kameraden stehen in respektvoller Entfernung! Es zischt und faucht, wie bei einem Raketenabschuss! Das Rohr schüttelt hin und her! Wie ich neugierig hochgucke, sehe ich, wie meine Granate beinahe mühevoll noch so eben aus dem Rohr „rutscht", keine 50 Zentimeter hochfliegt und dann nur knapp neben der Bodenplatte niederfällt! Also „Fehlanzeige!" Mit seinen eigenen Granaten können wir den Iwan nicht beschießen! Von seinen Wurfgranaten haben wir genug gefunden! Was ist der Grund? Unser Rohr, 8,14 cm, ist um Millimeter zu weit im Durchmesser, sodass die austretenden Treibgase, nachdem der Schlagbolzen im Rohr die Zündung ausgelöst hat, zum Teil seitlich an der Granate vorbeizischen kann. Das Karpatenbataillon Rittmeister Kühn sichert inzwischen eine Tallänge von 35 Kilometern! In vier Orten liegt je eine Einheit:

I Kompanie Mackert
II Kompanie Panzersoldaten im infanteristischen Einsatz (ohne Panzer!)
III Bataillonsgefechtsstand mit Granatwerferzug Feldwebel Gerber und die Kompanie Schulz.
IV Kompanie Böhler in dem Ort Frumoasa.

In diesen „Karpaten-Kompanien" sind Versprengte, Trossleute, Schuster, Schneider, Fahrer und Schreibstuben-Männer sowie ähnliche „Helden"! Die einzige funktionierende Einheit sind wir, das „Verstärkte Infanterieregiment 1029 Großdeutschland". Und wir haben Rekruten – kaum 3 Monate ausgebildet!
Wir sind mit den wenigen Offizieren, Feldwebeln und Unteroffizieren die einzigen kriegserfahrenen Soldaten! Richtige gute Stellungen sind noch nicht erkundet, viel weniger ausgebaut! Es heißt, der Iwan wäre noch 12 Kilometer entfernt. Die Dorfbewohner und Zivilisten sind hier alle sehr deutschfreundlich und sie helfen uns als sogenannte Waldläufer und beobachten den Russen. Sie melden uns unter Anderem, dass aus einem 6 Kilometer entfernten Dorf Weißruthenier als Spione hier bei uns herumlaufen. Sie haben drei solcher „Partisanen" gefangengenommen und entwaffnet. Da mache ich mir so meine Gedanken! Wie soll das wohl hier noch weitergehen? Werden wir mit so wenig fronterfahrenen Leuten die Stellungen überhaupt halten können? Hier stehen wir auf dem Boden, wo schon im Ersten Weltkrieg gekämpft wurde. Damals standen die Rumänen gegen uns. Man kann in den Bergen noch alte Erdbefestigungen und Schützengräben erkennen. Noch ist es vor uns relativ ruhig.

12. April 1944: In der Nacht gibt es um 02.00 Uhr Alarm! Die Gruppe Unteroffizier Spieß fährt zur Kompanie Böhler. Später wird um 07.00 Uhr noch eine Gruppe angefordert. Jetzt fährt die 3. Gruppe. Meine erste Gruppe bleibt hier. Ich vertrete den Zugführer. Auf den Höhen vor uns sind Sicherungen und Spähtrupps. Die Kompanie Schulz ist beim Stellungsbau. Unsere „Waldläufer" berichten, dass der Russe in einem Dorf, etwa 12 Kilometer von hier mit Infanterie und Granatwerfern sei. Vor dem Abschnitt der Kompanie Böhler nähert sich Iwan in der Stärke von etwa zwei Kompanien. Gegen 19.30 Uhr fahre ich zu den beiden Gruppen, die draußen liegen, mit warmer Verpflegung in Kanistern. Als ich zurückkomme, vernimmt der Bataillonskommandeur einen Überläufer. Wir können nicht viel erfahren. Ich erhalte folgenden Auftrag: Die Gruppe Unteroffizier Block auf dem Rückweg mitnehmen, die Gruppe Unteroffizier Spieß und die 3. Spähgruppe bei der Kompanie Schulz verpflegen! Nach endlosem Hin und Her geht's endlich los. Auf enger Straße, über Stock und Stein, über Eisenbahnschienen geht es durch die Straßensperren, die durch Maschinengewehrposten gesichert sind. Ich finde den Ort, wo die Gruppe Böhler in Stellung ist, ziemlich genau. Wir verständigen uns durch Hupen und „morsen" mit der Taschenlampe. „Sofort Gerät abbauen und hier unten bei uns an der Straße sammeln!" Ich nehme sie mit zum Zuggefechtsstand zurück. Dann weiter zur Gruppe Unteroffizier Spieß. Wir begrüßen uns freudig! Nach der Verpflegungsausgabe fahre ich weiter zum Gefechtsstand Hauptmann Böhler. Es ist 23.00 Uhr, ich habe Befehle zu überbringen. Ein Lkw kommt mit dem Auftrag, alle drei Spähtrupps mitzunehmen. Schließlich sind wir drei Lkws. Die Wagen sind überladen! Grell frisst sich der Scheinwerfer durch das Dunkel. Wir sind bald zurück. Ich melde mich beim Bataillonsgefechtsstand zurück: „Befehl ausgeführt!" Dann aber schnell ab ins Quartier! Noch schlafen wir ruhig!

13. April 1944: Hier haben wir noch keine Feindberührung. Unser Bataillonsgefechtsstand besteht aus dem Kommandeur Rittmeister Kühn, dem Adjutanten, einem Leutnant zur besonderen Verfügung und einem Schreiber. Wir haben nur unvollständige Fernsprecheinrichtung und keine Schreibmaschine! Nur Bleistifte und Meldeblöcke. Wie bei den alten Germanen und es geht auch! Wetter: trübe und feucht. Ein Kradmelder kommt zu unserer Kampfgruppe. Da wir kein Radio und keine Zeitungen haben, erfahren wir hier nichts über die Lage an den Fronten. Dabei interessiert uns natürlich besonders die Lage hier, vor und in den Karpaten! Und wie sieht es da aus? Hier ist alles anders als in Russland! - Dort waren wir die weiten, übersehbaren Flächen gewohnt, da war ja fast immer alles eben. Das war ideales Gelände für den Einsatz großer beweglicher Verbände. Panzerschlachten oft in wogenden Sonnenblumen- oder Kornfeldern, aber auch in staubigen Steppen, staubigen Rollbahnen. Oder bei Regen schmierig verschlammt. Dort spürten wir die schiere Unendlichkeit des weiten russischen Raumes. Hier stehen wir jetzt in den Karpaten mit engen, gewundenen Tälern und hoch ansteigenden Bergen. Hier gibt es dichten Nadelwald und enge Schluchten. Hier wird es nur um den Besitz von Pässen, Passstraßen oder Ortschaften und Städten gehen. Wir selbst sind noch nicht in der Lage, eine starke, zusammenhängende Frontlinie aufzubauen! Dafür sind die hier jetzt eingesetzten Truppen viel zu wenig an Zahl und Waffen. Wir sichern jetzt hier ein Tal von 35 Kilometern Länge! Und das mit kaum richtig ausgebildeten jungen Soldaten! Damit die Zivilbevölkerung nicht bei Nacht irrtümlich als Feind angesehen wird, male ich ein großes Schild mit der Aufschrift: „Nuieste voie seara deamere prin sat moartea.“ Das soll sinngemäß heißen: „Das Betreten der Straße bei Nacht ist verboten! Es kann den Tod bedeuten!“ (So hatte es mir ein Rumäne gesagt.) Ich fahre mit dem Solokrad nach Frumoasa zur Gruppe Unteroffizier Spieß. Dort besichtige ich den Stellungsbau und die Beobachtungsstelle der Granatwerfer, von wo aus der „Schießende“ den Feind beobachtet und das Feuer leitet. Bei ihm ist alles bestens! Zurück geht es im „Affenzahntempo“, weil man nie weiß, ob nicht an der nächsten Kurve schon ein russischer Spähtrupp ist und uns dann abknallt! Es hat geregnet, da ist die Straße rutschig. Einmal wären wir fast gestürzt! Aber wir sind gut zurückgekommen. Als ich mich morgens mit einem Zivil-Rumänen, Nicolai, unterhalte, sagt er: „Gebt uns Gewehre, wir werden auf die Russen schießen!“ Die Bevölkerung hier nimmt an unserem Schicksal Anteil. Es ist ja auch ihr eigenes! Sie nehmen verdächtige Fremde als Spione oder Partisanen fest. Zum Teil sind sie jedoch übereifrig! Wir werden überall zum Essen und Trinken eingeladen! Heute fahre ich mit zwei Rumänen nach Gura Humorului zum Kompaniegefechtsstand Hauptmann Brinken. Ich erfahre, dass Feldwebel Gerber mit unserem Zug hierher befohlen wird. An einer Mühle lade ich einen Zentner Weizenmehl auf und dann geht es mit der oben beschriebenen Geschwindigkeit, die wohl auch begründet ist, zurück nach Vatra Moldavita. Als ich dort ankomme, steht schon alles abmarschbereit. Schnell verteile ich noch die Post. Ich selbst bekomme leider keine. Da fällt mir wieder ein – heute hat ja meine Mutter Geburtstag. Geschrieben und gratuliert hatte ich schon lange zuvor! Zu Anfang bleibe ich auf meinem Solokrad, aber bei den schmierigen Wegen steige ich doch lieber auf einen Lkw um. Ich bin doch nicht lebensmüde! Den Bataillonsgefechtsstand erreichen wir gegen 23.00 Uhr. Wir sind in Gura Humorului angekommen und dann werden die Unterkünfte verteilt.

15. April 1944: Morgens wecken uns die ersten scharfen Schüsse vom Iwan! Er ballert in das Städtchen hinein. Ich gehe zum Kompaniegefechtsstand und erfahre dort, wo meine Feuerstellungen sind. Dort geht eine Gruppe der Werfer in Stellung. Hinter dem Friedhof, bei einer Mauer, werden die Löcher gegraben. „Na, da haben sie es mit uns ja nicht weit“, meint da einer. Meine Beobachtungsstelle wird links am Hang im Wald eingerichtet. Iwan schießt ziemlich planlos in der Gegend herum. Er will wahrscheinlich unser Feuer herausfordern, um festzustellen, wo und wie viele wir sind. Darum, noch kein Feuer erwidern! Ich gehe zur anderen Gruppe, um mir deren Stellungen anzusehen. Die liegen zwar in einer tiefen Mulde, aber genau vor ihnen ist eine Beobachtungsstelle der Artillerie, und die hat Iwan schon erkannt. Das ist nicht so günstig! Nun gehe ich den Hang hinauf zu unserer Beobachtungsstelle. Von dort haben wir einen sehr guten Einblick. Während ich noch die Lage „peile", setzt Iwan zwei Schüsse mit der „Ratsch-Bumm!" in den Berg. Jetzt aber nichts wie weg von hier! Beim Kompaniegefechtsstand, schießt sich die Gruppe Unteroffizier Spieß ein. Unser junger Leutnant Hartwig beobachtet dies. Ich habe meinen Zuggefechtsstand mit dem Führer des Pak-Zuges zusammen. Feldwebel Plikat ist der Zugführer. Später bekam er das Ritterkreuz für seinen selbstständigen Entschluss bei den sehr schweren Kämpfen in Litauen-Luoke. Wir sitzen in einem kleinen Haus, in einem etwa 150 Meter vom Friedhof entfernten weiten Talgrund. Dort haben wir sogar ein Klavier! In den Giebel des Hauses hat der Iwan einen Schuss mit der „Ratsch-Bumm" gesetzt. Da wir Optimisten sind, sagen wir uns: Dort wird Iwan sicher nun keinen Schuss mehr reinsetzen. In der Nacht machen wir zweimal Postenkontrolle, schlafen aber sonst ruhig.

16. April 1944: Heute Morgen übernehme ich die 3. Gruppe Granatwerfer. Die Stellungen sollen in einer Schlucht hinter einem Höhenrücken gebaut werden. Das werden zwei Feuerstellungen und ein Erdbunker für die Männer. Außerdem soll jeder ein Einmann-Deckungsloch graben. Junge, noch unerfahrene Soldaten arbeiten langsam. Als aber Iwan wieder einmal zwei Schuss in den Vorderhang schießt und die Splitter zu ihnen herüberfliegen, geht die Schipperei plötzlich sehr viel schneller! Da muss der Iwan erst nachhelfen! Die Beobachtungsstelle muss wegen der besseren Sichtmöglichkeit in den Vorderhang gebaut werden. Ich kann von dort alles tadellos einsehen, aber wenn ich erkannt werde, dann sieht die Sache schon weniger gut aus. Also gute Tarnung und vorsichtige Bewegungen! Der Russe schießt vorläufig selten und nur mit der Pak. Wegen Feindeinsicht lasse ich an meiner Beobachtungsstelle nur in der Nacht arbeiten. Aber der Boden ist hart bzw. felsig. Noch in der Nacht, gegen 04.00 Uhr überzeuge ich mich vom Fortschritt der Buddelei. Aber es reicht noch nicht. Alle Spuren wie Erdreste und losgehackte Steine müssen noch beseitigt werden. Danach wird noch alles mit Moos und Strauchwerk getarnt. Von meiner Beobachtungsstelle zur Feuerstellung sind es etwa 250 Meter. Die Verbindung wird mittels Funksprechgeräten aufrecht gehalten.

Sicherung der Karpatenpässe

17. April 1944: Meine Beobachtungsstelle ist fertig. Aber wenn am Tag die Sonne scheint, muss ich nach Süd-Südost in die Sonne blicken. Das gibt keine gute, klare Sicht. Dafür kann uns der Iwan im hellen Licht umso besser erkennen. Darum müssen wir uns klein und hässlich machen, nicht ohne wichtigen Grund herumlaufen, um nicht erkannt zu werden. Um die Mittagszeit gleicht es sich aus, aber nachmittags bis zum Abend habe ich gestochen scharfe Sicht. Nicht weit ab ist eine Beobachtungsstelle der Artillerie. Die haben einen sehr guten Erdbunker und auch ein Scherenfernrohr. Unser Vorteil: Wir sitzen höher als der Iwan und so können wir kilometerweit einsehen. Ich übernehme die Gruppe allein. Unteroffizier K. geht

Feldpostbrief

Luftfeldpost

An Uffz.
Hans Heinz Rehfeldt
Feldp. 09964 E

LUFTFELDPOST
DEUTSCHES REICH
HAGEN (WESTF) 1
05.10.43.-8
n

Ein Feldpostbrief an Hans Heinz Rehfeldt vom Oktober 1943 mit der begehrten Luftfeldpost-Marke.

[illegible] lieber Junge! Hagen 4.10.1943.

Wenn ich doch nur wüsste, wie es Dir ging. Wir machen uns sehr viel Sorge um Dich, denn seit dem Du die letzte Karte am 8.9. geschrieben hast, haben wir noch nichts wieder von Dir gehört. Dass wir zwischen 1. bis 2.10. Terrorangriff hatten, wirst Du gehört haben. Ich gab am 2.10. ein Telegramm auf folgenden Inhalts „Schwer bombengeschädigt. Leben alle. Komme sofort." Nun hoffe ich, dass man Dich gehen lassen wird, weil doch sowieso Dein Urlaub fällig war. Jedes Haus in Emsthal was abgekriegt. Rund herum um uns waren die Kellerfenster erleuchtet vom Brand der Stabbrandbomben, sodass wir nicht raus konnten. Mit einem Mal kommen Fr. Kr. u. Junge reingestürzt u. sagten, bei uns brennt es. Nach 5 Minuten kam Herr Kr. der trotz des Angriffs vom Bahnhof n. Emst lief u. musste sehen, dass [illegible] sein Haus brennt

Die Feldpost war das wichtigste Mittel, mit seinen Angehörigen in der Heimat in Verbindung zu bleiben. Telefonieren mit der Heimat war nur wenigen Glücklichen vorbehalten.

Hans Heinz Rehfeldt im Schützengraben ostwärts Kriwoi Rog im November 1943.

Der Frost hat den Schlamm im Graben gefrieren lassen.

Der erste Schnee hat die Landschaft bedeckt.

Hans Heinz Rehfeldt mit MPi auf Beobachtungsstelle im vordersten Graben.

Gräber der Einheit „Großdeutschland" vom November 1943:
Obergefreiter Heinz Heuke, Werner Williamroth und Gerhard Zopf liegen in der 1. Reihe.

Hans Heinz Rehfeldt mit MPi beim Posieren mit „Bolschewisten-Mütze".

Hans Heinz Rehfeldt im Winter 1943 bei Kriwoi Rog/Kirowograd.

Der Bekleidungswagen mit Schusterei der 9. Kompanie.

Hans Heinz Rehfeldt vor der Unterkunft im November 1943.

Hans Heinz Rehfeldt mit Walter Pfeil auf Streife. Walter Pfeil fiel am 17. Januar 1945 in Ostpreußen.

Eine kurze Zigarettenpause hinter einem Heuhaufen.

Auf Beobachtungsposten im November 1943.

Zielübung am gefrorenen Misthaufen.

Die Wintertarnbekleidung wurde nun endlich in ausreichender Zahl ausgegeben.

Auf Beobachtungsposten – wo stecken die Russen?

Nur ein guter Schütze mit ruhiger Hand konnte mit dem Karabiner 98 k freihändig stehend das gewünschte Ziel auch treffen.

Vor dem Einschlagtrichter einer russischen 15,2 cm-Granate.

Ständig wachsam zu sein war nötig, um zu überleben.

Ein Überläufer wird durchsucht. Schlechte Behandlung durch Vorgesetzte führte bei den russischen Soldaten dazu, dass sie lieber zu den Deutschen überliefen als in den sicheren Tod geschickt zu werden.

Ein Partisan wurde gefangen.
Er wird an der Wand stehend durchsucht und danach verhört.

Jupp Dörfler und Hans Heinz Rehfeldt waren gute Kameraden.

Jupp Dörfler, links im Bild, mit einem weiteren Kameraden im November 1943.

„Bobby" Raimann bei Schlachten.

Weihnachten 1943.
Von links: Berbrich, Gellert, Dörfler, Patzke.

Gruppenbild zur Weihnachtsfeier 1943.
Im Vordergrund: Oberfeldwebel Raimann, dahinter Hauptfeldwebel Gellert.

Unbeschwerte Stunden bei der Weihnachtsfeier 1943.

Eine Weihnachtskarte der Kompanie für Hans Heinz Rehfeldt, der sich zu diesem Zeitpunkt in Cottbus bei der Ersatzbrigade „Großdeutschland" aufhielt.

Eine Ansicht vom Marktplatz in Cottbus.

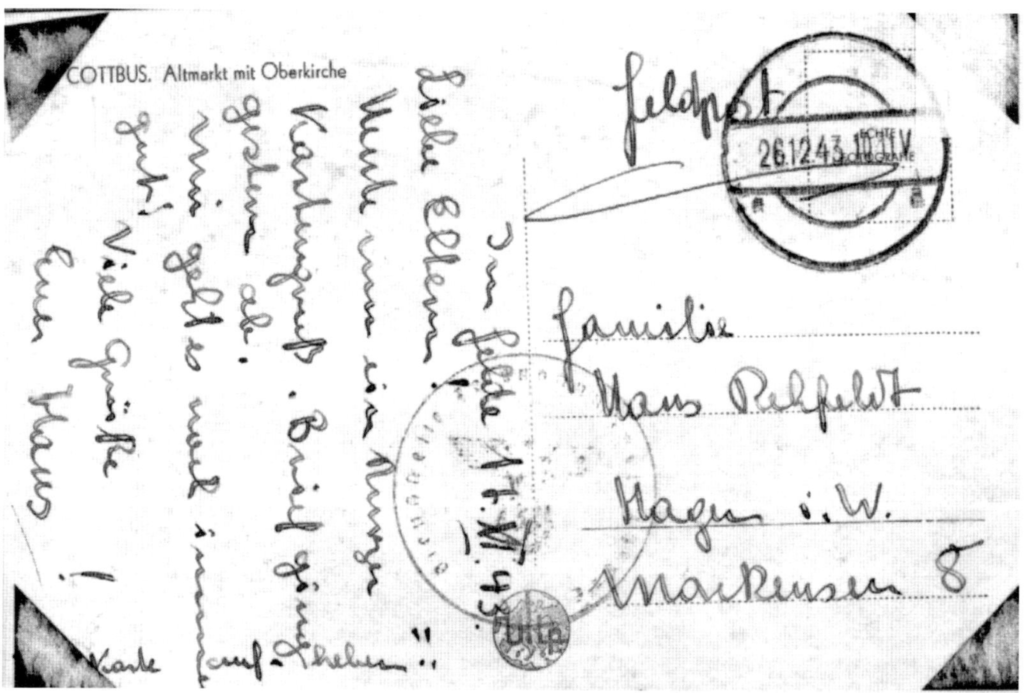

Eine Postkarte an die Familie nach Hagen in Westfalen.

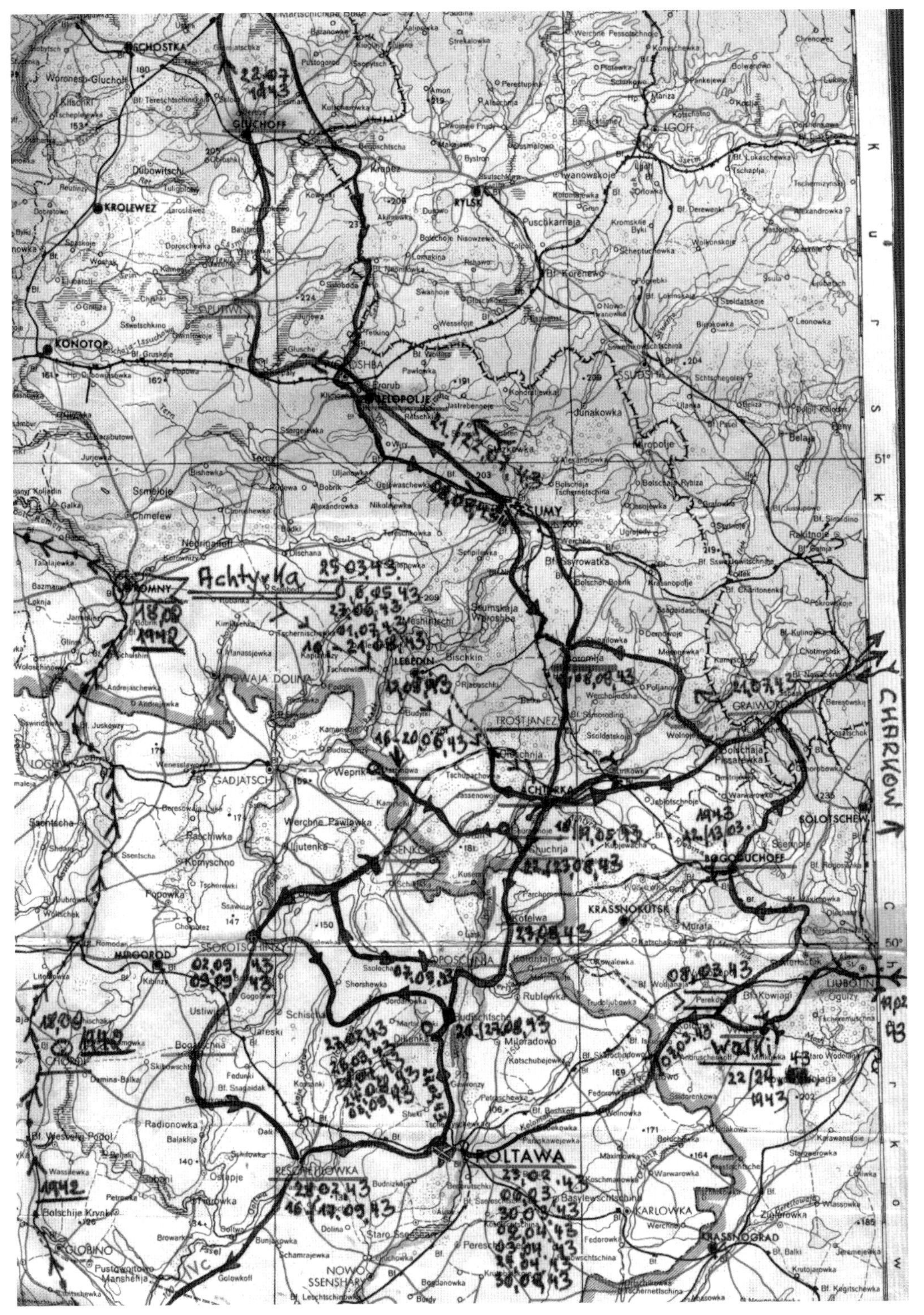

Foto einer Original-Wehrmachtskarte mit Eintragungen von Hans Heinz Rehfeldt über Bewegungen und Gefechte im Zeitraum 1942/1943.

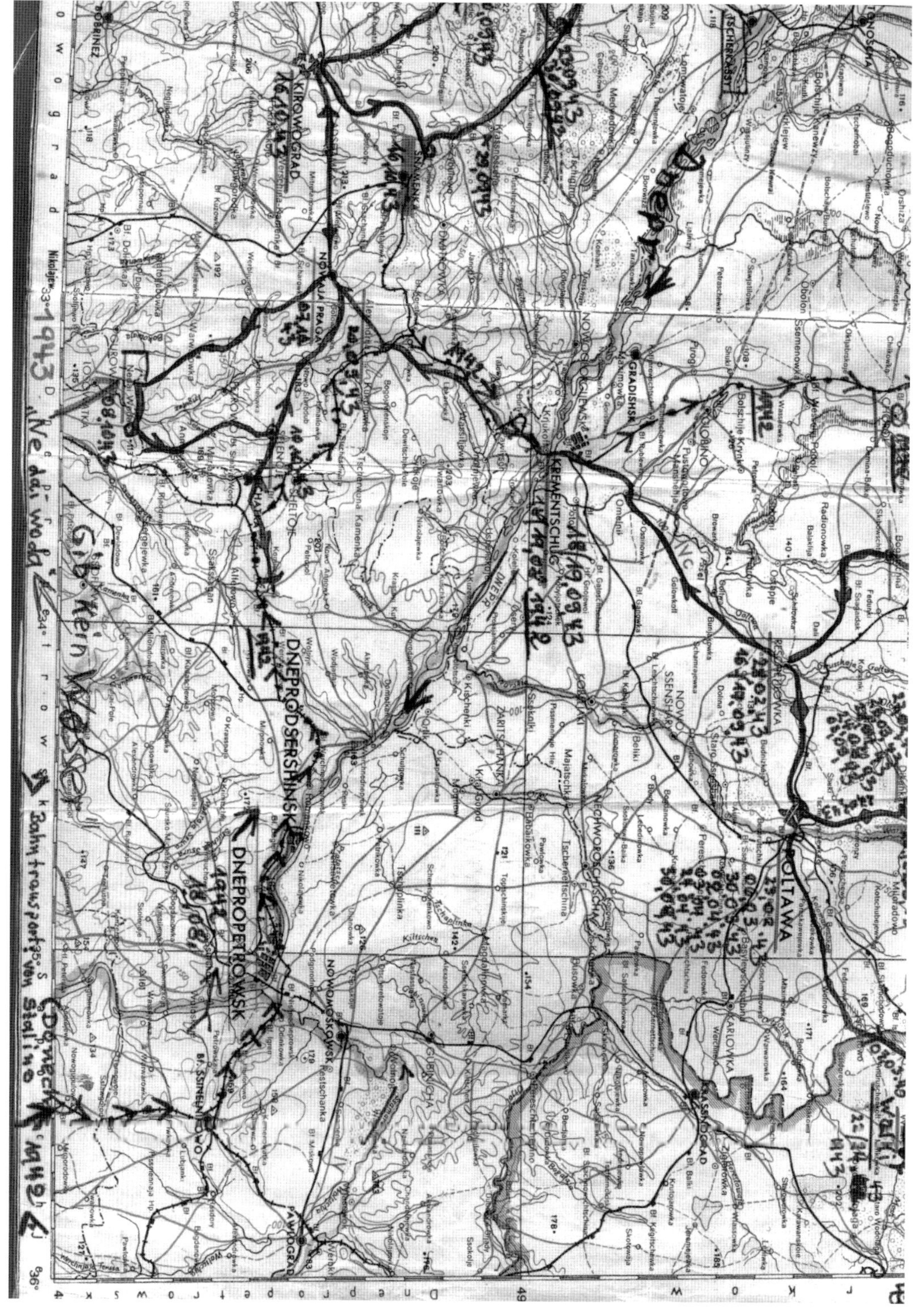

Der untere Teil derselben Karte.

als „zur besonderen Verfügung“ zum Kompaniegefechtsstand. Ich baue mir in den Hinterhang meinen Gefechtsstand. Der wird tadellos und ist gegen Abend fertig. Im direkten Schuss (z.B. mit der Pak) sind meine Feuerstellungen, die „Erdbunker“ meiner Männer und auch mein Gefechtsstand nicht zu kriegen! Aber die Beobachtungsstelle muss noch verbessert werden. Heute fällt kaum ein Schuss. Unsere Artillerie schießt in einige Seitentäler. Sie haben es schwer hier in den Bergen und engen Tälern, über den Berg zu schießen, weil es mit der Erhöhung nicht klappt. Das ist hier für uns Granatwerfer ideales Gelände! (Steilfeuergeschütz) Ab und zu hört man den Abschuss der Granatwerfer, „plöpp – plöpp“ nicht laut, da ja die Mündungen weit über 50° Grad stehen. Dann hört man nach etwa 22 Sekunden das kurze, harte Krachen der Einschläge. Das Echo hallt laut in den Tälern nach. Eine unserer Infanteriekompanien ist bei Nacht losgegangen, um den Russen zu umfassen und anzugreifen. Das Dorf ist aber bei Erreichen feindfrei.
Gegen Abend kommen von den Höhen von beiden Seiten die Kaffee- und Essensholer angelatscht. Sie haben die Feldflaschen und Kochgeschirre auf Stöcken aufgehängt. Als sie vorbeikommen, schicke ich meine Verpflegungsholer hinterher. Um 20.00 Uhr ist es dunkler geworden, sodass an meiner Beobachtungsstelle weiter gearbeitet werden kann. Ich lasse den Laufgraben und mein Deckungsloch noch weiter vertiefen, damit der Iwan nicht in mein Vorderhangloch einsehen kann. Ich lasse es mit einer Tür zudecken, die dann noch zusätzlich getarnt wird. Dazu arbeiten wir fast die ganze Nacht.

18. April 1944: Nun sind unsere „Bunker“ fertig! Die Sonne meint es schon gut, warm scheint sie auf uns herab. Nicht weit hinter meinen Stellungen fließt in einer kleinen Schlucht ein munter murmelnder klarer Gebirgsbach. Die ersten Weidenkätzchen blühen, da könnte man den ganzen verfluchten Krieg fast vergessen. Plötzlich knallt ein Gewehrschuss! Meine Leute haben einen wild herumstreunenden Hund erschossen. Kurz darauf riecht es nach gebratenem Fleisch. Da haben doch die verfressenen Landser dem Hund das Fell abgezogen und freuen sich auf einen guten Braten. Auch ich habe damals von diesem Karpaten-Hundebraten gegessen – und überlebt! Das hat gar nicht mal so schlecht geschmeckt! Von Trichinen hatte ich damals noch keine Ahnung! - Außer diesem einen Schuss bleibt es aber den ganzen Tag über an der Front ruhig. Plant da der Iwan eine neue Schweinerei? Höchste Aufmerksamkeit ist geboten! – Besonders in der Nacht und den frühen Morgenstunden. Morgen soll ich mit meinen Werfern in eine vorgeschobene Stellung.
Von der neben mir liegenden Beobachtungsstelle der Artillerie sehe ich mir mit dem Scherenfernrohr das betreffende Gelände an. Ich erkenne Erdaufwürfe und auch Feindbewegungen. Wir fertigen Skizzen an und tragen alle festgestellten Feindstellungen, Bunker und andere auffälligen Objekte genau ein. Meine Leute graben noch fleißig an der Beobachtungsstelle. Während zwei Mann sichern, hacken und graben die beiden anderen. Die ausgehobene Erde wird mit Zeltplanen hinter den Hang gebracht, damit Iwan die frischen Erdarbeiten nicht erkennen soll. Seine Stellungen hatten wir ja auf diese Weise erkennen können, weil man die Erdaufwürfe sehen konnte.

19. April 1944: In der Nacht oben in den Bergen wieder Schießerei! Es gehen Leuchtkugeln hoch und dann rummst es mehrmals – wie von Handgranaten. Das Echo hallt laut in den Bergen weiter. In den Nächten ist es schon manchmal recht unheimlich hier!

20. April 1944: Ich habe Grund zur Freude, endlich bekomme ich Post von zu Hause. Ein Brief vom November 1943 ist dabei! Man freut sich über jeden Brief, aber in einem erfahre ich, dass meine alte, stolze Kompanie in den schweren Abwehrkämpfen fast bis auf den letzten Mann vernichtet worden und ruhmreich untergegangen ist. Das steht in dem Brief meines Kameraden Dietolf. Ich bin ja von Januar 1944 bis März diesen Jahres in Hannover und danach in Cottbus gewesen. Jetzt bin ich hier in den Karpaten in Gura Humorului und bin erschüttert! Alle meine treuen Kameraden gefallen oder mehr oder weniger schwer verwundet – irgendwo in den Lazaretten. Wen würde ich wohl wiedersehen, falls wir zur Division zurückkehren würden?

21. April 1944: Mein 21. Geburtstag! – Draußen herrlichstes Frühlingswetter! Aber, nachdem mir die Kameraden gratuliert und „Viel Soldatenglück" gewünscht haben, gibt es anderes zu tun! Heute machen wir einen Aufklärungsvorstoß am halben Berghang entlang, gedeckt durch die Büsche und Bäume bis auf die Höhe 775. Die Frontlage und der Verlauf der Hauptkampflinie sind hier sehr labil. Es gibt fast nur Stützpunkte. So trennt hier nordostwärts von Gura Humorului bei Paltinoasa ein breites Tal (Moldava) aus süd-ostwärtiger Richtung von Capu Codrului nach Westen bis Gura Humorului und nach Norden nach Ilisesti und Balta. Wir ziehen los mit nur einer Gruppe Granatwerfer (8,14 cm), einer Gruppe schwerer Maschinengewehre und einem Zug Infanterie als „Begleitschutz". Mit uns sind auch ein Funktrupp und zwei Offiziere der Artillerie unterwegs. Wir wollen einen Blick in das Tal, das nach Balta führt, werfen und möglichst die uns inzwischen lästig gewordene „Ratsch-Bumm"-Batterie finden und dann mit der Artillerie bekämpfen. Mühsam unter stetem Ausspähen nach dem Feind ziehen wir immer höher bergan und erreichen unbemerkt, ohne irgendeine Störung die höchsten Höhen. Bei einer Baumgruppe von alten Buchen, die sehr hoch sind und die anderen Bäume überragen, machen wir halt. Sicherungen werden kreisförmig ausgestellt und dann hauen wir Steigeisen in den höchsten Baum. Mit dem Vorgeschobenen Beobachter der Artillerie bin ich auch mit raufgestiegen. Von hier oben haben wir eine tolle Aussicht! Und wir haben viel Glück, denn die von uns ja gesuchte „Ratsch-bumm"-Batterie beginnt zu schießen. Iwan schießt wie alle Tage Störungsfeuer nach Gura Humorului hinein! Schnell haben wir die Batterie geortet und können sehr gut sehen, dass sie auf einem Plateau hinter dem „Kreidefelsen" an einem Waldrand steht. Wir sehen die Iwans an den Geschützen hantieren. Der Vorgeschobene Beobachter nimmt sofort die Funkverbindung mit seiner Batterie auf und gibt das 1. Feuerkommando! Da suche ich gespannt mit dem Glas den Einschlag. Der Abschuss aus dem Moldautal hallt laut rollend mit sich brechendem Echo durch das Gebirge. Vom Einschlag ist aber nichts zu sehen. „Der ging bis Kischinew!" lache ich. Nur in der Ferne hören wir es donnern. Neue Entfernung! Noch ein Schuss. Diesen Einschlag können wir gut sehen! Mit dem 3. Schuss liegt der Einschlag zu kurz aber direkt vor den Geschützstellungen! Da scheint Iwan bemerkt zu haben, dass wir es auf ihn dort abgesehen haben! Da kommen mit einem Mal aus dem Wald bespannte Protzen, Iwan will seine vier Kanonen retten! Aber da hören wir Gewittergrollen hinter uns und dann heulen sie heran, die vier Granaten (12,5 cm) und krachen mitten unter die Iwans und die Geschütze! Qualm, Dreck fliegt hoch! Protzen, Geschütze und Pferde, vom Qualm, Rauch und hoch spritzender Erde sind sie kaum noch zu sehen. „Prima! – tadellos! Noch eine Salve und dann 100 Meter zulegen!" Ich starre mit dem Glas von meiner hohen Warte aus gespannt zu den Iwans. Und dann krachen vier Granaten mitten unter ihn! Die Pferde werden scheu und brennen durch, die Iwans rennen zurück in den vor Sicht schützenden Wald. Aber noch zweimal schießt die Batterie, da geht Munition hoch und es gibt dort, wo die Iwans sich sicher glauben, böse Baumkrepierer. Das ist eine erfolgreiche Aktion geworden! Aber nun will auch ich mit meinen Werfern dem Iwan einige „freundliche" Grüße rüberschicken! Wir ziehen ein gutes Stück nach Norden, immer gut gesichert, finden eine günstige Feuerstellung und eine sehr gute Beobachtungsmöglichkeit auf der Höhe 774 bei Magura mit gutem Blick auf die im Tal verlaufende Straße nach Balta. Schnell schieße ich mich auf die Straße ein, die hier tief unter uns eine Doppelkurve macht. Bevor auf der Straße lohnende Ziele sind, beschieße ich einige erkannte Bunker und Grabenstellungen neben der Straße und erziele einige gute Treffer. Als dann eine Fahrzeugkolonne des Russen aus der Gegend von Paltinoasa auf Balta zufährt, habe ich mit meiner gesamten Munition diese erfolgreich bekämpft unter Zerstörung einiger Lkws und auch anderer Fahrzeuge. Leider kann ich nicht weiterschießen, weil wir nicht genug Munition haben. Hier beweist es sich wieder, dass ich infolge Munitionsmangels dem Gegner nicht mehr schaden bzw. ihn nicht mehr vernichten kann. Ich hatte schon früher auf dem Dienstweg für uns Granatwerfer eine fahrbare motorisierte Karrette gefordert, wie sie die Italiener hatten. Das war ein sehr niedriges auf Ketten laufendes Gefährt. Aber es hatte sich da nichts getan! Wenn man bedenkt, was die Russen mit ihren Granatwerfern uns für Schaden zugefügt haben, dann war die Nichtachtung meiner Forderung eine böse Fehlleistung! So muss ich hier die Werfer abbauen lassen und den Rückweg antreten. Bei unserem Rückmarsch schießt die Artillerie noch einige Male mit laut, durch die Wälder und Täler, rollendem Echo auch auf diese Nachschubstraße. Mit erfolggeschwellter Brust nehmen wir jetzt den kürzesten Weg zurück über Picioru-Inali und erreichen bald unsere Ausgangsstellung. Dort gehen die Werfer sofort wieder in ihre Feuerstellung. Hier muss ich jetzt etwas nachtragen! Da ich ja heute meinen 21. Geburtstag habe, schneide ich in die Rinde der hohen „Beobachtungsbuche" das Datum und die Buchstaben H. R. ein. Leider bin ich nach dem Krieg nicht wieder in diese so landschaftlich schöne Gegend Rumäniens gekommen. Am Abend feiern wir dann aber meinen Geburtstag in meinem „Hauptquartier", einem kleinen Haus nur wenige Meter hinter einem Friedhof im Tal. Mein Kamerad Unteroffizier Heinz Spieß spielt auf dem Klavier die tollsten Lieder! Wir haben viel Spaß, gute Getränke und gut zu Essen. In der Nacht schallt unser Gesang laut durch das Tal. Plötzlich hören wir draußen Schüsse! Da sind wir alle schnell raus mit der Waffe in der Hand und haben „die Lage gepeilt". Seitlich am halben Berghang ist Maschinenpistolen-Geknatter zu hören. Dann auch einzelne Gewehrschüsse! Ob der Iwan sich da, durch unseren Gesang angelockt, wohl heranpirscht? „Unteroffizier, sehen Sie mal da auf dem Friedhof, da ist flackerndes Licht!" meint da einer meiner Leute. Und tatsächlich ist dort mal heller, mal trüber ein flackerndes Licht zu sehen. Mit schussbereiten Waffen pirschen wir uns zu dritt vorsichtig zwischen den Grabsteinen und Grabhügeln, mit einem mulmigen Gefühl im Magen, auf das Licht zu. Endlich können wir erkennen, was das Licht verursacht. Da brennt in einer winzigen kleinen Kapelle ein „Ewiges Licht". Dieser Fall ist nun gelöst, und die Schießerei am Berghang hat auch aufgehört. Da sind möglicherweise ein paar Landser in ihrer Berghangstellung nervös geworden? Es bleibt bis zum frühen Morgen ruhig. Wir schärfen den Wachen größte Aufmerksamkeit ein. Dann leeren wir die letzten Flaschen, und ich bin um Mitternacht einen Tag und ein Jahr älter! Meine Kameraden gratulieren mir und wünschen viel Soldatenglück. Auch unser Leutnant „Bubi" ist gekommen und hat mir

ebenfalls alles Gute und eine glückliche Heimkehr bei Kriegsende gewünscht. Man kann ja in so einem Krieg gar nicht genug Glück haben!
Unser junger Leutnant ist ein feiner Kerl! (Leutnant Hartwig, 19 Jahre) Er lässt sich von uns „alten Hasen" manchen guten Tipp geben. Er hat gerade wenige Monate Fronterfahrung, wir inzwischen schon einige Jahre!

22. April 1944: Ins neue Lebensjahr will ich nun nicht so verschwitzt und ungewaschen treten. So mache ich mich auf und gehe in die kleine Stadt Gura-Humorului. Als ich so an den Häusern entlanggehe, um eine „Bademöglichkeit" zu finden, werde ich plötzlich von einem älteren, gut aussehenden und gut deutsch sprechenden Mann angesprochen: „Lieber Herr deutscher Soldat, ich kenne ihre Dienstposition nicht, aber suchen sie etwas? Kann ich ihnen helfen?" Na, da bin ich aber sehr überrascht, wir gehen ins Haus, dort begrüße ich seine Frau. Und dann ist da noch ein junges, hübsches Mädchen von etwa 17 Jahren. Ich bin Gast bei einem emeritierten Professor, der sowohl in Wien als auch in Rumänien gelehrt hat. Wir reden über den Krieg und wie wohl die Chancen wären, dass der Russe durchbräche, oder ob wir den Feind aufhalten könnten. Ich versuche, ihnen soviel Mut zu machen, wie die derzeitige Lage es zulässt. So muss ich offen lassen, ob wir den Feind hier würden aufhalten können. Die beiden „Alten" werden recht still. Dann trinken wir selbstgekelterten Wein und essen kuchenähnliches, gut schmeckendes Weißbrot mit einer selbstgemachten Marmelade. Wir Männer trinken noch einen Obstler zum Abschluss. Später nimmt mich der Hausherr beiseite und fragt mich, ob ich eine Möglichkeit hätte, das Mädel vor den Russen, wenn die denn kämen, in Sicherheit zu bringen.
Da unsere Nachschubfahrzeuge oft bis Wien fahren, mache ich ihm Mut, ich würde wohl eine solche Möglichkeit finden. „Packen Sie einen Koffer für das Mädel und lassen Sie sie ‚reisefertig' machen. Ich sage Ihnen so bald wie möglich, ob das schon in Kürze geschehen kann." Beim Abschied umarmen mich die Eltern. Ich erfahre, dass es nur Onkel und Tante sind. Abends höre ich, dass am nächsten Tag ein Lkw unserer Instandsetzungsstaffel, um Ersatzteile zu holen, nach Wien fahren würde. Nach dem Appell und nachdem ich die Wachen eingeteilt habe, besuche ich den Professor noch und informiere ihn über die gute Gelegenheit.
Es gibt nur eine kurze Beratung und dann sagen alle drei zu. Nun komme ich mit meiner Bitte heraus, ob es eine Möglichkeit gäbe, mich mit viel warmem Wasser mal richtig waschen zu können? Da zeigt man mir in einem Gartenhaus eine „vorsintflutliche Zinkwanne", man will mir auch heißes Wasser bereiten. Das nehme ich dankend an. Es dauert eine ganze Weile, bis genug heißes Wasser in der Wanne ist und ich dann einsteigen kann, um mich mit der „berühmten", schlecht schäumenden Wehrmachtseife waschen zu können. Herrgott, was ist das für ein Wohlgefühl! Nun hätte ich ja nur noch frische Unterwäsche haben müssen. Aber so muss ich nach dem Bad leider wieder in meine verschwitzte und nicht mehr blütenweiße Unterwäsche steigen. Mein olivgrünes Hemd ist mit „Lauseto" imprägniert, mithin tatsächlich läusefrei! Trotzdem komme ich ins Haus zurück, wie neugeboren. Ich werde zum Essen eingeladen, aber ich habe ja schon mein Kochgeschirr voll mit Nudeln und Gulasch gegessen. Dennoch bin ich geblieben und habe zu Wein und Obstler nicht nein gesagt! Ich schreibe mir den Namen der Familie und auch den des Mädels auf, die Notizen sind aber leider heute nicht mehr auffindbar. Das Mädel hat ihren Koffer fertig gepackt und auch Reisekleidung angelegt, sowie ihre Papiere bei sich. Ich sage ihr, dass ich sie am nächsten Morgen abholen werde, um

sie zu dem Lkw zu bringen und sie mit dem Fahrer bekannt zu machen. Das war ein unbedingt vertrauenswürdiger älterer Fahrer. Nach dem letzten Obstler verabschiede ich mich.

23. April 1944: Gleich nach dem Morgenappell gehe ich zu dem Lkw-Fahrer und wir fahren bis vor das Haus des Professors. Der will dem Fahrer noch viel Geld geben, als Dank dafür, dass er das Mädel mit nach Wien nimmt. Der aber lacht nur und sagt: „Einsteigen, die Fahrt geht sofort los." Wir sehen einen tränenreichen Abschied und dann gebe ich dem Mädel die Hand und wünsche ihr viel Glück. Da umarmt sie mich und gibt mir einen Kuss auf die Backe. Ich bin ganz perplex und lache nur: „Gute Reise und alles Gute!" Der Fahrer gibt Gas und fährt los. Der Professor und seine Frau stehen vor dem Haus und winken, bis der Wagen außer Sicht ist. Aus dem Seitenfenster sehe ich eine winkende Hand, dann ist der Wagen entschwunden. Ich denke nur: „Hoffentlich geht alles gut und sie findet in Wien die Bekannten, die der Professor ihr aufgeschrieben hatte." Ich klopfe den beiden, die noch am Gartentor stehen, auf die Schulter und gehe dann schnell fort. Beide haben sie Tränen in den Augen. Damals hoffte ich sehr, dass das Mädel gut bei den Bekannten in Wien angekommen ist. Aber wenige Monate später sind die Russen auch in Wien!

24. April 1944: Iwan verhält sich hier vor uns ruhig. Da legen wir einen offiziellen Badetag ein. In einem Haus im Ort gibt es ein richtiges Badezimmer. Dort wird nun jede Menge heißes Wasser vorbereitet und dann geht es nach Rangordnung in die Wanne! Ob nun der Iwan den Rauch aus dem Kamin hat kommen sehen, oder ob er nur mal so Störungsfeuer schießen wollte, unangenehm war es für mich, als einige Granaten nicht weit ab in die Häuser einschlugen. Und da sitze ich splitterfasernackt in der Wanne. Das Badezimmerfenster ist auch dummerweise nach Osten gelegen. Ich bin schnell fertig und dann kommt der Nächste. Wir haben das Bad, obwohl Iwan es uns nicht gönnte, alle unbeschadet überlebt! Vom Lkw können wir aus unseren Wäschebeuteln frische Unterwäsche nehmen. Mein mit „Lauseto" getränktes Oberhemd tausche ich aber nicht um. – Lieber angeschmuddelt, als wieder die verdammten Läuse!

25. April 1944: Wir verbessern unsere Stellungen, ansonsten ist Ruhe bei uns. Da wir ja bei dem Sonderverband „1029 Großdeutschland mot." fast nur „nicht voll ausgebildete Rekruten" haben, stelle ich nachts immer Doppelposten auf. Die werden dann alle 2 Stunden abgelöst. Das ist auch bisher immer gut gegangen. Ob die Kerle nun durch das Stellungsgraben besonders müde sind, oder was sonst in die Beiden gefahren ist, ich weiß es nicht.

26. April 1944: Als ich heute Morgen die Posten kontrollieren will, so gegen 07.00 Uhr, und laut rufe. „Posten 4. Zug melden! – Wo sind Sie?!" Da bleibt alles still. Ich gehe nun in die Feuerstellung und rufe ärgerlich noch einmal, aber auch darauf keine Meldung. Als ich in die Werferstellung gehe, kriege ich einen mächtigen Schreck! Da fehlt bei einem Werfer das Rohr! Das Zweibein liegt auf der Bodenplatte und alles ist mit der Zeltplane zugedeckt!? Das machen doch die Russen nicht! Was ist da geschehen? Als ich auf die Höhe komme, sehe ich den Vorgeschobenen Beobachter der leichten Infanteriegeschütze und frage den, was da wohl passiert sei? Ich erfahre, dass bei Hellwerden der Bataillonskommandeur mit einigen Offizieren und Meldern aus dem Ort hier heraufgekommen war zu einer Inspektion der Stellungen. Als man die Feuerstellung ohne Bewachung sah, hat der Kommandeur das Rohr abbauen lassen und einer der Melder hat es aufgeschultert mitgenommen! Da packt mich der heilige Zorn! Ich brülle so laut ich kann: „Posten, Granatwerfer! Verdammt, wo steckt Ihr?!" Da regt sich was im nahen Gebüsch und dann stehen völlig verschlafen die beiden Penner vor mir. Ich verpasse ihnen eine Standpauke und habe sie dann eine gute Viertelstunde bewegt mit „Hinlegen, vorrobben! Auf, auf! Marsch, marsch! – Hinlegen! Euch mache ich munter, ihr Penner!" So, das genügt, die sind jetzt wach! - Da macht doch der junge „Hüpfer", der Grenadier R., freche Sprüche! Ich nehme ihn mir noch einmal kurz vor! Als der Kerl dann am Boden liegend mir zu drohen wagt und keuchend ruft: „Passen Sie nur auf! Beim nächsten Angriff könnten sie eine Kugel kriegen!" – da sage ich zu ihm: „Da werde ich aber dann ein Auge auf Sie haben! Und da können Sie Gift drauf nehmen, ich passe gut auf!" Dieser Kerl hat sich ja schon in Ungarn unbeliebt gemacht. Ich denke nur bei mir: „Holzauge, sei wachsam!" Mit meinem Melder mache ich mich dann auf ins Tal, ich muss ja Meldung machen und werde sicher einen „Anschiss" kriegen. Im Ort gehe ich zuerst einmal zum Bataillonsgefechtsstand, um die Lage zu „peilen". Ich gehe mit spähenden Augen von Raum zu Raum und dann sehe ich im Funkraum „mein Rohr" unter dem Fenster liegen. Der Obergefreite, der da seinen Dienst tut, grüßt und sagt dann ganz harmlos: „Suchen Sie das Rohr? Das liegt hier." Und dabei zeigt er unter die Fensterbank. Darauf ich nur: „Na, Gott sei Dank! - Ohne Rohr kann man schlecht schießen!" Das bestätigt er mir. Dann rufe ich fix meinen Melder, der schultert das Rohr und dann sind wir klammheimlich wieder verschwunden. Bald ist das Rohr wieder an Ort und Stelle eingebaut, der Werfer nach dem Nachrichten wieder auf gewählte Zielpunkte feuerbereit. Jetzt steige ich wieder in den Ort hinab und melde mich beim Bataillonskommandeur. Der nimmt die Meldung entgegen, guckt mich an und fragt: „Haben Sie nichts besonderes zu melden?" Da melde ich: „Herr Hauptmann, Granatwerferrohr, was rätselhaft verschwunden war, ist gefunden und bereits wieder eingebaut worden. Der Werfer ist feuerbereit!" – „Wo haben Sie das Ding denn gefunden? Doch nicht etwa bei mir hier?" Dabei grinst er und hebt den Zeigefinger. Ich erkläre ihm den ganzen Sachverhalt und füge zum guten Schluss noch an: „Wenn wir so junge, noch nicht einmal richtig ausgebildete Rekruten kriegen, müssen wir uns über nichts wundern." Noch eine strenge Ermahnung – und dann ist der Frieden wiederhergestellt. Es ist schon gut, dass wir uns in den letzten Wochen schon näher kennengelernt haben! Die letzte Aprilwoche verläuft relativ ruhig, also ohne besondere Vorkommnisse. Unsere Division kämpft in der Gegend um Jassy, und bei uns munkelt man von Ablösung und Zuführung zu unserer Division. Inzwischen sind Einweisungsoffiziere gekommen von der Einheit, die uns ablösen soll. Es ist die 8. Jägerdivision. Das Prozedere kennen wir und so verläuft alles problemlos. Sie fragen und wir geben ihnen die wichtigsten Informationen. Und dann ist es soweit. Die Männer der 8. Jägerdivision übernehmen unsere Stellungen, wir sammeln im Ort bei den Fahrzeugen. Die Lkws sind aufgefahren, wir kontrollieren noch einmal und dann kann ich melden, dass wir abmarschbereit sind. Der Fahrer, der das junge Mädel mit nach Wien genommen hat, ist längst zurück und ich kann dem Professor nun mitteilen, dass er das Mädel wohlbehalten in Wien abgeliefert hat. Daraufhin umarmt mich der alte Herr herzlich und sagt immer nur: „Danke, danke, Sie sind ein guter Mensch." Das ist mir dann schon beinahe peinlich. Mit den besten gegenseitigen Wünschen verabschieden wir uns. Dann fahren wir zuerst nur bis Cimpolung und sammeln uns dort. Hier bleiben wir einige Tage. Die Ablösung hat wohl sehr gut geklappt und Iwan wohl nichts gemerkt, denn es bleibt ruhig an der Front. Als sich der ganze „1029 Großdeutschland (mot.)-Verein“ gesammelt hat, holen uns die Fragen, wann und wie lange dieser mörderische Krieg noch andauern wird, ein. Wir hoffen – man mag gar nicht zu Ende denken! Noch können ja neue „Wunderwaffen“ bei uns kommen. Die „V1“ und die „V2“ als Vergeltungswaffen haben wir ja schon! Aber was kann danach noch bei uns kommen? Und was könnten das für „Wunderwaffen“ sein?

9. Mai 1944: Aber jetzt wieder die Wirklichkeit! Leutnant Hartwich kommt mir entgegen: „Unteroffizier Rehfeldt, hier ist Ihr Marschbefehl!“ Ich melde, dass bei mir alles in Ordnung und genug Benzin an Bord der Lkws ist. „Also dann, die Waffen schussbereit halten und immer Augen auf, gute Fahrt.“ Unsere Fahrt geht durch eine wildromantische Gebirgslandschaft immer mehr oder weniger neben der Wilden Bistrita. Es geht über einen hohen Pass, der jetzt den Namen „Schörner-Pass“ (1.790 Meter!) trägt. Unser braver Opel-Blitz und auch die anderen Lkws wie Peugot oder Tatra quälen sich tapfer über diese Höhe. Bei den steilen Abfahrten und den oft sehr engen Spitzkehren stehen mir oft die Haare zu Berge! Es geht nur recht mühselig und langsam voran. Die Rumänen haben viele Straßensperren aus Baumstämmen und Felsbrocken errichtet. Die sind oft so schmal, dass die Fahrzeuge nur mit Mühe und Not die Durchfahrt schaffen! Da hat es oft gesplittert! Mancher Wagen hat sich ungeschickt verklemmt! Wir kommen aber alle ohne Probleme gut durch.

Zurück bei der Panzergrenadierdivision „Großdeutschland“

Wieder bei meinem alten Haufen

10. Mai 1944: Wir fahren nachts – bei hellem Vollmond und ich sitze im Fahrerhaus und bewundere die Landschaft. Im schmalen Scheinwerferlicht ist die Straße gerade noch zu erkennen. Im hellen Mondlicht neben uns die weiße Gischt des schnell dahinschießenden Flusses (Wilde Bistrita). Ich sehe nach oben, so sind gegen den hellen Himmel an beiden Seiten hoch über uns dunkle Tannenwipfel zu sehen und dann je nach Straßenführung auch ganz groß der hellgelb-weiße Vollmond. Der Lichtwechsel zwischen hell und dunkel ist faszinierend! Es ist eine wildromantische Fahrt!

11. Mai 1944: Befehlsgemäß verhalten wir in Piatra Neamt, damit sich die weit auseinandergezogene Kolonne des Bataillons wieder sammeln kann. Einzelne Fahrzeuge haben auch ihre Probleme bei dieser Bergfahrt. Aber dann geht die Fahrt weiter auf einer Landstraße, raus aus dem Bistrita-Tal Richtung Roman. Dort angekommen erfahren wir, dass unser aus der Not geborener Sonderverband „Verstärktes Grenadierregiment 1029 Großdeutschland (mot.)“ (Genesende, noch nicht voll ausgebildete Rekruten und alle möglichen Waffengattungen) der sich aber in den Karpatenbergen bewährt hat, hier aufgelöst werden soll und Männer sowie die Fahrzeuge in die altbewährte Panzergrenadierdivision „Großdeutschland“ eingegliedert werden soll. Kommandeur ist General Hasso von Manteuffel. Der alte stolze Verband hatte bei harten Abwehrkämpfen schwere Verluste gehabt. Besonders in der Abwehrschlacht in den Tagen vom 2. bis 5. Mai bei Targul Frumos. Jetzt erfolgt die Reorganisation der ganzen Division. Es erfolgt auch eine neue Gliederung. Die Gefechtsstärke verringert sich bei den Regimentern von bisher vier auf drei Bataillone mit je vier Kompanien: I. Bataillon/1.-4. Kompanie, II. Bataillon/5.-8. Kompanie, III. Bataillon/9.-12. Kompanie. Auch erhalten wir bessere Waffen mit besserer Panzerung bei den Sturmgeschützen und andere Panzerkampfwagen. So wird durch diese personelle als auch waffenmäßige Erneuerung unsere Division zu einer „Feuerwehr“, die man immer dort einsetzen wird, wo der Gegner Durchbrüche versuchen will oder auch, wenn ein Einbruch in die Front erfolgt ist, als eine eiserne Faust im Gegenstoß, die den Gegner zurückwerfen soll. „Großdeutschland die Feuerwehr“ so werden wir genannt.

12./13. Mai 1944: Ich selbst bin mit wenigen Genesenden und einigen Rekruten endlich wieder in meiner 8. Kompanie des Granatwerferzugs. Die Kompanie führt immer noch Oberleutnant Schmelter, aber an alten, guten Kameraden sind kaum noch welche anzutreffen! Ich erfahre, dass unser alter „Spieß“, Hauptfeldwebel Oskar Gellert, auf dem Wege zu uns ist. Wir haben ein wenig Ruhe, aber dann beziehen wir eine neue Stellung bei Cortesti. Ich gehe zu meiner vorgeschobenen Beobachtungsstelle und von dort leite ich das Feuer auf drei Sperrfeuerräume. Ich bin damit fertig und will schnell wieder zu meiner Feuerstellung zurück, weil das Deckungsloch für drei Mann zu eng ist. Ich rufe meinen Stellungsunteroffizier an und sage ihm, dass ich in genau einer Viertelstunde („Uhrenvergleich!“) versuchen will, unter seinem Feuerschutz trotz Feindeinsicht in die Feuerstellung zurückrennen möchte. Er soll dann in Abständen mit den Werfern schießen, sodass die Iwans die Nase in den Dreck stecken müssen, mich also nicht laufen sehen können. Mit Blick auf die Uhr horche ich dann auf die Abschüsse meiner Werfer. Da, jetzt schießen sie! Aber warum so schnell nacheinander? Beim Einschlag der ersten Granate springe ich aus dem Loch und wetze so schnell ich kann zurück. Das geht auch die ersten 100 Meter recht gut! Aber dann schießen die Werfer nicht mehr. Verdammt, die sollen doch „kleckerweise schießen" solange ich da noch laufen muss!? Noch ist ja alles gut gegangen, aber da höre ich schräg rechts hinter mir ein russisches Maxim-Maschinengewehr bubbernd schießen und dann klatschen auch schon die ersten Schüsse dicht bei mir in den feuchten Lehmboden. Ich kann sogar einzelne Einschläge rechts vor mir erkennen. Mir fliegen die Kugeln um die Ohren! – Verdammt! Wo finde ich jetzt so schnell Deckung? Man hat zwischen Feuerstellung und der Hauptkampflinie klugerweise einige Deckungslöcher gegraben. Ich sehe das erste jetzt auch wenige Meter vor mir. Mit einem Beinahe-Hechtsprung springe ich da hinein und auf zwei Landser, Strippenzieher, die da auch Deckung gesucht haben. Erschrocken machen die sich noch kleiner und ich kann mich noch soeben dazuquetschen. Die blöden Kerle grinsen! Nach einiger Zeit hört das Maschinengewehr auf zu schießen. Ich habe eine Verschnaufpause gehabt und starte dann für die letzten 100 Meter. Das geht wieder gut, nur der zähe Schlamm an den Stiefeln macht das Laufen schwieriger. Oft rutsche ich mehr als das ich laufe! Dabei fluche ich ganz gewaltig. In der Feuerstellung renne ich meinen Kompanieführer, Oberleutnant Schmelter, fast um. Dann werfe ich mich erschöpft hin und fluche, einmal auf den missratenen Feuerschutz und noch mehr auf den blöden Iwan hinter seinem Maxim-Maschinengewehr. Abends bei der Routinemeldungsabgabe am Bataillonsgefechtsstand fragt mein Kompaniechef die anderen Offiziere und Adjutanten: „Was ist das?" Rennt mit zwei Zentner Schlamm an den Stiefeln, die Maschinenpistole auf dem Rücken, mit baumelndem Fernglas am Hals, flucht, schimpft und ruft: „Die verfluchten Iwans! Schießen da einfach mit dem Maschinengewehr auf einen einzelnen Mann! Wie leicht kann man da getroffen werden!? – Ha, ha, ha! Das ist der Vorgeschobene Beobachter, Granatwerfer Unteroffizier Rehfeldt, der da aus seiner Beobachtungsstelle zurück zu seiner Feuerstellung rennt und von russischem Maschinengewehr-Feuer gejagt wird. Ha, ha, ha!" Da denke ich bei mir „Der hat gut Lachen." Am Abend nehmen wir aber auf diesen Schrecken noch eine ordentliche „Stärkung".

14./19. Mai 1944: Meine Beobachtungsstelle hat den Decknamen „Simon". Im Niemandsland liegt ein abgeschossenes Flugzeug. Hier habe ich auch meine befohlenen drei Sperrfeuerräume erschossen. Das Gelände ist zur Hauptkampflinie hin leicht ansteigend. Links, seitlich hinter der Feuerstellung, geht es steil bergab in den Ort Cortesti. Nachts wandern unsere schweren Maschinengewehre von einer am Tage eingerichteten Feuerstellung zur anderen, um den Iwan mit Störungsfeuer zu „ärgern". Die Ziele sind schon am Tage „erschossen" worden. Das war der reinste „Wanderzirkus". Aber wir wissen aus gemachter schlechter Erfahrung, dass bei dieser Art des Schießens so mancher Mann getroffen wird! Außerdem ist so etwas sehr störend und lästig. Wir sind ja nun wieder „8. Kompanie/II. Bataillon Grenadierregiment Großdeutschland". Das ist die Folge der vorher schon genannten „Reduzierung". Da fehlt es wohl schon an Menschen, an Soldaten!? In meinem Zug ist mein alter Kamerad Jupp Dörfler als Truppführer, er ist einer, den ich seit November 1941 kenne. Leider sind kaum noch andere alte Kameraden hier! Sie sind gefallen oder mehr oder weniger schwer verwundet in irgendwelchen Lazaretten. Die Natur ist um diese Jahreszeit herrlich! Es gibt viele Weinberge hier und in weißer Blütenpracht stehende Obstbäume. Mit uns ist auch mein Zugführer von „1029 Großdeutschland", der Fahnenjunker-Feldwebel „Pan" Gerber. Wir verstehen uns sehr gut, er ist ein ganz prima Kerl!

Pfingsten 1944: Wir alle sitzen voller Anspannung in der Stellung, ich vor meinem „Bunker", denn es ist mit einem russischen Angriff zu rechnen. Aber es bleibt den ganzen Tag ruhig.

An den Granatwerfer-Zug O. U., den 24. Mai 1944

Bataillonsbefehl

Für den zu erwartenden Angriff des Russen befehle ich nochmals:

1) Jeder hat die ihm anvertraute Stellung bis zum letzten Atemzug zu verteidigen. Wer ohne meinen Befehl seine Stellung räumt, wird entweder, falls ich es sehe, erschossen oder sich später vor einem Kriegsgericht zu verantworten haben. Feiglinge haben in unseren Reihen keinen Platz!
2) Während des feindlichen Vorbereitungsfeuers sind nur wenige Beobachter draußen, alles andere, besonders die leichten Infanteriewaffen, sind in voller Deckung.
3) Greift die feindliche Infanterie an, so ist sie mit ruhig gezieltem Feuer zu bekämpfen. Je ruhiger Ihr schießt, desto besser trefft Ihr! Und je mehr Ihr trefft, desto eher bleibt der feindliche Angriff liegen. Nicht die Zahl Eurer Schüsse, sondern die Treffer halten Euch den Feind vom Leibe!
4) Eröffnet das Feuer nicht zu früh! Je dichter der Feind heran ist, desto weniger können ihn seine schweren Waffen unterstützen.
5) Begleiten Panzer den feindlichen Angriff, so müsst Ihr vor allem die feindliche Infanterie bekämpfen. Es ist in dem Gelände unseres Abschnittes möglich, dass feindliche Panzer bis an unsere Hauptkampflinie herankommen. Lasst Euch dadurch nicht einschüchtern! – Weiter kommt kein feindlicher Panzer. Wenn Ihr Eure Stellungen gut ausgebaut habt, kann Euch nichts passieren. Den größten Fehler, den Ihr machen könnt, wäre, vor einem feindlichen Panzer davonzulaufen. Das ist der sichere Tod! – Ihr könnt ohne Sorge sein, hinter Euch stehen genügend Sturmgeschütze und andere panzerbrechende Waffen, um auch gut mit feindlichen Panzern fertig zu werden! Kommen Feindpanzer ohne Infanterie oder der Infanterie sehr weit voraus, so müsst Ihr aus der Deckung sorgfältig beobachten, ohne Euch zu verraten. – Bekämpft werden sie durch panzerbrechende Waffen. – Ihr bekämpft die Infanterie!
6) Sollte der Feind in die Stellung einbrechen, so müsst Ihr sofort abriegeln und ihn im Gegenstoß angreifen. Je schneller und härter Ihr zufasst, umso sicherer ist der Erfolg.
7) Bedenkt stets, dass die feindliche Infanterie schlecht ist, viel schlechter als je zuvor! Die Masse der feindlichen Infanterie ist erst wenige Wochen Soldat. Sie schießen ausgesprochen schlecht. Wenn sie trotzdem scheinbar tapfer angreifen, so nur, weil sie wissen, dass jedes Liegenbleiben oder Zurückgehen ihren sicheren Tod bedeutet. Lasst Euch durch ihr Geschrei und ihre Zahl nicht verblüffen, sondern schreit noch lauter „Hurra!" Ihr

werdet sehen, das hilft! Ist der Feind sehr dicht an die eigene Stellung herangekommen, so ist es oft besser, sich durch einen kurzen Angriff Luft zu machen, als den feindlichen Einbruch im Graben zu erwarten.

8) Bleibt gut in Euren Stellungen, denn von hinten überschießen Euch eigene schwere Waffen, oft mit rasanter Flugbahn. Schon aus diesem Grund ist jedes Zurücklaufen lebensgefährlich. Im Übrigen müsst Ihr den eigenen schweren Waffen voll vertrauen. Sie sehen Euch und je dichter sie ihr eigenes Feuer an Euch heranziehen, desto besser helfen sie Euch!

9) Verwundete dürfen erst zurückgebracht werden, wenn der feindliche Angriff abgeschlagen ist. Gefallene sind durch den Hauptfeldwebel und Angehörige der Trosse zu bergen.

10) Wir sind zahlenmäßig und an Waffen wieder sehr stark! Wir befinden uns in einer guten, tief gegliederten Stellung, deren Ausbau nur von Eurem Fleiß abhängt! Hinter uns stehen starke Kampfverbände als Reserve. Wir können jedem feindlichen Angriff mit Ruhe entgegensehen. Wenn Ihr Eure Stellung so gut wie möglich ausbaut, befehlsgemäß kämpft und Euch durch nichts, vor allem nicht durch die Masse verblüffen lasst, sondern die Nerven behaltet, dann muss jeder feindliche Angriff spätestens in unseren Stellungen zusammenbrechen.

Dieser Befehl ist allen Angehörigen des Bataillons bekannt zu geben und vor allem mit den Unterführern durchzusprechen.

Gez. Hauptmann, Bataillonsführer

Und dieser gute Mann, der in den Karpaten mit „1029 Großdeutschland“ schon keine Lorbeeren errungen hatte, schreit mich laut an – kurz vor unserem eigenen Angriff, als ich mit meinem Melder eine Beobachtungsstelle erkunden will. Ich trage keinen Stahlhelm, da ich ohne Helm besser hören kann, denn der Wind pfeift manchmal in den Kinnriemen: „Unteroffizier, kommen Sie mal zu mir! Ich habe ausdrücklich befohlen, dass im Gefecht der Stahlhelm zu tragen ist! Sie haben gegen meinen Befehl verstoßen! Sie werden sich heute Abend bei mir melden.“ Darauf ich: „Jawohl, Herr Hauptmann! – Aber ich setze den Helm ja auf, wenn es losgeht!“ „Schweigen Sie! Das ist Befehlsverweigerung!“ „Jawohl, Herr Hauptmann!“ Einige der jungen Offiziere, die bei ihm sind, grinsen schon schadenfroh. Ich setze den Helm auf, grüße und verschwinde. „Blöder Kerl!“, denke ich. Aber sein lautes Geschrei muss wohl der Iwan gehört haben! Nur wenige Minuten später macht er einen gewaltigen Feuerüberfall auf unseren Waldrand. Iwan hat sicher auch ohne das Geschrei des Herrn Grafen unsere Bereitstellung erkannt. Mein Melder und ich liegen sofort flach in irgendeiner Vertiefung und lassen den Segen über uns ergehen. Ich denke so bei mir: „Ist doch gut, dass Du Deinen Stahlhelm aufgesetzt hast.“

Als der „Rabatz“ vorbei ist und es etwas ruhiger wird, hören wir lautes Gerufe und dann: „Der Hauptmann ist verwundet! Sanitäter!“ Da rennen wir schnell dorthin und erfahren, dass unser „hoher Herr Graf“ nicht verwundet ist, sondern „nur“ einen Schwächeanfall erlitten hat. Und der hat uns alten Hasen so einen blöden Bataillonsbefehl verordnet! Die Offiziere tragen ihn fort! Ich laufe schnell hin und frage ganz listig: „Wo muss ich mich denn nun heute Abend bei Herrn Hauptmann melden?“ „Mensch, Unteroffizier, machen Sie, dass Sie zu Ihrer Stellung kommen!“

31. Mai 1944: Es gibt wieder einmal Stellungswechsel! Wir werden abgelöst und zwar links von der SS-Totenkopf-Division und rechts von der 24. Panzerdivision. Diese ist eine Neuaufgestellte, denn die 1942 mit uns auf Woronesh vorgegangene 24. Panzerdivision ist in Stalingrad untergegangen. Wir liegen dicht hinter der Front im „Grünen", sammeln und machen uns abmarschbereit. Es wird wohl wieder in eine „neue Scheiße" gehen, so meinen die Landser. Und damit sollen sie auch richtig liegen.

Durch das Minenfeld von Orsoaia!

1. Juni 1944: Tatsächlich stellen wir uns vor dem Ort Orsoaia bereit, um eine Frontbegradigung zu machen. Auch, um eine Anhöhe zu gewinnen, um besseren Einblick in das vom Russen besetzte Gelände zu haben. Das sind die Anhöhen hart südlich der Pruth-Niederungen. Morgen soll es losgehen.

2. Juni 1944: Der Angriff beginnt! In einer „Affenhitze". Es geht voran mit guter Artillerie- und Panzer-Unterstützung. Iwan ist nicht faul! Da dröhnt, donnert und kracht es, man ist fast taub. Befehle werden ausgerufen: „Voran! Vorwärts! Männer, auf den Iwan!" Wir hasten mit unserem schweren Gerät nach vorne. Und dann liegen da unverschämt viele Minen, ganze Minenfelder! Anfangs bekommen wir nicht viel Abwehrfeuer. Die ersten kleineren Orte können genommen werden. Wir verlassen gerade die letzten Häuser, ich blicke zufällig nach unten, auf den Boden, und sehe in dem von der Sonne hart getrockneten Boden, dicht an dicht viereckige Risse! „Minen! Wir sind in einem Minenfeld! Vorsicht! Latscht da nicht drauf!" Mit meinen ganzen Männern bin ich da mittendrin! Zu unserem Glück schießt Iwan noch nicht so doll, da tapsen wir vorsichtig, immer mit Blick nach unten, zwischen den mehr oder weniger gut erkennbaren Minen. Nach 50 Metern habe ich alle meine Männer gut durch dieses gefährliche Minenfeld gebracht. Dieses „Scheiß Minenfeld", wie einer der Leute sagt, dabei ist er ganz blass um die Nase. Aber wir anderen sehen nicht viel anders aus! Also! Immer gut die Augen auf! Es geht weiter vor. Aber da sehe ich gar keine Infanterie vor uns? Aber von links vorne bei einer Eisenbahnunterführung hören wir Maschinenpistolen knattern und Gewehrschüsse, auch das Krachen von Handgranaten. Da entdeckt unsere Infanterie eine Menge Iwans hinter dem Bahndamm. Das hätte eine böse Überraschung für uns geben können. Zu allem Unglück kommt Iwan jetzt plötzlich mit seinen Schlachtfliegern, den IL 2-„Stormovik" (Sturmmöwe), ganze Staffeln aus allen Rohren schießend und dazwischen mit ihren fauchenden Raketen! Sie werfen auch viele Splitterbomben, aber zu unserem Glück schon zu früh – weit vor uns! Da sucht jeder ohne Aufforderung eine möglichst gute Deckung. Da wir jetzt nach oben – IL 2 und nach unten – Minen und nach vorne – russische Stellungen sichern müssen, geht unser anfangs so guter Angriffsschwung zurück. Rechts sehe ich auf einer leichten Anhöhe in einem Weinberg etliche Iwans herumlaufen. Da habe ich denen mit meiner Maschinenpistole aber Beine gemacht! Links am Bahndamm ist es ruhiger geworden, die Infanteristen gehen dort vor. Meine Granatwerfer ziehen mit dem Gerät schwer beladen, weit auseinandergezogen vor. Eigentlich müsste Infanterie vor uns sein. Jetzt erkenne ich etwa 100 Meter voraus die ersten Erdaufwürfe der russischen Feldstellungen. Ich überlege, wie ich mit meinen Leuten, die mit ihrem schweren Gerät beladen sind, gleich den Einbruch in die russische Grabenstellung bewerkstelligen kann. Nur die Munitionsschützen haben Gewehre, die Geräteschützen nur ihre Pistole und meine Truppführer und ich je eine Maschinenpistole. Das kann ja heiter werden! Aber da werden meine Gedanken jäh unterbrochen! Wir alle hören die heulenden Abschüsse unserer Do-Geräte. Langsam sichernd gehe ich vor und blicke nach oben. – Dann sehe ich sie dicht an dicht herunterkommen, schnell kann ich abschätzen, dass die 36 Geschosse (Minen) – Batterie mit 6 x 6-Rohrwerfer – zu kurz und möglicherweise bei uns runterkommen werden. Ich bin mir ziemlich sicher, da schreie ich durch den ganzen Gefechtslärm so laut ich kann: „Granatwerfer! Volle Deckung! Das kommt hier runter." Dabei werfe ich mich in eine Furche, die unsere Panzer in den Boden gefahren haben. Die ist zwar nur etwa 30-40 Zentimeter tief, aber eine bessere Deckung kann ich so schnell nicht finden. Und dann, mit einem selten dämlichen Gefühl im Rücken, krachen die Einschläge direkt vor unsere Nasen! „Mein Gott! Wenn das nur gutgeht!" Nach den hämmernden Detonationen der Geschosse ist es ruhig. Ich höre keine Schmerzensschreie, keinen „Sanitääääter!"-Ruf. Qualm und Rauch zieht durch die Luft, ich kann so richtig die Pulvergase schmecken und riechen. Ich springe auf und sehe mich besorgt um, aber da krabbeln auch meine Männer wieder hoch, fluchend zwar, aber keiner ist verwundet! Dann rufe ich: „Los! Vorwärts und in die russischen Gräben mit Hurra!" Dann höre ich Maschinenpistolengeknatter und das Rumsen der Handgranaten! Ich blicke mich noch einmal um, da sehe ich doch einen der Männer am Boden liegen Tot? Verwundet? – Wer ist das? Ich drehe den Kerl um und blicke in das angstverzerrte Gesicht des Grenadiers R. Das ist doch der, der mir damals gedroht hat: „Beim ersten Angriff haben Sie eine Kugel!" Das fällt mir jetzt wieder ein! Aber der hier sieht nicht so aus, als ob er mich jetzt hier bei dieser Gelegenheit erschießen will! Der Kerl ist unverletzt und bibbert. „R., haben Sie schon den ersten Schuss getan?", rufe ich ihn an und dann aber weiter: „Los, Mensch, hoch, den anderen nach!" Er rappelt sich auf, nimmt seinen Karabiner schussbereit in die Hände und stolpert mit mir „tapfer" auf die russischen Stellungen zu. Gerade in dem Augenblick, da wir in den Graben springen, höre ich wieder unsere Do-Geräte („Nebelwerfer") heulend abschießen. Verdammt, wo schießen denn die nun wohl wieder hin? Im Graben, aus dem kein Schuss fällt, hocke ich mich ganz dicht hinter meinen Kameraden Unteroffizier Bruno Sprengala. Dabei denke ich unwillkürlich: „Nach vorne hin habe ich ja einen guten Splitterschutz." Als die Salve aber zum Glück nicht in den Graben geht und uns nichts passiert, dreht sich Bruno zu mir um und sagt dann ganz dröge: „Als Du so ganz dicht hinter mir warst, habe ich gedacht, wenn da eine Granate einschlägt, habe ich einen guten Splitterschutz." Als ich ihm dann sage, was ich gedacht habe, da müssen wir beide lachen. Dann aber beginnt das „Aufräumen" der russischen Stellungen. In jedes bunkerähnliche Loch fliegt eine Handgranate oder es geht ein Feuerstoß hinein, oft durch den Sack, der vor dem Loch hängt. Wir sehen viele gefallene Iwans, bekommen selbst aber kaum Abwehrfeuer. Wer sich wehrt, wird niedergemacht. Bis zum Dorf Orsoaia sind es nur noch knapp 100 Meter. Viele Häuser brennen hier und da hört man Maschinenpistolenfeuer oder einzelne Gewehrschüsse. Unsere Panzer haben wohl schon ordentlich gewirkt. In einige Häuser, aus denen noch geschossen wird, werfen wir Handgranaten und schießen hinein. Häuserkämpfe sind immer unbeliebt! Da kann es aus jedem Fenster und Kellerloch schießen. Man hat keine gute Übersicht. Ich habe schon seit einiger Zeit statt der Eierhandgranaten die neuen Gewehrgranaten zu Handgranaten gemacht. Die haben eine bessere Splitterwirkung! Aber eigentlich sollen die ja aus dem „Schießbecher“, der oben auf die Gewehrmündung geklemmt wird, verschossen werden. Aber in der Hitze und durch das Herumlaufen sind wir in Schweiß gebadet! Das Herz klopft am Hals und es pocht in den Schläfen! In einen Hauseingang haue ich mich Deckung suchend hin und liege dann lang ausgestreckt und erschöpft am Boden. Als ich für einen Augenblick den Stahlhelm abnehme, läuft mir der salzige Schweiß über die Stirn, in die Augen und über die Backen. Nach wenigen Minuten geht es aber wieder weiter. Nun ist auch unsere Infanterie wieder da. Schon kommen die ersten Russen mit erhobenen Händen aus einigen Häusern und Erdlöchern. Die sind genauso fertig wie wir. Durchsuchen, Waffen abnehmen und möglichst ausfragen. Weiter vorne sichern einige Panzer. Unser Angriff über zwei leichte Höhen und die Einnahme von Orsoaia ist erfolgreich verlaufen. Nun werden die fliehenden Iwans mit allen Waffen bekämpft, bis sie verschwunden sind. Unsere Panzer, Pak und Artillerie haben etliche Pak-Stellungen und auch einige am Hinterhang stehende T 34-Panzer abgeschossen, letztere brennen mit schwarzem Rohölqualm. „Wir sind wieder da!“ Dieses Gefühl lässt trotz vieler schmerzlicher Verluste bei der Infanterie eine gewisse stolze Freude in uns hochkommen.

3. Juni 1944: Die Nacht wird zum Stellungsbau und zur Abwehr ausgenutzt. Als Iwan am kommenden Morgen mit Panzern und Infanterie angreift, haben wir ihn ordentlich „abgeschmiert“. Aber auch unsere Verluste mehren sich. Ich bekomme den Auftrag, mit einem Beiwagenkrad in die Stadt Jassy zu fahren und dort irgendwo Munition zu finden. Bei Abenddämmerung fahre ich los. Der Beiwagen ist eine ziemlich wackelige Angelegenheit. Als wir kurz vor der Stadt anhalten müssen, höre ich ein gewaltiges Flugzeuggebrumme über uns. „Woher haben wir denn soviel Flugzeuge?“ Da sehe ich, wie über Jassy die „Christbäume“ hell flackernd die ganze Gegend erleuchten. Das sind doch nicht unsere! Und dann, fast ohne jegliche Flak-Abwehr, sausen die Bomben herunter! Das kracht, blitzt und donnert gewaltig! Wir liegen im Straßengraben und sehen ein schreckliches Schauspiel! Die Stadt brennt an vielen Stellen. Der Luftdruck erschüttert auch uns. Die eigene Abwehr ist sehr schwach. In einer Frontzeitung hatte es vor einigen Tagen geheißen: „In der rumänischen Stadt Jassy, in Frontnähe, geht das Leben normal weiter. Die Straßenbahnen fahren, die Bevölkerung fühlt sich im Schutz der Wehrmacht sicher und geht ihrer Arbeit nach.“ Das haben wohl auch die Amerikaner gelesen, die nun von italienischen Flugplätzen aus diesen Bombenangriff gestartet haben. Sie wollen ja auch die Erdölfelder von Ploesti bombardieren. In der Stadt befinden sich auch viele Wehrmachtseinrichtungen und Lazarette. Donnerwetter! Wir sind sehr beeindruckt! In der Stadt bricht Panik aus. Als die Bomber wieder verschwinden, pirschen wir uns ganz vorsichtig an den Stadtrand. Als wir nach Munitionslagern fragen, kann uns keiner sagen, wo sich diese befinden. Alle laufen erschrocken herum und versuchen zu retten, was noch zu retten ist. Da müssen wir unverrichteter Dinge wieder zurückfahren. Aber in der Nacht wird uns mit der Verpflegung zusammen Munition gebracht. Morgen soll der letzte Stoß geführt und die Russen in die Pruth-Niederungen zurückgeworfen werden. Ich werde zur Führerreserve befohlen. So werde ich den letzten Angriff nun nicht mitmachen. Ich bleibe beim Nahtross, der die Munition und Verpflegung bringt.

2. bis 3. Juni 1944: Angriff auf das Dorf Orsoaia (Rumänien). Auch Teile des III. Bataillons gehen zurück. Die russischen Panzer sind aufgefahren und feuern wie wild! Aber was ist das?

Der erste fliegt hoch! Schwarzer Qualm steigt aus den Luken – er brennt! und gar nicht lange darauf wird auch der 2. Panzer getroffen und brennt. Da kurven die Übrigen nervös durcheinander. So werden in kürzester Zeit vier der angreifenden T 34 abgeschossen und zwar durch jenes Sturmgeschütz, das weit links ausholend nun von der Flanke aus schießen kann. Nun stehen vier qualmende Panzerwracks als Zeichen des so kläglich zusammengebrochenen russischen Gegenangriffs da! „Der Rest kratzt die Kurve!", höre ich einen Landser lakonisch sagen. Zurückgegangene Rumänen werden von uns wieder vorgeschickt und in Stellungen gewiesen. Bei einigen dieser „Kameraden" muss man schon recht nachdrücklich werden, denn allzu gerne gehen sie nicht wieder nach vorne. Mit meinem Chef, Oberleutnant Schmelter gehe ich zurück in den heute früh verlassenen Graben. Dort ist alles voller Landser, denen die Freude über den abgeschlagenen Angriff noch im Gesicht steht. Der Kompaniegefechtsstand wird im Graben eingerichtet. Dort werden tiefe Höhlen zum Schutz gegen Splitter in die Seite des Grabens getrieben. Heute ist Iwan mit seiner „Orgel" sehr aktiv und mit den Granatwerfern „spuckt" er in die Gräben. Zuerst müssen wir noch zwei Tote ausgraben, die gestern hier verschüttet wurden. Mit zwei meiner Melder gehe ich an das eingedrückte Loch. Sie waren dort von einem eigenen Panzer überrollt worden. Bald kann der erste geborgen werden. Aber dann kommt der Melder zu mir und sagt, dass da drei Männer tot liegen. Die Hände haben sie noch vor dem Gesicht, als ob sie die Erde dort fortgraben wollen, aber sie sind doch erstickt. Die drei Toten werden geborgen, sie sollen heute Abend mit einer Zugmaschine, die Verpflegung bringt, zurückgebracht werden. Vom Dorf her kommen immer mehr rumänische Soldaten vor. Ich erfahre, dass wir heute Abend abgelöst werden. Das sollte eigentlich schon gestern passiert sein, aber das rumänische Bataillon ist nicht gekommen. Der rumänische Leutnant, der schon gestern bei uns war, sagt: „Sie sehen, ich bin ganz allein gekommen, das Bataillon ist nicht da. Die höheren Offiziere und der Kommandeur sitzen noch im Dorf! Sie wissen ja, wie es bei uns hergeht! Ich habe nicht mehr Munition, und nicht mehr Essen für meine Soldaten." Dieses „Sie wissen ja, wie es bei uns zugeht", ist fast typisch für die rumänische Armee! Der Soldat selbst ist nicht schlecht - aber die Führung hält sich oft für zu gut, um in den Dreck des Grabens oder des Erdloches zu gehen! Russische Schlachtflieger sind ständig über uns und werfen ihre Bomben auf alle möglichen Ziele. Danach schießen sie mit den Bordwaffen in die Gräben und auf Fahrzeuge. Gemein sind die Raketen, die unter den Tragflächen angebracht sind und von dort abgeschossen werden. Ich habe meine Melder zu den Zügen geschickt, um die Tagesmeldungen zu erhalten. Während ich bei ständigem Beschuss versuche, auf einem Meldeblock die Tagesmeldungen vorzubereiten, hockt Oberleutnant Schmelter keine zwei Meter nebenan im Graben und studiert die Karte. Da lässt ein uns nur zu gut bekanntes, unheimliches Geräusch erschrocken aufhorchen: Die „Stalinorgel" (Katjuscha)! Ich presse mich fest an die feuchtkühle Erde und versuche, mich so klein wie möglich zu machen! Da höre ich sie heranrauschen! Das müssen dicke Brocken sein! Und dann das elendige „Trommeln" der vielen Raketengeschosse, das den Soldaten schon moralisch „fertig" macht. Man fürchtet ja doch immer, bei der Menge muss doch eine treffen! Die Erde bebt und durch das Dröhnen und Krachen der vielen Einschläge merke ich, dass die Salve etwa zur Hälfte vor und hinter unserem Graben liegt. Dann erbebt die Erde wieder und Dreck und Qualm erschweren das Atmen. Und als ich gerade tief aufatmend denke: „Nun ist's vorbei!" – gibt es einen ohrenbetäubenden Krach. Schmerzhaft legt sich der Druck auf die Ohren und die Brust! – Erde bricht auf mich ein, ich fühle, wie der Druck der Erdmassen mich zusammendrückt, versuche noch krampfhaft, meine Hände frei zu bekommen, aber es geht nicht! Mit geschlossenen Augen lasse ich den ganzen Segen über mich ergehen. Der Sand in den Augen schmerzt, ich blinzele in die Sonne, die trübe durch den Staub und Qualm zu erkennen ist. Ich will heraus! – Will frei werden, doch es geht einfach nicht! Mein nächster Gedanke ist: „Wo ist der Oberleutnant? Was ist mit ihm?“ Ich rufe laut, und neben mir antwortet er: „Rehfeldt? Graben Sie mich aus, ich bin teilverschüttet.“ Auch der Chef lebt noch! Da rennt ein Mann vorbei, ein Sanitäter, der will zu den Verwundeten. Ohne anzuhalten will er vorüberhuschen! Da rufe ich wieder: „He! Komm' da mal einer her und mach' uns frei!“ Und da kommt mit ziemlich verstörtem Gesicht ein Landser an, der sticht sogleich mit dem kurzen Spaten los! Schon kracht er auf meine Armbanduhr! Da schreie ich ihn an: „Mensch Kerl, nimm' die Hände!“ Nun wühlt er mit den Fingern den Lehmsand fort. Endlich kann ich meine Arme frei machen und mithelfen, die Erde beiseite zu schaffen. Der Druck lässt nach und dann bin ich ganz frei! Die Glieder und mein Rücken schmerzen! Aber was macht das! Ich recke und strecke mich, dann beeilen wir uns, den Chef auszubuddeln. Mit zwei Mann geht das ziemlich schnell! Als er auch frei ist, vermisst er noch seine Karte und die Brille. Während wir den Sand durchwühlen, orgelt Iwan zum zweiten Mal. Wir werfen uns flach auf den Boden und warten! Es „zischt“ heran! – Ein fader Geschmack liegt auf der Zunge! Jetzt! – Jetzt! Wir ducken uns ganz klein zusammen, doch die ganze Salve geht weiter über uns hinweg. Befreit atmen wir auf. „Verdammte Mistsau!“, flucht der Landser und haut eiligst wieder ab! Das Granatwerferfeuer auf unserem Graben liegt verdammt gut! Da unsere Infanteristen die Front begradigt haben und nun viele in unseren Abschnitt kommen, gerät unser Kompaniegefechtsstand zu weit vor die Stellungen der schweren Waffen. Aus diesem Grund befiehlt mir der Chef, einen geeigneten Ort weiter rückwärts zu erkunden. Da der Graben voll gepfropft ist mit Infanteristen, lasse ich alle meine „Klamotten“ außer der Maschinenpistole am Grabenrand liegen, und so erleichtert versuche ich, mich im Graben nach hinten durchzuquetschen. Diese rumänischen Laufgräben sind aber sehr eng! Ich muss über Schlafende und Liegende hinwegsteigen, mich an Beobachtungsposten vorbeidrücken. Das hält auf! Kurz entschlossen springe ich aus dem Graben, da ich im Hauptgraben einen Rumänen neben dem anderen, eng zusammen, gesehen habe. Ich renne querfeldein zurück. Kurz vor dem Dorf sehe ich eine alte, verlassene Maschinengewehrstellung vom Iwan. Das könnte der richtige Platz für den Gefechtsstand werden. Jetzt wetze ich über das freie Feld wieder zurück. Verdammt, da zwitschern mir die Geschosse von links und rechts um die Ohren! „Typische Großdeutschland-Front“, denke ich, „Iwan überall!“ Es scheint gut zu gehen, aber ziemlich zuletzt fasst mich doch so ein verfluchtes Iwan-Maschinengewehr auf und funkt „bubbernd“ hinter mir her. Da bin ich mit einem Satz im Graben und einem der dort liegenden Rumänen fast auf den Bauch. Und nun geht das Durchquetschen wieder los. Beim Chef angelangt, melde ich ihm meine Erkundung und dann brechen wir sofort auf. Aber zuerst muss ich mir meine „Klamotten“ (Brotbeutel mit Feldflasche, die Zeltplane und die Kartentasche) wieder um- und anhängen. Mein Chef hat gut darauf aufgepasst! Und nun müssen wir zu zweit durch den engen Graben. Aber die Rumänen dort kennen mich noch und machen Platz, so gut wie eben möglich. Vom Ende des Grabens an müssen wir ziemlich rennen, denn Iwan hat unsere Lauferei bemerkt, denn dicht hinter uns schlagen immer jeweils 5 Granatwerfer-Granaten ein. Wir sind kaum 25 Meter weiter gerannt, da kracht es wieder hinter uns. So laufen wir mit den Einschlägen um die Wette! Ein Schuss geht in den Graben. Verwundete schreien auf!

Sanitäter rennen mit den Tragbahren zu ihnen. Mit weiten Abständen wetzen wir jetzt auf die von mir ausgewählte Maschinengewehrstellung zu. Dort verteilen wir uns gleich in die Löcher, um Schutz zu haben. Die Löcher werden weiter ausgebaut. Ich hocke mich gleich hin, um die Tagesmeldung weiter zu schreiben. Inzwischen kommen einige Melder zu uns her, sie müssen sich erst durchfragen, und sie bringen die fehlenden Angaben über Munition, Ausfälle und Anforderungen. Anscheinend habe ich bei der Wahl dieser ehemaligen Maschinengewehrstellung zum Kompaniegefechtsstand viel Glück! Wir scheinen in einem „feuerarmen Raum" zu liegen. Wenn die Pak schießt, haut der Einschlag vor uns oder fauchend hinter uns in die Erde. Auch die „Stalinorgel" schießt zu kurz – oder zu weit. Im Dorf hinter uns brennt es an vielen Stellen. Über die Plaine kommt schwer keuchend ein Funker auf uns zu. Dicht vor unserem Gefechtsstand knickt er mit einem leisen Aufschrei zusammen, steht aber wieder auf und kommt zu uns und verschwindet erst einmal in einem der Löcher. Dann meldet er dem Chef: „Gefreiter X als Funker zur 8. Kompanie kommandiert. Herr Oberleutnant, ich bin verwundet." Er kann noch laufen, da wird er gleich wieder zurückgeschickt. Die armen Strippenzieher müssen immer wieder los, wenn eine Leitung gestört oder zerschossen ist. Mit der nun fertigen Tagesmeldung gehe ich zum Bataillonsgefechtsstand zurück. Im Vorwärtshasten überhole ich einen Trupp Soldaten die einen Verwundeten zurückschleppen. Ein Oberfeldwebel liegt totenblass auf der Bahre. Vorne trägt ein deutscher, hinten tragen zwei rumänische Soldaten. Sie sind sichtlich ermattet. Ich erkenne: „Eile tut Not!" Sofort fasse ich vorne mit an und mit vereinten Kräften geht's weiter. Aber auf dem Platz vor dem Dorf liegt heftiger Beschuss! Iwan kann uns laufen sehen! Er knallt mit Gewehren und Maschinengewehren. Nur zu oft spritzt um uns der Dreck auf, ein Zeichen der verdammt gut liegenden Schüsse! Weiter, nur weiter! Wir stolpern los! Fast will es nicht mehr gehen – aber da beißen wir uns auf die Lippen, und es geht! Hinter einer Mauer, dem einzigen Überrest eines Hauses, das als Schutthaufen noch qualmt, machen wir kurz Halt. Der Verwundete stöhnt schwer! Er liegt regungslos mit geschlossenen Augen. „Aufnehmen! Los!" Wir heben an und springen auf. Zwischen den Häusern rollen Panzer, die unheimlich viel Staub aufwirbeln. Vorsichtig gehen wir weiter. Mit kurzem „Zischen" krachen Granatwerfereinschläge ins Dorf. Ungeachtet aller Einschläge, hasten wir weiter. Es geht um ein Menschenleben! Die beiden Rumänen deuten mir an, abzusetzen, aber da schreie ich sie an: „Los! Weiter!" Endlich haben wir den Bataillonsgefechtsstand erreicht. – Wo ist hier ein Arzt? Unser deutscher Arzt ist mit einem Schwerverwundeten zurückgefahren, es ist nur ein rumänischer Arzt da. Aber, wo ist der? Ich renne herum und frage die rumänischen Soldaten: „Wo ist Doktor? – Doktor!" Da führen sie mich an ein Deckungsloch und zeigen ohne ein Wort hinein. „Da Doktor!" Ich sehe in das tiefe runde Loch, der Doktor sitzt dort zusammengekauert. Ich rufe ihn an, er soll herauskommen – doch nichts passiert! Er rührt sich nicht. Da rufe ich ihm wütend alles Mögliche, aber nichts Gutes, runter in sein Loch. Verängstigt blickt er zu mir auf und der Blick sagte alles, auf dessen Hilfe brauchte ich hier nicht zu rechnen! Als sich im nächsten Augenblick russische Schlachtflieger mit Bomben-Bordwaffen und Raketen auf uns stürzen, springe ich wütend und kurz entschlossen von oben in das Loch und auf den Feigling. Der versucht, mit aller Kraft mich rauszudrücken aber mit meinem ganzen Körpergewicht drücke ich ihn auf den Boden, die Stiefel fest auf seinen Helm gesetzt: Dann springe ich wieder raus und veranlasse, dass der Verwundete mit einem Schwimm-VW zum Hauptverbandsplatz gebracht wird. Einige Wochen später erfahre ich, dass der Oberfeldwebel auf dem Weg zum Hauptver-

bandsplatz wegen des zu großen Blutverlustes leider doch gestorben ist. Hier am Bataillonsgefechtsstand ist reger Verkehr! Melder kommen und gehen, Versprengte melden sich und einige Führer schwerer Waffen wollen eingewiesen werden. Mit dem 1. Generalstabsoffizier, Gefechtsschreiber, sitze ich hinter einer Mauer – gegen direkten Beschuss einigermaßen geschützt – und übergebe die Tagesmeldung. Ich höre: Ausfälle in zwei Tagen: 78 Mann! Davon 22 Tote! Das lässt die Härte des Kampfes hier erkennen! Während wir da sitzen, müssen wir des Öfteren in volle Deckung gehen, weil uns Iwans „Schlächter", die IL 2 (Iljuschin 2), mal wieder besuchen. Munitionsverschuss, Munitionsanforderung, Ausfallmeldung und einsatzbereite Waffen, alles ist klar. Zuletzt kommt die Verpflegung. Kommt sie? Da schimpfen und fluchen die Landser ganz gotterbärmlich! Nichts zu Saufen! Dazu Kohldampf!
Gestern hatten wir den Angriff hier begonnen, waren den ganzen Tag in der Hitze herumgerannt, nichts zu Trinken, kaum etwas gegessen, da soll der Magen nicht knurren? Ich frage einen im schwarz verölten Fahreranzug der Panzerleute dasitzenden Landser, der zu dem Panzer IV gehört, der sich neben dem Gefechtsstand befindet, ob er nicht einen Kanten Brot für mich hätte? „Klar doch, Mensch, Ihr armen ‚Stoppelhopser', ich lade Dich zu einem feudalen Essen ein. 1. Gang: Eine Scheibe Kommisbrot. 2. Gang: darauf Schmalz und der 3. Gang: ganz groß! Konservenfisch in holländischer Soße. – Ist das was?" Ich denke, der macht einen schlechten Witz. Aber so ein Panzermann hat es doch gut! Ich muss ihm sogar helfen, die Verpflegungskiste, die hinten am Turm befestigt ist, herunterzuheben. Dann setzen wir uns beide hin und essen. Er ist ein Feldwebel und obwohl wir uns vorher nie gesehen haben, unterhalten wir uns bestens! Er hat sogar noch heißen Kaffee in der Feldflasche! Aber lange soll der Frieden hier nicht andauern! Iwan hat wohl spitz gekriegt, dass hier etwas los sein muss. Er schießt plötzlich mit seinen 12 cm-Granatwerfern rund um den Gefechtsstand. Da verkriechen sich alle so langsam in ihre Löcher. Da werden sogar die Rumänen, die laut geredet haben, ruhig. Ich verabschiede mich von dem Panzerkameraden und gehe in ein noch fast unbeschädigtes Haus, um gegen Splitter besser geschützt zu sein. Prüfend betrachte ich die Decke und die Wände des Hauses. Es scheint einigermaßen stabil zu sein. Mit der Stalinorgel hat Iwan schon sehr oft in das Dorf geschossen, sodass schon viele Häuser brennen. In der Mulde vor dem Dorf liegt alles unter blau-grauem Qualm. Weiter rechts, bei den Füsilieren muss jetzt der Schwerpunkt sein. Dort sehe ich, wie unsere Panzer in langer Reihe auf eine beherrschende Höhe zufahren. Die ersten haben die Höhe erreicht, aber die anderen kriechen noch nach oben. Da sind Tiger, Panther und Panzer IV in großer Zahl! Plötzlich ein uns gut bekanntes auf- und abschwellendes Brummen! Iwans IL 2, die „Schlächter" kommen. Wer noch draußen herumsitzt oder steht, ist im Nu verschwunden! Ich zähle 30 IL-2 („Stormovik"), die stur über uns dahinfliegen. Sie haben nicht ohne Grund den Namen „Die Sturen"! Die nehmen Richtung auf unsere Panzer! Gespannt blicken wir hinüber. Die Panzer sind viel zu dicht aufgefahren! Die IL 2 heben den Schwanz – die ersten Bomben fallen! Vor lauter Dreck und Staub sehen wir von den Panzern nichts mehr. Eine Welle der IL 2 nach der anderen lädt ihre Bomben ab. Wenn das man nur gut geht! Alle starren wir dorthin. Mit tief brummenden Motoren kurven sie jetzt zum nächsten Anflug. Nun geht es mit den Raketen dazwischen. Zuerst in der Luft das ekelhafte Geräusch der Abschüsse und dann die Detonationen. Kaum hat sich der Qualm und Staub verzogen, da gibt es schon wieder neuen Druck! Anscheinend haben die Bomben keine Wirkung, denn wir sehen keinen der Panzer brennen. Bei ihrem letzten Anflug halten die IL 2 mit den Bordkanonen und Maschinengewehren dazwischen.

Unsere Flak- und die Fla-Geschütze schießen wie rasend! Es ist ein fürchterlicher und krachender Lärm in der Luft! Die vielen schwarzen Detonationswölkchen der Flak bedecken fast den ganzen Himmel. Da! Ein „Schlachter" brennt und stürzt steil ab! Er zerstäubt beim Aufprall in ein Nichts. Keiner der Piloten hat aussteigen können. Kaum ist der Himmel wieder frei von diesen Aasgeiern, sind wir wieder dran! Den Abschuss der Stalinorgel hat wohl niemand gehört, uns dröhnt noch der Lärm der Schlachtfliegermotoren und der Flak-Artillerie in den Ohren! Es zischt nur sehr kurz, dann prasseln die Einschläge nieder! Mit einem Schwung verschwinde ich im Haus und dort in einer Ecke: „Rumms!" Ich stehe im Dunklen! Weiß der Teufel, was da alles durch die Luft fliegt, mir an den Stahlhelm und ins Gesicht scheppernd. Ein heißer Luftdruck packt und schüttelt mich. In den Ohren summt es unheimlich! Kaum bekomme ich noch Luft zum Atmen! Ich muss die Augen schließen, dann schnell das Taschentuch raus und vor Mund und Nase gepresst! Ich lehne mich an die Wand und warte ab. Was ich in diesen Minuten gedacht habe – ich weiß es nicht mehr. Aber ich weiß, dass ich wieder einmal ganz unverschämtes Glück gehabt habe. Es dauert recht lange, bis sich Rauch und Staub verzogen haben. Alle stehen wir da, husten und spucken und sehen uns ziemlich dumm an. „Määnsch!" sagt da ein Kamerad und zeigt auf die Rückwand des Hauses. Eine der Stalinorgel-Raketen war genau auf die Ecke von Schuppen und Hauswand gedonnert und alles ist eingestürzt. Nun wird es langsam ungemütlich hier! Ich mache Stellungswechsel ins Nebenzimmer. Mit seiner „Orgel" ist Iwan heute ziemlich fleißig hier! Die Rumänen, die unsere linke Flanke sichern sollen, kriegen einiges ab. Nun rennen sie ohne weiteres aus den Stellungen zurück. Einzeln und in Gruppen kommen sie, für uns völlig unverständlich, an. Einer unserer Offiziere schickt sie aber wieder vor. So ganz gerne und willig sind sie nicht, unsere Kameraden! Die Herren Offiziere bleiben nämlich schön zurück und lassen die Soldaten nur mit den Unterführern wieder vorgehen. Die langgestreckte Höhe hinter uns, auf der das Pak-Geschütz gestanden hat, welches der Tiger-Panzer vernichtete, ist noch vom Russen besetzt. Von dort erhalten wir jetzt Granatwerferfeuer. Das sind schwere Brocken – vom Kaliber 12 cm! Ich krame aus meinem Brotbeutel den kleinen ledernen Tabaksbeutel hervor und mit leicht zitternden, schmutzverkrusteten Fingern drehe ich mir eine Zigarette. In tiefen Zügen lasse ich den Rauch durch die Lungen ziehen und blase ihn dann ganz bedächtig wieder aus. Ich trete an das Fenster, dessen Flügel nur noch lose in den Angeln hängen. Die Scheiben liegen zerbrochen am Boden. Wieder kommen einige der Granaten heimtückisch zischend angeflogen! Kaum habe ich den Gedanken zu Ende gedacht, da ist über mir ein lauter werdendes, furchtbar kurzes, scharfes Zischen! – Dann erfolgt eine Detonation! Mir wird ganz schwarz vor Augen! Da sehe ich direkt in den Einschlag der 12 cm-Granate, kaum zwei Meter vor mir, hinein! Ich sehe den grell blitzenden Feuerschein, dann pralle ich zurück, mich unwillkürlich duckend. – Es wäre doch zu spät gewesen! Erde, Holz und Eisensplitter fliegen an mir vorbei und klatschen in die Wand hinter mir. „Junge, Junge, da hast Du wieder einmal mehr als Schwein gehabt!" Im Gesicht stecken einige kleine Holzsplitter – als hätte ich mich schlecht rasiert. Dann wische ich mir die Augen aus. In der Wand hinter mir stecken noch ganz schöne Splitter im Putz! Das Fensterkreuz dicht über meinem Kopf ist zersplittert. Das hätte leicht ins Auge gehen können! Draußen rufen einige Verwundete um Hilfe. Nun wird es hier „schattig". Also verlasse ich diesen unwirtlichen Ort und begebe mich weiter fort! Die Maschinenpistole auf dem Rücken, gehe ich durch den Straßengraben, immer bereit, volle Deckung zu nehmen. In einem Haus warte ich einen Granatwerferüberfall ab, springe dann über die Straße in ein Gehöft. Dort ist alles voller Rumänen, die uns am Abend ablösen sollen. Nun soll es doch wahr werden mit der Ablösung. Bei den Rumänen schleppt jeder 3. Mann eine Panzerfaust! Hier habe ich auch den Dorfrand erreicht. Von hier muss ich ungefähr 500 Meter über eine Wiese laufen, die Iwan von zwei Seiten einsehen kann. Dieselbe freie Plaine, die wir mit dem Verwundeten überwinden mussten. Nun gehen aber gerade die Rumänen hier vor. In Abständen zwar und gebückt - aber sie sind vom Iwan bereits erkannt und bekommen ganz schönes Granatwerferfeuer. Nun liegt ja genau vor dem Ort unser Gefechtsstand. Ich verhalte erst einmal in den Trümmern eines unvollendeten Neubaus. Da will ich doch zuerst einmal „die Lage peilen". Schnell habe ich herausgefunden, dass in immer gleichen Abständen je fünf Granaten fast an derselben Stelle einschlagen. Das sind etwa 50 Meter vor mir und wohl die gleiche Entfernung hinter unserem Kompaniegefechtsstand. Es ist gewissermaßen ein „Sperrfeuer", durch das die vorgehenden Rumänen hindurch müssen. Zwischen zwei der vorgehenden Trupps springe ich los – immer das Ziel, den Gefechtsstand vor Augen. Und Iwan schießt wieder! Da höre ich die nächste Salve zischend von oben kommen. Ein Satz noch und dann – wie als Rekrut gelernt – ganz flach hingelegt, besser hingeworfen und die Nase in den Dreck! Da! Die Einschläge! Gut gegangen! Sprung auf! Der Wind treibt mir den ganzen gelb-braunen Lehmstaub und den Pulvergeruch ins Gesicht. Wie blind renne ich weiter, die Augen tränen - da sehe ich vor mir den Erdaufwurf unseres Gefechtsstandes und in den Löchern die Stahlhelme. „Weg da! Ich komme!" rufe ich und springe in das erste Loch. Keuchend knie ich am Boden, nehme zuerst den Stahlhelm ab und wische mir den Schweiß aus den Augen und von der Stirn. Das Blut hämmert in den Schläfen. Verfluchte Hitze! Der Schweiß läuft mir immer wieder in die Augen, schmeckt bitter-salzig auf den Lippen. Dann melde ich mich beim Chef zurück. Die beste Überraschung aber ist, als mir einer der Melder sagt: „Unteroffizier, hier ist Ihre Verpflegung – und auch Zigaretten." Zuerst aber lutsche ich mit Hochgenuss einen sauren Drop! Ab und zu fegt ein Pak-Geschoss mit bösem Fauchen über unsere Löcher hinweg und schlägt dann als Blindgänger weit hinter uns in den Acker! Das sind dann keine Sprenggranaten sondern wohl Panzergranaten. Die kommen so niedrig angeschossen, ich glaube die hätte man im Stehen greifen können. (Besser nicht!) Ich erfahre, dass inzwischen unser alter Kompanietruppführer, der Unteroffizier Daun, wieder bei uns ist. Er ist aus dem Lazarett in Roman entlassen worden. Er soll auf Befehl des Chefs seine alte Funktion wieder übernehmen. Nachdem ich ihn kurz über die Lage hier informiert habe, melde ich mich beim Kompanieführer (Chef) ab, um meine Granatwerfer wieder zu übernehmen. „Unteroffizier Rehfeldt, Sie übernehmen Ihre Gruppe wieder, hier haben Sie die Sache gut gemacht. Wenn Sie weg gehen, passen Sie auf, dass Sie auf dem Weg dorthin nicht zu Schaden kommen. Ich danke Ihnen!" Ich grüße und dann passe ich eine günstige Gelegenheit ab, um zu meinen Werfern zu laufen. Immer neue Trupps von Rumänen gehen nach vorn. Iwan schießt mit Maschinengewehren und mit Gewehren: Darunter sind viele Explosivgeschosse! Die zerplatzten auch an Sträuchern und Grashalmen! Es gibt damit sehr böse Verwundungen! Ich wetze, leicht vornübergebeugt, die Maschinenpistole in der Hand, den Spaten vorne im Koppel stecken, ohne Halt zurück. Die vorgehenden Rumänen werfen sich alle 5 Meter auf die Erde, aber jetzt laufe ich wie ein Hase, ohne mich hinzuwerfen, auf einen Obstgarten zu. Dabei habe ich viel Glück, denn Iwan schießt ganz tüchtig. Nun bin ich gegen Sicht gedeckt, ich gehe langsamer und blicke mich suchend um. Da höre ich plötzlich ein Rufen: „Mensch, Hans! Wo willst du denn hin? Hier sind wir!" Ich bleibe stehen und sehe hinter einem Haus am Dorfrand den „Führungsstab“ der „Bumser“ (d.h. Granatwerfer). „Tadellos! Euch suche ich gerade!“ Ich informiere die Truppführer, dass ich die Gruppe wieder übernehme und dann sitzen wir – eine Zigarette rauchend hinter dem Gemäuer und erzählen, was so passiert ist. Die Übernahmeformalitäten werden gerade erledigt, da müssen wir mal schnell wieder volle Deckung nehmen, denn Iwans „Schlachtflieger“ brummen da über uns hinweg. Von der Feuerstellung aus kann man mit dem Glas sehr gut die fast hinter uns liegende lange Höhe betrachten. Dort greifen die Rumänen gerade an. Einer unserer Panzer steht dicht vor einem „Pietz“ (Grabhügel aus alter Zeit) und feuert. Den Iwan sehen wir hinter dem „Pietz“ hin- und herrennen. Gegen den hellen Horizont kann man die Kerle ganz genau erkennen. Iwan versucht mit der „Schwarzen Sau“ (Artillerie, 15,2 cm), den Panzer zu treffen. Wir können das alles sehr gut sehen. „Wie im Film“, meint ein Kamerad und so scheint es auch zu sein. Wir machen unsere kritischen Bemerkungen. – Aber aus „Film“ wird Wirklichkeit! Wir hören das Abschießen der „Stalinorgel“ („Katjuscha“) und da ist es immer gut, wenn man ein ordentliches Deckungsloch hat. Und wieder schießen die IL 2 ihre Raketen, die sie unter den Tragflächen haben, ab. Krachend krepiert so ein elendes Ding direkt vor unserem Haus, hinter dem die Feuerstellungen sind. Klatschend fahren die Splitter in die Wandbretter und in die Bäume. Da kommt ein Melder vom Bataillon mit der frohen Botschaft, dass Munition am Bataillonsgefechtsstand abgeholt werden kann. „Munitionsschützen! – Fertig machen!“ ruft der Zugführer, Fahnenjunker-Feldwebel Gerber. „Rehfeldt, Du gehst mit und fragst am Bataillonsgefechtsstand, ob wir abgelöst werden.“ – „Jawohl!“ Wir ziehen los. Bald schleppen sie die Munitionskästen in die Feuerstellung. Es dauert nicht lange, da legen wir mit unseren Werfern los! Da spitzen die Melder am Bataillonsgefechtsstand die Ohren. Was ist das für eine neue „Musik“. „Das sind Abschüsse“, ruft da einer und nimmt volle Deckung. Schon rennen sie zu ihren Löchern! „Quatsch“ beruhige ich sie. „Das sind unsere eigenen Werfer!“ Der Fall ist klar. Ein wahres Schnellfeuer geht nun los! „Plöpp-plöpp-plöpp-plöpp!“ Weit in den russischen Stellungen rummsen unsere Einschläge. Da werden nur bereits gut erkannte Ziele beschossen – aber nun mit genügend Munition erst so richtig mit „Wirkungsfeuer“. Laufend kommen die Munitionsschützen und schleppen die vollen Kästen heran. „Mein lieber Otto, wo die hinhauen, da möchte ich nicht liegen!“ Wie ich erfahre, sollen wir heute Abend von einem rumänischen Bataillon abgelöst werden. Die genaue Uhrzeit wird uns noch durch einen Melder mitgeteilt. Ich nehme meine Maschinenpistole auf den „Ast“ und gehe zur Feuerstellung zurück. Dort sitzt „Pan Gerber“ (Fahnenjunker-Feldwebel) und um ihn herum die Gruppenführer. Ich melde ihm, was ich am Bataillon erfahren habe, und dann bekommen wir den Befehl, alles zum Abbauen der Werfer in der Nacht bereit zu machen. „Wer weiß, in welche Scheiße wir jetzt wieder kommen werden?“ – Ja, so war es schon immer – raus aus der Scheiße, rein in die neue Scheiße! Das ist für uns nichts Neues! „Großdeutschland“ – Die Feuerwehr! Der Kampflärm ebbt mit dem sinkenden Tag ab. Langsam wird es dämmerig. Bei Dunkelheit kommen unsere Leute mit schweren Maschinengewehren von vorne zurück. Wir bilden um unsere Feuerstellungen einen „Igel“. Wir legen uns auf eine Strohschütte und warten auf den Melder. Ich liege im Haus auf einer Holzbank und kann durch das zerschossene Fenster die Leuchtkugeln in der Hauptkampflinie aufflackern sehen. Wie wohltuend doch jetzt die Ruhe ist! Nur dann und wann fällt ein Schuss, ein Maschinengewehr rattert irgendwo. – Die Nacht liegt über dem Schlachtfeld. Da bin ich doch tatsächlich eingeschlafen. „Bubi“, der Zugmelder, der ewig lächelnde, frische und freundliche

Junge aus der Steiermark weckt mich. Er kam erst im Januar vorigen Jahres zu uns. Wir sind gute Kameraden geworden. „Ist gut, Felbermeyer, alles fertig machen - und leise, bitte!“ Jetzt geht es schnell! Vollzähligkeit wird gemeldet und dann setzen wir uns mit weiten Abständen in Marsch. Am alten Bataillonsgefechtsstand ist Sammeln. Die Kompanien werden eingewiesen. Wir lagern und warten. Zugmaschinen kommen heran, Geschütze rasseln. Pak-, Fla- und Infanteriegeschütze rollen vorüber. Endlich ist es soweit. Auch wir marschieren los. Iwan scheint von der Ablösung nichts gemerkt zu haben, denn er verhält sich ruhig. Nach einer Weile stoppt die Kolonne. Stimmen werden laut: „Kehrt – Marsch – falscher Weg! – Verdammt noch mal, welcher Dussel führt denn da vorne?“ Also, kehrt und zurück. Dann aber einen anderen Weg, vorbei an furchtbar stinkenden Kadavern, zerschossenen und überrollten russischen Pak-Geschützen, an verlassenen Stellungen vorbei – irgendwo hin. Wir traben, ohne zu fragen wohin und wie weit, mit brennenden Füßen, den Stahlhelm zurück ins Genick geschoben. Ein feiner Regen sprüht auf uns herab. Und auf einmal, während des Gehens, nimmt einer nach dem anderen schweigend, ohne ein Wort zu sagen, den Stahlhelm ab. – Hier schießt es nicht mehr!
Zwölf Stunden später machen wir einen neuen Angriff. Angriff ist die beste Verteidigung.

4./5. Juni 1944: Nun bin ich Führerreserve. Ein anderer Unteroffizier, der bisher beim Gefechtsstross war, kommt vor und löst mich ab. Beim Tross ist das Erste: Waschen, rasieren und Wäsche wechseln. Danach fühlt man sich wie neugeboren! Auch in den Nächten hat man meist mehr Ruhe, als in der Stellung. Selbstverständlich macht man sich nützlich! Da gibt es viel zu tun. Eine der traurigsten Arbeiten ist es immer, wenn die Gefallenen zurückgebracht werden und man die armen Kerle sieht, mit denen man noch vor wenigen Tagen erst zusammen vorne im Loch war. Alle Taschen werden durchsucht und die Privatsachen in einem Wäschebeutel verwahrt. Orden und Ehrenzeichen werden extra verpackt. Der Spieß kontrolliert dann und schreibt die Nachricht vom „Tod für Führer, Volk und Vaterland!“ und findet noch einige gute Worte für die Eltern oder die Frau. Dann werden sie in eine Wolldecke oder Zeltplane eingepackt, grob zugenäht und die Erkennungsmarke abgebrochen. Begraben werden sie meist an markanten Orten, zusammen mit anderen und es wird eine Lageskizze angefertigt. Je nach der Stärke des Kampfes und des Anfalls an Gefallenen gibt es so besonders große Anlagen, oder kleinere und auch, aber sehr selten Einzellagen. Das ist für mich immer eine der schwersten und traurigsten Arbeiten. Bei und besteht die Absicht, den Iwan vor den Pruth-Sümpfen einzukesseln und zu vernichten. Aber der stemmt sich mit dem Mut der Verzweiflung dagegen!

6./7. Juni 1944: Hier weht trotz der Sonne und Hitze oft ein sehr stürmischer Südwestwind. Die ganze Landschaft, Bäume, Sträucher, Feldfrüchte und Katen sind braun vom Staub! Einen solchen Staub habe ich selbst in Russland nicht erlebt! Wenn die Salve der Stalinorgel einschlägt, ist der Himmel bald eine halbe Stunde lang verdunkelt und die Sonne kaum zu sehen!
Inmitten des von unseren Panzern und Sturmgeschützen aufgewirbelten Staubes gehen wir fast blind zum Angriff vor. Iwan versucht, zum Teil auch mit Erfolg, nördlich Zahorna mit sehr starker Luftunterstützung heftige Gegenangriffe und kann in den Ort eindringen! Aber dann kann unsere Sturmgeschützbrigade die Stadt wieder zurückerobern. Nicht jedoch die

Höhe 181. Leider wird in den harten Panzerkämpfen der Sturmgeschützführer Oberleutnant Diddo Diddens schwer verwundet. Ebenfalls ein anderer Kampfgruppenführer.

Heraus aus der Front

8./9. Juni 1944: Wir erfahren, dass wir wieder einmal hier herausgezogen werden sollen, und da erhebt sich die Frage, wohin wird es dieses Mal gehen? Angriffe werden eingestellt. Wir erfahren in unserem Nachrichtenblatt „Die Feuerwehr", dass in der Zeit vom 2. bis 7. Juni 1944 von „Großdeutschland" 70 feindliche Panzer abgeschossen und 19 Flugzeuge vom Himmel geholt wurden. Weiter wurden 45 gezählte Geschütze und 36 russische Pak-Geschütze vernichtet! Von unseren Pionieren wurden 10.300 Minen aufgehoben und entschärft! Die „Heeresflak Großdeutschland" hat mit dem 17. Abschuss den 100. Abschuss in 12 Monaten erreicht. Unsere Sturmgeschütze hatten 15 Panzer abgeschossen und etwa 90 Gefangene gemacht. Das waren stolze Erfolge! Inzwischen kommen rumänische Einheiten, die uns ablösen sollen.

13. Juni 1944: Unsere ganze Division ist südlich der Rollbahn Jassy – Targui Frumosoa in Busch und Waldgelände untergezogen. Aber hier sollen wir nicht bleiben. Wir sollen in eine wirkliche Ruhe kommen. Im Radio hören wir von den schweren Kämpfen an der Invasionsfront in Frankreich. Wir hoffen sehr, dass die Front dort halten möge.

15. Juni 1944: Wir fahren etwa 100 Kilometer nach Süden – doch wohin? Es geht in einen richtig ruhigen Rastraum! Im Wehrmachtsbericht erfahren wir, dass unsere Division wieder einmal besonders hervorgehoben wurde:
„... bei den Kämpfen im Raum von Jassy haben deutsch-rumänische Truppen unter hervorragender Beteiligung der Panzergrenadierdivision ‚Großdeutschland', unter dem Befehl des rumänischen Generals der Kavallerie, Racovit, des Generals der Panzertruppen von Knobelsdorff, hervorragend unterstützt von deutsch-rumänischen Kampf- und Schlachtfliegerverbänden, in harten Kämpfen die Bolschewisten aus tief gestaffelten, zäh verteidigten Stellungen geworfen und somit die eigenen Stellungen bedeutend verbessern können."

16. Juni 1944: Hier liegen wir gut versteckt in den Wäldern. Nach all den Strapazen der letzten Wochen sollen wir uns hier erholen. Schon am ersten Abend machen wir einen zünftigen Kompanieabend „mit allem Pi-Pa-Po" – wie unsere Berliner Kameraden sagen. Wir machen natürlich Körperpflege, Waffenpflege und einen ordentlichen Wachdienst. Aber heute soll es ein Regimentsfest werden! Unser bisheriger Kompanieführer ist Bataillonsführer geworden. Er hat uns zu einem „kleinen Umtrunk" eingeladen. Der Abend verläuft sehr ruhig und harmonisch. Wir gedenken der gefallenen Kameraden, auch der vielen in den verschiedensten Lazaretten liegenden Verwundeten. Aber dann heißt es: „Es muss weitergehen bis zum Endsieg!" Als ich später noch wach in meinem Zelt liege, gehen mir viele Gedanken durch den Kopf! – „Wie soll das noch weiter gehen?" Im Jahr 1942 waren deutsche Truppen im Kaukasus, dann kam das bittere Ende der 6. Armee in Stalingrad. Die Fronten müssen überall zurückgehen. Es wird ja viel von den „Vergeltungswaffen" geredet und geschrieben.

Bei der Invasion haben wir gesehen, dass es da schon die V1 und die V2 gibt. Wir hoffen auf weitere neue Waffen, die es uns ermöglichen sollen, der Übermacht der Feinde „Paroli" bieten zu können. Was sollen oder können wir Soldaten denn anderes tun als weiterzumachen? Von den Alliierten ist uns ja ganz klar gesagt worden: „Wir fordern eine bedingungslose Kapitulation!" Nach den vielen schweren Kriegsjahren und den so schweren Verlusten sollen wir uns jetzt auf Gedeih und Verderb den Alliierten ausliefern? Das kann es ja wohl nicht sein! Die neuen Waffen werden kommen, also durchhalten bis diese da sind und kriegsentscheidend eingesetzt werden können. Sind wir das den Gefallenen nicht schuldig?" So gehen mir viele Gedanken durch den Kopf. Ohne Alarmgeschrei und ohne irgendwelche Schießerei geht die Nacht vorüber.

Am nächsten Morgen ist es schön sonnig und wir erfahren im Laufe des Tages, dass heute am Abend ein ganz großes Regimentsfest stattfinden soll. Mit den Vorbereitungen sind wir alle sehr fleißig dabei! „Auf die Bäume! Ihr Affen! Der Wald wird gefegt!" Und dann haben wir tatsächlich den Waldboden gefegt! Eine Bühne wird errichtet und an allen vier Seiten werden tiefe Löcher gegraben. Die Plätze der einzelnen Kompanien werden markiert und Büsche als Dekoration abgehauen und aufgestellt. Wir sind alle mit Begeisterung bei der Arbeit!

Und dann beginnt das große Fest! Wir wissen gar nicht, dass sich in unserem Regiment echte Künstler befinden! Was sie uns darbieten ist toll! Das sind die reinsten „Männer vom Fach". Da sind Opernsänger, Artisten, Laienkünstler – alles Soldaten vom Regiment. Da wird uns ein buntes Programm geboten. Wir haben nicht an Beifall gespart! Unser General Hasso von Manteuffel, der Regimentskommandeur Oberst Lorenz und unsere gesamte hohe „Admiralität" ist zugegen. Unsere Regimentskapelle spielt ganz ausgezeichnet! Da hören wir Unterhaltungsmusik, viele bekannte Schlager und natürlich auch „zackige" Märsche. Natürlich gibt es auch reichlich zu Trinken! Unsere Marketender haben sich nicht lumpen lassen. Die Stimmung steigt von Stunde zu Stunde. Um Mitternacht verlangen wir ganz spontan, unseren General unter uns zu sehen! Die „hohen Herren" haben Logenplätze in einer Laubhütte! (Laubhüttenfest!) Und der kommt auch sofort, hat freundliche Worte an uns gerichtet, Dank für unseren tapferen Einsatz und Gedenken an unsere Gefallenen und in den Lazaretten liegenden Verwundeten. Dann aber sagt er, dass er stolz auf uns ist und uns noch große Aufgaben bevorstehen. „Aber, Grenadiere, jetzt wollen wir erst einmal tüchtig feiern und optimistisch in die Zukunft sehen. Ich wünsche dem heutigen Abend einen schönen Verlauf und allen Soldatenglück." Wir haben alle begeistert und laut „Hurra!" geschrien. Da spielt die Kapelle einen Tusch und dann übergibt der Musikmeister den Taktstock an unseren kleinen General. Der dirigiert dann auch recht ordentlich unseren „Großdeutschland-Präsentiermarsch!" Aber dann wird er unter donnerndem Hoch- und Hurra-Geschrei von einigen kräftigen Landsern gepackt und auf die Schultern gehoben! So wird er zünftig zu seiner „Laubhütte" zurückgetragen. Unserem Regimentskommandeur Oberst Lorenz geht es ebenso, aber der hat den Taktstock nicht so gut geschwungen. Es ist ein in meiner gesamten bisherigen Kriegszeit einmaliges Fest dieser Größe und mit Divisions- und Regimentskommandeur!

Es ist leider auch einmalig geblieben, denn in den Monaten danach ist uns allen bei den letzten Verzweiflungskämpfen nie mehr der Sinn danach gestanden! Dieses Fest aber ist großartig, es tut unseren vom Frontlärm strapazierten Ohren gut!

Zum Abschluss gibt es ein Feuerwerk da steigen Leuchtkugeln aller Farben in den Nachthimmel und dann kracht es an allen vier Ecken ganz fürchterlich! – Da hat man geballte Ladungen in den vier tiefen Löchern, die da vormittags gebuddelt wurden, zur Explosion gebracht. Unsere Pioniere haben das organisiert! Das ist ein „elefantöser Abschluss", wie die Landser sagen.

Bericht über dieses Fest aus unserer Frontzeitung „Feuerwehr" 24./25.07.1944
Rumänien. Vaslui/Bacau. Hier liegen wir in den Wäldern in Ruhe nach den schweren Abwehrkämpfen im Karpaten-Vorland bei Jassy und Roman. Abseits der Pruth-Fronten begingen die Einheiten der Division fröhliche „Feststunden". Auch wir hatten alles gut vorbereitet. Unser „neuer General", Hasso von Manteuffel hatte sich angemeldet! Was hatten wir in den letzten Wochen und Tagen an harten Kämpfen leisten müssen! Über Nacht machten wir den großen Sprung über jene „Feuerwehr-Straße" – Jassy – Targul – Frumos. Über Nacht verließen wir das Land der „schwarzen Säue", den löchrigen Pruth-Piez (kleine Erhöhungen in den Ebenen nannten wir „Pieze"), die Kilometer ungezählter Gegenstöße. Und ebenso über Nacht fielen die Bärte von Tautesti und Moimesti, brühten die Läuse von Zahorna und Hortesti! Entrückt den Ebenen der Bomber und „Rotzer" (IL II-Schlachtflieger), geborgen im Grün eines Moldauwaldstückes, in dem die Sonderzuteilungen und Festtagsüberraschungen wie Pilze aus dem Boden schossen. Die Kommandeure schlugen die Geländekarten zu, die Adjutanten strichen die Namen der Feuerschläge, Zielpunkte und Munitionszahlen aus ihren Notizbüchern, schwelgten im blauen Dunst langentbehrter guter Zigarren und sahen tief in die „Kümmelflasche". Aber es gab erst noch ein verregnetes Vorspiel. Ein regelrechter Wolkenbruch spülte vorher den letzten Erinnerungsrest an Gewesenes von uns Grenadieren. Als dann aber die angekündigten Gäste zu uns kamen, erlebten sie kein Stürmen mit Panzerfäusten und Handgranaten, kein Deckungsloch Buddeln und kein Hinlegen. Sie erlebten eine andere Seite ihrer Grenadiere. Die heiterste und beileibe nicht die schlechteste. Dass sie sich auch als Humoristen, als vielseitige Bühnenmänner aufs Improvisieren verstehen, bewies die bunte Künstlerschar am dicht bevölkerten Waldrand, zeigen Jubel und Trubel im Runde der gebastelten Buntlaternen. Die „Grenadiers" drehen auf mit eigener Solistenparade, mit Schwung und Rhythmen der Divisionsmusik. Einer, der für seine Grenadiers durchs Feuer geht, ihnen mit Rat und Tat zur Seite steht, in ernsten Stunden in ihre Gräben steigt und auf Panzerjagden ihre vordersten Wege kreuzt, war auch diesmal dabei, als es Frohsinn und Heiterkeit zu „erjagen" gab. Das war unser General! Er saß unter seinen Jüngsten, sang und freute sich mit ihnen. Und als man – der General und seine Grenadiere – im Mondlicht der Moldaunacht und unter den bunten Glühampeln des stimmungsvollen Festes die alten und neuen Fronterlebnisse austauschte, und als schließlich „Masuhr's Fanfaren" – den Taktstock schwang der General – dem Reiter von Manteuffel das Lied vom treuesten Husaren blies, da war's passiert! Ein vielhundertstimmiges „Hurra" und fünf baumlange Grenadiere packten zu. Sie schulterten ihren General und trugen ihn nach den Klängen des alten Reitermarsches im Triumph über den Festplatz. Die Gäste erlebten den Höhepunkt des Festes. Eine alte Freundschaft war enger und eine Frontkameradschaft fester geschlossen worden.

20./23. Juni 1944: In unserem Waldbiwak wird aber nicht nur gefeiert! Es wird eine „Nahkampfbahn" von uns errichtet und als sie fertig ist, haben wir im Schweiße unseres Angesichts geübt: Angriff, Einbruch, Aufrollen der Feindstellungen und schließlich das Fertigmachen zur Verteidigung. Alles wird sehr wirklichkeitsnah, z.T. im scharfen Schuss geübt. Besonders wir von der schweren Maschinengewehrkompanie mit den Granatwerfern, den

leichten Infanteriegeschützen (7,5 cm), den Maschinengewehren und der Pak werden als Schwerpunktwaffen eingesetzt. Wir haben schon eine enorme Feuerkraft! Auch Bunkerbekämpfung wird immer wieder geübt. Hier erhalten wir auch Unterricht im Abfeuern der Panzerfaust, die jetzt einfacher zu handhaben ist und ungefährlicher für den „Panzervernichter“ als die Hohlhaftladung! Bei der Hohlhaftladung muss man direkt an den Panzer ran und das Ding auf den Panzer „kleben“ (magnetisch). Letzteres habe ich nur einmal versucht, da pirschte ich mich „robbend“ an den T 34-Panzer, der im hohen Gras stand, heran, als mit ohrenbetäubendem Explosionsknall eine Pak-Granate den Panzer traf. Die Granate war ganz dicht über mir dahingerauscht! Da hatte ich Angst, ich könnte von den Splittern was abkriegen. Danach habe ich so etwas nicht wieder vorgehabt.
Abends sitze ich am Funkgerät, das für uns auch Radio ist, und höre von den Kämpfen an der Invasionsfront und von Einflügen angloamerikanischer Bomberverbände in das Reichsgebiet. Die Lage sieht nicht rosig aus. Wo bleiben die angesagten neuen Waffen? Hier bei uns hat sich bisher nur wenig getan. Die leichten Infanteriegeschütze haben ein längeres Rohr bekommen und nennen sich jetzt Infanteriegeschütz-Pak. Auch die Munition ist verbessert worden. Sie sind in der Lage, auch Panzer abzuschießen. Unsere gepanzerten Fahrzeuge, Sturmgeschütze, Panzer und andere Kettenfahrzeuge mit Panzerung sind verbessert worden. Neben der bekannten, im Gefecht oft unzuverlässigen (wenn beim Hinlegen das Magazin abgeknickt war) deutschen Maschinenpistole gibt es jetzt ein viel besseres „Sturmgewehr“ mit gebogenem Magazin. Noch haben wir keine neue Wunderwaffe erhalten! Aber in der Not gibt man die Hoffnung nicht so leicht auf.
Es werden bei uns dauernd Waffen- und Schießübungen veranstaltet. Waffenübungen können gar nicht oft genug gemacht werden! Eines Tages erscheinen hochrangige rumänische Offiziere und wir erfahren, dass wir ihnen einen Angriff, nach allen Regeln der Kriegskunst auf unser Übungsgraben- und Stellungssystem vorführen sollen. Das muss ganz realistisch wirken, genau wie geübt, im scharfen Schuss. Unsere Feuerstellungen haben wir auf Waldlichtungen eingerichtet. Die Beobachtungsstellung hoch oben in einem Baum mit Drahtverbindung zu den Werfern. Vorher wird uns der genaue Plan des Angriffs erklärt. Als schwere Waffen sind mit uns noch eingesetzt, die neue Infanteriegeschütz-Pak (7,5 cm), 2 cm-Fla-Geschütze und normale Pak-Geschütze. Außerdem unsere schweren Infanteriegeschütze, Kaliber 15 cm. Der Clou soll die Vorführung eines neuen „Goliath“, (etwa 80 cm hoch, 1,5 Meter lang und 75 cm breit) sein, ein auf Ketten laufender ferngesteuerter Sprengstoffträger, der durch das Grabensystem fahren und an einen der Bunker herangeführt werden soll. Dort wird dann die Sprengung erfolgen. Das soll dann der Höhepunkt und Abschluss der Gefechtsvorführung sein. Nach dem ersten Feuerschlag soll die Infanterie vorpreschen. Der offizielle Plan wird uns mitgeteilt. Vorbereitungsschießen der oben genannten schweren Waffen, sofortiges Vorstürmen der Infanterie. Der Befehl für uns lautet: „Alle schweren Waffen feuern gleichzeitig ab.“ Da unsere Granaten etwa 20 Sekunden bis zum Aufschlag benötigen, darauf weisen wir hin, wollen wir etwa 25 Sekunden vor den anderen schweren Waffen abfeuern, nur dann würden alle Einschläge gleichzeitig beim „Feind“ einschlagen. Aber der Befehl wird wiederholt, nach Uhrenvergleich zur selben Zeit abfeuern. Das ist Wahnsinn! Unsere Infanterie kann durch unsere 20 Sekunden später niederkommenden Granaten, die ja eine gewisse Streuung haben, gefährdet werden. Alles Widerreden hilft nichts, es bleibt dabei, alles feuert gleichzeitig ab. „Idioten! Scheiße, das geht nicht gut!“ Aber, Befehl ist Befehl! Die Zuschauer, rumä-

nische und unsere Offiziere haben sich am Waldrand dicht vor unserer Beobachtungsstelle im hohen Baum versammelt und blicken mit den Ferngläsern eifrig auf die zu erobernden „Feindgräben“. Dann erschallt das Kommando: „Feuer frei!“ Wir feuern so schnell ab, wie es nur eben möglich ist. Aber es kommt dann doch, wie von uns befürchtet! Die Einschläge der anderen rasant feuernden Waffen liegen gut auf den vorderen Gräben, die Infanterie stürmt vor! Maschinenpistolen- und Maschinengewehrgeknatter. Als sie mit Handgranatenwurf in den vordersten Graben einbrechen wollen mit lautem „Hurra“, da schlagen auch unsere Granaten, die ja indirekt abgeschossen werden und daher 20 Sekunden Flugzeit haben, ein! Da nehmen die Infanteristen erschrocken volle Deckung, das „Hurra“-Geschrei fällt ziemlich „mickrig“ aus. Die lassen erst „unseren Segen“ über den Gräben sich „entfalten“. Die Männer liegen kaum 15 Meter vor dem ersten Graben und die Splitter fliegen auch zu ihnen! Da sind die Kerle „kriegsmäßig“ echt ganz fix in volle Deckung gegangen! Wir atmen erleichtert auf, als wir, nachdem sich der Staub und Qualm verzogen hat, sehen, dass alle Infanteristen wieder aufspringen und jetzt mit lautem „Hurra“ die Stellung erobern. Ich weiß, dass zwei oder drei Mann mehr oder weniger schwer verwundet werden. Das wäre nicht nötig gewesen! Als uns dann aber aufgeregte Adjutanten drohend zur Rede stellen und uns die Schuld zuweisen wollen, haben wir denen aber energisch klargemacht, wo die wirklichen „Versager“ zu suchen sind! Da ziehen die Herren mit dummen Gesichtern wieder ab. Zum Abschluss der ganzen Demonstration ist dann noch der „Goliath“ neben einem der Bunker sehr eindrucksvoll detoniert! Ein Trompetensignal zeigt das Ende der Übung an. Ende gut – alles gut! Der peinliche Vorfall wird dann nicht weiter untersucht. Wir haben den Eindruck, dass die Rumänen nach dieser Vorführung wieder an den Endsieg glauben!

3. Juli 1944: Das Wetter ist herrlich, die Gebirgslandschaft der Karpaten westlich nur wenige Kilometer entfernt, ist wunderbar zu erkennen. Hier ist kein Feind, der uns nach dem Leben trachtet. Gestern war eine sogenannte „Frontbühne/Truppenbetreuung“ bei uns. Da gab es mal wieder zwei Stunden Frohsinn, Musik und hübsche Mädchen! Wir haben viel gelacht! Das tat uns richtig gut! Von Kamerad Jupp Dörfler bekommen wir Post aus einem Lazarett aus dem „G. G.“ (General-Gouvernement), er schreibt, dass es ihm nach seiner Verwundung schon wieder besser geht. Hier haben wir heute ein ganz heftiges Gewitter und viel Regen. Unser Waldlager der Division liegt in einem Dreieck: Ostwärts Bacau/Vaslui, 100 Kilometer südlich von Jassy.

25. Juli 1944: Wir bereiten uns auf eine Verlegung vor. Die Fahrzeuge werden gefechtsmäßig beladen, wir haben wieder eine gute Kampfmoral! Wo wird der nächste Einsatz für uns sein? Wo brennt es an der Front? Leider werden hier die Weintrauben erst später reif! Wer weiß, wo wir dann wieder Feuerwehr spielen müssen? Als ich mir noch einmal diese herrliche Landschaft betrachte, es könnte ohne Krieg alles so schön sein, denke ich daran, nach dem Krieg einmal hierher zurückzukommen. Aber zuerst muss dieser Krieg einmal siegreich beendet sein. Inzwischen haben wir auch ausführliche Informationen bekommen über das verbrecherische Attentat auf unseren Führer. Dass deutsche Offiziere so etwas tun, ist für uns völlig unverständlich. Das erinnert mich an die „Dolchstoßlegende“ nach dem 1. Weltkrieg. Für uns Soldaten, besonders die Offiziere, ist es keine Freude, dass nun mit dem „Deutschen Gruß“ d.h. mit dem erhobenen, gestreckten Arm gegrüßt werden muss. Da haben sich alle sehr schwer getan! (Ich glaube, das hat Hermann Göring, der Reichsmarschall, angeordnet). In den ersten Wochen hat es da manches Durcheinander gegeben!

25./26. Juli 1944: Hier haben wir ohne Feindberührung eine sehr schöne Zeit in Ruhe verleben können. Aber einmal geht auch diese schöne Zeit zu Ende. Wir haben hier zwar eine sehr harte Ausbildungszeit hinter uns gebracht, aber es trachtete uns keiner nach dem Leben! Bald heißt es dann auch wieder: „Fertig machen! Fahrzeuge kriegsmäßig beladen, nichts zurücklassen, Abmarschbereitschaft melden!“

Auf dem Weg nach Ostpreußen

Erste Angriffe bei Wirballen

26. Juli 1944: Heute letzter Appell, dann Aufsitzen und wir fahren los. Immer, wenn wir verlegt werden, kommen die tollsten „Parolen" auf. Ob es nach Italien geht? – Oder nach Frankreich an die Invasionsfront? Aber das sind wir als „die Feuerwehr der Ostfront" schon gewohnt. Da lässt mancher seiner Phantasie freien Lauf. Es sind verschiedene Verlade-Bahnhöfe genannt worden. Wir fahren aber durch das wildschöne Bistrita-Tal über Gura Humorului-Dorna-Vatra nach Jakobeni. Dort werden wir auf die Eisenbahn verladen. Es gibt keine Mannschaftswagen, darum haben wir unsere Zelte zwischen den Fahrzeugen aufgebaut. Mancher hatte seinen Schlafplatz im Fahrerhaus oder auf den Lkws. Mit Maschinengewehren auf Fliegerlafette und 2 cm-Fla sowie unseren Handwaffen sind wir einigermaßen abwehrbereit und fähig. Ich habe mir einen guten Platz ausgesucht. Auf der zurückgeschlagenen Wagenplane, die hinter das Fahrerhaus gerollt ist, kann ich wie in einer Hängematte liegen und von meiner hohen Warte aus die vorbeifliegende Landschaft betrachten. Als aber die Bahn durch mehrere Tunnel fährt, wird es mir dort oben schon recht mulmig, denn die Tunneldecke ist ganz knapp über mir. Die Fahrt geht über Budapest-Lavic-Sillaus über den Jablunkapass-Oppeln-Breslau-Lissa-Posen-Gnesen-Thorn-Allenstein-Insterburg nach Gumbinnen. „Mensch, wenn wir die Eisenbahnfahrten, die wir bisher bei der Wehrmacht gemacht haben, bezahlen müssten, dann muss aber der Wehrsold gewaltig erhöht werden", meinte einer meiner Leute. Bei der Fahrt durch Deutschland stehen die Menschen an der Bahn und winken uns begeistert zu. Wenn der Zug langsamer fährt, werfen wir unsere Adresse (Name und Feldpostnummer) in einer Streichholzschachtel möglichst hübschen Mädchen zu, in der Hoffnung, wir würden einmal Post von ihnen bekommen.

3. August 1944: Endlich erreichen wir Ebenrode/Ostpreußen eine kleine grenznahe Stadt (Litauen). Hier wird abgeladen und die Fahrzeuge weit auseinander im Gelände postiert, denn der Russe hat vor wenigen Tagen auf der litauischen Seite nur wenige Kilometer vor der Grenze den Ort „Vilkaviskis"/Wolfsburg, der schon hinter der sogenannten Ostpreußen-Schutz-Stellung liegt, besetzt. Wir erfahren auch, dass russische Truppen schon einmal bis Goldap vorgestoßen waren und dort auf deutschem Reichsgebiet unter der Zivilbevölkerung grausam gewütet hatten. Sie waren aber zurückgeschlagen worden.
Das Abladen geht sehr eilig von statten! Vor uns gibt es ja noch keine Abwehrstellung irgendwelcher Art! Wir graben unsere Feuerstellung und Schützenlöcher nur wenige 100 Meter hinter unseren Panzern, die zwischen den Getreidehocken gut getarnt stehen und sowohl die Ausladungen und unseren „Stellungsbau" schützen.

4. August 1944: Wir bilden hier eine provisorische Hauptkampflinie und warten ab, bis unsere Divisionstransportzüge alle angekommen und abgeladen sind. Dann sehen wir weiter! Wir erfahren auch, dass die litauische Grenzstadt Wilkowischken/Wolfsburg seit zwei Tagen vom Iwan besetzt ist. Diese liegt nur wenige Kilometer hinter der Grenze. „Erhöhte Aufmerksamkeit" ist befohlen. Als ich in meinem Loch zur Ruhe komme, plagen mich wieder meine argen Zahnschmerzen. Die hatte ich ja schon auf dem Bahntransport. Da hat mir ein alter Obergefreiter sehr geholfen. Mit echtem Hahnewacker Kautabak verschwinden die Schmerzen nach einer halben Stunde! Zuerst schmeckt der „Priem" ja grausig! Aber mit der Zeit kann ich ihm einen gewissen „Cognac-Geschmack" abgewinnen! Aber ich habe auch wie ein alter Mann gespuckt! Ich liege nun da in meinem Loch und horche gen Osten, aber da ist im Augenblick noch nichts zu hören. Nur ganz in unserer Nähe brummen manchmal unsere Panzer, die ihre Stellung wechseln. Kommandorufe sind zu hören. Am Himmel bleibt es in dieser Nacht ruhig.

6. August 1944: Aber schon am nächsten Morgen ist es mit der Ruhe vorbei! „Abmarschbereitschaft melden!" Dann fahren wir über Pillkallen (Schloßberg) am Wistytiter-See entlang, südlich von Wirballen. Ein Angriff in Richtung Nordosten geht um 08.25 Uhr los. Endlich hören und sehen wir auch mal wieder eigene Schlachtflugzeuge, die auf die russischen Stellungen zubrausen, aber keine Bomben werfen. Sie feuern auch nicht mit ihren Bordwaffen. Das sieht wie ein Scheinangriff aus. Wir wundern uns! Nach anfänglich geringem Widerstand versteift der sich aber und wir erhalten schweres Artilleriefeuer! Verluste treten ein, der Angriff will nicht so richtig klappen. Dann kommt der Befehl: „Angriff einstellen, zur Verteidigung einrichten!" Der Angriffsbefehl hatte gelautet: „II. Bataillon, Oberleutnant Schmelter, vorgehen links des Weges Wirballen-Skiaudinirkiat-Skardupiai, hart ostwärts Obsruteliai. Angriffsrichtung: Nordosten."

7. August 1944: Heute erreichen wir nach erneutem Angriff endlich die beherrschende Höhe 51. Dabei gibt es schwere Panzergefechte. Wir sehen den neuen „Josef Stalin-Kasematt-Panzer (Kaliber 12,2 cm!). Sogar einige Tiger hat der abschießen können! Der Iwan ist hier schon stärker als erwartet. Unser Ziel ist erreicht, trotz erheblicher Verluste. In der Nacht bleibt es ruhig. Wir erfahren, dass wir abgelöst werden sollen. Schon am nächsten Tag wird der Angriffsstreifen erkundet. Nächstes Ziel die feindbesetzte Stadt Wilkowischken/Wolfsburg. Wir sollen von Südwesten nach Nordosten ostwärts der Stadt die dort verlaufende Ostpreußenschutzstellung erreichen und dem in der Stadt befindlichen Russen den Rückweg abschneiden. Vor den vielen herumliegenden Minen werden wir gewarnt! In der Nacht hören wir hinter uns geschäftiges Treiben. Da beziehen die Schützenpanzerwagen des I. Bataillons und auch Panzer ihre Ausgangsstellung.

8. August 1944: Vor der Stadt ist alles flaches Gelände und ein Panzergraben, der so wie die ostwärts verlaufende Ostpreußen-Schutzstellung in nordsüdlicher Richtung verläuft. Weiter nach Osten beginnt ein Wald, von dem man nicht weiß, was er alles verbirgt! Wir wollen dem Iwan hier einen Riegel vorschieben. Es wird kein leichtes Unterfangen!

9. August 1944: Der Morgen bricht an, die Erde ist von Bodennebel bedeckt. Und nun geht es los! Alle motorisierten Fahrzeuge, Panzer, Schützenpanzerwagen, Fla-Geschütze, Pak und wir! Ohne einen Schuss Artillerie beginnt unser Angriff! Es soll ja auch ein Überraschungsangriff werden! Es geht zügig voran! Im Morgendunst kommen wir von Süden und können nach hartem Kampf in die Gräben der ostwärts vor der Stadt Wilkowischken (Wolfsburg) verlaufenden „Ostpreußenschutzstellung" eindringen und nach Norden aufrollen. Mit uns ist auch das III. Bataillon, Füsiliere. Durch die fehlende Artillerieunterstützung bzw. Vorbereitung ist Iwan nicht gewarnt, und die Überraschung scheint zu gelingen. Unser erster Vorstoß ist östlich des Vorwerks Wilkowischken erfolgreich, aber dann ist Iwan wach geworden! Wir erhalten schwerstes Artilleriefeuer vom Kaliber 15,2 cm! Wir nennen dieses Kaliber „Schwarze Sau", weil es bei den Einschlägen dichten, schwarzen Rauch-Qualm gibt. Auch unsere Panzer erhalten schweres Pak-Feuer! Durch die verfluchten Minen gibt es ebenfalls Ausfälle. Als wir nun mit „Hurraaa!" den Graben aufrollen, Handgranaten werfen, mit den Sturmgewehren knattern und es so richtig erfolgreich vorangeht, da werden wir von Unmengen von Schlachtfliegern, den „IL 2" (Iljuschin 2) angegriffen, die ihre Bomben werfen und uns mit Bordkanonen und Maschinengewehren „beharken" und auch mit ihren Raketen uns das Leben schwer machen. Jetzt erleben wir das, was der Russe in den ersten Kriegsjahren von unserer Luftwaffe erfahren hat! Jetzt ist er in der Überzahl! Kaum sind die ersten tief brummend über uns hinweggebraust, da hören wir schon die nächsten Staffeln ankommen und der „Rabatz" beginnt von neuem! So stark wie hier ist der Iwan seit unserem missglückten Unternehmen Zitadelle bisher noch nicht gewesen! Zum Unglück sind dann auch noch einige Männer vom III. Bataillon in ein unerkanntes Minenfeld geraten. Ein Kradmelder wird getötet und es gibt leider weitere Verluste. Es entwickelt sich hier ein ganz schöner „Rabatz", wie die Landser sagen. Endlich ist die Ostpreußen-Schutzstellung von Süden her in unserer Hand. Der Iwan hat sich verflucht hart gewehrt! Auf dem Gefechtsfeld stehen einige abgeschossene eigene Panzer! – Etliche brennen. Der Russe hat hier seinen neuen Kasematt-Panzer, ähnlich unseren Sturmgeschützen – aber kolossaler eingesetzt! Der hat eine Kanone größeren Kalibers, nämlich 12 cm. Damit kann er auch unsere Tiger abschießen! Während wir mit der Infanterie dabei sind, mit allen Waffen den Graben zu „säubern", spielen sich westlich/links von uns in der Stadt selbst harte Häuser- und Straßenkämpfe ab. Unsere leichten Infanteriegeschütze sind zu einer Infanteriegeschütz -Pak mit halblangem Rohr verändert worden. Sie können mit entsprechender Munition auch Panzer abschießen! Ich selbst halte mit meinen Werfern kräftig dazwischen! Wir hier in der alten Ostpreußen-Schutz-Stellung haben den Feind zu beiden Seiten. Das Häusergewirr links und der Wald rechts sind beide für Überraschungen gut! Da heißt es aufpassen! Als es abends etwas ruhiger geworden ist, kommt ein Melder zu mir, ich soll unseren Verpflegungswagen, der ja auch Munition bringt, in der Stadt suchen. Die Stadt soll in unserem Besitz sein. Ich pirsche durch den Graben auf die Stadt zu. Die Landser haben sich schon „verkrümelt", d.h. sie sind dabei, ihre Löcher tiefer zu graben, denn ein russischer Gegenangriff ist wohl zu befürchten! Aber auch in der Stadt höre ich noch einige Schüsse, das Krachen von Handgranaten und Maschinenpistolen-Salven. Wehren sich da wohl noch viele Iwans? Ich will gerade auf das erste Haus, was in das Grabensystem eingearbeitet ist, losrennen, da brummt eine einzelne „IL 2"-Maschine im Tiefflug heran. Ich habe das Gefühl, als ob sie gerade ausgerechnet mich aufs Korn genommen hat. Mit den Bordkanonen hält sie auf unseren Graben, macht eine enge Kurve und dann fliegt sie noch einmal an. Ich blicke nach oben und sehe, wie der verdammte Vogel eine einzelne Bombe löst, die in grober Richtung auf mich zuzufliegen scheint! Da bin ich dann mit einem „Hechtsprung", so möchte ich sagen, in die Ruine des Hauses hineingestürzt! Nach der Explosion sehe ich, dass die Bombe nur wenige Meter vor dem Haus in den Graben gegangen ist. Nass geschwitzt, aufatmend denke ich bei mir: „Wie kann man nur mit soviel Aufwand gegen einen einzelnen Mann Krieg machen?" Mit unserer Luftwaffe sieht es zu dieser Zeit sehr kläglich aus. Aber als dann unsere 3,7 cm-Fla dem Iwan ordentlich zusetzt, dreht Iwan ab und ist auch nicht wiedergekommen. Ich wetze weiter und erreiche die ersten Häuser der Stadt. Endlich finde ich auch unseren Fourier. Wir fahren mehr ins Zentrum der Stadt, wo auch einige Panzer stehen, die gerade munitionieren. Dort scheint es uns auch nicht sicher zu sein, denn bei unserer Fahrt werden wir aus einigen Gärten oder Häusern beschossen. Da sind also doch noch Russen in dem Häusergewirr. Wir haben tüchtig zurückgeschossen! Bald ist das Fahrzeug von den Essensholern umringt. Der Fourier verteilt die warme Verpflegung mit seiner Kelle in die Kochgeschirre – und da bekommen die Essensholer eine etwas größere Portion. Die sind ja auch schließlich einer größeren Gefahr ausgesetzt wenn sie da in der Gegend herumrennen. Sie nehmen auch einen Extraschluck vom Kaffee oder Tee. Im Winter, wenn in unseren Tee der Fourier Rum gemischt hatte, bin ich oft freiwillig zum Essenholen gegangen. Wieder zurück in der Stellung im Graben, werden die Posten eingeteilt. Wir versuchen uns dann ein Schlaflager zu bereiten. Auf den Boden legt man alles, was man finden kann. Gras, Stroh und so weiter. Mit der Wolldecke im Winter, der Zeltplane im Sommer decken wir uns zu. Meist bleibt der Stahlhelm auf dem Kopf, denn da ruht der Kopf in dem Lederfutter recht bequem. Einige 100 Meter nordwärts gibt es in der Nacht noch einige Male heftige Schießereien. Da spitzen die Wachposten die Ohren. Mal schießt es aus dem Wald von rechts, dann wieder einzelne Schüsse vom Stadtrand her, begleitet von den lauten Rufen: „Da laufen sie! Da laufen sie!" Die ersten Leuchtkugeln gehen hoch, flackern, erhellen das Vorfeld, und wieder einige Schüsse. Iwan will ja auch was sehen, und so steigen auch seine etwas schwach-grünlichen Leuchtkugeln in die Nacht. Und dabei soll nun ein müder Landser schlafen. Aber die Müdigkeit ist zu groß. Geweckt wird man dann nur, wenn etwas ganz besonderes passiert. In den Nächten haben wir als Unteroffiziere die Posten kontrolliert. Selten gibt es Beanstandungen. Und wieder Schießerei! Da haben einige Iwans auszubrechen versucht und wie wir am nächsten Morgen hören, es auch fast ohne Verluste geschafft.

10./11. August 1944: In der Frühe kommen sogenannte Ostpreußen-Einheiten zu uns als Verstärkung, das sind vergleichsweise „Landwehrmänner", die hier bodenständig sind. Die Stadt ist inzwischen durchkämmt und feindfrei geworden. Tagsüber finden nur noch kleinere Frontverbesserungskämpfe statt. Immer mehr dieser Ostpreußen-Einheiten kommen in die alte „Ostpreußenschutzstellung". Wir werden abgelöst und sammeln in einem Rastraum südlich und südwestlich der Stadt. Hier erfahren wir die nächsten Absichten der Division. Das Fernziel ist im Norden das Erreichen der Kurland-Armee und die Festigung der Landverbindung dorthin. Am 19. Juli 1944 hatte der Russe die Stadt Schaulen (Siauliai) besetzt. Sein Ziel ist der Durchstoß nach Westen zur Ostsee. Damit wäre die Kurland-Armee abgeschnitten! Auch bei der Stadt Kursenai finden schwere Kämpfe statt. Unsere Reihen haben sich auch gelichtet.

Ein deutsches Flugblatt, aufwändig und farbig gedruckt.

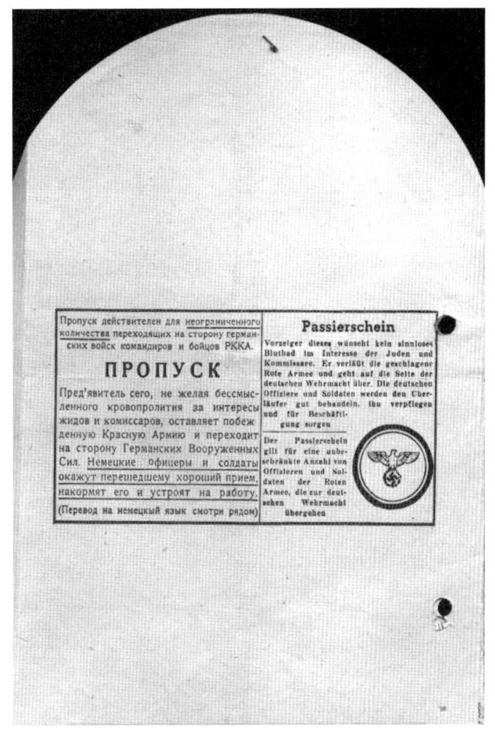

Пропуск действителен для неограниченного количества переходящих на сторону германских войск командиров и бойцов РККА.

ПРОПУСК

Пред'явитель сего, не желая бессмысленного кровопролития за интересы жидов и комиссаров, оставляет побежденную Красную Армию и переходит на сторону Германских Вооруженных Сил. Немецкие офицеры и солдаты окажут перешедшему хороший прием, накормят его и устроят на работу.

(Перевод на немецкый язык смотри рядом)

Passierschein

Vorzeiger dieses wünscht kein sinnloses Blutbad im Interesse der Juden und Kommissare. Er verläßt die geschlagene Rote Armee und geht auf die Seite der deutschen Wehrmacht über. Die deutschen Offiziere und Soldaten werden den Überläufer gut behandeln, ihn verpflegen und für Beschäftigung sorgen

Der Passierschein gilt für eine unbeschränkte Anzahl von Offizieren und Soldaten der Roten Armee, die zur deutschen Wehrmacht übergehen

Das Flugblatt enthält einen „Passierschein“ zum Überlaufen auf die deutsche Seite.

Dem Überläufer wird die „Heile Welt“ mit guter Versorgung und Frieden versprochen. Für die allermeisten Überläufer entsprach das jedoch nicht der Realität.

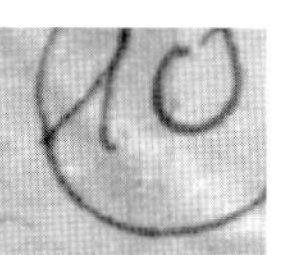

Bis zu den Kompanien verteilen!

Merkblatt für die Truppe

Wie behandeln wir Überläufer?

„Die ansteigende Zahl der Überläufer zeigt, daß der einsichtige russische Soldat nicht mehr gewillt ist, sich sinnlos für das sowjetische Regime zu opfern.“ Mit dieser Feststellung beginnt ein Befehl des OKH, der vom Chef des Generalstabes des Heeres im Auftrage des Führers erlassen und unterzeichnet worden ist. Er trägt die Bezeichnung „Grundlegender Befehl Nr. 13 (Behandlung von Überläufern)“ und das Datum des 20. April 1943. Durch diesen Befehl wird von höchster Stelle einem jeden deutschen Soldaten ein einheitlich geregeltes Verhalten gegenüber den russischen Überläufern vorgeschrieben. Der Befehl wird ebenfalls in russischer Übersetzung als Flugblatt in vielen Millionen Exemplaren über den feindlichen Stellungen abgeworfen, so daß nun auch der russische Soldat, der zu uns übertreten will, genau weiß, in welcher Weise er bei uns aufgenommen werden wird. Dies verpflichtet uns doppelt zu einer genauen Befolgung der in dem Befehl erlassenen Weisungen. Wie lauten diese Weisungen?

Überläufer ist danach **„jeder Angehörige der Roten Armee (Offizier, Polit-Kommissar, Uffz. oder Mann), der sich nach Lösung aus dem eigenen Truppenverband einzeln oder in Gruppen freiwillig in Gefangenschaft begibt“.** Für den Fall, daß sich ein Zweifel erhebt, ob diese Definition auf den in unsere Hand gekommenen russischen Soldaten zutrifft, ist dem Betreffenden dennoch die Überläufereigenschaft anzuerkennen. Dieser Punkt ist wichtig, er muß stets beachtet und weitherzig ausgelegt werden.

Wichtig ist nun, daß dem Überläufer sofort ein Ausweis auszustellen ist. Der Befehl schreibt ein Muster hierfür vor, so daß nach diesem Muster Ausweise von der Truppe hergestellt werden können. Er bemerkt jedoch ausdrücklich, daß dort, wo solche vorgeschriebenen Ausweise nicht oder noch nicht vorhanden sind, auch eine „einfachste Zettelnotiz“ oder der Sichtvermerk eines deutschen Soldaten mit dessen Dienstgrad, Name und Feldpostnummer auf dem vom Überläufer mitgebrachten „Passierschein“ genügt. Der Frontsoldat wird sich also den „Passierschein“ des russischen Überläufers zeigen lassen und auf ihm dann seinen eigenen Namen, Dienstgrad und seine Feldpostnummer aufschreiben. Mit diesem Ausweis wird der Überläufer nach rückwärts geschickt.

Der Befehl schreibt dann genau die Behandlung vor, die dem Überläufer zuteil werden muß. Er sagt in dieser Beziehung wörtlich:

„Überläufer sind von anderen Kriegsgefangenen sofort abzusondern und besser unterzubringen. Die Belassung von Geldmitteln, Wertsachen, Bekleidung, Dienstgradabzeichen, Ehrenzeichen ist selbstverständlich. Überläufer sind sofort aus Truppenbeständen reichlich zu verpflegen. Sie sind ferner sofort aus der Zone der Feindeinwirkung zu entfernen und — soweit möglich, mit Fahrgelegenheit (Leerkolonnen), nicht im Fußmarsch — schnellstens nach rückwärts, unmittelbar in die

Ein Merkblatt für die deutschen Truppen zur Behandlung von russischen Überläufern.

Überläuferauffanglager der AOK abzutransportieren. Transportführer sind besonders auszuwählen, Kranken und Verwundeten ist bevorzugt ärztliche Hilfe zu gewähren.

Anschließend regelt der Befehl die Unterbringung und Behandlung der Überläufer in den für sie besonders eingerichteten Auffanglagern. Spätestens hier ist der behelfsmäßige Ausweis, den der Überläufer durch eine Zettelnotiz oder einen Sichtvermerk auf dem „Passierschein" in der HKL erhalten hat, gegen einen ordnungsmäßigen Ausweis einzutauschen. Gleichzeitig hat eine entsprechende Eintragung in sein Soldbuch unter Beifügung des Dienststempels zu erfolgen. Im Auffanglager werden die Überläufer in geeigneten Räumen (Heizung, Stroh, Decken usw.) bevorzugt untergebracht. Es muß eine Entlausungs- und Waschgelegenheit vorhanden sein, die Verpflegung hat nach Sätzen der Schwerarbeiter zu erfolgen, wobei auch, je nach den örtlichen Verhältnissen, zusätzliche Vergünstigungen (z. B. Rauchwaren) gewährt werden können, schadhafte Bekleidung ist bevorzugt zu ersetzen. Sehr bedeutsam ist dann folgende Vorschrift:

„Eine Beschäftigung der Überläufer außerhalb des üblichen Lagerdienstes findet in den ersten Tagen nach ihrem Eintreffen nicht statt. Innerhalb dieser Zeit hat der Überläufer die Möglichkeit, sich entweder für einen Eintritt in einen auf unserer Seite kämpfenden russischen, ukrainischen, tatarischen usw. Verband oder auch für den freiwilligen Arbeitseinsatz im Raum der befreiten Ostgebiete zu entscheiden."

Weitere Ziffern des Befehls regeln die Unterbringung und Behandlung der Überläufer im Offiziersrang sowie ihre geistige Betreuung. Beachtenswert ist dann noch der Schlußsatz, wonach **„den Überläufern nach Kriegsschluß sichere Rückkehr in die Heimat garantiert wird".** Hierauf kann der deutsche Soldat, der den Überläufer in der HKL in Empfang nimmt, falls er gefragt wird, sofort hinweisen.

Es ist nun die Pflicht eines jeden Ostkämpfers, sich diese Anweisungen nicht nur genau einzuprägen, sondern auch nach ihnen zu handeln. Denn abgesehen davon, daß jeder deutsche Soldat einen ihm erteilten Befehl selbstverständlich straff und genau ausführt, wäre in diesem Falle jeder Verstoß gegen die Weisungen des OKH besonders kurzsichtig und schädlich. Überläufer geben uns nämlich in zahllosen Fällen die Möglichkeit, eigenes Blut zu sparen. Ihre freiwilligen Aussagen unterrichten uns über die Feindlage, über die wir uns sonst durch gewaltsame Erkundung Klarheit verschaffen müßten. Ferner ist ihre Bereitwilligkeit zu begrüßen und zu fördern, mit der sie entweder nützliche Arbeit beim Wiederaufbau ihrer, gegenwärtig von uns besetzten Heimat leisten, oder aber in den Reihen der ständig wachsenden landeseigenen Verbände mit uns gegen den Bolschewismus kämpfen wollen. Der Befehl des OKH stellt daher auch einleitend fest, daß „alle russischen Soldaten, die mit der ehrlichen Absicht, den Kampf einzustellen, überlaufen, als Gegner des sowjetischen Regimes anzusehen sind".

Jenseits der HKL seufzen und leiden noch viele Millionen Russen, unter der bolschewistischen Knute. Jeder, der von ihnen zu uns kommt, will dieser Terrorherrschaft entrinnen, er hofft auf ein besseres Leben, ist ein Gegner des Bolschewismus, und aus diesem Grunde unser natürlicher Bundesgenosse. Handeln wir danach! Wir erblicken in jedem Überläufer einen Mitstreiter in unserem Kampf gegen den östlichen Todfeind! Der Befehl des OKH vom 20. April zeigt uns, wie wir uns dabei zu verhalten haben. Eh.

Das Merkblatt vom April 1943 spricht nicht mehr vom russischen „Untermenschen" sondern von Bundesgenossen im Kampf gegen den Bolschewismus.

Der deutsche Soldat hat es gut...

Hitler denkt für ihn

Göring ißt für ihn

Ley trinkt für ihn

Goebbels spricht für ihn

Himmler sorgt dafür, daß seine Frau nicht kinderlos bleibt

Ihm selbst bleibt nichts übrig, als an der Front zugrunde zu gehen

Plakativ zeigt dieses russische Flugblatt Charakteristika deutscher Führungspersönlichkeiten.

Erich Weinert

NACH NEUN JAHREN

Zum 30. Januar

Das war ein Getrommel und ein Geschrei
Vom „tausendjährigen Reiche".
Und noch ist das erste Jahrzehnt nicht vorbei,
Da krachts in der hohlen Eiche!

Was hat er aus euch und Deutschland gemacht,
Den ihr als Führer bewundert?
Nur Schande hat er uns eingebracht
Und Deutschlands Ansehn verplundert.

Er machte Europa zum Trümmerfeld,
Hat ganze Völker geschlachtet.
Und nie war Deutschland in aller Welt
So tief verhaßt und verachtet.

Es wurde das deutsche Volk wie nie
Getreten, geschröpft, geplündert
Durch seine Banditengalerie.
Und niemand hat es verhindert.

Das Blut von Millionen Deutschen dampft!
Schon naht die Vergeltungsstunde.
Doch wenn ihr nicht diese Halunken zerstampft,
Geht Deutschland ehrlos zugrunde!

Hitler heißt Krieg und Verwesungsgestank! —
Hitler heißt Deutschlands Untergang
Und Schande und neue Ketten!
Die einzige Rettung, die es gibt,
Für jeden, der seine Heimat liebt:
Deutschland vor Hitler zu retten!

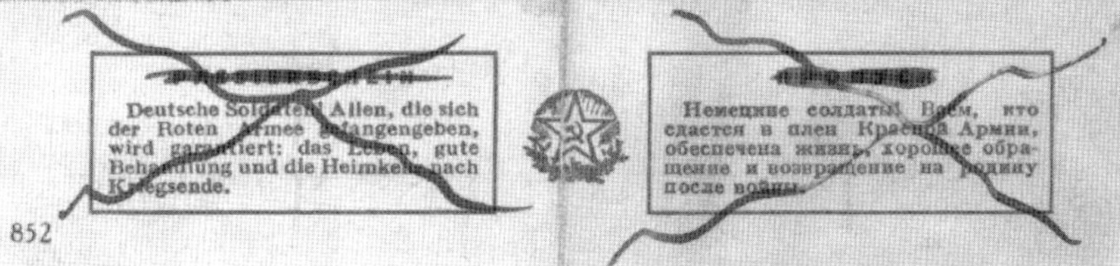

Deutsche Soldaten! Allen, die sich der Roten Armee gefangengeben, wird garantiert: das Leben, gute Behandlung und die Heimkehr nach Kriegsende.

Немецкие солдаты! Всем, кто сдастся в плен Красной Армии, обеспечена жизнь, хорошее обращение и возвращение на родину после войны.

852

Verfasst wurde dieses Flugblatt von Deutschen, die zu den Sowjets übergelaufen sind oder deutschen Exil-Kommunisten.

ДОВОЛЬНО УБИВАТЬ ДРУГИХ!

К НАМ, ТОВАРИЩИ!

ПЕРЕХОДИТЕ С ЭТИМ ПРОПУСКОМ ЧЕРЕЗ ФРОНТ

Немецкие солдаты! Всем, кто перейдет на сторону Красной Армии, обеспечена жизнь, хорошее обращение и возвращение на родину после войны.

ПЕРЕХОДИТЕ К НАМ!

СПАСАЙТЕ СВОЮ ЖИЗНЬ!

HÖRT AUF MIT DEM MORDEN!

KAMERADEN, ZU UNS!

GEHT MIT DIESEM PASSIERSCHEIN DURCH DIE FRONT

Deutsche Soldaten! Allen, die auf die Seite der Roten Armee übergehen, wird garantiert: das Leben, gute Behandlung und die Heimkehr nach Kriegsende.

KOMMT ZU UNS!

RETTET EUER LEBEN!

Ein einfaches russisches Flugblatt fordert die Deutschen zum Überlaufen auf die russische Seite auf.

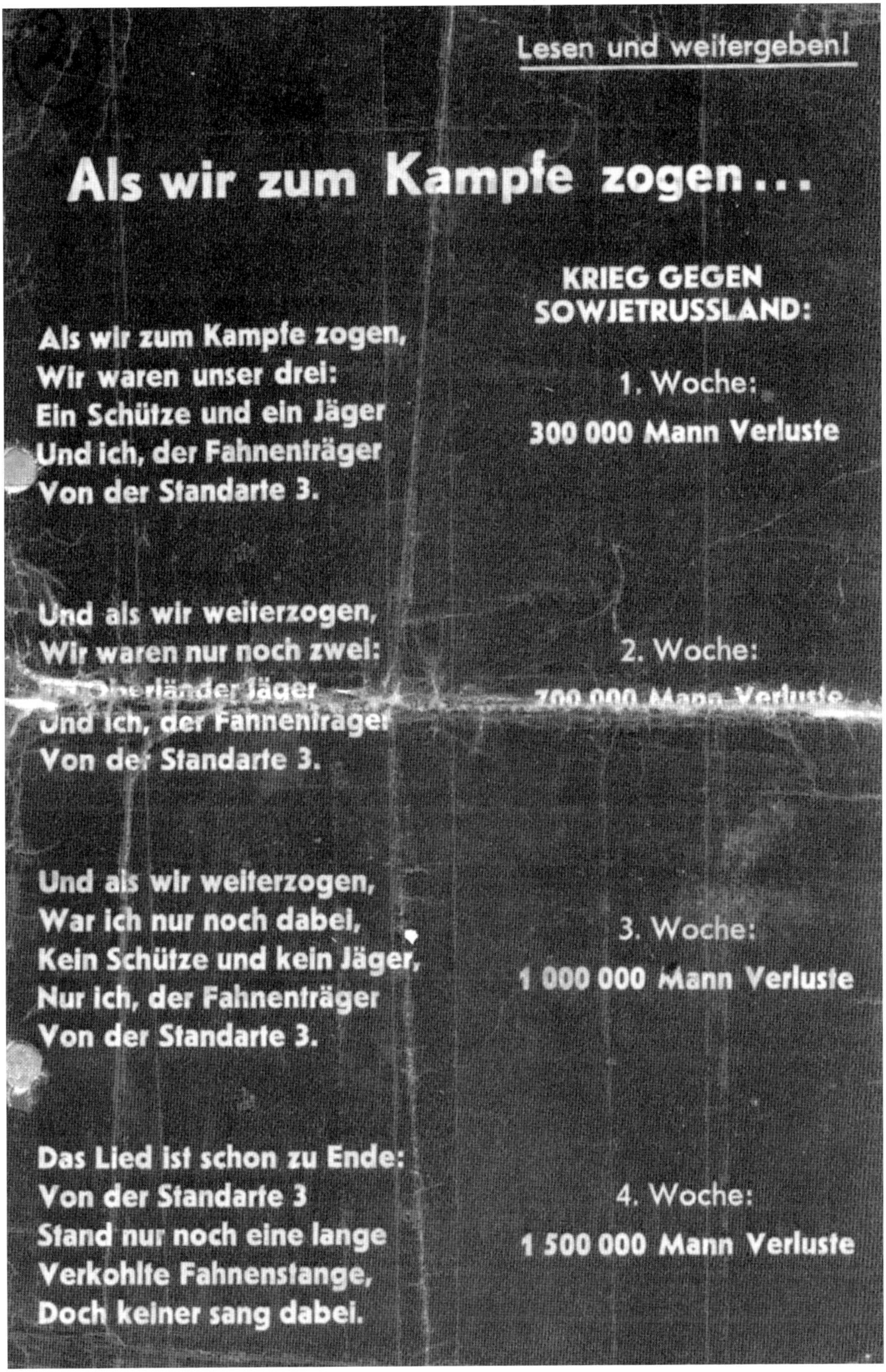

Lesen und weitergeben!

Als wir zum Kampfe zogen …

Als wir zum Kampfe zogen,
Wir waren unser drei:
Ein Schütze und ein Jäger
Und ich, der Fahnenträger
Von der Standarte 3.

Und als wir weiterzogen,
Wir waren nur noch zwei:
[illegible] Oberländer Jäger
Und ich, der Fahnenträger
Von der Standarte 3.

Und als wir weiterzogen,
War ich nur noch dabei,
Kein Schütze und kein Jäger,
Nur ich, der Fahnenträger
Von der Standarte 3.

Das Lied ist schon zu Ende:
Von der Standarte 3
Stand nur noch eine lange
Verkohlte Fahnenstange,
Doch keiner sang dabei.

KRIEG GEGEN SOWJETRUSSLAND:

1. Woche:
300 000 Mann Verluste

2. Woche:
700 000 Mann Verluste

3. Woche:
1 000 000 Mann Verluste

4. Woche:
1 500 000 Mann Verluste

Auch wenn die deutschen Verluste im Russlandfeldzug sehr hoch waren, sind die Angaben hier für den Zeitraum weit übertrieben.

Eine eindrucksvolle Zeichnung, die dem deutschen Soldaten den „wahren Schuldigen" zeigen soll. Klar ist jedoch, dass beide Diktatoren bedenkenlos ihre Soldaten geopfert haben.

LESEN UND WEITERGEBEN!

DEUTSCHE SOLDATEN!

Der Menschenfresser Hitler hat euch an die Ostfront in den Krieg gegen Sowjetrussland geschickt. Was habt ihr in dieser kurzen Zeit des Krieges gesehen?

BERGE VON LEICHEN DEUTSCHER SOLDATEN BEDECKEN DEN WEG, DEN IHR GEGANGEN SEID. ÜBER ANDERTHALB MILLIONEN DEUTSCHER HABEN UNTER DEN SCHLÄGEN DER ROTEN ARMEE IHREN TOD GEFUNDEN.

Wofür haben sie ihr Leben gelassen? Warum fährt ihr fort, euch der Gefahr auszusetzen, euer Leben durch russische Kugeln, Bomben und Geschosse zu verlieren?

Braucht *ihr* denn diesen Krieg? Verspricht er *euch* irgendwelchen Gewinn?

Nein. Euch persönlich bringt dieser Krieg nur Tod und Verderben.

NUR DIE DEUTSCHEN KAPITALISTEN UND GUTSHERREN ZIEHEN GEWINSTE AUS DIESEM KRIEG. AN EUREM BLUT VERDIENEN SIE MILLIONEN REICHSMARK.

An eurem Blut und dem Blut eurer Angehörigen hat Hitler viele Millionen verdient. Die Tatsache, dass Göring, Goebbels und die ganze Bande internationaler Verbrecher, die Hitler umgeben, zu Millionären geworden sind, beruht auf den Knochen der deutschen Soldaten. Das Blut deutscher Soldaten sickert durch die Wände des prächtigen Schlosses, das sich Ley im vorigen Jahre für hunderttausend Mark bauen liess.

SIE PROFITIEREN ALSO DURCH DIESEN KRIEG, ER BRINGT IHNEN NEUE MILLIONEN MARK. EUCH KANN ER NUR EIN HÖLZERNES KREUZ AM STRASSENGRABEN BRINGEN.

Was für einen Ausweg gibt es denn hier? Nur einen Ausweg:

Geht entschiedener auf die Seite der Roten Armee über!

Ihr werdet in Sowjetrussland anständig empfangen. Euer Leben wird durch nichts mehr gefährdet sein. Der Krieg wird schneller ein Ende nehmen und ihr könnt dann gesund nach Hause zurückkehren.

„Lüge!

Auch die Versprechungen der russischen Seite über die Behandlung von Überläufern waren oft Lüge.

Das grausige Bild eines toten Deutschen auf einem russischen Flugblatt.

LESEN UND WEITERGEBEN!

Deutsche Soldaten!

Dies ist alles, was von dem deutschen Soldaten übrig geblieben ist, der es wagte, den Dnjepr zu überschreiten.

Tausende und aber tausende seiner Kameraden sind in den schnellen Fluten des Dnjeprs umgekommen.

Er wurde von der Roten Luftwaffe während des Flussüberschreitens vernichtet. Zusammen mit den verbrannten Stücken der Pontonbrücke wurde er von den Wellen ans stille, mit Rohr bewachsene Ufer getrieben.

Die Fische fanden an ihm eine reiche Speise.

Verkohlt, halb von den Fischen aufgefressen, stellt er ein Bild des Schreckens dar. Mit Grauen blickt man auf diesen Menschenkörper, der noch vor kurzem lebte.

DEUTSCHE SOLDATEN!

Wollt ihr das Schicksal eures Landsmanns teilen?

Jeder, der es wagen sollte, den Dnjepr zu überschreiten, wird vernichtet werden!

Folgt nicht dem Beispiel eurer toten Kameraden!

ERHALTET EUER LEBEN FUER EURE FRAUEN, FUER EURE KINDER!

GEHT AUF DIE SEITE DER ROTEN ARMEE UEBER! NACH DEM KRIEGE KOENNT IHR HEIL UND GESUND NACH HAUSE ZURUECKKEHREN.

DIESES FLUGBLATT DIENT ALS PASSIERSCHEIN ZUM UEBERGANG AUF DIE SEITE DER ROTEN ARMEE.

ЭТА ЛИСТОВКА СЛУЖИТ ПРОПУСКОМ ДЛЯ ПЕРЕХОДА НА СТОРОНУ КРАСНОЙ АРМИИ.

Auch textlich bedrückend ausformuliert rät das Flugblatt dem Leser, den Kampf einzustellen.

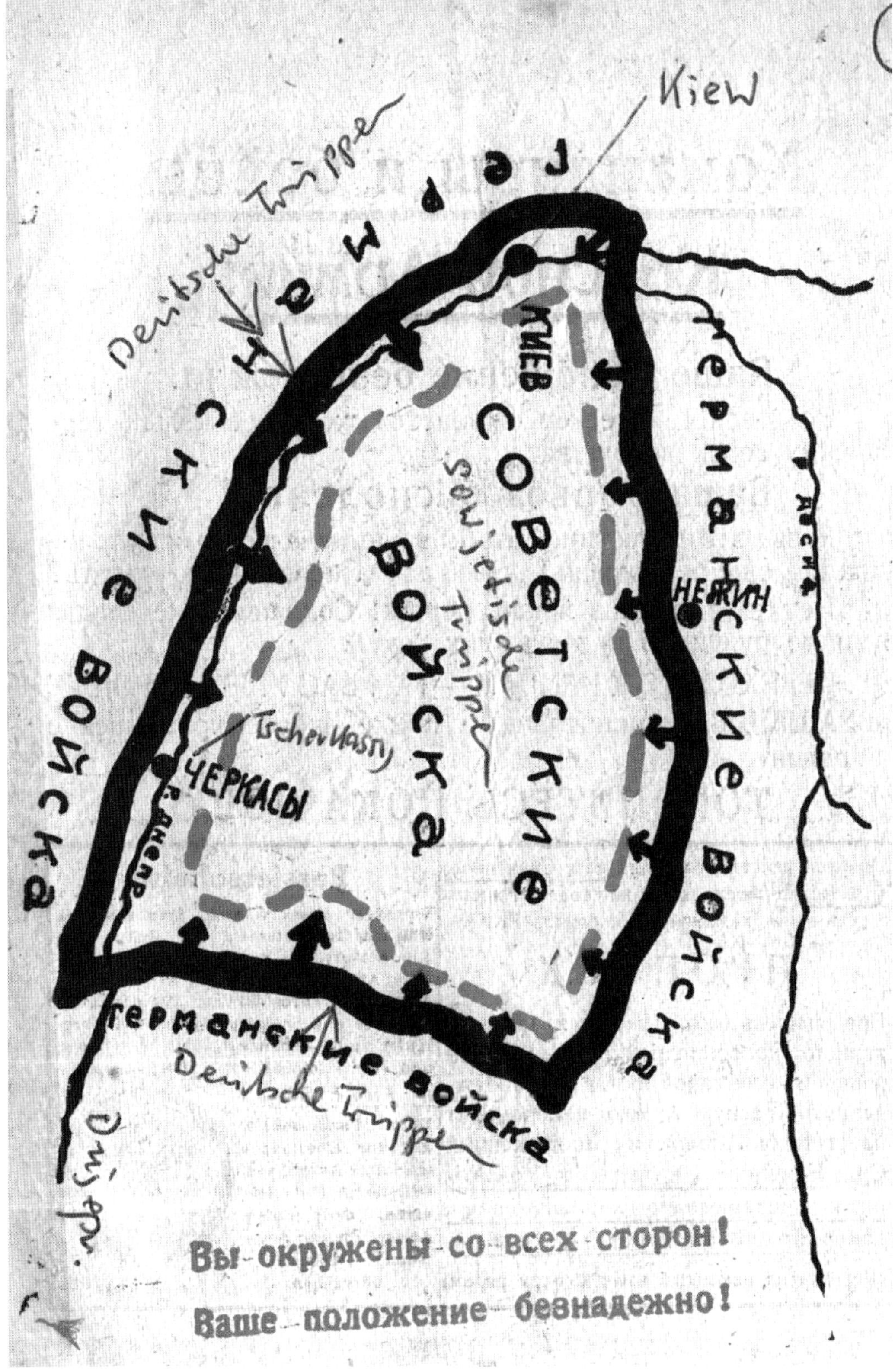

Deutsches Flugblatt für die eingeschlossenen Russen im Kessel von Kiew vom September 1941.

Командиры и бойцы
Красной Армии!

Ваше положение безнадежно.

Все теснее и теснее сжимается железное кольцо германских войск вокруг вас.

Ваша борьба бесполезна!

Разве это допустимо, чтобы ваше начальство из упрямства все еще беспощадно гнало вас на неизбежную смерть?

Нет — вам ваша жизнь дорога! Сохраните же ее для лучшего будущего и для ваших семей.

ПЕРЕХОДИТЕ К НЕМЦАМ — ТАМ ВАС ЖДЕТ ХОРОШЕЕ ОБРАЩЕНИЕ и пропитание, а также скорое возвращение на родину.

ТОРОПИТЕСЬ ПОКА ПОРА!

Пропуск действителен для неограниченного количества переходящих на сторону германских войск командиров и бойцов РККА.

ПРОПУСК

Пред'явитель сего, не желая бессмысленного кровопролития за интересы жидов и комиссаров, оставляет побежденную Красную Армию и переходит на сторону Германских Вооруженных Сил. Немецкие офицеры и солдаты окажут перешедшему хороший прием, накормят его и устроят на работу.

(Перевод на немецкый язык смотри рядом)

Passierschein

Vorzeiger dieses wünscht kein sinnloses Blutbad im Interesse der Juden und Kommissare. Er verläßt die geschlagene Rote Armee und geht auf die Seite der deutschen Wehrmacht über. Die deutschen Offiziere und Soldaten werden den Überläufer gut behandeln, ihn verpflegen und für Beschäftigung sorgen

Der Passierschein gilt für eine unbeschränkte Anzahl von Offizieren und Soldaten der Roten Armee, die zur deutschen Wehrmacht übergehen

151 RA

Damals wurden über 600.000 Russen gefangengenommen.

Бей жида-политрука, рожа просит кирпича!

Комисары и политруки принуждають вас к бессмысленному сопротивлению.

Гоните комисаров и переходите к немцам.

Переходите к немцам пользуясь либо лозунгом:

Бей жида-политрука, рожа просит кирпича!

150 RA

либо пропуском:

Ein deutsches Flugblatt fordert die russischen Soldaten auf, ihre Polit-Kommissare zu töten und überzulaufen.

Пропуск действителен для неограниченного количества переходящих на сторону германских войск командиров и бойцов РККА.

ПРОПУСК

Пред'явитель сего, не желая бессмысленного кровопролития за интересы жидов и комисаров, оставляет побежденную Красную Армию и переходит на сторону Германских Вооруженных Сил. Немецкие офицеры и солдаты окажут перешедшему хороший прием, накормят его и устроят на работу.

(Перевод на немецкый язык смотри рядом)

Passierschein

Vorzeiger dieses wünscht kein sinnloses Blutbad im Interesse der Juden und Kommissare. Er verläßt die geschlagene Rote Armee und geht auf die Seite der deutschen Wehrmacht über. Die deutschen Offiziere und Soldaten werden den Überläufer gut behandeln, ihn verpflegen und für Beschäftigung sorgen

Der Passierschein gilt für eine unbeschränkte Anzahl von Offizieren und Soldaten der Roten Armee, die zur deutschen Wehrmacht übergehen

Командиры и бойцы Красной Армии!

Ваше положение безнадежно.

Все теснее и теснее сжимается железное кольцо германских войск вокруг вас.

Вам не хватает боеприпасов, снабжения и продовольствия, ваши правители и вожди ни к чему не способны, бегут и оставляют вас на произвол судьбы.

Многих из вас комвласть до сих пор угнетала и лишала всех прав, теперь же она пользуется вами для защиты своего режима.

Ваша борьба бесполезна!

Разве это допустимо, чтобы ваше начальство из упрямства все еще беспощадно гнало вас на неизбежную смерть?

Нет – вам ваша жизнь дорога! Сохраните же ее для лучшего будущего и для ваших семей.

ПЕРЕХОДИТЕ К НЕМЦАМ – ТАМ ВАС ЖДЕТ ХОРОШЕЕ ОБРАЩЕНИЕ и пропитание, а также скорое возвращение на родину.

Торопитесь!

Немцы в занятых ими областях уже приступают к разрешению земельного вопроса.

Красноармейцы, не опоздайте, иначе вы останетесь без земли!

Tatsächlich waren die russischen Polit-Kommissare bei den eigenen Truppen sehr gefürchtet, weil sie ihre Kameraden rücksichtslos ins deutsche Feuer schickten.

Смерть немецким оккупантам!

ПОЧТОВАЯ КАРТОЧКА

Куда:

Кому:

Адрес отправителя: ...-я полевая почта, ...полк, ...рота.

Да здравствуют народные мстители — отважные советские партизаны!

Eine russische Propaganda-Postkarte zeigt einen durch Partisanen entgleisten Zug.

Siegreich walzt ein russischer Panzer über deutsche Panzer hinweg zum Sieg.

Über die Memel

12./13. August 1944: Heute starten wir! Die Fahrt geht nach Norden. Wir passieren die Städte Schloßberg (Pillkallen), Haselberg, Trappen. Dort geht es über die Memel.

14./15. August 1944: Die Fahrt geht weiter über die Städte Willkisch, Ken, Tauroggen, weiter auf der Straße Tilsit-Schaulen bis Pankrazentis, dort nach Norden – bisher ohne Feindberührung – bis Krazia-Kolainia-Luoke dort auf die Straße Telsche-Schaulen, weiter an die Eisenbahnlinie Schaulen-Libau. Und dann haben wir die erste Feindberührung. Wir fahren durch einen Wald und können gerade den Waldrand sehen, wo es wieder auf freies Gelände geht, als uns Iwan, der die ersten Fahrzeuge gesehen hat, mit der Stalinorgel empfängt! Als wir das uns nur zu gut bekannte Abschussgeräusch hören, dieses sich vielfach wiederholende Heulen, rufe ich: „Sofort runter von den Fahrzeugen und volle Deckung!" Da sind die Männer wie die geölten Blitze runter und nehmen seitlich im Graben oder irgendeiner Vertiefung Deckung. Ich habe als damaliger Kompanietruppführer (dazu hatte mich unser wenig beliebter neuer Kompanieführer gemacht) im Pkw hinter dem Oberleutnant H. gesessen. Als der Fahrer den Wagen abrupt anhält, rufe ich nur noch: „Raus! Runter! Volle Deckung!" und dann bin ich mit einem Satz im Straßengraben und mache mich so klein wie möglich. Und dann kracht es auch schon links und rechts, auch mitten auf den Weg! Das sind immerhin so an die 24 Raketen, die da als Salve in ziemlich schneller Folge einschlagen! Wir alten Hasen haben die Nase im Dreck und warten den Segen ab. Es scheint auch alles gut gegangen zu sein, da hören wir plötzlich eine laut jammernde Stimme. Jemand schreit und jammert ganz schön!
Dazu jetzt eine Vorgeschichte: Dieser Oberleutnant H. wurde unser Kompanieführer, nachdem unser alter Kompanieführer, Oberleutnant Schmelter, uns in Rumänien verlassen musste. Bei einem Angriff im Wald von Karatschew hatte er sich auf einem Panzer sitzend eine Beinquetschung zugezogen, als dieser seinen Panzerturm drehte. Dieser „Neue" hatte sich bei uns Zug- und Gruppenführern unbeliebt gemacht! Auch die Landser mochten ihn nicht. Zuerst hat er alle Unteroffiziere, einen nach dem anderen als Kompanietruppführer verschlissen. Zu jener Zeit war ich das. Als er mich per Befehl dazu gemacht hatte, wagte ich zu sagen: „Herr Oberleutnant, ich möchte das nicht gerne, ich will lieber bei meinem Granatwerferzug bleiben." Da drohte der mir wegen Befehlsverweigerung Strafe an! Na schön, dachte ich, der wird schon noch sehen, was er da an mir haben wird! Dem konnte es keiner recht machen. Und dann hatten wir seine Ansprache an die Kompanie nicht vergessen! „Wenn von Euch einer verwundet wird, dann will ich da kein Jammern oder Geschrei hören! Da beißt man die Zähne zusammen und zeigt, dass man ein Kerl ist!" Da dachten wir „alten Hasen": „Du Arschloch! Wollen doch mal sehen, wie du schreist, wenn du so richtig einen verplättet kriegst!"
Wir springen zu ihm, da höre ich den Gefreiten Ludolf Vinzelberg laut rufen: „Ha, ha, Kameraden! Hört ihr, wie er schreit? Der soll doch die Zähne zusammenbeißen!" Der Kerl hat ja Recht! Der Oberleutnant hat tatsächlich am Arm eine ziemlich schwere Verwundung erlitten. Ein Splitter hat ihm ein faustgroßes Stück Muskel aus dem Oberarm gerissen. Dass das natürlich sehr schmerzhaft ist, kann sich jeder denken, aber hätte der doch nur vorher das Maul nicht so voll genommen!
Jetzt ein Vorgriff: Später erhält die Kompanie Post von ihm aus einem Lazarett in Königstein/

Taunus. Da verlangt der doch tatsächlich von unserem Spieß (Oskar Gellert), er soll ihm von unserer Marketenderware Cognac, Zigarren und Zigaretten schicken! Als mir der Spieß den Brief zeigt, sagte ich ihm: „Gib mal her, Oskar, das Paket möchte ich ihm packen!" Und dann habe ich ihm mit Wonne Machorka-Tabak eingewickelt in so richtig deftig nach Fußschweiß duftende Fußlappen und dazu eine kleine Flasche Wodka eingepackt. „Mit den besten Wünschen zur Genesung aber möglichst kein Wiedersehen." Das klingt nicht gerade freundlich, aber der hatte es nicht besser verdient! Ende!

16./17. August 1944: Nun haben wir keinen Kompanieführer mehr, aber der Krieg geht weiter! Wir entfalten uns zum Angriff. Die Fahrzeuge fahren etwas zurück in Deckung. Oberleutnant Schmelter, Führer des II. Bataillons, geht mit uns vor in Richtung auf die Venta. Der Fluss läuft einige Kilometer vor uns unten an einem schwach abfallenden Hang. Aber wir rennen uns fest. Es geht einfach nicht weiter. Wir liegen auf einer freien Plaine, wo der Iwan jede Bewegung sofort erkennen kann. Wir erhalten böses Abwehrfeuer. Iwan hat viel Artillerie und auch immer wieder diese verfluchten Schlachtflieger IL-2. Um Ziele zu erkennen und bekämpfen zu können und auch um besser sehen zu können, krieche ich durch ein unter der Straße verlaufendes Wasserdurchlassrohr. Mit viel Mühe komme ich durch. Als ich am Ende zum Iwan sehen kann, stelle ich fest, dass der mich sofort beim Rauskriechen erkannt hat. Ich beobachte mit dem Glas und erkenne auch eine Pak im Gebüsch. – Die hätte ich gerne ausgeschaltet. Als ich wieder zurückkriechen will, geht das mit einem Mal nicht mehr. Da hänge ich fest. Der Brotbeutel hatte sich mit dem angeschnallten Kochgeschirr hochgestellt und ich bin eingeklemmt. Nun muss ich doch vorne rauskriechen. Glück muss der Mensch haben, es klappt, ich werde nicht beschossen. Da bin ich aber dann ganz schnell über die Straße auf die andere Seite gerannt! Links von uns wird das Gut Silenai genommen und kurz darauf auch Gut Kurseniai.

17./18. August 1944: Unserer Infanterie ist heute die Einnahme des Ortes Kurseniai gelungen. Wir hasten mit unserem schweren Gerät durch die Getreidefelder. Panzer einer anderen Einheit und unsere Sturmgeschütze begleiten uns. Unsere Tiger-Panzer sind woanders eingesetzt. Es gibt harte Kämpfe um den Ort Kurziai, wir kommen aber hinein! Schon geht es weiter auf Purviniai zu, jetzt dem Gegner auf den Fersen bleiben! Diesen Ort können wir relativ leicht nehmen! Wir werden allmählich schon übermütig! Wenn das hier so weitergeht, kommen wir wie beabsichtigt, so nach dem Motto „Fahren, schießen, Augen zu und durch!" bis zur Kurlandarmee.

19./20. August 1944: Als wir uns in der Nacht bei der Besprechung melden und erfahren wollen, wie es morgen weitergehen soll, da heißt es: „Angriff einstellen, zur Abwehr einrichten! Wir haben zu beiden Seiten offene Flanken, und das kann gefährlich werden!" Hier erfahren wir auch einen Tagesbefehl des Oberst Niemack: „…das I. Schützenpanzerwagen-Bataillon unter Hauptmann von Basse (aus Hagen!) darf sich ‚Löwenbataillon' nennen. Ihr habt gekämpft wie die Löwen!" Die Männer haben sich später neben dem taktischen Bataillonszeichen einen Löwen auf ihre Fahrzeuge gemalt. Iwan hat wohl inzwischen bemerkt, dass sich da vor ihm etwas tut. Er kennt aber noch unsere Absicht, den Stoß und Durchbruch nach Norden zur Kurland-Armee, nicht.

21. August 1944: Wir gehen etwas zurück hinter eine sumpfige Stelle im Gelände, um bessere Abwehrstellung zu haben. Der Russe schießt mächtig mit seiner Artillerie dorthin, wo er unsere Ansammlungen vermutet. Wir merken, dass es kein gezieltes Feuer ist. Aber auch mit seinen Schlachtflugzeugen ist er fast unbehelligt am Himmel und kann somit auf unsere Truppenansammlungen, Panzer und Lkws schießen und seine Bomben werfen. Uns kommt es vor, als hätten wir in ein Wespennest gestochen! Iwan ist sehr unruhig! Bei uns erscheinen Offiziere der Panzeraufklärungsabteilung 14, die uns ablösen werden. Und dann schleichen wir uns leise mit allen Fahrzeugen zurück und sammeln in einem Rastraum westlich von Kursenai. Aber dann geht unsere Reise weiter nach Norden. So, wie die Ablösung erfolgt, machen sich die Bataillone auf den Weg.

22./23. August 1944: Wir erfahren, dass eine Panzergruppe unter Oberst Graf Strachwitz schon über Doblen hinaus ist. Wir greifen an Richtung Auc-Doblen. Die genannten Panzer sind bei Straßenkreuz Lemkini-Skola zum Durchbruch auf Tukkum angetreten und fahren ohne jeden Infanterieschutz durch die Iwans.

25. August 1944: Wir folgen den Panzern aber nur bis zu der genannten Straßenkreuzung, dann geht aber nichts mehr! Da ist auch nichts mehr mit: „Augen zu, fahren, schießen und durch!“ Wir graben uns ein und sollen die Stellungen vorerst halten. Iwan ist hier sehr aktiv mit seiner verfluchten Stalinorgel und hat auch jede Menge an IL 2-Schlachtfliegern. Unsere Absicht hat er ja nun auch erkannt, dass wir nämlich zur Kurland-Armee eine Verbindung schaffen wollen. Wir buddeln fleißig, denn wir haben gemerkt, dass Iwan hier stärker ist als anfangs angenommen. Feuerstellungen, Schützenlöcher und Auffangstellungen werden errichtet. Unsere Verluste sind bei unserem bisherigen Vorstoß sehr hoch gewesen. Die Frontlinie kann nur stützpunktartig besetzt werden. Hinter uns stehen gut getarnt unsere Panzer, Sturmgeschütze und die Artillerie. Nun gibt es einen richtigen „Kurlandkessel“, der zwar durch die Panzergruppe Strachwitz gute Verstärkung erhalten hat, aber nur noch über See zu erreichen ist. Da wir bald mit russischen Gegenangriffen rechnen, bauen wir unsere Stellungen gut aus. Munitionsmangel besteht nicht. Also abwarten! Dass unsere Verluste groß sind, merken wir auch daran, dass es bei uns nur noch sehr wenige Offiziere als Kompanieführer gibt! Wir Unteroffiziere und Feldwebel führen zusammen die Kompanie. Die Schützenkompanie hat oft nur noch 40 bis 50 Mann! Als Bataillonsführer fungierten Offiziere im Rang eines Oberleutnants. Wir haben jetzt eine durchlaufende Front aus dem Raum westlich von Schaulen, die sich bei Kursenai in allgemeiner nördlicher Richtung westlich an Doblen vorbei und dann nach Nordwesten hinzieht.

Der Kampf um den Memel-Brückenkopf

1. September 1944: Diese genannte Linie kann gehalten werden. Der Russe hat noch nicht mit Gegenangriffen begonnen. Am heutigen Tag verlässt uns unser bisheriger Divisionskommandeur Generalleutnant von Manteuffel und übergibt das Kommando an unseren Regimentskommandeur Oberst Lorenz, der die Division dann bis zum Kriegsende führte.

28. September 1944: Heute haben wir den Geburtstag von unserem Spieß Oskar Gellert gefeiert. Motto: „Aber der Wagen der rollt!" Und der rollt! Im Laufe des feuchtfröhlichen Abends werde ich sogar zum 1. Generalstabsoffizier der Kompanie ernannt. Aber nach der allgemeinen Ernüchterung am nächsten Morgen bleibt alles beim Alten. Heute höre ich, dass unser Abschnitt von der „SS-Nordland" übernommen werden soll. Da wäre es möglich, etwas über meinen Vetter Rolf Scholl zu erfahren.

2. Oktober 1944: Hier hat sich noch nicht viel verändert. Ich war beim Zahnarzt, nun sei alles wieder in Ordnung. So eine Wurzelhautentzündung ist eine böse Sache. Da meint man, die Zähne seien zu lang und es schmerzt jeder Biss! Ich soll später noch einmal zur Nachkontrolle kommen.

3. Oktober 1944: Heute werden wir aus der Front gezogen und verlegen über Auce nach Tryskiai. Endlich ist auch mal wieder Post gekommen. Ich erhalte einen Brief von einem Mädel aus Arnswalde, die hat meine Adresse bekommen, als wir auf der Bahnfahrt durch Deutschland waren und Adressen aus dem Zug geworfen hatten. Unter anderem schreibt sie „... ich bin hier jetzt im besetzten Gebiet und bin dienstverpflichtet zu einer Arbeit an einer Sache, von der ich hoffe, dass sie in diesem Krieg niemals eingesetzt wird!"
Da habe ich natürlich gleich an irgendeine neue V-Waffe gedacht? Im September wurde ich, als wir herausgezogen waren, zum Nationalsozialistischen Führungsoffizier (NSFO) ernannt. Das gibt es seit dem 20. Juli, dem Attentat auf den Führer. Ist so ähnlich wie bei den Russen der „Politruk" (Politischer Kommissar). Das mache ich nicht hauptamtlich, sondern, wenn wir in Ruhe liegen, so nebenbei. Ich bin ja auch der Chronist der Kompanie, aber hauptsächlich mache ich mir Notizen über meinen Granatwerferzug. Durch den NSFO habe ich einige kleine Vorteile, aber auch eine ganze Menge an Arbeit mehr. Wenn wir in Ruhe liegen, habe ich Gelegenheit, Vorträge bei den Offizieren zu hören und mich mit ihnen zu unterhalten über die allgemeine Lage sowohl politisch als auch besonders an der Front. Bin ich wie jetzt Führerreserve, besteht meine Arbeit darin, den Wehrmachtsbericht mit einer uralten litauischen Schreibmaschine abzuschreiben und pro Zug auch Frontskizzen anzufertigen. Ich bin auch der Ansprechpartner für die Männer, wenn sie irgendwelche besonderen Anliegen haben. Meistens schreibe ich die „Kriegsberichte" für die Kompanie – und für mich! Obwohl wir bei „Großdeutschland" als „politische Soldaten" bezeichnet werden, da ja anfangs alle Freiwilligen in der Hitlerjugend gewesen sind, oft auch als mehr oder weniger höhere Führer, hat der NSFO bei uns niemals eine besondere Bedeutung. Die Offiziere sind froh, wenn sie damit nichts zu tun haben, es gibt ja auch für sie viel, viel wichtigere Aufgaben! Jede Einheit muss aber einen NSFO haben. Also gibt es einen – so wie mich. Ob es unter ihnen auch politische Fanatiker gegeben hat, entzieht sich meiner Kenntnis. Unter echten Frontsoldaten kann ich mir das auch gar nicht vorstellen.

3./4. Oktober 1944: Heute erhalten wir folgenden Befehl: Panzerregiment „Großdeutschland“ mit III. Tigerabteilung, unterstellter I. Abteilung Panzerregiment 26 und Panzeraufklärungsabteilung „Großdeutschland“ werden in südliche Richtung verlegt. Sie sollen die kritische Lage an der ostpreußisch-litauischen Grenze bereinigen. Es wird auch ein russischer Großangriff aus der Gegend Kaunas/Kowno erwartet. Der Iwan hat einige Brückenköpfe über die Venta bilden können. Er will an die Ostsee und uns den Weg abschneiden.

5. Oktober 1944: Das Grenadierregiment „Großdeutschland“ soll westlich Kursenai die Stellung halten. Aber Iwan ist schon überall! Wir fahren über Tuciai-Piveniai-Jonza-Paiciai. Iwan greift wie wild überall an. Das ist der Beginn der befürchteten russischen Großoffensive, um uns ins Meer zu werfen. Morgens früh hören wir enormes Trommelfeuer bei den Nachbareinheiten. Das sind z. T. „Volksgrenadier-Divisionen“, die relativ schwach sind. Iwan zerschlägt mit seiner Artilleriemasse die Stellungen dort und erzielt tiefe Ein- und Durchbrüche! Eine Front besteht dort nicht mehr. Eine einheitliche Führung ist nicht mehr vorhanden.

6./7. Oktober 1944: Es wird die „Kampfgruppe Fabich“ gegründet, bestehend aus uns, dem II. Bataillon und Sturmgeschützbrigade 303 und III. Panzerartillerieregiment „Großdeutschland“. Es geht nach Luoke, einem wichtigen Straßenknotenpunkt. Kaum haben wir den Ort erreicht und Stellungen gesucht und besetzt, da greift Iwan schon mit vielen Panzern an. Da denkt man unwillkürlich: „Wo hat der nur die verdammten vielen Panzer immer wieder her, bei den vielen Abschüssen, die wir ihm verpassen?“

7. Oktober 1944: Luoke ist unter allen Umständen zu halten! Es gibt einen sehr verlustreichen Kampf. Ich selbst bin immer noch als Führerreserve beim Gefechtstross. Auch für uns wird es „schattig“! Keiner weiß genau, wohin sich die durchgebrochenen Panzer mit der aufgesessenen Infanterie wenden werden. Um 18.00 Uhr gibt es einen Befehl, die Division soll sich kämpfend auf die „Windau-Stellung“ zurückziehen (Ventpils, lettisch). Inzwischen ist Luoke von drei Seiten fast eingekreist! Für das dort kämpfende II. Bataillon besteht große Gefahr, völlig eingekesselt zu werden. Die Kampfgruppe „Fabich“ wehrt sich dort verzweifelt, aber es gelingt ihr der Ausbruch! Wie ich von Verwundeten erfahre, hat sich dort der Feldwebel Plickat mit seinen neuen Infanterie-Pak-Geschützen hervorgetan. Die Kampfgruppe kann sich nach Westen durchschlagen. Wir erfahren einen neuen Befehl. „Alle ‚Großdeutschland‘-Einheiten sollen sich baldmöglichst, je nach Kampflage, auf die Ostpreußen-Schutzstellung zurückziehen und dort die Stellung halten.“ Die bisherige Stellung: Pieliai – Bedaukiai – Badmakiai. Es soll gehen nach Viesviniai – Stulpiniai – Tawsola-See. Dort Stellung halten. Ist das unmöglich, nächste Abwehrlinie: Trelow – Plunge – Virksto-See – Notena. Das II. Bataillon „Großdeutschland“ aus Luoke nach Westen, westlich Telsche, nördlich Rollbahn nach Plunge. Dort kann man eine einigermaßen durchgehende Front aufbauen.

8. Oktober 1944: Das II. Bataillon Grenadiere macht einen erbittert erkämpften Ausbruch aus Luoke. Die Trosse werden nach Südwesten geleitet. Die Ostpreußen-Schutzstellung (äußerster Ring) kann nicht gehalten werden. Da ist der Iwan beinahe früher drinnen als die Verteidiger! Es waren vor und um Memel zwei bis drei Schutzstellungen geplant. Doch erstens kommt es anders – und zweitens als man denkt!

9./10. Oktober 1944: Absetzen! Da gibt es ein regelrechtes Wettrennen zwischen den vorprellenden russische Panzerspitzen und den eigenen Truppen, um zuerst in der Stadt und im Hafen von Memel zu sein! Wir fahren zurück nach Karkelbeck. Wir sollen an die Küstenstraße um dann von Norden über Polangen in die letzte Schutzlinie vor Memel zu gelangen. Als wir nachts über den Flugplatz rollen, werden dort auf dem Rollfeld schon Sprengungen getätigt! Das kracht und blitzt ganz ungeheuerlich! Bei einer kurzen Rast in der Nacht bei Nimmersatt an der alten deutschen Grenze finden wir in einem verlassenen Haus ein Grammophon. Da das Uhrwerk kaputt ist, müssen die Platten mit dem Finger gedreht werden. Da finden wir auch noch eine zu unserer Situation passende Schallplatte. Kamerad Ludolf Vinzelberg ist „Maschinist", d.h. er dreht die Platten mit dem Finger. Das geht mal schneller, und auch wieder langsamer! So erklingt denn das schaurig schöne Lied „In einem Wald, in einem tiefen Tale" und auf der Rückseite, zu unserer Situation gut passend „Gefangen in maurischer Wüste…", das Lied vom armen Fremdenlegionär. Wir sind ganz begeistert und rufen: „Noch einmal den armen Fremdenlegionär!" Und dann dudelt, mal hoch, mal tief klingend das alte Grammophon noch eine Runde! Plötzlich kommt ein Melder reingestürzt und ruft: „Sofort fertig machen! Aufsitzen und dann aber dalli Abfahrt in Richtung Memel, der Iwan hat Euch sonst bald am Arsch!" Na, das war deutlich! Wir also raus, aufgesessen und dann aber losgeprescht! An einer Wegegabelung steht ein Kradmelder und der schreit unseren Fahrer an: „Seid Ihr wahnsinnig? Dahin geht's direkt dem Iwan entgegen! Links geht's nach Memel." Gut, dass der da gestanden hat, sonst hätte uns Iwan bestimmt bald erwischt! Iwan belegt in der Nacht Polangen mit Bomben, aber da sind wir schon wieder raus.

10. Oktober 1944: Um dem Gegner das Vorstürmen schwer zu machen, sichern wir an der Straße von Krottingen nach Memel. Zwischen nach Memel strebenden eigenen Truppen (nicht „Großdeutschland"!) ziehen die traurigen langen Züge der Flüchtlingstrecks. Hohe Wagen mit viel Hausrat und Menschen beladen, Frauen, Kinder und alte Opas führen die Gespanne. Und mit dabei französische Kriegsgefangene, die hier die deutschen Bauern begleiten und ihnen helfen! Auch sie wollen ihren Verbündeten, den Bolschewisten nicht in die Hände fallen! Während wir vor der Straße sichern, zieht dieser Zug der Flüchtlinge hinter uns auf der Straße eiligst nach Memel, von wo sie hoffen, mit Schiffen ins Reich gebracht zu werden. Wir erhalten noch von unserem Füsilierregiment Verstärkung. Von gar nicht so weiter Ferne hören wir Kampflärm. Der Iwan drängt energisch nach! Nach einer etwas nervösen Nacht, weil wir nicht wissen, wie stark unser Abwehrriegel ist und was der Iwan vorhat, verlassen wir diese Straßenschutzstellung und fahren an den weiteren Stadtrand von Memel. Wir erfahren, dass die Stadt unbedingt als Brückenkopf zwischen dem Reich und der Kurlandarmee gehalten werden muss. Direkt an der Küste bezieht das I. Bataillon Stellungen, dann das III. Bataillon und weiter nach Osten wir, das II. Bataillon Grenadierregiment. Wir sind bald abwehrbereit. Die Front verläuft von der Küste ostwärts bei uns über einen schwachen Höhenzug bis zur Bahnlinie Memel-Krottingen. Direkt hinter dieser Linie haben wir bei den Gehöften Kunken-Görge-Szodeiken-Jonell und Rundgörge unsere Feuerstellungen. Die Beobachtungsstelle befindet sich neben dem Kompaniegefechtsstand einer unserer Schützenkompanien etwa 150 bis 200 Meter vor uns auf jenem „Höhenzug". Schnell werden Feuerstellungen und Schützenlöcher gegraben – auch eine Wechselstellung etwa 150 Meter zurück wird errichtet, falls wir die vorderste Stellung einmal aufgeben müssten. Als alles fertig ist, lasse ich eine Bedienung an jedem Werfer und die anderen erkunden das „Hinterland". Und Soldaten sind immer sehr neugierig! Da entdecken wir auf den Schienen der Eisenbahn einige D-Zug-Wagen mit verhängten Fenstern. Also nichts wie hinein und durchsucht! Dieser Zugteil gehörte zum Befehlszug des Oberbefehlshabers der Heeresgruppe Nord! Was wir da alles finden und was wir alles gebrauchen können! Da gibt es Konservenbrot, Zigaretten, Schololade, Schokakola, jede Menge Schreibpapier und was mich besonders interessiert, Unmengen von Kartenmaterial! Landkarten, Messtischblätter und was einige Landser ganz besonders freut, da liegen Mengen von Urlaubsscheinen! Die Kerle stecken sich die Taschen voll. Auch ich habe mir viele gute Karten rausgesucht, auch Zigaretten, aber Urlaubsscheine nur, weil die so „handlich" sind für hinterlistige Zwecke! Während wir so richtig eifrig den ganzen Zug durchsuchen, erscheinen einige unserer Offiziere und sperren den Zug. Der wird später dann sogar bewacht. Unser Regimentsgefechtsstand befindet sich im Gut Purmallen. Viel Zeit, um uns hier noch weiter umsehen zu können, bleibt uns nicht. Kaum dass wir uns so richtig abwehrbereit machen können, macht Iwan auch schon mächtig „Rabatz". Wir sind hier auf engstem Raum eingeschlossen, nur Stadt und Hafen Memel liegen hinter uns und dann die Ostsee im Rücken! Das ist schon ein „Scheißgefühl". Wir können uns aber gut wehren! Munition ist reichlich vorhanden, Marine- und Küstenbatterien schießen auch zu Zielen auf dem Festland! Uns helfen außerdem noch 2 Kreuzer von der Ostsee her! Das sind „Prinz Eugen" und „Lützow". Die haben schon eine ganz erhebliche Feuerkraft! Und unsere eigene Artillerie hat Munition wie nie zuvor. Der Russe ist tief nach Südwesten vorgestoßen und hat bei Heidekrug die Ostsee erreicht. Dort sind unsere Trosse in großer Gefahr! Auf unserem Lkw habe ich eine Metallkassette, die verschließbar ist. Darin habe ich meine ganzen „Frontberichte", die ich für mich aufheben will. Ob ich die wohl jemals wiedersehen werde? (Nachtrag nach dem Krieg: Nein, die sind verloren gegangen. Ob Iwan sie erbeutet hat – ich weiß es nicht).

11. Oktober 1944: Die Stadt Memel brennt an vielen Stellen als Folge der Beschießung und der Fliegerbomben. In der Nacht macht Iwan einen Angriff und es gelingt ihm bei Podsseit-Stankus ein Einbruch. Der wird aber sehr schnell wieder beseitigt. Das ist einige Kilometer südostwärts von uns. Wir horchen gespannt auf die Kampfgeräusche. Da der Russe hier inzwischen sehr stark ist und wir immer mit einem gewaltigen Großangriff rechnen müssen, werden unsere Stellungen und Bunker mächtig ausgebaut! So sind wir in den kurzen Gefechtspausen auch weiterhin gut beschäftigt. Unser Bunker ist auch fertig geworden. Damit er regendicht wird, haben wir von einem Gebäude das Blechdach abmontiert und dann mit dicken Balken belegt und darüber einen halben Meter Erde. Das Wetter ist jetzt nasskalt geworden, da wird es in den Stellungen ungemütlich. Aber dafür sorgt auch der Iwan. Gleich in den ersten Tagen versucht er gewaltsam, mit viel Artillerie und Panzern unsere Stellungen zu zermürben und dann zu durchbrechen. Aber da hat er die Rechnung ohne den Wirt gemacht! Er ist von uns „liebevoll" empfangen worden! Das ist ein stundenlanges Donnern und Krachen von beiden Seiten! Man wird fast taub dabei. Als in den letzten Stunden erkennbar wird, dass er hier bei uns nicht durchkommen kann, werden wir mutiger und frecher! Und wie hat unsere Artillerie dazwischengehalten! Es ist eine rechte Freude, das mitzuerleben! Wir haben endlich mal wieder „Munition satt". Auch meine Werfer schießen was das Zeug hält! Selbst mit seinen Panzern kommt er nicht durch! Die stehen zum Teil als brennende Wracks auf der Hauptkampflinie. Einige davon hat der berühmte Stukaflieger Oberst Rudel mit seinen

Spezial-Stukas (Sturzkampfbomber) aus der Luft abgeschossen! Der hatte an seinen Stukas zwei 3,7 cm-Fla-Kanonen anmontieren lassen. Da die Panzer nach oben hin nicht so sehr gepanzert sind, konnte er sie mit der 3,7 cm-Kanone relativ gut abschießen. Sein Vorteil ist, dass die Panzersoldaten den Gegner im Gelände und nicht in der Luft vermuten. (Oberst Rudel flog 2.530 Feindeinsätze! Er und sein Team vernichteten rund 500 feindliche Panzer an der Ostfront. Als einziger Soldat der Wehrmacht trug er die höchste Tapferkeitsauszeichnung, das goldene Eichenlaub mit Schwertern und Brillanten zum Ritterkreuz des Eisernen Kreuzes, welches nur ein einziges Mal verliehen wurde.)

12. Oktober 1944: Bei den harten Abwehrkämpfen haben ich und meine Leute glücklicherweise bisher noch keine Verluste zu beklagen, obwohl da manchmal „keine Hand mehr dazwischen passt". Meine Feuerstellungen sind bisher noch nicht erkannt worden, sonst hätten wir bestimmt schon öfter gezieltes Feuer erhalten.
Eines Tages erscheint bei mir ein SS-Offizier mit Melder, beide mit Regenumhang, sodass man die Uniform nicht gleich erkennen kann. Ich rufe sie an und frage dann, woher sie kommen und was sie hier suchen. Zuerst freue ich mich, denn SS-Einheiten liegen nach meiner bisherigen Kenntnis nicht im Brückenkopf. Als der Offizier (SS-Dienstgrade sind mir nicht so geläufig) aber fragt, wo denn hier in unserem Abschnitt Schwachstellen der Panzerabwehr seien, habe ich ihm gesagt, dass er sich doch besser im Kompaniegefechtsstand, der sich dort vorne befände, von befugter Stelle einweisen lassen solle. Der Offizier grüßt kurz und macht sich auf zum Gefechtsstand der 6. Kompanie zu kommen. Am Abend bei der Lagebesprechung im Bataillonsgefechtsstand frage ich, ob und seit wann wie viele SS-Einheiten im Brückenkopf wären? Da meldet auch der Leutnant der 6. Kompanie, dass bei ihm die beiden auch gewesen wären und Fragen gestellt hätten. Da gibt es aufgeregtes Erstaunen. „SS, hier im Brückenkopf, das ist mir unbekannt. Rufen Sie mal sofort beim Divisionsgefechtsstand an!" Und dann erregt, „die sagen, hier gibt es keine SS-Einheiten. Also allerhöchste Alarmbereitschaft – und dann die Kerle suchen!" Schnell werden Suchtrupps aufgestellt und schon am nächsten Tag werden die Beiden gefunden. Sie sind vom „National-Komitee Freies Deutschland". Das sind ehemalige deutsche Kriegsgefangene, die von den Russen derart bearbeitet wurden, dass sie gegen ihre ehemaligen eigenen Kameraden kämpfen oder auch nur mit Lautsprechern über die Front hinweg uns auffordern, überzulaufen. In unseren Augen also Verräter und Fahnenflüchtige. Sie haben im Brückenkopf Schwachstellen ausspioniert und zum Iwan rübergefunkt. Das Funkgerät ist in einem hohlen Baum versteckt. Und dass an den zum Feind gefunkten Meldungen etwas dran ist, haben wir am Tag darauf am eigenen Leib gespürt. Bisher war unsere Feuerstellung mit der Artillerie noch nie gezielt beschossen worden. Jetzt aber macht Iwan plötzlich einige Feuerüberfälle mit seiner 15,2 cm „Schwarzen Sau". Der Segen geht aber zu unserem Glück 50 bis 100 Meter zu weit und auch zu viel nach rechts. Es ist trotzdem ein blödes Gefühl, wenn man merkt, dass der Iwan uns sucht. Zu unserem Glück hat der Beschuss bei uns keinen Schaden angerichtet. Ein Gutes gab es aber! Wir haben sofort unsere Feuerstellungen und die Bunker erheblich verbessert! Außerdem spitzen wir jedes Mal, wenn wir die Batterie abschießen hören, die Ohren und sehen uns nach der nächstmöglichen Deckung um. Und wie nun mal die alten Landser so sind, kommt es vor, dass nach einem solchen Feuerüberfall, wo auch er mit der Nase im Dreck gelegen hat, er vorsichtig wieder hochkommt und dann vor sich hin sagt: „Die blöden Iwans schießen so lange, bis mal was passiert!"

13. Oktober 1944: Heute hören wir, dass jede Kompanie zwei Mann zum Bataillonsgefechtsstand abkommandieren soll, um als Zeuge bei der Exekution der beiden Verräter dabei zu sein. Die Erschießung soll auch mahnende Abschreckung sein. Das ist den alten Soldaten „zu blöd". Da will keiner hin. So müssen die Leute abkommandiert werden und das geht ihnen gegen den Strich. In den nächsten Tagen kommt der Bataillonskommandeur und andere Offiziere und inspizieren alle Stellungen. Na klar, die müssen nun noch mehr verbessert werden. Die Löcher tiefer, die Feuerstellungen ebenfalls und weiter mit Baumstämmen und viel Erde das Dach von den Bunkern. Die Landser maulen zwar, aber sie sehen doch ein, dass ja das alles nur zu ihrem Besten ist. Der Halbzug von Unteroffizier Ramm, der weiter rechts von mir liegt, hat schon sehr gute feste Stellungen. Schließlich kommt unser Kompanieführer Hauptmann Pfau und stellt fest, dass alles sehr gut ausgeführt ist. Außerdem kommen mit unseren Offizieren auch Marineoffiziere nach vorn zu unserer Beobachtungsstelle. Das sind Artilleriebeobachter, die von hier vorne aus das Feuer der beiden großen Kreuzer „Prinz Eugen" und „Lützow" leiten sollen. Und dann heißt es: „Alles was hier weit vorne ist, Nase in den Dreck!" Bald hören wir die donnernden Abschüsse der beiden Kreuzer und dann kommen sie heran, das sind dicke Brocken! „Mein lieber Mann! Das sind ja ganz schöne Koffer!" Aber dann, beim Russen hoch aufwirbelnde Erdfontänen! Qualm, Rauch, das kracht ganz fürchterlich, besonders bei einigen Kurzschüssen! Da fliegen uns doch einige Splitter um die Ohren. Nachdem die vorderen Stellungen ordentlich beschossen sind, wobei die Iwans ganz schön das Laufen lernen, wird der etwas weiter ab liegende Flugplatz von Krottingen beschossen, weil von dort am Tage die IL 2 und in der Nacht die „Nähmaschinen", oder auch „Nervensägen" genannt, starten. Wir sind begeistert: „Donnerwetter! Davon öfter etwas mehr!" Nach diesem schweren Beschuss haben wir vor uns etwas mehr Ruhe! Da ist der Iwan augenscheinlich auch sehr beeindruckt worden! Ich nutze diese ruhigen Stunden, um wegen meiner seit der Bahnfahrt von Rumänien bestehenden heftigen Zahnschmerzen in Memel den Zahnarzt aufzusuchen. So latsche ich also per pedes in die Stadt – immer auf der Hut vor Artillerieeinschlägen, denn Iwan schießt auch oft nur mal so in der Gegend herum. Auch mit seinen Schlachtfliegern ist er wieder sehr aktiv. Die nehmen sich die Stadt und den Hafen vor. Unsere schwere Flak schießt dann unaufhörlich. Es ist schon ein ziemliches Getöse. Auch muss ich auf meinem Weg einige Male Deckung suchen. Die Stadt ist ziemlich zerstört! Zum Zahnarzt muss ich mich durchfragen. Der hat seine „Praxis" an der Uferstraße, direkt am Hafen. Dort ist reger Betrieb. Hier werden Schiffe mit Flüchtlingen und Verwundeten beladen, dort werden Waffen, Panzer und Munition ausgeladen. Das findet alles in großer Hektik statt, denn immer wieder kommen die Schlachtflieger, die „Sturen" und auch mit seiner schweren Artillerie beschießt der Russe das Hafengebiet. Da muss ich einige Male in einen Hauseingang flüchten. Die Abschüsse der schweren Flak krachen in den Ohren. Endlich habe ich das Haus, was man mir genannt hat, gefunden. Im 2. Stock eines vorgebauten Erkers ist der Zahnarzt bei der Arbeit. Dort hat er gutes Licht. In einer Ecke sitzt ein Soldat (sein „Assistent"), der mit seinem Fahrrad ohne Räder unermüdlich strampelte, um den Bohrer in Betrieb zu halten. Das habe ich auch noch nicht gesehen. Als ich endlich auf dem „Marterstuhl" sitze, in beiden Mund- und Backenwinkeln dicke Wattepfropfen stecken, beginnt der Doktor mit seiner Arbeit. Aber dann wird er mit einem Male sehr unruhig und dann höre ich es selbst auch schon! Da kommen die verfluchten „IL 2-Schlachtflieger" mit tief brummenden Motoren, aus allen Rohren schießend und Raketen abfeuernd. Sie kommen von Norden her, den Strand entlang. Ich sitze da mit weit aufgesperrtem Mund und dann sind aber sehr schnell mein Doktor und sein „Maschinist“, aber auch alle Wartenden in den hinteren Zimmern verschwunden. Ich stehe auf, die dicken Watteproppen im Mund und gehe zum Fenster, um mal nachzusehen. Da bin ich aber sehr schnell wieder weg, als ich die „Vögel“ kommen sehe und die Abschüsse der Raketen und das Hämmern der Bordkanonen höre. Wer geht schon gerne zum Zahnarzt? Aber hier, unter diesen Umständen? Beim Zahnarzt in Lebensgefahr? Nein, danke! Hier im Hafen treffen die verfluchten Flieger immer etwas, und so qualmt und brennt es denn auch an vielen Ecken und Enden. Als dieser Spuk vorüber ist, kommen auch mein Zahnarzt und sein „Maschinist“ wieder zurück, etwas blass um die Nase und mit leicht zitternder Hand. Ich bin sehr froh, als er den bösen Zahn gezogen hat. Ich glaube, der hat dabei mehr gezittert als ich! Ich bekomme einige Tabletten, und dann mache ich, dass ich aus der Hafengegend ganz schnell wieder weg komme. Denn da fliegen schon die nächsten Schlachtflieger wieder an! Auf der Bahnfahrt von Rumänien nach Gumbinnen habe ich, wie viele andere Kameraden auch, meinen Namen und meine Feldpostnummer in einer Streichholzschachtel einem Mädel zugeworfen. Die hatte mir inzwischen schon einmal geschrieben und mich gebeten, mich nach ihrem Elternhaus, einer Druckerei in Memel, zu erkundigen, falls das überhaupt möglich wäre. Ihr Name ist Ruth Preukschat. Da ich die Adresse habe, machte ich mich auf die Suche. Ich finde die Straße ziemlich schnell. Beim Wohnhaus und dem Druckereigebäude sehe ich alle Fenster dicht mit Brettern vernagelt. Im Augenblick sind nur wenige Scheiben zersprungen. Die Gebäude selbst sind „noch“ unzerstört! Ich habe in einem Brief dem Mädel, die mit ihren Eltern in Pommern untergekommen ist, den derzeitigen Zustand mitgeteilt. Aber ich fürchte, dass das nicht so bleiben werde! Der Beschuss der Stadt findet fast pausenlos statt. Also, nichts wie weg von hier und zurück in meine „heimatliche“ Stellung. Ich bemerke, dass der „Kessel Memel“ verdammt klein ist! Im Süden an der Küste von der Einmündung des „Kaiser-Wilhelm-Kanals“ bis im Norden, wo unsere Stellungen bis an die Ostsee gehen, sind es nur 18 Kilometer, vom Stadtzentrum bis zu uns bei Kunken-Görge etwa sechs Kilometer! Vom Hafen aus ist ein Radius von fünf bis acht Kilometer als richtig anzusehen. „Feuernde Festung Memel“, heißt es in den Frontberichten. Und rundherum grummelt es auch ganz schön! Leiser hört man das Rattern der Maschinengewehre, dann der harte kurze Knall von Pak oder Panzerkanonen. Dauernd die Abschüsse eigener und russischer Artillerie und deren Einschläge. Ich pilgere auf der Straße 132 meiner Stellung zu. Bei den letzten Häusern am Stadtrand muss ich vor einem Schlachtfliegerangriff in ein Haus springen, um Schutz zu suchen. Als die Flieger weg sind, sehe ich mich im Haus etwas um. Hier muss ein gebildeter Mann gewohnt haben. Er hat einen großen Bücherschrank und andere wertvolle Möbel. Die Scheiben sind zerbrochen, der Regen ist schon eingedrungen. Ich blicke mich weiter um: „Eine Schande, was da im Krieg alles zerstört wird! Wo mögen wohl die Bewohner abgeblieben sein? Scheißkrieg!“ denke ich mal wieder und dann nehme ich mir die Bücher „Mein Kampf“ (Adolf Hitler) und einen Gedichtband (Agnes Miegel, eine bekannte ostpreußische Dichterin) mit. Beide Bücher stehen noch heute in meinem Bücherschrank. – Aber dann mache ich mich weiter auf den Heimweg. Beim Gut Hohenflur, am Wirtshaus muss ich nach links abbiegen, bei Kollaten über die Eisenbahnschienen und weiter an Rund-Görge vorbei zu meiner Feuerstellung vor Szodeiken-Jonell. Dort ist auf dem schwachen Höhenrücken unsere Beobachtungsstelle und auch der Kompaniegefechtsstand der 6. Kompanie. Unsere Wechselstellung, falls der Iwan uns mal zurückwerfen sollte, haben wir etwa 1.200 Meter zurück am Kollater See. Die haben wir zur Übung einige Male besetzt, aber es ist nie der Ernstfall eingetreten! Nur einmal wäre es beinahe soweit gewesen!

14. Oktober 1944: Bei Kunken-Görge greift Iwan heftig an. Wir schießen Sperrfeuer, aber da sehe ich einige Infanteristen aufgeregt zurückgehen. Wir schießen mit drei Werfern, was nur rausgeht! Unsere Beobachtungsstelle ist noch geblieben. Da renne ich vor und schreie die Kerle an: „Wir bleiben doch hier! Wir schießen noch! Geht in Stellung und dann schießen! Nicht laufen! Los Männer!“ Ich schieße jetzt fast auf die eigene vordere Linie, wo die ersten Iwans ihr schauriges „Urrräääh!“ brüllen und mit ihren Maschinenpistolen knattern. Aber als die 8 cm-Wurfgranaten von uns dazwischenkrachen, und die Abpraller böse Splitterwirkung entfalten, werfen sie sich Deckung suchend hin und stecken die Nase in den Dreck. Das ist der günstige Augenblick, wo der Leutnant seine Männer mit lautem „Hurrraahh!“ zum Gegenstoß hochreißt. Als die Iwans das hören, geben sie „Fersengeld“. Dann haben wir sie noch mit gut liegendem Verfolgungsfeuer wieder zurückgejagt! Unsere Verluste betragen ein Gefallener und sechs Verwundete. Iwan hat mehr liegen lassen müssen. Auch unsere schweren Maschinengewehre haben tüchtig dazwischen gehalten! Der Russe versucht es immer wieder - auch in den kommenden Tagen. Aber es wird jedes Mal energisch zurückgeschlagen. Auch unser 15 cm schweres Infanteriegeschütz setzt Iwan erheblich zu. (Die entsprechen der russischen „Schwarzen Sau“). Das nasskalte Herbstwetter ist nicht angenehm. Nur im Bunker können wir mit „Bunkeröfen“ heizen. Brennmaterial gibt es genug. Wir sind unrasiert, verdreckt und draußen in der Stellung zittern wir uns warm. In unserem Bunker haben wir Radio und da hören wir die Rede von Heinrich Himmler (SS). Da geht es um den „Volkssturm“: „Nun Volk steh' auf, und Sturm brich' los!“ Von neuen Waffen keine Rede. Wir hoffen sehr, dass die noch kommen! Wir wollen uns hier im kleinen Brückenkopf zwischen dem Reich und der eingeschlossenen Kurland-Armee nicht unterkriegen lassen. Zum Glück reicht ja auch die Kurische Nehrung fast bis Memel. Der Iwan versucht an verschiedenen Stellen der halbkreisförmigen Verteidigungslinie anzugreifen. Aber wenn ihm ein Einbruch irgendwo gelingt, wird er sofort im energischen Gegenstoß wieder zurückgeworfen. Wir sind schon recht stark geworden! Links von uns an der Küste ist eine Marine-Küstenbatterie in Betonbunkern. Die ballern jedes Mal tüchtig mit ihren schweren Geschützen auf die angreifenden Iwans. Da tauchen auch unsere Stukas auf, besonders, wenn Iwan mit vielen Panzern angreift. Abends erfahren wir bei der Lagebesprechung, dass uns der legendäre Oberst Rudel mit seinem „Kanonenvogel“ bei der Panzerbekämpfung sehr erfolgreich hilft. Der hat unter seinem Stuka zwei 3,7 cm-Fla-Kanonen montieren lassen und greift die Panzer von oben her an. Dort ist die Panzerung nicht so stark!

15. Oktober 1944: Heute ist der Russe an der Bahnlinie Krottingen-Memel rechts von uns in die Stellung eingebrochen. Aber unsere 5. und 6. Kompanie haben ihn im sofortigen Gegenstoß wieder zurückgeworfen. Da habe ich mich natürlich sorgenvoll zuerst scharf nach rechts orientiert! Zwei Werfer habe ich schon einrichten lassen. Aber von der Beobachtungsstelle Feldwebel Friedrich Legler, Zugführer, wird dann gemeldet, dass sie dort auch ohne unsere Hilfe mit dem Iwan fertig werden. Bei der abendlichen Lagebesprechung erfahren wir, dass in der Zeit vom 5. bis 15. Oktober 1944 gefallen sind: 8 Offiziere, 42 Unteroffiziere und 202 Mannschaften! Das geschah in 10 Tagen. Der Russe ist ruhiger geworden, diese Gelegenheit nutzen wir überall, um unsere Stellungen und Bunker zu verbessern. Uns ist klar, dass Iwan uns hier nicht ungeschoren davon kommen lassen wird! Solange Feldwebel Legler noch da ist (er soll zu einem Offizierslehrgang kommandiert werden), bleibe ich Stellungsunteroffizier. Das Wetter wird immer herbstlicher, immer ungemütlicher, nasser und kälter. In unseren Bunkern können wir es aber gut aushalten. Bei dem Regen sind wir zu einer Tropfsteinhöhle geworden. Aber wir haben mit Blechen und Dachziegeln die „Bude" trocken gekriegt. Der gelieferte Bunkerofen tut gut seine Pflicht. Brennmaterial haben wir genug. Aber wir heizen nur in der Nacht, denn am Tag könnte Iwan den Rauch sehen und unsere Bunker genau anpeilen! Die Schießerei auf beiden Seiten lässt nach, aber man muss immer die Ohren spitzen, denn mit plötzlichen Feuerüberfällen müssen wir immer rechnen. An einigen Tagen donnert es wieder von See her, das sind die beiden Kreuzer „Prinz Eugen" und die „Lützow", die ziemlich kurz vor unsere Stellung schießen und rechts von uns bei Kunken-Görge. Dort will Iwan etwas erreichen. Durch den vielen Regen stehen einige Schützenlöcher fast voller Wasser, aber auch die Feuerstellungen müssen drainiert werden!

31. Oktober 1944: Heute ist bei uns ein Freudentag. Seit mehr als 4 Wochen haben wir keine Post bekommen! Aber jetzt kommt Spieß Oskar Gellert mit einem Sack voll. Ich habe allein 22 Briefe, viele Päckchen und Post-Ansichtskarten. Das ist ein „Hallo!" Da sind die Männer voll beschäftigt, da werden Plätzchen und Süßigkeiten getauscht, die Fotos der Bräute bewundert! Aber es gibt auch weniger Gutes aus der Heimat zu hören. Die West-Alliierten sind nach harten Kämpfen im Vormarsch schon an die Reichsgrenzen gekommen! Verdammt, wo bleiben die versprochenen neuen Waffen, die ja doch kriegsentscheidend sein sollen? Da ist noch keine „V 3" im Einsatz. Seit gestern haben wir unsere bewährte Winterbekleidung bekommen. Da es einigermaßen ruhig ist, bin ich mal einige 1.000 Meter bis zur Ostseeküste gegangen. Bei der Gelegenheit sehe ich auch, welche Truppe links neben uns liegt und einige schwere Waffen. Es sind auch „Großdeutschland"-Männer. An der Küste stehe ich lange und blicke hinaus aufs Wasser. Mit Schaumkronen kommen die Wellen an den Strand. Auf dem Wasser ist aber kein Schiff zu sehen. Um es uns etwas schöner zu machen, wird hinter der Front ein Kino eingerichtet. Da ist jetzt in einer Scheune unser „Gloria-Palast". Wir sehen den Film mit Heinrich George: „Der Verteidiger hat das Wort." Da kann man in wenigen Stunden den ganzen verdammten Krieg vergessen. Als ich später vor Mitternacht in meinen Bunker komme, liegt da Post für mich. Ich erfahre auch, dass meine beiden Vettern Gerhard und Rolf noch leben und ich erfahre von ihren Erlebnissen. Wie schön könnte es werden, wenn wir drei uns nach dem Krieg gesund wiedersehen würden.

Jetzt folgt eine Beschreibung meines „Kommandeur-Bunkers":
Innendekoration: eine Wandbespannung durch bunte Stoffe. Ein Tisch, zwei Stühle mit Polstersitzen, und eine Couch als Bett. An der Wand zwei Regale, eines für Lebensmittel und Essgeschirr, eines für Bücher und Zeitungen.
Auf einem breiten Brett alle wichtigen militärischen Utensilien. Ein Kleiderhakenbrett, an den Wänden Bilder. Ein großes Führerbild (Adolf Hitler) und eine große Lagekarte. Besonders alle feindlichen Positionen, die erkannt sind und bekämpft werden, sind eingezeichnet. Natürlich haben wir Feldtelefon und ein kleines Funkgerät. Aber das wichtigste, was wir neben unserem Optimismus haben, ist die dazu gehörende Flasche „Danziger Goldwasser".

Aber was ist das? Von See her hören wir tuten und vom Iwan her Panzer- oder Pak-Schießerei. Da ist ein deutscher Frachter, die „Füsilier" zu weit im Nebel am Hafen Memel vorbeigefahren und auch zu dicht unter die Küste geraten. Iwan hat ihn entdeckt und kann mit Pak „Ratsch-bumm" das Schiff schwer beschädigen. Es muss aufgegeben werden. Auch mit einem Schlachtflieger hat er das Schiff bombardiert. Es fängt an zu brennen und ist wohl später auch gesunken. Wenn wir den umlaufenden „Parolen" glauben, so soll „Großdeutschland" herausgezogen werden. Und da fangen die Landser an zu phantasieren: „Das geht bestimmt an die Invasionsfront!" Und tatsächlich kommen schon in den nächsten Tagen Offiziere einer fremden Einheit. Sie lassen sich in die Lage einweisen. Dabei merken wir, dass diese Männer „alte Hasen" sind! Sie kommen aus dem „Kurland-Kessel". Das sind ganz bewährte Soldaten! Einige Einheiten unserer Division sind schon aus der Front gezogen und sollen im Hafen verschifft werden.

21./23. November 1944: Und dann sind auch wir soweit. Lautlos geht die Ablösung und Übergabe der Stellungen vor sich. Wir werden sogar gelobt!

Von der Memel bis nach Königsberg

Die Reise geht weiter

Ende November 1944: Im Hafen angekommen, sehen wir schon „unser Schiff", es ist ein 10.000 t-Frachter. Am Bug und Steven sind auf runden, hochgelegenen und leicht gepanzerten Feuerstellungen mehrere 3,7 cm- und auch Vierlingsflak-Geschütze aufgebaut. Und dann geht das Beladen aus gutem Grund recht zügig, denn immer müssen wir mit Fliegerangriffen rechnen. Aber unsere Jäger zeigen sich auch einige Male! Wir haben Glück, kein „Iwan-Flieger" lässt sich sehen. Mir ist nicht ganz wohl, als ich feststelle, dass unser Bataillon im Schiff ganz unten, tief unter der Wasserlinie eingewiesen wird. Unwillkürlich denkt man: „Wie kommst Du von hier unten lebendig raus, wenn das Schiff einen Bomben- oder was ja noch viel schlimmer wäre, einen Torpedotreffer erhält?" Es wäre ja nicht das erste Schiff, was Iwan versenkt hätte! Und dazu war es noch sehr eng! Schnell sucht man sich einen Schlafplatz. Und wir sind froh, als endlich die Maschinen zu arbeiten beginnen und das Schiff Fahrt aufnimmt. Da wir bei unserer Reise nichts sehen können, haben wir umso mehr gehorcht! Es dauert nicht lange und die Maschinen laufen auf volle Fahrt. Wohin wird es denn nun wieder gehen? Wie wird dieser Krieg enden? Das sind unsere Gedanken, als wir unsere Seereise machen. Nach vielen Stunden hört man, die Reise gehe nach Königsberg. Da auf dem Wasser schon Eisschollen treiben und diese mit einem dumpfen, gehörigen „Bumms" an die Bordwand stoßen, denkt man unwillkürlich: „Hoffentlich gibt es keinen Torpedotreffer!" Aber – „Bumms!" donnert es an die Außenwand und dann sagt so ein Kerl ganz ruhig: „Schon wieder ein Torpedo! Ich glaube, die Russen haben da nur Versager!" „Mensch, halte doch die Schnauze!" kommt es dann von einer Seite. Wir erfahren, dass es nur wenige Bewachungsschiffe gibt. Wir erreichen aber glücklich das Frische Haff und fahren durch den „Königsberger-Seekanal" in den Hafen von Königsberg. Als wir wieder festen Boden unter den Füßen haben, sind wir froh, dass unsere Seefahrt ohne irgendwelche Feindbelästigung beendet ist. Von Königsberg fahren wir per Bahn zum Ausladeort Richtung Süden bis Sensburg. Wir liegen in Giesenau, verteilt auf große Bauernhöfe und Güter.

1. Dezember 1944: Und dann beginnt wieder ein „friedensmäßiger" zackiger Ausbildungsbetrieb. Zuerst müssen wir aber auch alles erst wieder in Ordnung bringen. Dazu gehören Körperpflege, Bekleidungsdurchsicht und ganz wichtig Waffen- und Munitionspflege. Ersatz ist gekommen und muss eingegliedert werden. Unter ihnen sind zu unserer Freude auch bekannte Kameraden, die verwundet gewesen sind und nun wieder zu uns kommen. Da gibt es ein freudiges Wiedersehen! Einige Tage später wird dann ein Appell angesetzt in Bekleidung und Waffen. Ich erhalte eine neue Maschinenpistole, da meine Magazinhalterung klemmt. Am nächsten Tag gibt es eine Belehrung und wir erhalten Informationen, was mit uns hier „in Ruhe" geschehen soll. Wir sollen zu einem Panzerkorps „Großdeutschland" eine Neuaufstellung erfahren. Zum Kommandierenden General des zukünftigen Panzerkorps war am 1. November 1944 der General der Panzertruppen „von Saucken" ernannt worden.
Wir machen mit dem zu uns gekommenen Rekruten eifrig Gefechtsübungen, putzen und pflegen unsere Waffen und Munition. Kurz gesagt, wir sind „voll beschäftigt". Aber den Ernst

der Lage vertreiben wir mit Zug- und Kompanieabenden und das mit reichlich Alkohol! Bei solchen „Festivitäten" kommen sich die „Neuen" und die „Alten" am besten näher und lernen sich kennen. An Urlaub ist aber hier leider nicht zu denken. Darum schreiben wir fleißig nach Hause und auch an gute Freunde und Bekannte. Und was noch wichtig ist, wir bekommen fast regelmäßig selbst unsere Post. Im Dezember, wenn die Tage kürzer werden und es viel länger dunkel ist, macht man sich oft so seine Gedanken: „Jetzt bist du hier in Ruhezeit, was mag noch alles auf uns zukommen?" Seit November 1941 bin ich nun hier im Osten im Fronteinsatz, habe im Dezember 1941 den Angriff hinter Tula mitgemacht und den folgenden bösen Rückzug miterlebt und ganz wichtig – überlebt! Ich bin dem Tod einige Male von der Schippe gesprungen! Dann das Jahr 1942! Der Winterkrieg ging zu Ende. Urlaub! Die große Sommeroffensive, von Kursk nach Woronesh, die erfolgreiche Offensive nach Süden, Stalino (Donezk), der Donübergang, Vorstoß bis an den Manytsch-Liman. Dann im September Rshew! Meine erste Verwundung! Lazarett Warschau, Heimaturlaub, Genesungsurlaub, Ersatzbrigade Cottbus. 1943. Wieder Fronteinsatz ostwärts Charkow, dann in der Stadt selbst! Zurück bis vor Poltawa. Im März der gelungene Gegenstoß bis Tomarowka. Danach die Ausbildungszeit und Vorbereitung für das Unternehmen „Zitadelle". Einbruch und Durchbruch durch gewaltige russische Feldstellungen und Befestigungen. Dann Halt vor Obojan, südlich von Kursk. Abbruch des Angriffs, SS-Einheiten rausgezogen wegen Badoglio-Verrat in Italien. Unser „Feuerwehr-Einsatz" nordostwärts Smolensk und Brijansk im sogenannten „Wald von Karatschew". Dort zusammen mit den Kameraden Richard Ahlburg und Spiegel vom Gefreiten zum Tapferkeitsunteroffizier ernannt. Die schweren Abwehrkämpfe um Achtyrka – Rückzug „Verbrannte Erde". Über den Dnjepr bei Krementschug, Kämpfe bei Kriwoi Rog. Dann meine Abkommandierung zur Heeresveterinär-Akademie-Hannover. 1943/44. Nach einem Monat (1. Trimester) zurück nach Cottbus, Ersatzbrigade „Großdeutschland". Kurzurlaub Hagen. Mit „Verstärktem Infanterie Regiment 1029 Großdeutschland" – Zakopane-Ungarn-Rumänien-Karpatenfront-Gura Humorului-Jassy-Roman. Dort sehr harte Abwehrkämpfe! Per Bahn „Blitztransport" nach Ostpreußen, Wirballen. Dann Kurland-Memel! Jetzt hier. – Was hat man noch weiter mit uns vor? Von „Wunderwaffen" hören wir, da gibt es die VI und die VII, die im Westen an der Invasionsfront und gegen England eingesetzt werden. Ob da noch mehr zu erwarten ist? VIII-IX...?
Hier an der Ostfront hätten wir jetzt solche Waffen bitter nötig! Aber der Soldat soll nicht zuviel denken! Darum gibt es immer wieder strammen Dienst und „Saufabende". Im Allgemeinen aber ist die Stimmung in der Truppe – zumindest hier bei uns, bei „Großdeutschland" noch recht gut. Optimismus mit sehr viel Hoffnung und Pflichtbewusstsein! Das ist es wohl. Man mag ja auch nicht an einen verlorenen Krieg denken! Was hatten uns denn unsere Gegner prophezeit? – Bedingungslose Kapitulation. „Mit uns doch nicht!" – So dachten wir damals. Sollte denn alles umsonst und verloren sein? An eine Niederlage wollen wir einfach nicht glauben! Es wird eine große Gefechtsübung angesetzt. Der Kommandierende General will höchstpersönlich dabei sein! Wie das bei meinen Granatwerfern gegangen ist, schreibe ich noch genau auf!
Die Aufstellung und Zusammenführung unserer Division und der Brandenburger Division „zur besonderen Verfügung" verläuft nur sehr langsam. Große Teile der „Brandenburger" sind erst im Anmarsch und mit kompletter Versammlung ist nicht vor Mitte Januar 1945 zu rechnen. In Polen an der Weichsel hat man am Baranow-Brückenkopf Feindansammlungen

festgestellt. Da mit einer russischen Offensive gerechnet wird, erhalten wir den Befehl, wir, das ist die ganze Panzergrenadierdivision „Großdeutschland“, uns nach Süden in Marsch zu setzen. Aber vorher solle noch die große Vorführung vor dem Kommandierenden General erfolgen.

Der Mythos „Großdeutschland“ bröckelt – Ostpreußen 1945

1945

1. bis 11. Januar 1945: Den Memel-Brückenkopf hatten wir auf dem Seeweg verlassen und sind mit verschiedenen Transportschiffen ab dem 26. November 1944 über die Ostsee und den Pillauer-See-Kanal nach Königsberg gebracht worden. Dort wurden wir auf Bahnwaggons verladen und in die vorgesehenen Unterkunftsräume gebracht. Unsere 8. Kompanie/II. Bataillon Panzergrenadierregiment liegt in und um den Ort Wiesenau bei ostpreußischen Bauern in Quartier. Unser neuer Regimentskommandeur Oberst Heesemann hat seinen Regimentsgefechtsstand in Laxdoyen (Kr. Rastenburg). Wir hatten einige Wochen in Ruhe gelegen, aber auch Übungen abgehalten, damit der junge Ersatz an die raue Wirklichkeit herangeführt wurde. Wir hatten Weihnachten und Silvester/Neujahr schön gefeiert. Die große Frage ist nun: „Was hatte man mit uns hier vor?“ Die große Lage ist nicht gerade sehr ermutigend! Wir sind hier versammelt, um mit anderen kampferprobten Einheiten zu einem neuen „Panzerkorps Großdeutschland“ zusammengestellt zu werden. Hierzu gehört auch die berühmte Jägerdivision „Brandenburg“. Man spricht von einem geplanten Angriff aus Ostpreußen auf die russische Narew-Front mit dem Ziel, dem Feind die Angriffsspitzen wegzunehmen und mit von Südwesten angreifenden Truppen einen großen Kessel – wie in alten Zeiten – zu bilden, um den Feind dann vernichten zu können.

11. Januar 1945: Heute kommt der Abmarschbefehl! Es geht per Achse in Richtung auf Praschnitz. Dort bleiben wir in einem Dorf und machen Gefechtsübungen. Es liegt Schnee und es ist sehr kalt! In der Nacht zum 1. Januar 1945 (Silvesternacht) schossen wir mit unseren Granatwerfern (8,14 cm) noch einmal Salut! Um kein Unheil anzurichten, haben wir uns vorher an Hand einer Karte informiert. Die Granaten müssen demnach in ein Sumpfgebiet gefallen sein. Aber am nächsten Morgen kommen einige polnische Bauern ganz aufgeregt zu uns und berichten, in der Nacht seien sie von Partisanen beschossen worden! Wir sind sprachlos, bis wir erfahren, dass dieses „Sumpfgebiet“ inzwischen trocken gelegt und besiedelt ist. Wir versprachen, die bösen Partisanen zu verjagen. Eines Tages ist eine große Übung angesetzt. Die findet aber nun wirklich auf einem gefrorenen Moorgebiet statt. Es soll ordentlich viel mit scharfer Munition geschossen werden. Der kommandierende General der Panzertruppen und des zu bildenden Panzerkorps von Saucken kommt höchstpersönlich zur Besichtigung. Da stürmen dann die Infanteristen mit viel Geknatter und „Hurra“, die leichten und die schweren Maschinengewehre schießen, wir Granatwerfer „fluppen“. Es ist eine beachtlich hohe Zahl von scharfen Schüssen befohlen. Da wir Granatwerfer im wirklichen Gefecht oft viel zu wenig Munition zur Verfügung haben, beschließen wir, einen erheblichen Teil gar nicht zu verschießen, sondern diese als „schwarze“ Munition für spätere, bessere Zwecke aufzubewahren. Und so machen wir es dann auch. Als am Ende der Übung die verschossene Munition gemeldet wird, stutzt der hohe Besuch: „Das ist doch wohl nicht möglich, ich habe bestenfalls die Hälfte gehört! Ich wünsche darüber genaue Meldung!" „Jawohl, Herr General", antworte ich mutig und überlege, wie könnte ich ihm das wohl erklären? Pflichtgemäß sucht der ganze Zug am nächsten Morgen im zugefrorenen Moor nach Blindgängern. Aber da sind ja keine! Diese hier „auf krumme Tour" eingesparte Munition hat uns später noch sehr geholfen! Die mir angedrohte Untersuchung fällt aber zu meinem Glück aus, denn nun machen wir wieder einen Ortswechsel. Wir kommen in eine ehemalige polnische Kaserne, vielleicht in Praschnitz. Und dann kommt der 12. Januar 1945!

12. Januar 1945: Wir fahren in eine Bereitstellung in der Nähe eines Klosters. Eine Nacht verbringen wir dort im Kloster, wo auch noch irgendein Stab untergebracht ist. An Schlaf ist kaum zu denken. Alle sind wir spannungsgeladen! Wir ahnen, was uns bevorstehen könnte. In frostklarer Nacht geht es in die Ausgangsstellung. Und dann beginnt der Angriff! Aber irgendwie fehlt das große Gefühl der Sicherheit, das ich immer dann spüre, wenn „Großdeutschland" einen zünftigen Angriff macht!

13. Januar 1945: Vom Feind ist bekannt, dass der russische General Rokossowski aus dem Brückenkopf Pultusk-Rozan zum Angriff mit Ziel Nordwest angetreten ist mit Richtung auf Elbing und seinem rechten Flügel auf Praschnitz-Ortelsburg zu, um an die Ostsee zu gelangen. Damit wäre die Heeresgruppe Mitte abgeschnitten! Unsere Aufgabe soll sein, den Übergang des Feindes über den Fluss Orzyc zu verhindern.

14. Januar 1945: Wir erreichen den Ort Ploniawy kurz vor dem Orzyc-Fluss. Wir sollen nach Ost-Nordost angreifen, den Panzerfüsilieren entgegen. Es scheint hier überall zu schießen. Iwan macht ganz schön „Rabatz".

15. Januar 1945: Unser II. Bataillon unter Hauptmann Sommer hat als erstes Angriffsziel den Ort Goloniwy und Gasewo. Auch wenn die Unterstützung durch unsere schweren Waffen nicht mehr so wie früher ist, können wir Golowiny ziemlich schnell nehmen. Aber der Iwan scheint hier sehr stark zu sein! Einer unserer jungen Offiziere, der noch nicht lange bei uns ist, und einen Zug schwerer Maschinengewehre führt, ist hier gefallen. Wir greifen mittags weiter an, auf Borowe zu. Unser alter Haudegen Oberfeldwebel Ernst Baerwald stoppt einen Angriff der Russen im entschlossenen Gegenstoß. Dabei läuft er mit Handgranaten bepackt auf die Iwans los, bis er selbst durch einen Backendurchschuss außer Gefecht gesetzt wird. Gut, dass er beim „Hurra-Schreien" den Mund so weit auf hat! Unser Angriff läuft gut voran! Die Gefechtstrosse kommen schon nach. Die Häuser liegen in einer Mulde. Iwan schießt mit der Stalinorgel und wir hasten vorwärts. Durch eine Schlucht geht es weiter in die russischen Stellungen hinein. Bei einem erneuten schweren Stalinorgel-Feuerüberfall sause ich ohne Bedenken in einen russischer Erdbunker, der ziemlich tief eingegraben ist, mein Zugmelder Obergefreiter Günter Lorenz (gefallen im März 1945) hinter mir her, so eilig, dass wir mit Schwung in den Bunker fliegen. Drinnen große Finsternis, draußen detonieren die Raketen der Stalinorgel. Es trommelt böse! Endlich ist der Rabatz vorbei – dann für endlos lange Minuten Totenstille. Ich rappele mich wieder auf, greife dabei auf einen am Boden liegenden Menschen! Ein Schreck durchfährt mich, der bewegt sich und stöhnt! Wo bin ich hier gelandet? Ich springe auf, die Maschinenpistole schussbereit! „Günter, da liegt einer!" Der antwortet: „Du, da sind noch mehr!“ Nun will ich instinktiv mit dem Rücken an die Wand. „Wer weiß, wo wir da reingeraten sind?“ In dem Moment flackert Günters Taschenlampe trübe auf. Na, prost Mahlzeit! Da sind wir ja richtig, auf hölzernen Pritschen an der Wand liegen noch ungefähr sechs bis acht Russen! Vor mir liegt einer auf der Erde, den Uniformrock aufgerissen, viel Verbandszeug – blutig rot, er stöhnt. Wir erkennen einen Kommissar. Laut rufe ich: „Ruki wwerch! Poloschi orugie!“ (Hände hoch! Waffen weg!) Die Kerle hätten uns glatt umlegen können, da hätte draußen keiner etwas bemerkt! Mutig beginnen wir nun, auf die Iwans einzureden und entwaffnen sie. Die Brüder haben jede Menge Munition in den Taschen und in ihrem Brotsack. Wir reißen die Bunkertür auf (war mehr Sacktuch), um mehr Licht zu haben. Da sehe ich den Kommissar vor mir liegen und erkenne mehr. Er ist ein junger Kerl, so alt wie wir. Er spricht mich an, ich verstehe aber nicht. Hilfesuchend sehe ich die anderen Iwans an. Da macht einer die Geste des Erschießens. Ich frage noch einmal: Ja, der Kommissar will erschossen werden. Er hat eine furchtbare Rückenwunde aus der das Blut stoßweise fließt. Günter und ich, wir blicken uns fragend an. Da rollt etwas von draußen in den Bunker, eine Handgranate! Es kracht fürchterlich! Fast taub vom Krach und wie betäubt vom Explosionsdruck, habe ich nur noch einen Gedanken: „Raus hier! so schnell wie möglich!“ Uns ist beiden nichts geschehen! Da fällt im Bunker eine Schuss! Wir werden jedoch nicht getroffen. „Die Schweine schießen!“ ruft da Günter – und dann knattern unsere Maschinenpistolen, bis wieder Ruhe ist im Bunker – nun aber richtig! Draußen rollt der Angriff weiter. In genommenen russischen Stellungen, bei einem eingegrabenen „Stalin-Panzer“ setzen wir uns fest. Es ist ganz dunkel geworden. Stellungen für die Nacht werden bezogen. Weitere russische Erdbunker sind noch in großer Zahl vorhanden. Einen davon beziehe ich als Vorgeschobener Beobachter für meine Werfer. Die Feuerstellungen sind natürlich etwas weiter zurück in einem Kusselwäldchen. Ich weise die Stellungen an, auch hier sind zahlreiche russische Erdbunker. Dann legen wir Draht bis zur Beobachtungsstelle. Die Nacht ist wolkenlos und sternenklar. Es ist kalt. Am Himmel fliegen brummend russische Bombenflugzeuge. Links und rechts von mir sind auch besetzte Erdbunker. Halb rechts vor uns liegt das Dorf Borowe, dorthin geht noch der Zug mit den schweren Maschinengewehren, den Feldwebel Walter Pfeil (aus Hagen) führt. Er war bisher Kradmelder gewesen und zuletzt Führer des Gefechtstrosses der 8. Kompanie. In Borowe gibt es die ganze Nacht über heftige Schießerei. Wir erfahren, dass unser Kompanieführer, Hauptmann Sommer heute verwundet wurde. Der Nachfolger wird Oberleutnant Mackert. Wir versuchen zu schlafen. Ab und zu mache ich Leitungsprobe. So kommt der Morgen heran. Fröstelnd und unausgeschlafen mache ich erneut eine Leitungsprobe zur Feuerstellung. Aber schon beim Drehen der Kurbel merke ich, dass die Leitung unterbrochen ist. Die Leitung ist „tot“. Ich schicke einen Melder los, die Strippe zu flicken. Kaum ist der weg, da blitzt es beim Iwan drüben auf – Abschüsse über Abschüsse! Das rummst ganz schön! Und dann rauscht es heran – heult und kracht ganz fürchterlich! Die Einschläge liegen verdammt dicht und nahe – sehen kann man vor lauter Qualm und Rauch fast nichts. Der Zauber dauert fast eine Viertelstunde. Und wieder mache ich Leitungsprobe – und wieder tot. Jetzt schicke ich einen zweiten Melder los, der soll die Strippe flicken und dann zur Feuerstellung gehen und dem Stellungsunteroffizier sagen, dass er selbstständig Sperrfeuer schießen soll, wenn er mit mir keine Verbindung kriegen kann. Kaum ist der arme Kerl draußen, da geht das Artilleriefeuer wieder los. Jetzt schlagen die Granaten sowohl bei uns hier vorne, als auch weiter hinten in Gegend der Feuerstellungen ein. Iwan schießt auch mit ganz dicken Brocken, Kaliber 15,2 cm, (die nennen wir „Schwarze Sau", weil die Einschläge schwarz verfärbt sind). Wir kauern, dicht an die vordere Bunkerwand gepresst, und hören, wie die Granaten dicht über uns hinwegfauchen und dann weiter hinten detonieren. Mit Sorge denke ich an meine Feuerstellungen! Der Beschuss wird immer stärker, das reinste Trommelfeuer! Aber da! Plötzlich Feuerpause? Nun kann es gefährlich werden, die Iwans kommen vielleicht? Also raus aus dem Bunker, die Lage peilen. Draußen blendet grellweißer Schnee, eigene Infanterie feuert links vor mir, dort knattert es „lustig". Aber sind das nicht russische Maschinenpistolen? Und was ist denn das? Da sehe ich die Iwans so einfach durch den knietiefen Schnee stapfen, einfach so durch die eigene Linie? Wo sind denn unsere Infanteristen? Also Einbruch links. Vor uns zeigt sich noch nichts. Gerade denke ich, ob wohl meine Melder heil durchgekommen sind? Wissen die in der Feuerstellung, was sie jetzt machen sollen? Da donnern beim Iwan wieder Abschüsse! Es faucht direkt auf uns zu! Wir flitzen zurück in den Bunker – da krachen schon die Einschläge ganz dicht bei uns. Der Holzbunker bebt und „wackelt" ganz tüchtig. Verflucht dicht schlagen jetzt die dicken Brocken ein. Wir kauern klein und ohnmächtig an der Bunkerwand, da haut eine Granate mit einem hässlich kurzen Zischton auf die hintere Ecke unseres Bunkers! Balken fliegen hoch, die Bunkertür fällt raus, Erde spritzt umher. Totenstille! Wir haben nichts abgekriegt! Aber kaum haben wir uns aufgerappelt, hören wir „Urrääääh-Geschrei". Und das ist nicht weit weg! Der Beschuss lässt nach, wir raus! Blick nach vorne. Da kommen sie. Überall die Iwans, z.T. ohne weiße Wintertarnuniform, „Urrääääh-Urrääääh" schreiend und das elendig lange dreieckige Bajonett aufgepflanzt – das geht durch Mark und Bein! Überall die Iwans, vor und seitlich von uns. Rechts von uns sitzen die Maschinengewehr-Leute und schießen, was das Zeug hält! Aber die Iwans kommen immer näher und es sind so viele! Meine Granatwerfer schießen gar nicht. Warum? Verzweifelt jage ich eine neue rote Leuchtkugel hoch – doch nichts tut sich! Nur vereinzelt pfeifen einige wenige Granaten unseres leichten Infanteriegeschützes (7,5 cm) und detonieren zwischen den Angreifern. Aber das hält die nicht auf! In Deckung liegend, schießen wir mit den Maschinenpistolen dazwischen. Vorübergehend werfen sich die Iwans in den Schnee, um dann aber weiter vorzugehen. Plötzlich kommen einige Flieger, IL 2 „Stormovik", auch Schlachtflieger, Schlächter oder „Sture" von uns genannt, mit ihrem uns allen nur zu gut bekannten lauten Motorengebrumm und stürzen sich auf unsere Stellungen mit Bordkanonen und Maschinengewehren und den eklig fauchenden Raketen. Vor uns ist der Russe schon ganz dicht herangekommen. Wir sind hier noch drei Mann. Neben uns schießen nur noch wenige Landser. Ich blicke nach hinten. Da sehe ich im Schnee an vielen Stellen einzeln und in Gruppen zurückgehende Infanterie. Sie werfen sich in den Schnee, schießen auf die Angreifer und versuchen, so schnell wie möglich bei dem z.T. tiefen Schnee einen Tannenwald zu erreichen. Wir haben noch zwei Panzerfäuste, mit denen verschaffen wir uns erst einmal Luft! Die krachen ganz schön, wenn man damit schießt und die Iwans sind auch sehr beeindruckt und suchen im Schnee Deckung. Nun setzen wir uns auch ab, aber das „Laufen" im knietiefen Schnee ist gar nicht so einfach. Auf halbem Weg zum Wäldchen werden wir drei von einem einzelnen Schlachtflieger beschossen. Die Einschläge hageln nur so in den Schnee. Wir haben Glück und stapfen weiter auf das Wäldchen zu. Mit laut dröhnendem Motor zieht die Maschine wieder hoch, um sich dann auf andere Ziele zu stürzen. Hier hat der Russe schon lange die Luftherrschaft! Ich strebe den Feuerstellungen zu, mit Richtung auf das Tannenwäldchen. Aber da geht es einfach nicht mehr! Das Herz pocht hämmernd bis zum Hals, der Schweiß klebt am ganzen Körper und die Luft wird knapp! Ich werfe mich in den Schnee und bleibe einen Moment total erschöpft liegen. Blitzschnell jagen mir Gedanken durch den Kopf: „Was für eine trostlose Lage, es geht nicht mehr! Haben wir denn den Krieg verloren? Es müsste noch ein Wunder geschehen! Was ist mit den versprochenen Wunderwaffen?" Nur weiter! Zurück, zurück! Ich taumele, torkele mehr als ich „laufe". Die Beine wollen nicht mehr – sind bleischwer. Dabei scheint die Sonne so grell auf den Schnee, dass man jeden einzelnen, ob Deutschen oder Russen ganz deutlich laufen sieht. Dazwischen krachen immer wieder die Einschläge beider Seiten! Ich erreiche meine Feuerstellung, da sieht es schlimm aus! Überall hässliche schwarze Löcher im Schnee, Granateinschläge! Hier ein Granatwerfer zerstört, dort aufgerissene Munitionskästen. Aber Gott sei Dank, keine Toten! Kein Blut! Niemand ist mehr da, Fußspuren führen weiter in den Wald. Mein Zug ist weg, ich finde ihn nicht mehr, es wird Nacht. Mit den Männern des Maschinengewehr-Zuges haben wir eine provisorische Schneeloch-Stellung am Waldrand. Alles versucht sich zu sammeln. Aber mein Zug bleibt vorerst unauffindbar. Ich halte mich bei Feldwebel Walter Pfeil (Hagen) auf, der die Maschinengewehr-Gruppe führt. Allmählich tritt Beruhigung ein, man findet sich wieder, Abwehrmaßnahmen werden getroffen, Melder kommen und dann heißt es, irgendwo kann Verpflegung empfangen werden. Er weiß auch von meinen Leuten. Ich verabschiede mich von Feldwebel Walter Pfeil, um zu meinem Zug zu kommen. Ein russischer Panzer oder eine Pak schießt in die Gegend. Ich bin noch nicht weit gekommen, Baumkrepierer machen die Gegend ungemütlich. Minuten später ist Feldwebel W. Pfeil in dem Loch gefallen, wo ich mit ihm noch die Abschiedszigarette geraucht habe. (Nach meiner Entlassung aus der amerikanischen Internierung im Sommer 1945 habe ich seinen Eltern in Hagen die Todesnachricht selbst überbracht). Endlich finde ich das Dorf, wo es die Verpflegung gibt und auch meinen Zug. Wir haben trotz großer Verluste noch Glück gehabt! Ich kann noch drei Werfertrupps aufstellen. Aber wir müssen weiter zurück, Absetzen vom Feind!

17. Januar 1945: An dem Kloster, von wo aus wir den Angriff begonnen hatten, geht es vorbei, die ganze Nacht bis in die Gegend von Ploniawy. Hier finden wir mehr oder weniger vorbereitete Stellungen. Meine Feuerstellung ist im Dorf, die leichten Infanteriegeschütze hinter dem Dorf. Die Protzen und einige Lkws stehen bereit. Meine Beobachtungsstelle ist in einem kleinen Erdbunker in einem Birkenwäldchen. Noch ehe wir uns überhaupt auf Zielpunkte oder Sperrfeuerräume einrichten bzw. einschießen können, greift Iwan halbrechts vor uns an. Dort beginnt eine tolle Schießerei! Ich sehe mindestens 150 bis 200 Iwans auf etwa 300 bis 400 Meter einbrechen – mit fürchterlichem „Urrääăh-Geschrei". Und sie brechen durch in Richtung Dorf! Ich selbst kann mit meinen Werfern gar nicht schießen, weil noch keine Leitung verlegt werden konnte. Aber mein Stellungsunteroffizier schießt selbstständig! Während ich mit meiner Maschinenpistole zwei Magazine leer schieße – die Iwans sind schon sehr nah herangekommen – schießen meine Werfer und auch die leichten Infanteriegeschütze in die Angreifer. So bekommen wir hier vorne etwas Luft. Nun machen wir überschlagenden Einsatz rückwärts! Auch das muss gekonnt sein. Wir einigen uns, es schießen noch zwei Infanteriegeschütze, während die anderen und meine Werfer abbauen und weiter rückwärts neue Stellungen suchen. Von dort gibt es dann Feuerschutz für die beiden dann zurückfahrenden Geschütze. Wir versuchen, die Stellung zu halten – aber es geht nicht. Der Russe mit seiner Masse drückt gewaltig. So machen wir noch einmal Stellungswechsel rückwärts. In einem Dorf sehen wir einen großen Erdbunker, der mit dicken Baumstämmen abgedeckt ist. Als wir drinnen kurz verschnaufen wollen, sehen wir, dass der Bunker proppenvoll ist. Viele Zivilisten suchen hier Schutz. Iwan schießt mit der „Schwarzen Sau“ (15,2 cm) ins Dorf. Das kracht ganz fürchterlich! Der Bunker und die Erde beben, es wird sehr ungemütlich. Da der alte Bunker übervoll ist, versuchen wir woanders Schutz zu finden. Wir entdecken einen alten Gewölbekeller. Nichts wie rein! Aber auch der ist voll von ängstlichen Dorfbewohnern. Wir ruhen uns hier nur kurz aus, stellen Posten auf und machen uns Gedanken über unsere Lage. Die ist zurzeit wohl sehr „besch...“. Der Russe scheint ja wohl in einem Halbkreis von Nordosten, Osten, Südosten, Süden und von Südwesten zu kommen. Da frage ich mich, wo soll da noch eine „Frontlinie“ gehalten werden? Die Kompanieführer beraten mit dem Bataillonskommandeur. Wir stecken ja schon fast in einem Kessel! Ausbruch? Durchbruch? Doch wohin? Die Dorfbewohner hocken voller Angst in dem Keller. Sie fragen uns, doch was sollen wir ihnen sagen? Uns steht ja schon selbst das Wasser bis zum Hals! Frauen und Kinder weinen, man möchte ja irgendwie helfen – aber wie? Frauentränen machen weich – Kindertränen erst recht! Für uns ist das eine scheußliche Situation. Inzwischen ist es Nacht geworden, der Russe ist bisher noch nicht auf dieses Dorf gestoßen. Da erreicht uns ein neuer Befehl.

18. Januar 1945: Wir lösen uns vom Feind um 02.00 Uhr. Allgemeine Richtung ist Norden. Dort liegt Willenberg. Es geht zu Fuß durch Wälder, oft an den Straßen entlang, auf denen russische Truppen und Panzer fast die gleiche Richtung haben. Als Führer der Granatwerfer bin ich vorne bei den Kompanieführern an der Spitze. Der Schnee knirscht unter den Stiefeln, möglichst lautlos geht es durch den Wald nach Norden. Da sehen wir plötzlich ein rotes Licht durch die Bäume scheinen. Vorsichtig kommen wir heran, da erkennen wir das Licht als ein auf „Halt“ stehendes Eisenbahnsignal. Das ist die Bahnlinie Neidenburg-Willenberg-Ortelsburg. Das Signal zeigt zwar „Halt“, aber die Russen kümmern sich einen Dreck darum! Wir ziehen weiter nach Norden in Richtung Ortelsburg. Noch keine Feindberührung. Wir marschieren fast nur nachts und in den Wäldern. Ab Ortelsburg nach Nordwesten, Richtung Passenheim-Purdensee. Die Lage ist immer wieder sehr unklar. Wir stoßen immer wieder auf Russen, die schon da sind! Wie in dem Märchen von Hase und Igel. Das wird uns langsam unheimlich! Wieder haben wir eine Verteidigungslinie aufgebaut, ich habe eine gute Beobachtungsstelle und mit der Feuerstellung Drahtverbindung. Bei einer Leitungsprobe ist keine Verbindung mehr möglich. Ein Strippenzieher saust los, kommt aber schon bald zurück mit der Meldung, dass unser Draht abgekniffen sei und etwa 400 Meter fehlen! Nun ist Telefondraht knapp geworden, weil wir bei den vielen Absetzbewegungen schon mal gar nicht mehr zum Abbauen gekommen sind. Später stellen wir dann fest, dass unsere eigenen schweren Infanteriegeschütze (15 cm) den Draht als herrenlos angesehen haben und ihn dann für sich abgekniffen haben.

21./22. Januar 1945: Und wie fast jeden Tag – Iwan greift an mit vorgeprellten Panzern und aufgesessener Infanterie. Kommt er bei uns nicht durch, umgeht er uns und ist schon bald wieder vor oder neben uns! Wieder müssen wir uns absetzen - es geht weiter zurück! Die Kompanien sind oft nur noch 20 bis 30 Mann stark. Das II. Bataillon hat nur noch die Hälfte an Kampfkraft! Wo sind die anderen Kameraden? Verwundet, versprengt, vermisst, gefallen!

In einem Gehöft an der Straße nach Wartenburg, nordwestlich von Gillau haben wir gute Stellungen. Meine Beobachtungsstelle ist im Dach einer hohen Scheune und ich habe eine Gute Einsicht in das uns umgebende Gelände. Hier ist es ratsam, nach allen Seiten Ausschau zu halten. Aber wir haben Glück, es gibt keine Feindberührung. Wir sollen uns weiter nach Nordwesten zurückziehen. In den Abendstunden, als wir zurückgehen, beschießt der Russe mit Phosphorgranaten ein Dorf links vor uns. Ein unheimlich-gespenstisches Bild! Beim Einschlag immer die grellweiß aufleuchtenden Feuerbälle, und bald brennen viele Häuser. Und immer wieder das grelle Aufblitzen! Bei einem Gehöft erreichen wir die Gefechtsfahrzeuge: „Aufsitzen!" Nachtfahrt ins Ungewisse! Es ist eisig kalt, aber wir sind froh, unsere müden Knochen für eine Zeit lang schonen zu können. Ein Dorf wird erreicht. „Absitzen, Stellungen einnehmen und sichern!" So geht es nun schon Tage lang! Wir halten eine Stellung, Iwan umgeht uns, wir müssen abbauen und uns absetzen, um nicht einkassiert zu werden und dann wieder Stellung, und das Spiel geht weiter so!

23. Januar 1945: Wir sollen immer weiter nach Norden, und dabei haben wir den Iwan hinter und neben uns, und wir fahren ihm immer in die von Osten vorprellenden Angriffsspitzen. – Verdammt, der Iwan ist wohl schon überall? Nach einer längeren Nachtfahrt, bei der wir hoffen, den Iwan einmal abgehängt zu haben, um endlich mal einige Stunden Ruhe finden zu können, beziehen wir Stellungen in einem Gut. Ich glaube, wir sind der ganze Rest des II. Bataillons. Aber auch hier sind die Russen wieder rundherum. Meine Werfer stehen in Deckung hinter den Gebäuden, 6 Granatwerfer, Kaliber 8,00 cm einsatzbereit! Und ich habe genug Munition! Mein Lkw steht gut geschützt hinter einem kleinen Gebäude – und der ist vollgeladen mit Munition! Wer hat, der hat! Im Dach des Wohnhauses habe ich eine hervorragende Beobachtungsstelle mit weitem Blick auf das Vorfeld und in den nahen Wald. Dieser Wald aber ist unheimlich, er steckt voller Russen. Die Reste der Schützenkompanien sichern das Gut in Rundumverteidigung. Das Bataillon will den Iwan aus dem Wald vertreiben, aber mehrere Angriffe werden heftig abgewiesen. Die Kompanien sind kaum noch 15 bis 20 Mann stark! (Sollstärke: 150 Mann). Im Wald hebt jedes Mal ein tolles Schießen an! Da erinnert man sich an die „Zigeunerartillerie", (so nennt man uns, weil der einzelne Werfer zerlegt werden kann in Bodenplatte, Zweibein und Rohr, und das schleppen wir auf dem Rücken, oder wie das Rohr auf der Schulter). Da soll ich oder einer meiner Unteroffiziere mit der Infanterie in den Wald vorgehen. Das lehne ich aber ab! Begründung: Im Wald kann ich als Vorgeschobener Beobachter ohne Funk oder Draht gar nichts erreichen. Wie sollen da Feuerkommandos durchgegeben werden? Ich mache einen anderen Vorschlag. Ich könnte der vorgehenden Infanterie eine „Feuerwalze" von 8,00 cm-Granaten vorlegen beim Angriff, sodass die Iwans bei dem Feuer die Nasen im Schnee halten und bei den schönen Baumkrepierern könnte ich sie auch in der Deckung erwischen! Munition habe ich ja bei unserem Rückzug genug gesammelt, und dann ist da noch der Rest vom Übungsschießen. Ich kann den Bataillonführer überzeugen. Ein weiterer Angriff durch den Wald findet nicht statt. Ich beobachtete, dass der Russe jetzt mit starken Kräften versucht, aus diesem Wald über die nach Norden führende Straße in ein sehr unübersehbares Kussel-Waldgelände zu gelangen. So kann er uns den Weg nach Norden versperren. Von meiner hohen Warte kann ich aber nicht genug in diese Richtung blicken, also gehe ich mit Oberfeldwebel Große (Führer der leichten Infanteriegeschütze) im Straßengraben, gedeckt durch Büsche, die Straße nach Norden entlang, um zu sehen, wo die

Iwans bleiben. Wir stellen fest, dass sich die Russen jetzt beiderseits der Straße auch mit Paks eingerichtet haben, um uns bei einem Durchbruch gebührend zu empfangen. Wir machen einen Plan. Abends soll dieser umgesetzt werden. Wir sind der Rest des II. Bataillons/Grenadierregiment „Großdeutschland". Unsere Division ist ja zu der Zeit an allen Ecken und Enden, wo es brennt, eingesetzt. Das ist ja auch schon früher oft so gewesen. Daher stimmt auch der Name „Großdeutschland", die Feuerwehr. Wir machen unserem Bataillonsführer den Vorschlag – und der nimmt an. Ich schieße mich mit einem Werfer auf die Pak-Sperre auf der Straße ein. Dann lasse ich die anderen Werfer per Richtaufsatz die erschossenen Werte einstellen. Die Munitionsschützen haben die Wurfgranaten fein säuberlich neben die Werfer ausgelegt und abgedeckt, damit kein Dreck an die Granaten kommen kann. Da die Granatwerfer „Vorderlader" sind, die Granaten also von oben mit dem Flügelschaft, der die Grundtreibladung enthält, voran in das Rohr gesteckt werden, kann so kein zufällig beim Laden mitgegriffener Fremdkörper wie zum Beispiel Gras, Erde o. ä. in das Rohr gelangen. Ich lege das Feuer dann so, dass einmal mitten auf die Straße, wo die Pak steht, als auch zu beiden Seiten hin die Einschläge kommen müssen. Auch der Oberfeldwebel Große mit seinen Infanteriegeschützen hat sich eingeschossen. Die leiden aber sehr unter Munitionsmangel! Es ist dunkel geworden und die Iwans schießen frech aus dem Wald mit Explosivgeschossen aus ihren Gewehren. Es knallt uns nur so um die Ohren! Überall sieht man die kleinen weißblauen Explosionen, an den Ästen und Hauswänden. Wird ein Soldat getroffen, so reißen sie große Wunden. Die deutsche Infanterie hat nichts dergleichen. Bei uns ist jetzt alles vorbereitet. Die Zugmaschinen und Lkws sind startklar, die Infanterie fertig zum Vorgehen, wir und die leichte Infanteriegeschütze feuerbereit. Und dann feuern alle sechs Werfer fast zugleich! Es „fluppt" unaufhörlich! Auch die Infanteriegeschütze feuern mit. Bei meinen Werfern sind oft noch einige Granaten in der Luft, wenn die ersten einschlagen! Entfernung etwa 250 Meter. Dem Iwan wird da ordentlich eingeheizt. Er verhält sich dementsprechend auch ruhig! Der hat die Nase im Dreck, wie es so schön heißt. Da wagt vorerst keiner, den Kopf hochzuheben. Jetzt rennen unsere Infanteristen los – die Fahrzeuge hinterher! Wir schießen, was das Zeug hält! Auf der Straße, bei den Pak-Geschützen krachen unaufhörlich „meine" Granaten. Da geht schon Munition hoch! Vor Erreichen der Straßensperre lege ich mein Feuer seitlich zu dem Wald und Kusselgelände hin, sodass beim Durchbruch auf der Straße die Iwans auch an den Seiten ihren Segen abbekommen! Wir haben keine Pak, die an der Straße in Stellung ist, schießen hören! Dort kommen meine Werfer-Granaten wie Hagel runter! Bei 30 Granaten, die auf engstem Raum auf und um die Pak-Geschütze des Iwans herum in wenigen Sekunden fast gleichzeitig detonierten. Da hat kein Iwan hinter dem Geschütz gehockt, keiner hat unsere ausbrechende Kolonne anvisiert und keiner hat geschossen! Ebenso ist es den Iwans an den Waldseiten ergangen. Da schieße ich mit drei Werfern links der Straße und mit drei Werfern rechts der Straße bis an die jeweiligen Waldränder. Ich habe ja so viel Munition zur Verfügung - ich kann mit sechs Werfern schießen! Meine Männer sind so wütend-eifrig beim Laden, dass ich fast befürchten muss, da wird schon eine Granate ins Rohr gesteckt bevor die gerade abgefeuerte das Rohr verlassen hat. Ich muss sagen, auch ich selbst bin wütend-erregt und, nachdem alles wie geplant geklappt hat, die kleine Kolonne an den ausgeschalteten Pak-Geschützen vorbeirollt, nur mit wenig Infanteriefeuer bedacht, packt mich eine satanische Freude! Ich rufe nur noch: „Feuern! Feuern! Feuern!" Das ist ja nun bisher gut gegangen. Nun kommt es darauf an, einen überschlagenden Stellungswechsel vorwärts (rückwärts!) zu machen. Auch unsere Infanteriegeschütze haben mitgeschossen. Ich gebe den Befehl, vier Werfer jetzt abzubauen, auf die Fahrzeuge der Infanteriegeschütze zu verladen, die jetzt auch Stellungswechsel machen und der durchgebrochenen Kolonne folgen sollen. Beim Verladen habe ich noch Schwierigkeit mit einem der beiden letzten Werfer! Wir haben bei der allgemeinen „Ballerei" gar nicht bemerkt, dass ein Werfer überhaupt nicht mehr schießt! Da hat es einen „Versager" gegeben! Ursache: Der unten im Rohr befindliche starr stehende Schlagbolzen ist abgebrochen! Das Abbauen ist aber nicht so einfach wie gedacht! Die Rohre sind ja beinahe „glühend" heiß! Wenn jetzt die hier abgezogenen Werfer hinter der Straße eine gute Feuerstellung gefunden haben, sollen sie uns bei unserem Durchbruch Feuerschutz geben. Ich bleibe mit zwei Werfern in Stellung und warte gespannt auf die ersten Granaten, die zu unserem Schutz abgefeuert werden sollen. Den letzten beißen zwar oft die Hunde, aber wir können uns aufeinander verlassen! Da werden Minuten zu Ewigkeiten, wenn man wartet. Iwan lebt an den Waldrändern wieder etwas auf. Da höre ich Abschüsse der Werfer und dann sehen wir die ersten gut liegenden Einschläge. „Gerät abbauen! Verladen! Restliche Munition mitnehmen! Aufsitzen und Vollständigkeit melden!" Und jetzt geht alles sehr schnell. Wir fahren los mit meinem Beute-Lkw, der unsere Munition hat (russischer Chevrolet) und als wir an den ruhig gestellten z.T. zerstörten Pak-Kanonen vorbeifahren, da sehen wir, was wir mit unserem Feuer erreicht haben. Dort bewegt sich kein Iwan mehr an oder hinter den Geschützen! Ich sehe auch durch unser Feuer zur Explosion gebrachte Pak-Munition. Insgesamt hatte der Russe dort vier Geschütze in Stellung gebracht. Die sind nun restlos außer Gefecht gesetzt worden. Es sieht dort schlimm aus. Wir bekommen nur wenig Infanteriebeschuss von den beiden Seiten her. Bei dem Werfer mit dem abgebrochenen Schlagbolzen hat es, wie eben berichtet, noch beim Abbauen Probleme gegeben. Die Granate hat ja die Treibladung nicht gezündet und ist unten in dem „glühendheißen" Rohr geblieben. Die musste erst durch Kippen des Rohres vorsichtig herausgeholt werden. Im Laufe von fast vier Kriegsjahren haben wir bisher nur zwei der gefürchteten Rohrkrepierer erlebt und dabei jedes Mal mehr oder weniger Verluste gehabt. Hier aber hatten wir Glück. Ich habe wohl 125 Schuss auf die russische Pak-Straßensperre und seitlich davon schießen lassen. Der Bataillonskommandeur war von meinem „Feuerzauber" ganz angetan. So sind die Reste des II. Bataillons gut davongekommen.

25. Januar 1945: Wir sind hier dem Iwan, der sich uns quer vorgelegt hat, gut entwischt und fahren weiter nach Nordwesten in ein Dorf und beziehen dort neue Stellungen. Wir haben aber noch kein Auge zu tun können, als der verfl… Iwan uns schon wieder mit Artillerie beschießt. Die Nacht bleibt ruhig.

26. Januar 1945: Morgens kommen schon seine Schlachtflieger und belegen uns mit Bomben, Bordwaffen und Raketen. Auch hier wird es schon wieder ungemütlich. Da kommt auch schon der Absetzbefehl und wir fahren weiter in nordwestlicher Richtung und halten in einem Dorf an. Dort sollen wir einige Stunden Ruhe haben. Aber daraus wird nichts, neue Abwehrstellungen sind uns zugewiesen worden. Auf dem Weg dorthin treffen wir Flüchtlinge mit ihren voll gepackten Pferdewagen, die ihr Dorf gerade verlassen wollen. Sie ahnen nicht, wie nahe schon der Russe ist. Die Parteiführer (NSDAP-Ortsgruppenleiter) hat eine frühere Flucht verboten! So sind sie bis zuletzt geblieben. Wir haben später viele von russischen

Panzern überrollte Trecks im Straßengraben liegen gesehen. Es ist grausig! Man hat die Bevölkerung schlecht informiert und so ist sie übereilt und hastig aufgebrochen. Man hat die Menschen entweder gar nicht oder viel zu spät gewarnt. Wir erleben aber auch, dass französische und englische Kriegsgefangene mit ihren deutschen Bauern und Gutsbesitzern (meist Frauen) im Treck zurückfahren und diesen helfen, wo immer sie können. Sie fliehen selbst vor ihrem verbündeten Russen! Mancher von ihnen sind bei den Trecks mit ihren deutschen Bauern gemeinsam umgekommen. Das spricht dafür, dass man sie in den Familien dort sicher nicht schlecht behandelt hat! Dörfer, die wir durchfahren, machen den Eindruck, als wären die Bewohner erst vor wenigen Stunden abgefahren. Alles sieht nach einer sehr überstürzten Flucht aus. Wir sind in der Nähe der Stadt Passenheim und ziehen zu Fuß durch einen tief verschneiten Wald an der Bahnlinie Allenstein-Ortelsburg entlang. Gegen Abend gehe ich mit den Granatwerfern seitlich des Bahndammes in Stellung. Der Feind wird von Nordosten erwartet. Etwa 250 Meter vor uns führt eine Straße fast parallel zur Bahn. Der Bahndamm fällt zur Straße hin ziemlich steil ab. Hinter uns ist direkt dichter Tannenwald. Nachdem sich die einzelnen Werfer eine gute Stellung gesucht haben, schießen sie sich ein. Wir sind ohne infanteristischen Schutz und müssen uns selbst sichern. Wer nicht gerade draußen zu tun hat, ist in einem Holzbunker der Bahn, um sich etwas aufzuwärmen. Unsere Infanterie liegt weiter links oben am Bahndamm und in einem Gehöft rechts von uns. In der Nacht kommen wir uns ziemlich allein und verlassen vor. Auch vom Gegner ist nichts zu hören und zu sehen. Aber diese Ruhe ist trügerisch! Plötzlich kommt Bewegung auf die Straße! Auf Anruf wird sofort geschossen! Also doch schon wieder der Iwan. Eine wüste Knallerei geht los. Iwan bleibt die Antwort nicht schuldig. Meine Leute stehen an den Werfern – bereit, zu feuern. Da gehen einige Leuchtkugeln hoch! Grellweiß flackernd ist alles beleuchtet. Und da erhalten wir von rechts Gewehrfeuer! Dort scheint der Iwan an den Schienen entlangzukommen! Aber da waren doch gestern Abend noch unsere Infanteristen? Schon schlagen Granatwerfer des Iwan bei uns ein. Meine Leute sind an den Werfern völlig ohne Deckung. Bei einem erneuten Feuerüberfall wird einer meiner Leute, Gefreiter Bader, am Bein verwundet. Da die Lage hier völlig unklar ist, außerdem rechts von uns keine Infanterie mehr sichert, befehle ich einen Stellungswechsel. Im heftigen Flankenfeuern, wobei jetzt auch schon Maschinengewehre die Schienen entlang feuern, gelingt es, alle Werfer und Männer sowie die Munition sicher ohne weitere Verluste wegzubringen. Unsere Infanterie scheint aber die Lage in den Griff zu bekommen. Allmählich wird es in dem Abschnitt ruhiger. Ich führe meinen Zug etwa 800 Meter zurück durch den Wald in ein Gehöft. Dort sind auch die Vorgeschobenen Beobachter der schweren Infanterie-Geschütze (15,0 cm). Hier gehen wir in Stellung. Wer kann, versucht eine Mütze voll Schlaf zu kriegen. Wir sind so fertig, wir können bald im Stehen schlafen. Die Nacht bleibt dann aber ruhig. Ich mache mir Gedanken über den nächsten Morgen.

27. Januar 1945: Wir gehen vorsichtig durch den Wald wieder bis zur Bahnlinie vor. Hier stellen wir fest, dass Iwan sehr munter ist. Feuerstellungen müssen tiefer im Wald gefunden werden. Nach 200 Meter finden wir eine kleine Lichtung, gerade so groß, dass man die fünf Werfer in Stellung bringen kann. Als echte Steilfeuerwaffe braucht man da nur ein relativ kleines „Ausschussloch" in den Baumwipfeln. Meine Beobachtungsstelle befindet sich direkt am Waldrand. Dort treffe ich auch Oberfeldwebel Große, der jetzt die Kompanie führt. Da ich leider weder Funk noch Telefonverbindung habe, muss von der Beobachtungsstelle zur

Feuerstellung eine Ruferkette gelegt werden. Einer meiner Gruppenführer, der Unteroffizier Wieser ist dabei, seine Werfer einzuschießen. Jedes seiner Feuerkommandos schallt laut durch den Wald und wird dann von den Rufern wiederholt. Da kann der Iwan die Feuerbefehle abhören! Aber dann wird Unteroffizier Wieser verwundet und zwar durch Granatwerfer! Wenn die Iwans mit dem Maschinengewehr in den Wald schießen, zwitschern uns die Querschläger nur so um die Ohren. Da muss man schon höllisch aufpassen. Da der Bahndamm dicht am Waldrand verläuft und zur Straße hin ziemlich steil abfällt, ist dort ein für uns nicht einsehbarer „toter Winkel", der für uns unangenehm werden kann. So ziehe ich das „Sperrfeuer" bis direkt hinter den Damm und sogar bis auf die Dammkante heran, dass uns oft die Granatsplitter um die Ohren fliegen. Die Straße hätten wir durch unser Feuer sperren können, aber was macht der Iwan, wo wir uns so gut vorbereitet und eingeschossen haben? Er greift nicht bei uns an, sondern geht wieder seitlich an uns vorbei. Er nimmt den Weg des geringsten Widerstandes. Wir haben ja hier auch keine „Frontlinie".

28. Januar 1945: Wir machen wieder einen Stellungswechsel und landen in Graskau. Meinen Zuggefechtsstand richte ich in einem Haus ein. Die nicht eingesetzten Männer sind dabei, den Ofen ordentlich zu heizen, damit wir uns mal wieder so richtig aufwärmen können. Auch haben wir Glück, ein Huhn ist uns über den Weg gelaufen – und das soll ein Festessen werden! Meine 2. Gruppe kann im Dorf selbst Stellung beziehen, aber die 1. Gruppe muss draußen dicht an einem zugefrorenen See in Stellung gehen. Das Eis trägt, und da sollen sie aufpassen, dass der Iwan nicht über das Eis und uns in den Rücken fallen kann. Die Gruppe Unteroffizier Sprengala zieht los, während sich die Gruppe Unteroffizier Ramm freuen und bei den Häusern bleiben kann. Sie waschen sich, machen Waffenpflege und kochen, backen und braten. Draußen stehen unsere Posten und die melden, dass bei der Gruppe Sprengala Gefechtslärm zu hören sei! Bald schon höre ich, meine Werfer mit dem typisch kurz-trockenen Krach dazwischen! Der tief verschneite Wald lässt die Abschüsse und Einschläge eigenartig gedämpft klingen. Damit der Gruppe dort die Munition nicht knapp wird, mache ich mich mit einem Schlitten voll Wurfgranaten auf den Weg zur Gruppe Sprengala und besuche sie dort in ihrer Stellung. Wir fahren durch verschneiten Tannenwald und hören nur das Schnaufen der Pferde und das Rutschen des Schlittens. Aber wir passen auf wie ein Luchs! Kaum sind wir wieder in unserem Dorf, erfolgt auf uns ein sehr heftiger russischer Angriff! Woher sind denn die nun schon wieder gekommen? Da hätte ich bei meiner Schlittenfahrt ja Pech haben und dem Iwan direkt in die Arme fahren können! Wir versuchen, die Stellung zu halten, aber da sind die Iwans schnell bis an die ersten Häuser schon heran. Es knallt an allen Ecken und Enden, meine Werfer kommen gar nicht zum Schuss. Doch, da höre ich die ersten Abschüsse. Die schießen fast senkrecht in die Höhe, Entfernung 50 bis 30 Meter. Da suchen die Angreifer kurz Deckung. Dann aber hört das Feuer der Werfer auf. Da höre und sehe ich eine Zugmaschine der Infanteriegeschütze mit laut brummendem Motor durch den Schnee fahren und etliche Landser rennen nebenher nach hinten zum Dorf raus. Was machen denn meine Leute? Ich bin nicht mehr bis zur Feuerstellung gekommen, sondern habe mit der Maschinenpistole auf die Iwans gehalten. Da sehe ich den ersten meiner Leute mit dem Tragegestell unter dem Arm und den Rohrschützen mit seinem Rohr auf der Schulter, gefolgt vom Werferführer mit der Bodenplatte auch „die Kurve kratzen" – hinter den Infanteriegeschütz-Leuten her. Auch der andere Werfer hat abgebaut und war in die gleiche

Richtung hinter einer schwachen Bodenwelle verschwunden. Keiner fehlt! Auch die Munitionsschützen sausen mit ihren Kästen hinterher. Ich stehe noch mit wenigen Männern hinter den Häusern und schieße mit meiner Maschinenpistole auf die mit heiserem „Urrrääää-Geschrei" ins Dorf einbrechenden Russen. Nun wird es uns zu brenzlig und wir wollen ebenfalls hinter die vor Sicht schützende Bodenwelle gelangen. Man muss immer zusammenbleiben. Also, los! Da rennt doch so ein Landser mit grünem Fahrermantel über der Winteruniform zwischen den Häusern herum, als wenn er nirgendwo dazugehören würde. Den kennen wir aber nicht. Er rennt mit uns hinter die Bodenwelle, und als ich ihn dort fragen will, wer er ist und wo er hin will, da macht er sich von sich aus bekannt. Er sei der Oberleutnant Hinnerk aus Danzig, der die 8. Kompanie übernehmen soll. Er hat das Pech, dass er gerade in dem Augenblick unser Dorf erreicht hat, als uns der Iwan da bei seinem Überraschungsangriff hinausgeworfen hat. Jetzt geht alles ganz schnell! Die Infanteriegeschütze und meine Werfer sind schon in Stellung gegangen. Nachdem wir uns auf einen Feuerüberfall mit anschließendem Gegenstoß geeinigt haben, machen wir einen herrlichen Feuerüberfall auf das Dorf, und dann einen zünftigen Gegenangriff mit den Wurfgranaten, die Infanteriegeschütze ballern und wir werfen Handgranaten an die Hausecken. Und wir haben Erfolg. Der Angriff wird nur von unseren wenigen Munitionsschützen und den paar Fahrern unternommen. Iwan ist geschockt! Das ist wie eine „Rein-raus-Methode". Er türmt in rauen Mengen in den nahen Wald, wo wir ihm mit Baumkrepierern und Abprallern ordentlich einheizen. Das hat wohl gereicht – wir haben Ruhe. Nun werden einige Posten mehr ausgestellt und an den Werfern bleiben so viele Männer, dass immer sofort geschossen werden kann. Der neue Kompanieführer ist ob der Granatwerferwirkung, die er hier so gut erleben kann, ganz angetan! Als ich dann aber wieder in meinen Gefechtsstand komme, kann ich mich noch einmal freuen, denn auf dem Herd brutzelt immer noch mein Huhn! Die Iwans haben nicht einmal Zeit gehabt, das fast gar gekochte Huhn zu essen! Der Russe lässt uns auch vorerst in Ruhe. Nachts setzen wir uns dann weiter nach Norden ab.

29. Januar 1945: Ein Teil der Kompanie marschiert mit Panjeschlitten der andere Teil zu Fuß bis zu den Fahrzeugen, die uns weiter nach Norden zurückbringen. Es geht über Wartenburg-Bischofsburg nach Lautern, wo wir den Iwan noch einmal aufhalten können. So ermöglichen wir noch vielen Flüchtlingstrecks nach Norden auf Königsberg durchzukommen. Nun sind wir wieder motorisiert und es geht immer schneller nach Norden, um die Festung Königsberg zu erreichen, da der Feind uns über Friedland und Uderwungen den Weg versucht abzuschneiden. Bischofstein wird passiert, an Heilsberg geht es ostwärts vorbei. Dort sehen wir einige feste Betonbunker, die aber gar nicht verteidigungsbereit sind. Die gehören wohl zum „Heilsberger Dreieck", jenes Gebiet, wo nach dem ersten Weltkrieg noch Befestigungen in Ostpreußen gebaut werden durften. Der Weg geht weiter nach Bartenstein, wo wir uns aus einem großen Lager mit Telefonkabel und anderen brauchbaren Dingen versorgen. In den Orten und Städten herrscht oft panikartige Aufbruchstimmung. Es ist ein trauriges Bild, was wir da sehen! Auf der Straße nach Königsberg ist großes Gedränge! Die Menschen versuchen alle nach Königsberg zu gelangen. Viele Flüchtende, die von der Partei in ihren Orten und Städten viel zu lange festgehalten wurden, geraten in die Kampfhandlungen! Wir sehen ganz schlimme Bilder! Zusammengeschossene, von Panzern überrollte Pferdefuhrwerke, die voll beladen gewesen sind, viele tote Zivilisten im Straßengraben und tote, zerquetschte Pferde vor den umgefahrenen Wagen. Koffer, Kisten, Hausrat, Bettzeug und andere Habseligkeiten liegen verstreut neben den Fuhrwerken. Hier haben die von Ilja Ehrenburg zu Rache, Mord und Totschlag aufgestachelten Russen ihre Wut an der wehrlosen Zivilbevölkerung, an Frauen und Kindern, an alten Männern und sogar an französischen Kriegsgefangenen auf unmenschliche Art und Weise ausgelassen.

30. Januar 1945: Unser Wille, weiter zu kämpfen, wird durch solche Erlebnisse nur gestärkt! Bald haben wir Preußisch-Eylau erreicht. Und weiter fahren wir nach Kreuzberg und überqueren die Autobahn (Elbing-Königsberg) westlich von Kobbelbude. Um nach Königsberg zu gelangen, müssen wir einen von den Russen vorerst nur schwach besetzten Einschließungsring durchbrechen. Wir haben den Ort Jäskeim vor uns, von dem wir nicht wissen, ob er vom Iwan besetzt ist und wie stark der Russe dort sein kann. Die ganze Nacht sind wir in dicht aufgeschlossener Kolonne gefahren und sind nun in Kobbelbude angekommen. Eigentlich wollen wir hier eine kurze Rast einlegen und uns eine Mütze voll Schlaf gönnen. Aber da heißt es schon wieder: „Los! Fertig machen, wir greifen an!"

Angriff und Verteidigung bei Jäskeim

30. Januar 1945: 7. Schützenkompanie und 8. schwere Maschinengewehr- und Granatwerfer-Kompanie, II. Bataillon Panzergrenadierregiment „Großdeutschland".
In kürzester Zeit stehe ich mit meinem Granatwerferzug abmarschbereit. Dann brummen die Motoren und los geht es! Hoher Schnee liegt über dem ostpreußischen Land und lässt alles grau-weiß erscheinen. Ich sitze im Führerhaus meines Lkws neben dem Fahrer und spähe angestrengt in die noch dunkle Dämmerung des anbrechenden Januar-Morgens. Das Land ist eine weite Ebene, in der Ferne sieht man Dörfer brennen und von allen Seiten Leuchtspurbahnen der Maschinengewehr-Garben, die sich bald von dieser, bald von jener Seite wie aneinander gereihte Kugeln in die Dämmerung hineinfressen. Dann blitzte es plötzlich hell auf! Gleich darauf geht wieder ein Haus in Flammen auf, Funken stieben zum rötlich verfärbten Himmel und der kurze, harte Abschuss einer Panzerkanone hallt zu uns herüber. Viel zu hören ist außer dem nicht, denn die Motoren dröhnen auf vollen Touren. Wir fahren wieder einmal ins Ungewisse. Das rote Stopplicht des Lkws vor uns leuchtet auf. Wir stehen. Ich springe heraus, gehe nach vorne zum Kompaniechef Oberleutnant Hinnerk. Schon gellt der Ruf die Kolonne entlang: „Zugführer zum Chef!" Mit dem Zugführer des Infanteriegeschütz-Zuges, Oberfeldwebel Große gehe ich zusammen nach vorne. „Scheiße", sagt er, „guck dir das mal an, da sitzen wir wieder mal mitten drin!" Wir gehen an den wartenden Lkws entlang, auf denen, in ihre Decken gehüllt und die Waffen in der Hand, unsere Männer hocken. Es ist verflucht kalt und bleigrau hängen die Wolken über uns. Es wird heute sicher noch viel Schnee geben. Der Chef sitzt in seinem Pkw, über das Kartenbrett gebeugt. Wir melden uns: „Zugführer wie befohlen zur Stelle!" „Ist gut, Rehfeldt, Große, kommen Sie bitte hierher!" Nun erfahren wir Folgendes: Wir sind hier auf der Straße Kobbelbude-Seepothen und weiter nach Königsberg. Die Spitze hat bereits Feindberührung, wir wissen vom Russen nur, dass er schon überall in den Dörfern ist. Eine Hauptkampflinie, Waffen usw. sind völlig unbekannt.

Der Russe hat einen bisher noch lockeren Einschließungsring um Königsberg. Wenn wir losgehen, kann es passieren, dass wir in Unkenntnis der Lage in einen Pak-Riegel geraten und so abgeschmiert werden, es kann aber auch sein, dass wir Glück haben und uns irgendwie durch die Iwans hindurchmogeln. „Sagen Sie das Ihren Männern, und größte Aufmerksamkeit nach allen Seiten. Feuerstellungen müssen zur Rundumverteidigung geeignet sein, damit keine Schweinerei passiert!" Er sieht uns mit ernstem Blick an. „Lassen Sie jetzt absitzen und alles fertig machen. Ich danke Ihnen. Auf Wiedersehen in Königsberg!" Ich bitte um eine Karte dieser Gegend, da ich überhaupt keine Ahnung habe, wo genau wir uns befinden. Ich erhalte eine gute Schießkarte und gehe zu meinem Lkw zurück. Dort rufe ich meinen Melder: „Günter (Lorenz), alles fertig machen, absitzen mit Gerät, Munitionsschützen je zwei Kästen – dann folgen!" Jetzt kommt Bewegung in die Leute. Die Gruppen und Züge formieren sich. In Reihe – mit weiten Abständen folgen sie nach. Unser erstes Ziel ist ein Gehöft. Als wir uns diesem beim Hellwerden nähern, fallen einige Schüsse. Wenige Russen haben sich dort festgesetzt. Vorsichtig durchsuchen wir die einzelnen Gebäude und Keller. In einigen Kellern haben sich noch Russen versteckt und werden ohne Gegenwehr gefangengenommen. Mein Zug ist nachgekommen, ich weise ihnen Stellungen an und warte auf den ersten Angriffsbefehl. Die Infanteristen gehen langsam im Schnee vor. Weiße Flocken tanzen in der Luft, die Sicht wird immer schlechter und ein heftiger Wind tut sich auf. Das Schneien wird fast zu einem Schneesturm. Große, nasse Flocken klatschen uns ins Gesicht. Zu allem Unglück weht der Wind von vorne und treibt den Schnee in unsere Augen. Schon kann man knapp 30 Meter weit sehen. Da kommt unsere schwere Infanteriegeschütze (15 cm) angebrummt, die leichten Infanteriegeschütze sind wie meine Werfer schon in Stellung. Aber der Angriff ist so nicht durchzuführen. Unsere Infanterie liegt 300 Meter weit vor uns in einem Gehöft, auf einer Höhe und in einer Sandkuhle. Ich rufe meinen Funker und frage ihn, ob die Apparate klar sind. Nach kurzer Sprechprobe geht einer meiner Truppführer mit dem Funker los. Aber nach nur wenigen hundert Metern ist keine Verbindung mehr möglich. Wir sehen nichts vom Russen und der sieht nichts von uns. Unsere bei den Werfern ausgelegte Munition ist vom Schnee bald völlig bedeckt. Ich lasse nur einige „Störungsschüsse" abfeuern, damit Iwan weiß, dass wir noch da sind. Unbeobachtet verpuffen die Granaten irgendwo im Schnee. Um besser sehen zu können, gehe ich einige Meter vor zu dem Posten mit schweren Maschinengewehren. Nur mühsam können wir die Augen offen halten. Das Glas nützt schon längst nichts mehr, es ist beschlagen und nass. Wir starren in das Gestöber. Plötzlich kommen Gestalten auf uns zu! – Russen? – Noch kann ich nichts Genaues erkennen. Ich schiebe den Lauf meiner Maschinenpistole vor, entsichere und starre auf die schneebedeckten, sich langsam heranbewegenden Gestalten. Jetzt sind sie auf 10 Meter heran. Ich erkenne Frauen und Kinder. Schon springe ich auf und rufe: „Hierher! Dann kommen sie. Weinende Mädchen mit bleichen, ängstlichen Gesichtern fallen mir um den Hals. „Helft uns! Helft uns!" Kinder jammern: „Mutti, Mutti!" Alte Männer und Frauen stehen stumm mit vor Kälte bleich gefrorenen Gesichtern, die Kleidung nass vom Schnee. Erschüttert stehe ich da, halte ein junges Mädchen, das zusammenbrechen will, fest. In den Gesichtsausdrücken erkenne ich die Not, Angst und die Strapazen und das furchtbare Leid, das die von Haus und Hof vertriebenen, jetzt besitzlosen Ostpreußen erdulden müssen. Langsam gehe ich vor ihnen her. Es sind etwa 30 Personen, teilweise ohne Mäntel, Männer ohne Schuhe, die Russen haben ihnen die Stiefel ausgezogen! Wie glücklich sind sie nun, jetzt wieder deutsche Soldaten getroffen zu haben. Unser Bataillonsarzt nimmt sich der Leute an. Sie werden alle in ein Haus geführt. Ich gehe wieder zu meinen Leuten zurück. Aber dieser Anblick will mir nicht so schnell wieder aus dem Kopf gehen. Da kommt ein Melder vom Bataillon: „Unteroffizier, sofort abbauen, Sie sollen mit der 7. Kompanie zusammen vorgehen, die 7. greift weiter rechts an!" Stellungswechsel, Gerät abbauen, verlasten und alles in Reihe folgen. Die Gruppenführer melden Vollzähligkeit, wir marschieren! Inzwischen ist der Schneesturm etwas abgeflaut. Auf einem Feldweg geht es auf ein etwa 800 Meter weiter rechts vor uns liegendes Gehöft zu. Infanterie ist bereits vor dem Gehöft und wartet, bis ich mit meinen Werfern in Stellung gegangen bin. Hinter der Scheune stelle ich vier Werfer auf und achte auf das weitere Vorgehen. Vom Iwan ist hier noch nichts zu sehen. Vor uns liegt hinter einer flachen Anhöhe das Dorf Jäskeim. Wir können nur die Dächer sehen. Es soll festgestellt werden, ob dort der Russe sitzt. Die leichten Infanteriegeschütze bringen zwei Geschütze in offene Feuerstellung, zum direkten Richten. Ein Spähtrupp von drei Mann kommt zurück und meldet, dass das Dorf nur schwach vom Russen besetzt sei. Unsere Infanterie geht weit auseinandergezogen vor. In ihren weißen Tarnanzügen sind sie kaum zu erkennen. Noch fällt kein Schuss! Ich habe das Glas an den Augen und beobachte scharf die Anhöhe und das Dorf. Ich kann nichts erkennen. Wie kleine Pünktchen verschwinden die Infanteristen hinter der Höhe. Da detonieren vor uns plötzlich, bei der Anhöhe, 5 Granatwerfereinschläge, dort, wo soeben unsere Infanterie noch war. Ich blicke nach rechts. Dort ist das Eisenbahngelände von Kobbelbude mit vielen Güterwagen, Lokomotiven und Bahnanlagen. Ich erkenne lebhaften Panjewagenverkehr und auch herumlaufende Iwans. Beunruhigt frage ich den Adjutanten: „Wer ist denn rechts von uns?" Darauf er: „Niemand, wir sind rechter Flügel, die ganze Seite nach dort ist offen!" „Tadellos!" sage ich, „wenn der Russe einen Gegenstoß macht, sind wir aufgeschmissen." „Ja, deswegen besondere Aufmerksamkeit auch nach rechts!" Ich lasse zwei Werfer nach rechts einrichten und beobachten. Mittlerweile haben auch meine Funker den Fehler am Gerät behoben, und so schicke ich einen Truppführer mit Funk als Vorgeschobenen Beobachter den Infanteristen nach. Vom Dorf her hört man unsere Maschinengewehre rattern – also doch Feindberührung. Mit dem Bataillonsadjutant unterhalte ich mich über unsere ganze Lage hier. Ich erfahre: Wir sind jetzt hier von hinten auf den noch lockeren Einschließungsring um Königsberg gestoßen und wollen in die Stadt hinein. Bis hierher haben wir uns als „wandernder Kessel" von Praschnitz her nach Norden durchgeschlagen, immer wieder von aus ostwärtiger Richtung vorstoßenden russischen Truppen bedroht, denen wir in den harten Durchbruchskämpfen mehr oder weniger die Angriffsspitzen abgekniffen haben. Hier ist unsere rechte Flanke offen, wir sind am weitesten rechts (ostwärts). Heute soll die Besatzung von Königsberg aus der Stadt heraus angreifen, uns entgegen, um den Russen zu binden. Heute Abend soll unser Durchbruch in die Stadt stattfinden. Meine beiden Funker stapfen auf Jäskeim zu. Iwan schießt wieder zwei Schuss mit seinen Granatwerfern. Wir sehen, wie die Beiden dann flachliegen und dann weitergehen. Bald sind auch sie hinter der leichten Anhöhe verschwunden. Wir nehmen Funkverbindung mit ihnen auf: „Hier Ilona 1, hier Ilona 1. – Ilona 2, bitte melden ob verstanden. – Kommen!" Und sie melden sich! Der Sprechfunk klappt tadellos. Bald kommt die Anforderung, Granatwerfer Stellungswechsel – ins Dorf folgen. Wir bauen mit einer Gruppe (zwei Werfer) ab und ich lasse im überschlagenden Einsatz vorgehen, d.h., eine Gruppe steht schussbereit, die andere arbeitet sich vor. Ich selbst gehe mit meinem Melder vorweg. Es geht sich sehr schlecht in dem knietiefen Schnee. Nur mühsam kommen wir voran. Mich umblickend sehe ich, dass auch die leichten Infanteriegeschütze aufgeprotzt haben und mit beiden Lkws nachfolgen. Wir erreichen die ersten Häuser und finden auch unseren Vorgeschobenen Beobachter. Mit hoch aufheulenden Motoren kommen jetzt auch die beiden Infanteriegeschütze an. Wir beiden Zugführer wollen nun zum Chef, aber vorher lasse ich meine Leute in Deckung gehen und befehle den beiden zurückgebliebenen Werfern, abzubauen und hierher zu folgen. Unser Funk klappt gut! Die beiden Infanteriegeschütze protzen ab und gehen vorerst in offene Feuerstellung mit direktem Richten. Das Dorf Jäskeim ist ein Straßendorf, d.h. zwei Häuserreihen liegen zu beiden Seiten der einen Hauptstraße. Querstraßen gibt es nicht. Mit lässig umgehängter Maschinenpistole gehen wir beiden Zugführer nun eine Beobachtungsstelle suchen. Ein Haus erscheint uns als recht günstig. Während wir die geeigneten Fenster aussuchen und das Haus kurz durchsehen, da kommen verängstigt die Bewohner des Hauses aus einem Stall hervor. Es ist die alte Mutter mit ihren zwei Töchtern, 28 und 18 Jahre alt. Erstaunt fragen wir sie, ob sie denn die Russen nicht gesehen hätten? Doch, die seien nur kurz im Haus gewesen und hätten nach deutschen Soldaten gesucht, aber dann seien sie fluchtartig getürmt: „germanskie soldati!" Ihnen selbst haben die Iwans aber nichts angetan. Wir richten unsere Beobachtungsstelle ein, teilen die ersten Beobachter ein, da gellt der Ruf durch das Dorf: „Da kommen Kosaken zu Pferde!" Alle blicken wir in die von der ausgestreckten Hand gewiesene Richtung. Es schneit nur noch ganz schwach. Ich stehe vor dem Haus und suche auch, und da sehe ich schon etwa 20 berittene Iwans im tollsten Galopp durch den Schnee direkt auf uns zu kommen! Sie haben das Gewehr in der Hand und sind wie ein plötzlich auftauchender Spuk verdammt schnell bei uns. Nun geht alles blitzschnell! Unser Schützenpanzerwagen-Bataillon weiter links hat die Reiter auch gesehen und schießen mit ihren überschweren Maschinengewehren. Aber sie schießen zu hoch und die Geschossgarben klatschen in unser Dorf, gerade dorthin, wo unsere leichten Infanteriegeschütze und meine Werfer sind. Die rennen sofort in Deckung und schießen mit Karabinern und Pistolen auf die Reiter, die nur wenige Meter vor ihnen vorbeifegen, auf uns zu! Es ist ein tolles Geknalle! Die Iwans schießen aus dem Sattel mit Gewehren und Maschinenpistolen. „Ein herrliches Bild!" Da klatscht ein Geschoss ziemlich laut in ein Fenster dicht neben mir. Ich springe zurück, hebe meine Maschinenpistole und ziele sorgfaltig auf den vordersten Reiter, der gerade das Gewehr an der Backe hat. Auf 30 Meter! Schon „belfert" meine Maschinenpistole los. Der Lauf geht hoch, Patronenhülsen fliegen heraus. Pulverqualm zieht in die Lunge. Ein ganzes Magazin, also 30 Schuss, jage ich auf die vordersten Reiter. Über Kimme und Korn blickend sehe ich, wie der Vorderste das Gewehr fallen lässt und vom Pferd sinkt! Der Gaul geht steil hoch und stürzt ebenfalls. Die folgenden Pferde stürzen über die gefallen Daliegenden. Ein tolles Durcheinander! Ich setze die Maschinenpistole ab, reiße das leergeschossene Magazin raus, schiebe ein neues ein und will weiterschießen, da geht es „Krach! Bumm!" Abschuss – Einschlag! Pferde- und Menschenfetzen wirbeln durcheinander! Unsere 7,5 cm leichten Infanteriegeschütze schießen auf kurze Entfernung (70 bis 80 Meter) in die verwirrten Kosaken! – Schnellfeuer! Mein Melder schießt auf einzelne, die sich in Deckung flüchten wollen. Sein automatisches Gewehr schießt in ruhiger Folge. Ein Russe liegt hinter seinem Pferd und schießt mit der Pistole auf uns. Schnell habe ich die Maschinenpistole hochgerissen und schieße aus der Hüfte. Er sackt zusammen – erledigt. Von dem ganzen Schwarm steht kein Pferd mehr! Nur ein paar Verwundete rufen laut: „Pan! Pan!" Vorsichtig geht mein Melder aus der Deckung des Türeingangs auf die Gefallenen zu und untersucht sie. Oft haben wir erlebt, dass die Iwans sich nur „tot“ stellen und dann hinterrücks auf unsere Männer geschossen haben. So schnell, wie der Spuk gekommen ist, so schnell haben wir ihm den Garaus gemacht! Ich trete zurück, die Spannung fällt von den erregten Gliedern. Ich lache die ängstlich in einer Raumecke zusammengedrängten Bewohner an: „Die tun Euch nichts mehr!“ Mit weit aufgerissenen Augen starrt mich das 18-jährige Mädel ängstlich an: „Ich hatte solche Angst, auch um Euch.“ Ich lache: „Ja, Kind, so ist das immer. Wer zuerst schießt und besser trifft, der hat gewonnen!“ Da hebt vor dem Gehöft, wo wir eben erst hergekommen waren, ebenfalls eine Schießerei an. Ich hebe das Glas an die Augen und sehe noch gerade eben 10 bis 15 Russenreiter in einer Mulde verschwinden. Ein jäher Schreck erfasst mich! Wenn die da nur nicht auf meine nachfolgende Gruppe stoßen! Das könnte eventuell schief gehen. Unruhig warte ich ab, ob nicht bald der Melder kommt. Inzwischen richten wir das Dorf zur Verteidigung ein. Jäskeim liegt ziemlich ungünstig in einer flachen Mulde. Man kann überhaupt nicht ungesehen herankommen. Die Bewohner stehen in der Küche, die dem Feind nicht zugekehrt ist, und beobachten unser Treiben. Sie sind glücklich, dass wir da sind und fragen uns in banger Sorge, ob wohl die Russen noch einmal wiederkommen würden. Solange wir hier sind, kommt kein Russe! „Ist hier die Beobachtungsstelle von Unteroffizier Rehfeldt?“, höre ich draußen jemand fragen. „Ja, hier bin ich. Was ist los?“ Ein Melder stapft herein, er kommt von der 2. Gruppe, Unteroffizier Bruno Sprengala und meldet, dass die Gruppe nachgezogen ist und auf Stellungsanweisung von mir wartet. Ich trete mit dem Melder vor das Haus und will ihm zeigen, wo und wie ich mir die Feuerstellung denke. Da geht es urplötzlich „ssssst-krach“ und noch einmal „ssssst-krach“. Da ducken wir uns beide und springen zurück in den Hauseingang. „Verflucht! Diese Mistsau!“, ruft der Melder. Granatwerferbeschuss! Da heißt es aufpassen! Iwan meldet sich wieder. Dann springt der Melder noch einmal los und verschwindet bald hinter den Häusern der anderen Straßenseite. Der Kompaniechef lässt mich rufen: „Rehfeldt, jetzt lassen Sie sich aber endlich mal ablösen! Sie schlafen ja im Stehen ein! Sie haben doch noch drei Unteroffiziere.“ „Jawohl, noch drei“, lächle ich müde. „Jawohl, noch drei, was heißt das? – Lassen Sie sich jetzt nun ablösen oder nicht? Was gibt’s da noch für aber?“ „Ich möchte es hier noch lieber selber machen, Herr Oberleutnant!“ Ich gehe zur Tür zurück, da kommt Unteroffizier Sprengala, der die 2. Gruppe hergeführt hat. „Hans, 2. Gruppe wie befohlen nachgeführt, Werfer sind in Stellung. Ich bitte um Zielangaben.“ „Schön, Bruno, danke, setz’ Dich“. Ich biete ihm eine Zigarette an – und hörbar zieht er dann den Rauch in die Lunge. „Junge, junge, das wäre vorhin beinahe schief gegangen. Da kamen doch so ein paar verirrte Iwans angaloppiert. Wenn die Fla nicht geschossen hätte, wäre es uns eventuell dreckig ergangen.“ Blitzschnell sind wir vom Stuhl, auf dem wir saßen, und knien auf dem Boden. Draußen zischen ein paar „Klamotten“ vorüber und detonieren mit grellem Krach hinter unserem Haus, dass die Fenster erklirren und Scheiben herausfallen. Der Schreck sitzt! Wir lachen uns an und setzen uns etwas gebückt aufs Sofa, um unter dem Fensterrand zu bleiben, als Schutz gegen Splitter. Iwan streut mit leichten und schweren Granatwerfern das ganze Dorf ab. „Strippe ist keine da, müssen eben eine Ruferkette bilden und dass mir die Leute gut aufpassen!“ Ich gebe ihm noch einige Anweisungen und schicke ihn zu seinen Werferstellungen. Günter Lorenz hat inzwischen meine Magazine wieder nachgefüllt und schäkert doch schon mit dem 18-jährigen Mädel, die ihm mit ihrer breiten ostpreußischen Aussprache viel Spaß zu machen scheint. Er spielt ihren Ritter, der sie vor allen Gefahren beschützen will. Ich sage lachend zu ihr: „Glaube nur nicht alles, was der Günter dir da erzählt! Der ist ein ganz schlim-

Не так страшен чорт, как его малюют.
"so schlimm, gefährlich, wie er aussieht ist er nicht"

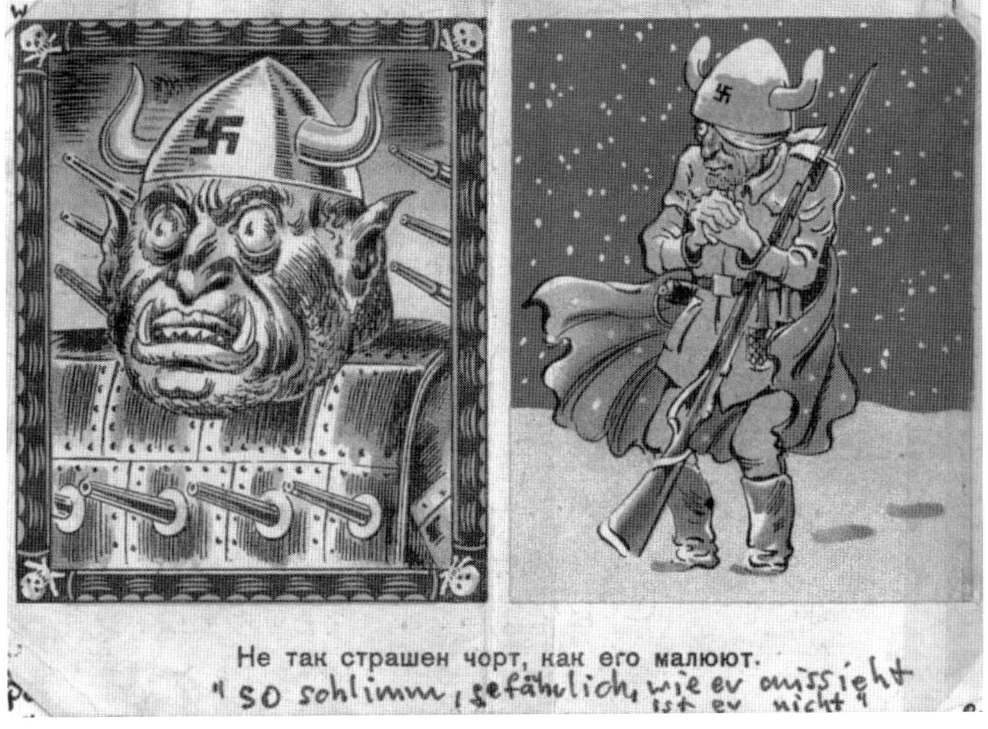

Eine aufwändig gestaltete russische Propaganda-Postkarte.

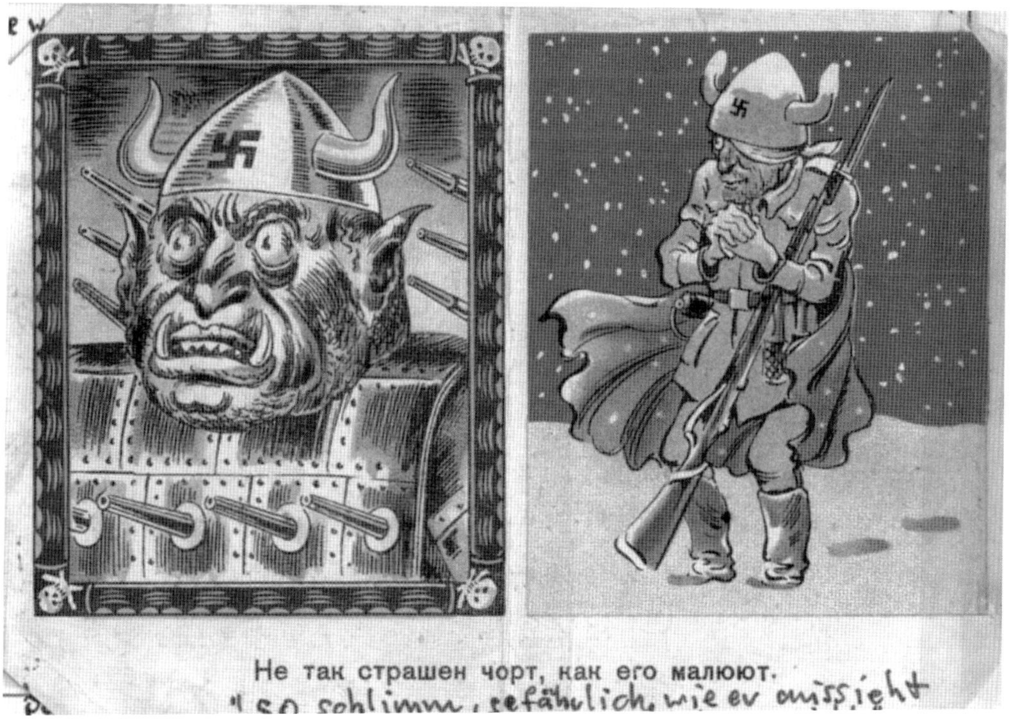
Не так страшен чорт, как его малюют.
"so schlimm, gefährlich, wie er aussieht

Diese Karte wurde irgendwo aufgefunden und wurde von der russischen Feldpost transportiert.

Welch sinn- und zweckloser Tod!
Der russische Vormarsch geht über ihre Leichen weiter nach Westen.

Die Widerstand geleistet haben...

Heute — sie, morgen — Ihr,
wenn Ihr auch weiterhin die verhängnisvollen
Durchhaltebefehle Eurer Kommandeure befolgt.

Erfrorene deutsche Gefallene auf einem russischen Flugblatt fordern die deutschen Soldaten auf, überzulaufen.

Tatsächlich hat die Rote Armee seit Stalingrad im steigenden Maße deutsche Soldaten gefangengenommen. Jedoch wurden viele deutsche Soldaten bei der Gefangennahme getötet.

für russische Überläufer!

ственностью этих крестьян. Нарезка наделов и передача земли в частную собственность будет продолжаться в рамках проводимого в настоящее время землеустройства.

Правом на землю пользуются все, обрабатывающие землю своим трудом. Наравне с крестьянами, проживающими в настоящее время в местах землепользования, землей будут наделены в полной мере и все имеющие на нее право, но временно отсутствующие крестьяне, как например: находящиеся в настоящее время на работах в Германии, на военной службе, военнопленные, военнослужащие красной армии и эвакуированные или сосланные советской властью.

Введение частной собственности на землю для крестьян является признанием их заслуг в деле сельскохозяйственнсго производства. Приложение всех усилий к восстановлению сельского хозяйства освобожденных областей и в дальнейшем является священным долгом крестьянства, которое этим содействует окончательному низвержению большевизма.

От имени Германского Правительства
Имперский министр

3 июня 1943 года РОЗЕНБЕРГ

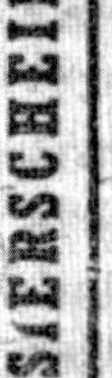

PASSIERSCHEIN

ПРОПУСК — Passierschein

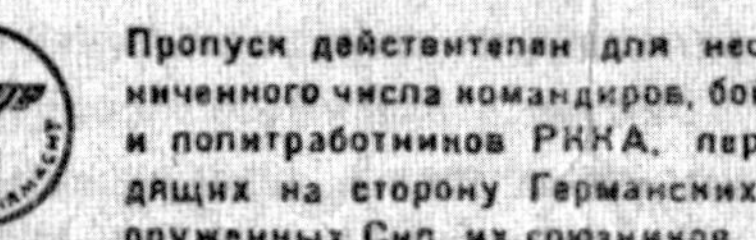

Пропуск действителен для неограниченного числа командиров, бойцов и политработников РККА, переходящих на сторону Германских Вооруженных Сил, их союзников, Русской Освободительной Армии и украинских, кавказских, казачьих, туркестанских и татарских освободительных отрядов.

Dieser Passierschein gilt für Offiziere, Politarbeiter und Mannschaften der Sowjetarmee

Переходить можно и без пропуска: достаточно поднять обе руки и крикнуть «Сталин капут» или

«ШТЫКИ В ЗЕМЛЮ!» 746/VI. 43

„Schtika w semlju"

Stalin kaputt, Seitengewehr in die Erde!

Ein einfaches deutsches Flugblatt wendet sich an die russischen Soldaten.

ЗЕМЛЯ ЖДЕТ ВАС!

Бойцы и командиры!

Ваши братья, военнослужащие Красной Армии, добровольно перешедшие на сторону Германских Вооруженных Сил или Русской Освободительной Армии, рассказывают, что советская пропаганда продолжает твердить, что «немцы передают землю крестьянам только во временное пользование». Это **ЛОЖЬ!**

В ПОСТОЯННОЕ пользование земля была передана уже 16 месяцев назад (постановлением от 15. 2. 42 г.), а сейчас, несмотря на все трудности военного времени, заканчивающееся землеустройство дало возможность признать полученные крестьянами земельные участки **их личной собственностью.** Прочтите сами текст «Декларации» и обратите внимание на то, что **права на землю бесспорно признаются и за вами.**

ДЕКЛАРАЦИЯ

Германского правительства о частной собственности крестьян на землю в освобожденных областях.

Германское правительство поощряет и защищает крестьянскую земельную собственность. Поэтому во всех освобожденных от большевиков областях вводится частная собственность на землю для трудового крестьянства.

Основой передачи земли в частную собственность является плановое землеустройство, проводимое согласно постановления о новом порядке землепользования от 15 февраля 1942 года. Земля, которая при проведении этого землеустройства по поручению Германского Управления была отведена крестьянам для постоянного единоличного пользования, признается частной соб-

Ob der Passierschein einem das Leben rettete, hing immer von der jeweiligen Situation vor Ort ab.

Gebt Euch freiwillig gefangen!

Deutsche Soldaten!

In letzter Zeit geben sich immer mehr deutsche Soldaten freiwillig der Roten Armee gefangen.

Nach zwei Jahren Krieg im Osten habt Ihr Euch davon überzeugt, daß es eine russische Gefangenschaft gibt und daß alles, was die Hitlerpropaganda darüber erzählt, **bewußte Lüge** ist. Der beste Beweis sind die 91 000 deutschen Soldaten, 2500 Offiziere und 22 Generäle mit dem Feldmarschall Paulus an der Spitze, die sich bei Stalingrad gefangengaben.

Jetzt möchten viele deutsche Soldaten gern Genaueres über das Leben in der russischen Gefangenschaft erfahren.

Wenden!

Для немецких солдат и офицеров, добровольно сдающихся в русский плен КОМАНДОВАНИЕ КРАСНОЙ АРМИИ устанавливает следующее удостоверение:

Удостоверение

Дано военнослужащему немецкой армии ....

....

звание фамилия

в том, что он добровольно перешел в плен Красной Армии. Тем самым на него распространяется постановление Командования Красной Армии о льготах и преимуществах, предоставляемых солдатам и офицерам немецкой армии, добровольно перешедшим в русский плен.

ОБРАЗЕЦ

________________ ....

Дата Подпись командира Красной Армии

КОМАНДОВАНИЕ КРАСНОЙ АРМИИ

Das russische Gegenstück gaukelt ebenso eine gute Behandlung vor.

Deshalb gibt das **OBERKOMMANDO DER ROTEN ARMEE** bekannt:

Alle Kriegsgefangenen in Sowjetrußland leben, in genauer Übereinstimmung mit dem Völkerrecht, unter normalen Bedingungen, in günstigen klimatischen Verhältnissen, erhalten ausreichende Verpflegung und arbeiten in entsprechenden Berufen. Die Rückkehr in die Heimat nach Kriegsende ist ihnen garantiert.

Der Name des Kriegsgefangenen wird ohne sein Einverständnis nicht veröffentlicht.

Vorzugsbedingungen werden darüber hinaus jenen deutschen Soldaten und Offizieren eingeräumt,

DIE SICH FREIWILLIG GEFANGENGEBEN.

Laut entsprechenden Anweisungen des Oberkommandos der Roten Armee erhalten sie:

1. **Zusätzliche Verpflegung,**
2. **Unterbringung in gesonderten Lagern** unter **besonders** günstigen klimatischen Bedingungen,
3. **Begünstigung bei der Wahl einer Berufsarbeit,**
4. **Bevorzugung bei der Abfertigung der Briefe** an ihre Angehörigen in Deutschland,
5. **beschleunigte Rücksendung nach Deutschland** oder auf Wunsch des Kriegsgefangenen in ein anderes Land **sofort** nach Kriegsende.

Auf Anordnung des OBERKOMMANDOS DER ROTEN ARMEE wird den Soldaten und Offizieren der deutschen Wehrmacht, die sich freiwillig gefangengeben, folgender Ausweis ausgestellt:

Ausweis

Dem deutschen Wehrmachtsangehörigen ....

....

(Dienstgrad) *(Name)*

wird hiermit bescheinigt, daß er sich freiwillig zur Roten Armee in Gefangenschaft begeben hat. Damit hat er Anspruch auf die **Vergünstigungen und Sonderbestimmungen**, die das Oberkommando der Roten Armee für die Soldaten und Offiziere der deutschen Wehrmacht angeordnet hat, die sich **freiwillig in die russische Gefangenschaft** begeben.

....

(Datum) *(Unterschrift des zuständigen Einheitsführers der Roten Armee)*

DAS OBERKOMMANDO DER ROTEN ARMEE

Auch hier Passierscheine, diesmal für Deutsche, die zu den Russen überlaufen wollen.

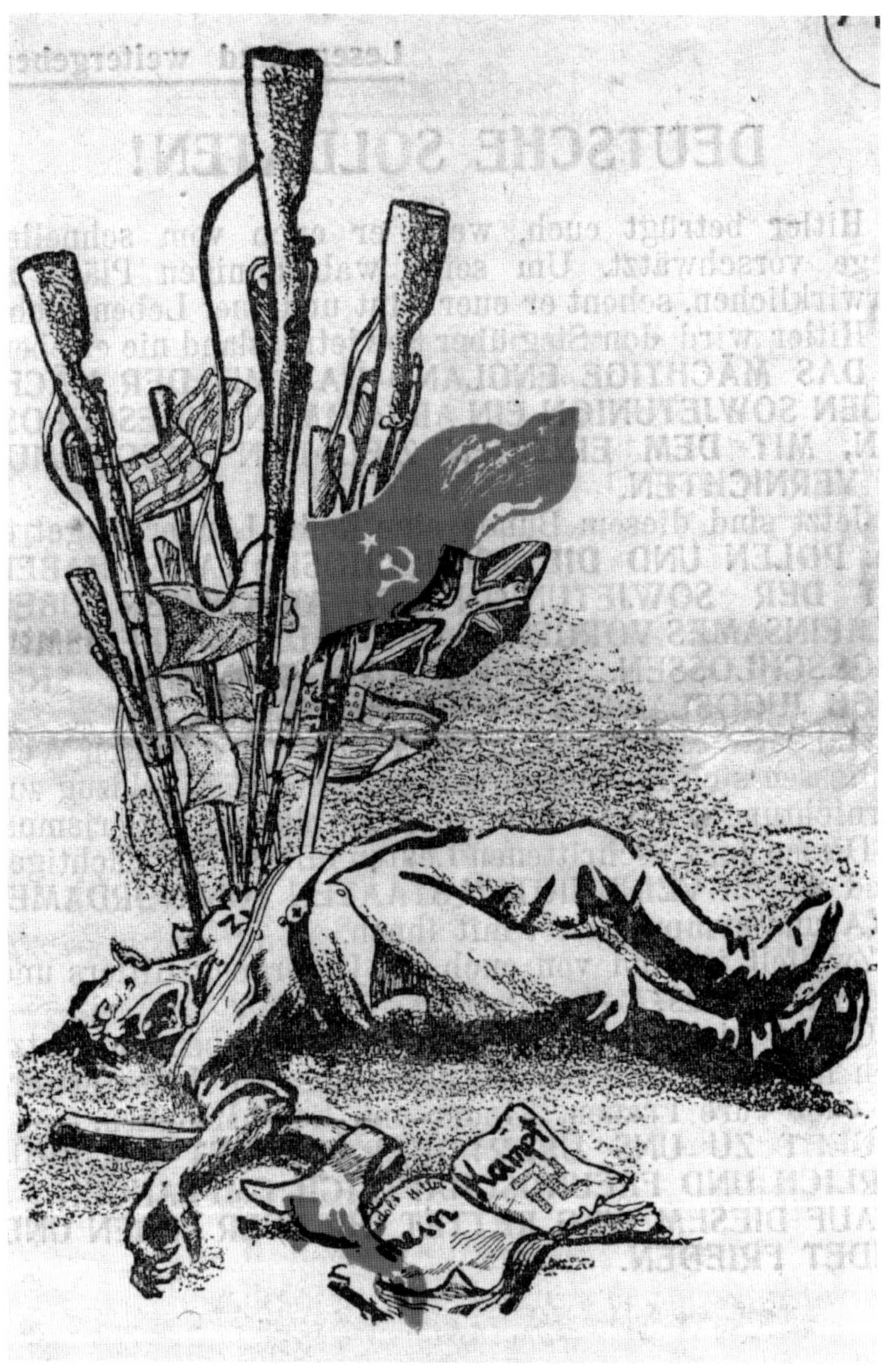

Auf dem Bild liegt Hitler erstochen von den Bajonetten der Alliierten Russland, USA und England.

Lesen und weitergeben!

DEUTSCHE SOLDATEN!

Hitler betrügt euch, wenn er euch vom schnellen Siege vorschwätzt. Um seine wahnsinnigen Pläne zu verwirklichen, schont er euer Blut und euer Leben nicht.

Hitler wird den Sieg über Sowjetrussland nie erleben.

DAS MÄCHTIGE ENGLAND HAT MIT DER MÄCHTIGEN SOWJETUNION EIN ABKOMMEN ABGESCHLOSSEN, MIT DEM EINZIGEN ZIEL DEN FASCHISMUS ZU VERNICHTEN.

Jetzt sind diesem Bunde eine Reihe Länder beigetreten: **POLEN UND DIE TSCHECHOSLOWAKEI HABEN MIT DER SOWJETUNION EIN ABKOMMEN ÜBER GEMEINSAMES VORGEHEN GEGEN DEN HITLERISMUS ABGESCHLOSSEN. DIESER KOALITION HAT SICH AUCH JUGOSLAWIEN ANGESCHLOSSEN.**

Hunderte Millionen ehrlicher Leute der ganzen Welt schliessen sich zusammen und beginnen den Feldzug zur Vernichtung der Hitlerbande und des blutigen Hitlerismus.

Diesen fortgeschrittenen Leuten hilft so ein mächtiges Land wie die **VEREINIGTEN STAATEN VON NORDAMERIKA** und sympathisiert mit ihnen.

Zweifelt jemand von euch am Untergang Hitlers und des Hitlerismus?

Opfert nicht umsonst euer junges Leben auf, setzt euch nicht den russischen Kugeln aus. Zu Hause erwarten euch eure Frauen, Kinder und liebe Mädchen.

GEHT ZU UNS ÜBER! HIER WERDET IHR BRÜDERLICH UND FREUNDSCHAFTLICH EMPFANGEN.

AUF DIESEM WEG RETTET IHR EUER LEBEN UND FINDET FRIEDEN.

Dem deutschen Soldaten soll klargemacht werden, dass die ganze Welt gegen ihn ist, was ja auch der Tatsache entsprach.

Lesen und weitergeben!

DEUTSCHE SOLDATEN!

Wißt Ihr, was in Eurer Heimat vor sich geht?

Hitlers Feldpostzensur und Eure Offiziere verheimlichen Euch die Wahrheit.

Die englischen Bomber bombardieren täglich deutsche Städte.

Am 8. Juli wurden bombardiert: Köln a/Rh., Düsseldorf, Duisburg, Krefeld, Osnabrück, München-Gladbach, Frankfurt a/M., Münster i. W., Mannheim.

Am 9. Juli wurden bombardiert: die Leuna-Werke, Hamm, Münster i. W., Bielefeld, Osnabrück.

In der Zeit vom 10. bis zum 15. Juli bombardierte die englische Luftflotte ununterbrochen Bremen, Hamburg, Wilhelmshaven, Hannover.

In der Nacht zum 17. Juli unternahmen die englischen Bomber erneut einen starken Luftangriff auf die Industrieviertel von Hamburg.

Allein in den letzten 6 Tagen wurden abgeworfen auf:

Köln . . . . 1 000 Tonnen Bomben
Bremen . . . . 500 " "
die Industriezentren
des Ruhrgebiets über 2 000 " "

Bei diesem Flugblatt sollen die deutschen Soldaten durch die Auflistung der bombardierten Städte in der Heimat verunsichert werden.

Durch die Bombardierungen werden Eure Eltern, Eure Frauen und Eure Kinder getötet. **Die Menschenopfer sind unzählbar.**

Wer ist zur Verantwortung zu ziehen für den Tod Eurer Familien im Hinterland, für das vergossene Blut an der Front?

Verantwortlich dafür ist einzig und allein der Henker Hitler. Er war es, der dieses blutige Abenteuer angezettelt hat, er hat Eure Familien dem Tode geweiht, er jagt Euch in das sichere Verderben.

DEUTSCHE SOLDATEN!

Macht Schluß mit dem Krieg!

Rettet Euer Leben!

Rettet Eure Familien!

GEHT AUF DIE SEITE DER ROTEN ARMEE ÜBER!

ПРОПУСК ЧЕРЕЗ ФРОНТ

HÖRT AUF MIT DEM MORDEN!

GEHT MIT DIESEM PASSIERSCHEIN DURCH DIE FRONT

Deutsche Soldaten! Allen, die auf die Seite der Roten Armee übergehen, wird garan tiert: das Leben, gute Behandlung und die Heimkehr nach Kriegsende.

RETTET EUER LEBEN!

KOMMT ZU UNS!

Tatsächlich war der deutsche Soldat ab 1942/43 immer in Sorge um seine Angehörigen in der Heimat, die durch die ständigen Bombenangriffe gefährdet waren.

Lesen und weitergeben!

GENERAL YORCKS BEISPIEL

Deutscher Soldat!

Der Krieg ist für Hitler verloren. Du bist im Herzen bereit, die Fahnen der Schinder und Mörder zu verlassen, aber Du fühlst Dich

durch Deinen Soldateneid an Hitler gebunden.

Du irrst Dich, wenn Du glaubst, daß die Ehre verlangt, dem hundertmal meineidigen Hitler treu zu bleiben! Sieh auf das Beispiel, das Dir der berühmte

Held der deutschen Befreiungskriege 1813–1815, Feldmarschall Hans Yorck von Wartenburg,

gegeben hat!

Er hatte seinem König den Treueid des Soldaten geschworen. Aber **er hat seinen Eid gebrochen,** er mußte ihn brechen, als er sah,

daß sein Vaterland in Gefahr war.

Auch damals sollte das deutsche Volk gegen seinen natürlichen Verbündeten und Freund, das russische Volk, kämpfen. Dieses

Die russische Propaganda griff diesmal zu historischen Vorbildern, um den deutschen Soldaten klarzumachen, Hitler die Gefolgschaft zu verweigern.

Unglück wollte General Yorck verhindern. Er lehnte es ab, das Leben Zehntausender von Deutschen den Weltherrschaftsgelüsten eines Napoleons zum Opfer zu bringen.

Er brach seinen Soldateneid

und unterzeichnete gegen den Willen seines Königs am 30. Dezember 1812 in Tauroggen den berühmten Bündnisvertrag mit Rußland.

Mit dieser Tat Yorcks begannen die deutschen Freiheitskriege!

Das deutsche Volk hat dem mutigen General Denkmäler gesetzt,

weil er seinem Volk die Treue gehalten hat!

Deutscher Soldat! Sei ein Mann wie Yorck! Erkenne die Stunde der Gefahr für Volk und Vaterland!

Hitler muß vernichtet werden, wie einst Napoleon vernichtet wurde,

damit Deutschland wieder frei wird!

Verlaß die Blutfahnen Hitlers!

Geh über auf die Seite der Roten Armee!

Passierschein — Пропуск

Ich, deutscher Soldat, **weigere mich, gegen die russischen Arbeiter und Bauern zu kämpfen.** Ich gehe freiwillig auf die Seite der Roten Armee über.

Я, немецкий солдат, **отказываюсь воевать против русских рабочих и крестьян.** Перехожу добровольно на сторону Красной Армии.

Tatsächlich gab es in der Vergangenheit Bündnisse zwischen dem Deutschen Reich und Russland.

Wichtig für jeden Soldaten an der Ostfront!

Deutsche Offiziere und Soldaten!

Euch zu beweisen, daß

Ihr diesen Krieg schon verloren habt,

hieße offene Türen einrennen. Nach Stalingrad und Tunis, nach dem Zusammenbruch der Sommer-Generaloffensive Hitlers auf Kursk, nach der Aufrollung der deutschen Front am Abschnitt Orel und nach der Landung englischer und amerikanischer Truppen auf Sizilien

ist das ja jedem klar.

Ihr wißt auch sehr gut, daß

die Russen deutsche Offiziere und Soldaten gefangennehmen und sie am Leben lassen.

Glaubt doch schon lange niemand mehr dem Propagandaschwindel, daß die Russen Gefangene umbringen. Ihr Soldaten müßt aber auch von den

Vergünstigungen und Vorrechten

wissen, die die Rote Armee denjenigen gewährt, die sich

freiwillig gefangengeben.

Diese Vergünstigungen und Vorrechte sind in einem Befehl des Oberkommandos der Roten Armee aufgezählt und bestehen in:

Den deutschen Soldaten war jedoch aus eigenem Erleben an der Front klar, dass sie beim Überlaufen zu den Russen keineswegs eine rosige Behandlung zu erwarten hatten.

1. zusätzlicher Verpflegung,
2. Unterbringung in gesonderten Lagern unter besonders günstigen klimatischen Bedingungen,
3. Begünstigung bei der Wahl einer Berufsarbeit,
4. Bevorzugung bei der Abfertigung der Briefe an ihre Angehörigen in Deutschland,
5. beschleunigter Rücksendung nach Deutschland oder auf Wunsch des Kriegsgefangenen in ein ander[illegible] Land sofort nach Kriegsende.

Den Offizieren und Soldaten, die sich freiwill[illegible] gefangengegeben, wird von dem zuständigen Einheitsführer der Roten Armee ein Ausweis ausgestellt, auf dessen Vorweisung den Kriegsgefangenen die angeführten Vergünstigungen gewährt werden.

DEUTSCHE OFFIZIERE UND SOLDATEN!

In der letzten Zeit ist die Zahl der deutschen Offiziere und Soldaten, die sich freiwillig gefangengegeben, stark angewachsen. Sie überschreiten die Frontlinie in Gruppen und einzeln, mit Waffen und ohne Waffen, mit Flugblättern und Passierscheinen und ohne sie.

Das Oberkommando der Roten Armee hat in Berücksichtigung dessen, daß die Überschreitung der Frontlinie mit gewissen Gefahren verbunden ist (Minen, Beschießung deutscherseits usw.), angeordnet:

1. die Gefangengabe deutscher Offiziere und Soldaten in jeder Weise zu erleichtern, nötigenfalls ihnen Pioniere entgegenzuschicken, um ihnen die Durchgänge durch Minenfelder und andere Sperren zu zeigen;

2. jeden Versuch von deutscher Seite, den deutschen Offizieren und Soldaten, die sich freiwillig gefangengeben, in den Rücken zu schießen, unverzüglich mit Feuermitteln zu unterdrücken.

Dieses Flugblatt gilt als Passierschein für deutsch[illegible] Soldaten und Offiziere, die sich der Roten [illegible]mee gefangengeben

Эта листовка служит пропуском для немецких солдат и офицеров при сдаче в плен Красной Армии

2649

Hans Heinz Rehfeldt hat während seiner Frontzeit diese Flugblätter beider Seiten gesammelt und in die Heimat geschickt. Es sind sehr interessante Dokumente der Zeitgeschichte.

Ein mit dem EK II ausgezeichneter Soldat auf einem Schützenpanzerwagen.

Generalleutnant Walter Hoernlein war in seiner Division „Großdeutschland" recht beliebt und erhielt für seine Führungsleistung am 15. März 1943 das Eichenlaub verliehen. Er wurde noch General der Infanterie.

Ein deutscher Kampfpanzer „Panther" rollt auf einen abgeschossenen russischen T-34 zu.

mer Casanova!" Da sieht sie mich groß an: „Oh, aber Herr Unteroffizier, das ist ja reine Eifersucht bei Ihnen!" Da lachen wir alle drei! Und dann wieder! Rumms! Da klirren Scheiben, Splitter klatschen ins Türholz und Pulverdampf zieht blaugrau zu uns. - Verflucht noch einmal, das war dicht! Erschrocken bückt sich das Mädel und sieht uns fragend an. „Die tun uns nichts, die gehen nicht durchs Dach", sage ich zu ihr. Ich gehe nun zum Kompaniegefechtsstand. Dort ist auch der Zugführer der leichten Infanteriegeschütze. Er schießt gerade seine Geschütze ein. Es ist schon dunkel, so schießt er nur Sperrfeuer ein. Der Chef steht neben ihm: „Lassen Sie das Feuer so liegen, den Rest kann Rehfeldt machen. – Ah, da ist er ja, schießen Sie auch noch Sperrfeuerräume ein." Er zeigt mir, wo das Feuer liegen soll. Vom Russen ist so gut wie nichts zu sehen. Ich lasse feuerbereit machen und gebe dann die ersten Kommandos. „Auf MKZ 12, Entfernung 300 Meter, rechter allein – feuern!" Jedes Feuerkommando muss wegen fehlender Telefonstrippe über Ruferkette durchgegeben werden. Ich habe besondere Posten einteilen lassen. Mein Sperrfeuer kann ich bis auf 150 Meter heranziehen. Zu den Seiten gebe ich grobe Strichkorrekturen. Der Chef stellt mit Besorgnis fest, dass in unserem Dorf überhaupt keine Infanterie mehr ist. Alle drei Schützenkompanien liegen links von uns. Da müssen wir uns als schwere Kompanie selbst schützen. Die Leute dazu fehlen uns natürlich. Wir können nur an den wichtigsten Stellen Posten aufstellen. Die schweren Maschinengewehre sind in vorderster Linie. Meine Leute, die Munitionsschützen werden zur Sicherung nach rechts eingeteilt. Ein Vorgeschobener Beobachter der Artillerie ist zu uns gekommen, aber dessen Funkgerät klappt nicht. Er bleibt aber über Nacht bei uns. Der Chef richtet seinen Kompaniegefechtsstand auch in unserem Haus ein, sodass wir alle dicht beieinander sind. Bald kommen Melder, Gruppenführer und Gewehrführer zu uns und fragen oder melden irgendetwas. Endlich besteht ein übersichtlicher Plan zur Ortsverteidigung. Aus Sicherheitsgründen werden die leichten Infanteriegeschütze auf das weiter hinter uns liegende Gehöft zurückgezogen und bis zu uns Draht gelegt. Ein paar Männer bringen zwei Gefangene zum Kompaniegefechtsstand. Beide sind verwundet. Ich frage sie aus, aber aus ihren Reden werde ich nicht klug. Wahrscheinlich wissen sie selbst nicht viel. Ein Melder, den der Vorgeschobene Beobachter der Artillerie zurückschickt, soll die beiden mitnehmen. Die jammern und schreien laut, wohl weil sie Schmerzen haben. Schimpfend und fluchend zieht der Melder mit ihnen ab. Schärfste Aufmerksamkeit wird allen befohlen. Der Chef geht die Stellungen ab und kommt dann zu mir. Wir müssen heute Nacht auch wach bleiben. Wir teilen uns die Nacht in zwei Hälften ein. Von 20.00 bis 01.00 Uhr wachen der Chef und ich, von 01.00 bis 06.00 Uhr der Artillerieleutnant und Feldwebel Große. Draußen ist es inzwischen ganz finster geworden. Wir verdunkeln das Fenster und setzen uns an den Tisch, und ich schreibe bei trübem Licht einer Petroleumlampe die Tagesmeldung. Ob heute wohl Essen nach vorne kommt? Keiner weiß das zu sagen. Im Ofen bullert das Feuer, draußen ist es recht kalt. In der Schlafstube haben sich die Bewohner hingelegt, der Artillerieleutnant und unser Leichte-Infanteriegeschütz-Zugführer haben sich auf den Boden lang ausgestreckt – einer von ihnen schnarcht laut. In monotoner Gleichmäßigkeit schrillt alle 15 Minuten das Telefon ganz kurz – Leitungsprobe. Gegen 22.00 Uhr überprüfe ich noch einmal die Alarmbereitschaft der Männer. Der Posten ist erfreulicherweise „auf Draht". An der Hausecke bei unserer Beobachtungsstelle steht ein Beobachter, der aufgeregt zu mir kommt und meldet, der Russe arbeite sich an unser Dorf heran. Ich nehme mein Nachtglas und starre aufmerksam in das Dunkel. Vor uns ist das Gelände etwa auf 300 Meter ziemlich eben, dann steigt es zu einer kleinen

Höhe an, hinter der man die Häuser des Ortes Seepothen hell brennend sehen kann. Gegen den hellrot angestrahlten Nachthimmel sieht man deutlich die Iwans einzeln und auch in Gruppen über die Höhe kommen. Sie gehen aufrecht mit umgehängten Gewehren oder den Spaten auf der Schulter. Hinter einem Koppelzaun, den man etwa 200 Meter vor uns erkennt, sieht man schanzende Soldaten, die eifrig hin- und herrennen. Mal stehen mehrere zusammen, reichen sich wie zur Begrüßung die Hände und stampfen mit den Füßen. Iwan hat auch, wie wir, kalte Füße. Wir beobachten eine Weile, dann melde ich dem Chef und erbitte Feuererlaubnis. Da ich noch mehr Munition habe als die leichten Infanteriegeschütze, gibt er 20 Schuss frei für meine Werfer. Wartend beobachte ich die Russen, schätze die Entfernung noch einmal, da kommt der Ruf „feuerbereit". Ich drehe mich um und gebe das Kommando: „Feuern!" Laut hallen die Abschüsse in die stille Nacht. Das, was meine größte Sorge ist, tritt aber nicht ein. Das Mündungsfeuer der Werfer ist nicht zu sehen, nur einmal noch fliegen einige Funken von der verbrennenden Zusatzladung über das Haus, hinter dem die Feuerstellungen sind. Vier Granaten sind auf der Reise und voller Spannung warte ich, das Glas an den Augen, auf die Einschläge. Leise zischend sausen die Granaten vor uns nieder, dann blitzt es viermal grell auf, der Schall bricht sich an den Häusern – gut – tadellos! Ich gebe eine Korrektur und lasse noch einmal schießen. Wieder der harte kurze Abschussknall, dann zischt es über uns und nach etwa 20 Sekunden blitzen die Einschläge auf. „Bretsch! – Bretsch!" Das typische Geräusch detonierender Granatwerfergeschosse. Die Russen sind wie vom Erdboden verschluckt. Nur einzelne springen noch herum. Nach den letzten Einschlägen gibt es drüben großes Geschrei. Da hat es einen sehr wahrscheinlich böse erwischt. „Na, siehste", brumme ich, „da ist doch der Erfolg wenigstens noch zu hören". Ich ermahne den Posten, immer hellwach und auf Draht zu sein. „Immer gut beobachten und wenn da etwas verdächtig erscheint, Meldung an mich." Ich gehe wieder ins Haus. Der Chef sitzt am Tisch, der Kopf ist ihm auf die Brust gefallen – er schläft. Leise setze ich mich aufs Sofa und denke nach: „Verflucht, ja, müde sein, das kann man schon – tage- und nächtelang ist man herumgerannt, gefahren worden, hat gekämpft, und immer, wenn man glaubt, mal eine kurze Zeit Ruhe zu haben, gibt es wieder irgendeinen „Rabatz". Draußen vor der Tür Gepolter, dann stapft jemand herein. Er blinzelt ins Licht, da erkenne ich ihn, unser Fourier Unteroffizier Hermesmann (Hagen). „Na, haste denn das Essen mitgebracht?" frage ich ihn. Er nickt und tatsächlich, das Essen ist gekommen. Da werden die müdesten Landser wieder munter! Der Chef ist wach geworden, erstaunt blickt er auf seine Uhr, schüttelt den Kopf: „Da habe ich doch tatsächlich geschlafen." Inzwischen ist die Meldung wie ein Lauffeuer rundgegangen. – „Verpflegung ist gekommen!" Die Essensholer ziehen los. Der Lkw hat auch noch Munition mitgebracht. Das ist eine gute Beruhigung für mich. Dann kommt auch schon Günter, mein Melder, mit dem dampfenden Kochgeschirr an. Wunderbar, wie das warme Essen gut tut, wir sind nicht zurückhaltend mit unserem Lob! Hunger haben wir wie die Wölfe. Die kalte Verpflegung wird gleich danach auch zur Hälfte aufgegessen, nach dem Grundsatz, was nützt Dir das schönste Essen, wenn Du vielleicht schon tot bist? Der Chef bespricht mit dem Fourier, der eine große Mappe mit zu unterschreibenden Papieren dabei hat, alles Mögliche, was beim Tross hinten für uns alles getan werden soll. Da gibt es vielerlei zu bedenken. Schließlich sind sie auch damit fertig, und der Spieß soll morgen eine Flasche Schnaps mitbringen. „Meine Großmutter hat morgen Geburtstag", rufe ich dem Fourier zu. „Das ist ein Grund zum Feiern!" ruft der Chef lachend. „Jawohl, Herr Oberleutnant." Wir lachen alle. Dann sitzen wir noch beisammen. Wir sind beide in derselben Stadt zu Hause Unteroffizier Hermesmann und ich. Wir reden vom Urlaub, von den letzten Terrorangriffen auf Hagen und ob wohl bald Post zu uns kommen wird? Wir horchen auf, denn draußen rattert ein Maschinengewehr. Da brechen wir die Unterhaltung ab. Was ist da los? Ich gehe zu unserem Alarmposten raus, der immer noch an der Hausecke steht. „Na, was war los?" Er berichtet mir, dass bei unseren schweren Maschinengewehren eben ein paar Iwans übergelaufen seien. Ich blicke wieder durch das Glas und sehe vor uns bei dem Zaun die Iwans im Schnee buddeln und einzelne herumspringen. Plötzlich sagt der Chef: „Rufen Sie doch mal." Ich lache – aber warum eigentlich nicht? Ich lege die Hände zu einem Trichter an den Mund und dann schallt es zum Iwan hinüber: „Rußki, idi ßuda, poloschi orujgie e ruki werch!" (Russen, kommt hierher! Werft die Waffen weg und Hände hoch!) So und mit Variationen rufe ich fast eine gute halbe Stunde lang, bis mir der Hals weh tut. Und da kommen doch tatsächlich noch einige „Pans" angekrochen. Unsere Maschinengewehrleute nehmen sie vorne gleich fest. Schließlich gebe ich die Ruferei auf. Peng! Geht's da beim Iwan und mit „huii!" pfeift eine Granate über uns hinweg. Die Leuchtspur sieht man scheinbar im Himmel verschwinden. Nun schießt Iwan in fast gleichen Abständen immer wieder, ohne jede Korrektur ins Blaue. Die tun niemandem weh. Ein Blick auf das Leuchtzifferblatt meiner Uhr zeigt 01.15 Uhr. Unsere Wache ist beendet. Ich gehe rein ins Haus, ermahne den Posten noch einmal, und sage im Vorbeigehen dem Chef: „Herr Oberleutnant, Sie können sich jetzt schlafen legen, unsere Wachzeit ist um. Gott sei Lob und Dank. Er legt sich aufs Sofa dicht beim Ofen und schließt die Augen. Ich öffne leise die Tür zum Schlafzimmer; im schwachen Schein einer Petroleumlampe sehe ich den Artillerieleutnant und den Oberfeldwebel Große auf dem Boden schlafend liegen. Ich wecke beide zur Wache und mache mir ein Lager zurecht neben dem großen Kachelofen, der immer noch schön warm ist. Stahlhelm und Maschinenpistole hänge ich am Bettpfosten auf. Das Koppel mit den Magazinen und dem Brotbeutel lasse ich vorsichtshalber umgeschnallt. Auf den Betten liegen voll angezogen die Bewohner, auf dem Boden dazu die beiden Melder und der Sani sowie der Kompanietruppführer. Es ist recht dunkel im Raum. Ich finde nichts, um es unter meinen Kopf zu schieben. Da richtet sich eine Gestalt auf, reibt sich die Augen und guckt mich groß an. Dann begreift sie die Situation und lacht mich an. Sie hat sicher zuerst vergessen, wie die augenblickliche Lage hier ist, und ist ganz erschrocken, wo all die vielen Soldaten herkommen in ihrem Schlafzimmer! Es war die kleine 18-jährige Maria. Fragend sieht sie mich an: „Ob die Russen morgen wohl wieder kommen? Ich habe so schrecklich Angst. Und was macht ihr?" Sie tut mir leid, aber was soll ich ihr da jetzt sagen? „Wir sollen nach Königsberg durchbrechen, im Augenblick aber sind wir rundherum eingeschlossen. Ihr müsst sehen, dass Ihr zu unserem Tross durchkommt. Aber ich selbst weiß jetzt auch noch nicht, wie das werden wird." Das ist alles, was ich ihr sagen kann. Sie seufzt und legt sich wieder zurück, die Augen schließend. Ich habe den Kopf auf die Arme gestützt und betrachte das schlafende Mädchen. Der trübe Schein der Lampe lässt mich die Gesichtszüge nur erahnen – es ist ein hübsches Gesicht, von langem Haar umrahmt. Bald schläft sie tief. Ich denke an den Krieg, wie wird er ausgehen? Zweifel keimen auf. Ich denke an zuhause und schlafe ein. Draußen rattert ein Maschinengewehr, eine Leuchtkugel wird abgeschossen und ich lausche mit geöffneten Augen, bald ist aber wieder Stille, ich schlafe schließlich endgültig ein.

Ein letzter Versuch

31. Januar 1945: Wach werde ich, als in der Stube ziemlich laut und hastig gesprochen wird. Durch das Fenster fällt schon Tageslicht. Was ist los? Mit einem Sprung bin ich auf den Beinen, die Maschinenpistole in der Hand. Die Bewohner flüchten mit Sack und Pack in den Keller. Ich stülpe mir den Stahlhelm auf den Kopf, stecke mir eine Zigarette ins Gesicht und wecke die noch schlafende Maria. „Los, geh' auch in den Keller, Iwan greift an!" „Was macht Ihr? Bleibt Ihr?", fragt sie mich mit Angst in der Stimme. „Ja sicher, wir bleiben. Nun komm' und schnell in den Keller." Da verschwindet sie auch schnell in der Kellerluke. „Krach! Wumm!" geht's draußen und Pakgranaten fauchen vorüber! Das scheint ernst zu sein! Auch Granatwerferüberfälle mehren sich. „Junge, Junge soo'n Krach am frühen Morgen", lacht mein Melder Günter Lorenz und dann futtert er seinen ganzen Rest der Kaltverpflegung auf. „Na, Du willst wohl auch vorm Heldentod noch einmal gut gegessen haben?" Da beginnen auch die russischen schweren Maschinengewehre zu bubbern und dann peitschen die ersten russischen Gewehrschüsse gezielt in die Häuser. „Iwan kommt! Iwan greift an!" Alles ist hellwach! Ich renne zum Hinterausgang und schreie Feuerbefehle! Aber gerade jetzt, wo es auf Schnelligkeit ankommt, klappt es nicht. Ich „rase" innerlich. Endlich! Endlich! „Feuerbereit!" Von großer Befriedigung erfüllt, weiß ich jetzt meine Granaten auf dem Weg zum Feind. Die ersten Einschläge liegen zu weit. Ich schreie in den Lärm hinein: „Einhundert Meter abbrechen! 10 weniger, je Werfer 5 Schuss! Feuerbereitschaft melden!" Und dann warte ich auf die Abschüsse. Da! Diesmal sind es 20 Schuss (4 Werfer je 5 Granaten), die in schneller Folge die Rohre verlassen. Wie ich so das Gelände absuche, vor allem, um die Pak zu finden, die uns so wenig zärtlich „beharkt", entdecke ich ganz rechts, noch hinter dem Bahndamm eine Unmenge russischer Infanterie, die sich dort eingegraben hat und nun gegen uns in Stellung gehen. Aber nach dorthin haben wir gar keine Front. Mit dem festen Gedanken, die willst du beim nächsten Mal ordentlich ausräuchern, lasse ich mitten auf die vor uns angreifenden Russen schießen. Aber das ist wohl nur ein Scheinangriff, denn die Iwans kommen nicht näher. Vielleicht will er nur mal unsere Waffenstärke feststellen. Allmählich beruhigt sich der Rabatz. Die Spannung lässt nach. Ich erkläre dem Chef meine Absicht, die Iwans ganz rechts von uns mal ordentlich zu bekämpfen. Er ist von meiner Idee hellauf begeistert und will auch die leichte Infanteriegeschütze noch darauf hetzen. Ich rufe Unteroffizier Sprengala zu, auf der Beobachtungsstelle zu bleiben und laufe selbst in langen Sätzen zur Feuerstellung. In einem Haus sitzen die Jungs, die Posten stehen draußen und beobachten. Fahrer und Beifahrer der Lkws sind bei ihnen. Der Sprit reicht nicht für die Rückfahrt! Unser Fourier (Unteroffizier Hermesmann) ist zu Fuß zurück, um Sprit zu beschaffen. Die Wachen stehen getarnt hinter den Häusern, aber von rechts kann der Iwan möglicherweise doch hier einsehen. Und die will ich mir mal vornehmen! Ich lasse mir die Munitionsbestände melden und erfahre erstaunt, dass für vier Werfer insgesamt gerade noch 100 Schuss zur Verfügung stehen. Das will nicht in meinen Kopf. „Ist denn gestern Abend keine Munition mehr gekommen?", will ich wissen. Doch, aber die ist noch auf dem Lkw! Die hat noch keiner abgeladen! Da gibt es Krach! Schnell werden Leute eingeteilt, die nun die Munition vom Wagen runterholen. Ich kann auf fast 400 Wurfgranaten rechnen! Das ist schon was! Eine richtig günstige Beobachtungsstelle ist aber nicht zu finden. Notgedrungen muss ich ohne gute Deckung schießen. Nur der Gartenzaun gibt Sichtdeckung. Ich stehe hinter einem niedrigen Kaninchenstall. Die Werfer stehen offen, nur 10 Meter hinter mir. Meine Feuerkommandos kann ich direkt durchrufen. Die leichten Infanteriegeschütze beschießen ein Bahnwärterhaus, bei dem sie eine Pak vermuten. Meine ersten vier Granaten detonieren „mitten mang die Russen", wie der Rohrschütze, ein echter Berliner (Fritz Barth, aus Oranienburg) so schön sagt. Und dann geht es Abschuss auf Abschuss! Drüben beim Iwan steigt eine Rauchwolke auf, bald folgen weitere – der Schnee färbt sich dunkel. Ab und zu fliegen dort irgendwelche Gegenstände durch die Luft, Latten oder Bretter. „Volltreffer! – Volltreffer!" ruft der Chef und freut sich wie ein Kind. Auch mir macht es Spaß! Wahrscheinlich würde ich die ganze Munition verballern, aber das geht ja nun doch nicht! Leider muss ich jetzt aufhören. Eine größere Gruppe Iwans ist nach links in eine Senke verschwunden. Na, da wollte ich doch mal hinhalten! Plötzlich zischt es heran, etwa 20 Meter vor mir haut die Granate in den Schnee. Hallo! Iwan gibt kontra! Feuerpause, volle Deckung! Und da kommen jetzt schon 3 Granaten ins Haus! Diese Pak („Ratsch – Bumm!") war deswegen so gefährlich, weil man zuerst den Einschlag die Detonation hörte und wenn man den überlebt hatte, Sekunden später den Abschussknall. Iwan will meine Feuerstellung unter allen Umständen ausschalten. Es setzt sich jetzt jeder so, wie er es für sich am sichersten hält. Viel passieren kann eigentlich nicht, denn es sind zwei Wände zu durchschlagen und außerdem sind wir große Optimisten! Zur Abwechslung rummst Iwan auch mal mit der 15,2 cm-„Schwarzen Sau" ins Dorf. Das sind sehr unangenehme Dinger! Zwischen zwei Einschlägen, die unmittelbar neben unserem Haus detonieren, kommt ein Melder von der Beobachtungsstelle angehetzt: „Dunnerlittchen! Das war knapp am Leben vorbei!" prustet er raus. Er atmet hastig, kein Wunder, wenn er so gerannt ist. In der Hand hält er den Flügelschaft einer russischen 12 cm-Wurfgranate (Granatwerfer). „Den hat uns Iwan direkt auf den Küchentisch gesetzt!" erzählt er. Diese 12 cm-Wurfgranate ist genau aufs Dach der Beobachtungsstelle gehauen, durchgeflogen und auf dem Dachboden explodiert. In der Küchendecke war plötzlich ein Loch und mitsamt dem Dreck, der da runterkam. Bumm! – Und das Ding auf dem Tisch! Wir waren gerade beim Essen. „Die Gesichter hättet Ihr sehen müssen!", lacht er. „Ratsch-Bumm" – wir sind wieder gemeint. Nun müssen wir vorsichtiger sein. Und kaum gedacht, geht's draußen wieder: „Krach! – Bum! – Krach! Scheiben gehen zu Bruch, es klirrt und Pulvergeschmack legt sich auf die Zunge. Da bin ich wie ein „geölter Blitz" vom Sessel auf den Boden gerutscht. Das war ja mal wieder ein netter Feuerüberfall. Wie ich mich so umsehe, hocken alle auf dem Boden oder ducken sich an die Wand. Es wirkt geradezu lächerlich – und ist doch so verdammt ernst! Kaum ist dieser Schreck vorüber, da kommt schon ein neuer! Auch jetzt haben wir wieder unverschämtes Glück! Wir horchen auf – keiner sagt etwas! – Was da in der Luft über uns dahinrauscht, das ist uns bisher noch nie vorgekommen! Ganz fremd, neuartig zischt es über uns dahin. Und dann scheint die Erde zu beben! Das Haus schwankt, Putz, Kalk und Mörtel fallen von der Decke und aus den Wänden. Immer neue Stöße rütteln uns, Fensterscheiben werden durch den Luftdruck eingedrückt! Und es hat auch unheimlich gerummst! Wir sehen uns erstaunt an. Mensch, das sind aber ganz dicke Brocken! Wenn die in unser Dorf gegangen wären, in die Häuser, weiter mag ich gar nicht denken! Wir sehen 20 bis 30 Einschläge, große, schwarze Trichter mit einem Durchmesser von fast 8 bis 10 Metern, mit dicken herausgeschleuderten gefrorenen Erdbrocken. Aber die Einschläge liegen wohl 300 Meter zu weit, hinter Jäskeim. Hoffentlich kommt nicht noch einmal so eine Lage. Ich habe geglaubt Iwan würde uns mit erbeuteten „Stuka zu Fuß" beschießen. Aber auch er hatte Werfer mit verschiedenen Kalibern. Dies waren die 28 cm-Raketengeschosse der

„M-28“ mit 60 Kilo Sprengstoff! Zu unserem Glück hat er uns damit vorerst nicht wieder beschossen! Ich überlege, ob ich nicht besser Wechselstellungen machen solle, denn wir sind hier ohne Zweifel erkannt. Während ich noch darüber nachdenke gibt's einen Mordskrach und darauf lautes Gepolter, als wenn das ganze Haus zusammenfallen wollte. Ganz vorsichtig geht einer raus und sieht nach, was da eigentlich passiert ist. Aber der kommt schnell wieder zurück und ruft: „Los! Raus, das Haus brennt!“ Da hört man auch schon das Knistern und Qualm steigt auf. Daraufhin befehle ich, dass alle fünf Häuser weiter rauf sammeln und dort in Stellung gehen sollen. Um eine Feuerstellung zu suchen, gehe ich mit meinem Melder los. Aber so einfach ist das nicht! Der Russe, der alles, was vor den Häusern rumläuft, sehen kann, schießt auf den einzelnen Mann mit der Pak, wovon er jetzt schon mehrere eingeschossen hat. Bei einem Sprung zwischen zwei Häusern setzt er mir einen Schuss beinahe direkt vor die Nase, sodass ich fast in den Einschlag reinrenne. Der Schreck sitzt tief! Hinter dem nächsten Haus halte ich erst einmal an, um zu verschnaufen. Günter ist noch hinter dem letzten Haus: „Los, komm', es schießt gerade nicht!“, rufe ich ihm zu. Vorsichtig peilt er um die Ecke. Da knallt es einmal kurz auf, der Einschlag sitzt im Dach des Hauses, hinter dem ich in Deckung stehe. Da wetzt Günter auch schon los! Er macht es als „alter Krieger“ ganz richtig! Immer sofort nach dem Einschlag muss man losrennen, denn dann muss Iwan erst wieder laden und nachrichten! Günter lacht mich an, doch dann zucken wir zusammen! Iwan hat ihn ja laufen gesehen, und schon krepiert eine Granate in der Vorderwand des Hauses, dass die Ziegelsteine nur so zerspritzen! Nun warten wir beide noch einen Augenblick, und machen dann einen gemeinsamen Sprung zum nächsten schützenden Haus. Und das geht immer durch tiefen Schnee! Ich kann nicht klagen, dass mir kalt wäre, dafür heizt uns Iwan tüchtig ein. Wir sehen uns an, meine nachfolgenden Leute sind hinter mehreren Häusern verteilt und arbeiten sich langsam zu uns heran. In banger Sorge verfolge ich jeden einzelnen, wenn er den Sprung wagt, um von einem Haus zum nächsten zu gelangen. Die Pak-Schießerei wird immer heftiger, einige Häuser brennen schon, wir sehen mit hochstiebendem Funkenflug ein Dach zusammenbrechen. Ich überlege, dass es am hellen Tag eigentlich Wahnsinn ist, bei solcher Feindeinsicht Wechselstellungen beziehen zu lassen! Aber es muss sein. Da kommt wieder einer meiner Leute durch den Schnee herangekeucht, in jeder Hand einen Munitionskasten und die Werferbodenplatte mit beinahe 25 Kilo Gewicht auf dem Rücken! Im Augenblick ist kein Werfer feuerbereit. Wenn der Russe jetzt nur nicht angreift! Die beiden Truppführer kann ich auch nirgends sehen. Keiner weiß, wo die stecken. Noch ist alles gut gegangen, trotz der Schießerei keine Ausfälle! Nun ist mein ganzes Bemühen, wenigstens einen Werfer feuerbereit zu kriegen. Verbindung mit der Beobachtungsstelle ist noch nicht möglich. Wer weiß, wo der Chef steckt? Da heißt es selbstständig handeln. Mein Zorn ist gewaltig, weil mich von den beiden Gruppenführern auch nicht einer unterstützt! Da kommen mit einem Mal der Kompanieführer der 7. Schützenkompanie aus einem Haus und hinter ihm mehrere Männer. Ich rufe ihn an und frage, wo denn die 7. Kompanie sei. „Hier ist unser Kompaniegefechtsstand, wir bleiben bei Euch im Dorf“, sagt er. Der Chef der 7. Kompanie setzt gerade seine Leute zur Ortsverteidigung ein. Ich berate ihn und zeige ihm meine Feuerstellungen. Iwan schießt jetzt aus allen Rohren! Hell berstend hört man ununterbrochen die Pak-Granaten detonieren. Da Iwan nicht weiß, in welchem der Häuser sich deutsche Soldaten befinden, setzt er ab und zu in jedes Haus ein paar Schuss hinein. Die Vorderfronten der Häuser sind schon alle zerschossen. In Sorge um meinen Zug gehe ich wieder raus und suche meine Männer zusammen.

Es scheint fast unmöglich, so wie vorher, von Haus zu Haus zu kommen. Die Männer stehen hinter den Häusern in Deckung und warten ab. Um nun endlich einen Werfer feuerbereit zu haben, fordere ich sofort Bodenplatte, Zweibein und ein Rohr, ganz gleich ob sie zusammen gehören oder nicht, und soviel Munition, wie erreichbar ist. Der erste wagt den Sprung, es ist der Gefreite Bleuel. Als Werferführer kommt er mit der Bodenplatte angekeucht und geht sofort hinter dem Schulhaus in Stellung. Zweibein und Rohr kommen ebenfalls. Der Werfer ist komplett und feuerbereit. Die Munition wird auch herbeigeschafft. Es geht immer auf Biegen und Brechen. Aber Glück muss man haben, es gibt noch keinen Ausfall! Immer wieder frage ich, ob nicht einer wisse, wo meine beiden Unteroffiziere sind. Schließlich sagt mir einer: „Die sitzen in einem tiefen Keller und saufen, die haben Schnaps gefunden." – Ich bin empört! Aber was hilft es, lasst doch die Kerle liegen! Eine stille Wut packt mich, da jage ich meinen Melder (den Gefreiten Günter Lorenz, gefallen im Februar 1945) heraus, setze ihn den größten Gefahren aus, derweil die Kerle saufen! Nun bin ich aber heilfroh, dass endlich ein Werfer einsatzbereit ist. Ich bin dem Gefreiten Bleuel sehr dankbar, der Kerl hat doch Mumm! „Hat der Bleuel schon das EK II?" frage ich. „Nein, Herr Unteroffizier!" ist die Antwort. Was nicht ist, das kann noch werden! Feindliche Granatwerfereinschläge mehren sich. Wir horchen auf, das ist verdächtig. Und richtig, da ballern auch schon die russischen Maschinengewehre los und Maschinenpistolen knallen, Explosivgeschosse flitzen durch die Luft und zerknallen an Bäumen, Sträuchern und Hauswänden. Ich peile vorsichtig um die Hausecke, blicke auf das Vorfeld. Aha, da kommen sie an. Vereinzelt laufen Iwans in weißer Tarnkleidung, mit ihren Gewehren oder Maschinenpistolen schießend auf unser Dorf zu. An meiner alten Beobachtungsstelle sind sie schon verflucht nah dran. Aus allen Fenstern schießen unsere Männer. Nun beginnt auch neben mir das Geknalle. Ich hebe die Maschinenpistole, ziele sorgfältig, an die Hausecke angelehnt, auf zwei heranspringende Russen. Ich erwische sie beide. Neben mir schießt jemand mit einem russischen Selbstladegewehr auf einen russischen Maschinengewehr-Schützen. Ich beobachte mit dem Glas die in den Schnee spritzenden Einschläge. In kurzen Abständen geht es „Peng! – Peng! – Peng!". Das geht zwei-, dreimal daneben, beim 4. Schuss stolpert der Iwan und fällt vornüber. Keinen Mucks macht der mehr! Ich blicke anerkennend zu dem Schützen. Der steckt den Kopf durch das Fenster, grinst mich an. „Der Nächste, bitte" – und er schießt schon wieder. In meinem Magazin sind 15 Schuss. Die Iwans rennen mit heiserem „Urrrääh!" gegen uns an. Wir müssen höllisch aufpassen, bis an die Häuser darf er nicht herankommen. Aus allen Fenstern, hinter allen Ecken schießen wir mit Maschinengewehren, Maschinenpistolen oder Gewehren. An meiner alten Beobachtungsstelle hört man den typischen „dünnen" Knall von Pistolen. Dort muss der Iwan schon sehr nah rangekommen sein. Da krepieren im Nebenhaus zwei Pak-Granaten. Volltreffer! Unser schweres Maschinengewehr, das ununterbrochen geschossen hat, schweigt! Ich habe das Glas an den Augen. Verdammt, die hat's erwischt! Ein einzelner Mann kommt zurückgerannt, vom Feind heftig beschossen. Das schwere Maschinengewehr ist leider hinüber. In dem allgemeinen Tumult höre ich plötzlich eigene Granatwerferabschüsse! Erstaunt drehe ich mich zur Seite. Die schießen ja selbstständig! Gespannt schaue ich auf die Einschläge. Tadellos! Die liegen gut, sollen nur weiter schießen! Ich rufe dem Bleuel zu: „Los! Weiter feuern!" und freue mich, wie gut das Feuer liegt! Tadellos gerichtet, der Junge! Selbstständig weiter schießen, doch nur noch wenige Abschüsse verhallen – dann ist Schweigen im Wald. Keine Munition mehr. Dann pfeift es von weiter hinten hell auf „huiii rumms…"! Unsere leichten Infanteriegeschütze schießen.

Aber auch die scheinen nur wenig Munition zu haben, denn es kommt jeweils immer nur eine Granate allein. Gezieltes Punktfeuer, sie setzen noch einige Schüsse in die Angreifer. Dann ist auch das aus. Nun stehen wir da und sollen mit knapp 50 Männern ein ganzes Dorf gegen dreimal so starken Russenfeind verteidigen, der noch dazu schwere Waffen zur Verfügung hat. Jetzt heißt es, sich seiner Haut zu wehren! Ganz dicht lassen wir die Iwans herankommen, 100 Meter, 50 Meter! Dann aber, wie auf dem Schießstand – Scheibenschießen! Jeder Schuss ein Treffer! Immer mehr Iwans werden einzeln abgeschossen. Die anderen werfen sich in den Schnee und wollen in Stellung gehen. Aber das soll ihnen schlecht bekommen. Mit drei Mann schießen wir gleichzeitig auf einen Russen, der da im Schnee verschwinden will. Nur kurze Zeit buddelt er noch vergeblich mit den Armen, dann sackt er zusammen und liegt bewegungslos im Schnee. So wird einer nach dem anderen „weggeputzt". Einige wollen flüchten, aber auch von denen schießen wir noch etliche heraus. Auf dem Schnee sehen wir die dunklen Gestalten liegen. Wir erkennen aber auch, dass die weiße Winteruniform recht gut tarnt! Einige bewegen noch kurz einen Arm oder ein Bein; einer versucht mühsam, aufzustehen – „peng", und er sackt weg, endgültig. Aufatmend setzen wir die Gewehre und Maschinenpistolen ab. Der Angriff ist abgeschlagen! „Wunderbar haben Sie mit dem einen Werfer geschossen! Tadellose Volltreffer. Sehen Sie sich das dort an, da liegen die ‚Kanaken' – über 15 Tote", ruft mir Oberleutnant Hinnerk zu. Ich sehe dorthin und tatsächlich haben das die Granatwerfereinschläge gemacht. Gut, Bleuel, gut gemacht. Für mich steht fest, der Junge muss das E.K. II bekommen. Der Angriff ist abgeschlagen, aber was kommt nun? Die Munition für meine Werfer und auch für die Infanteriegeschütze ist restlos verschossen. Dabei ist die ganze Lage nicht gerade rosig! Ich lasse das Gerät abbauen und in Deckung ablegen. Nun müssen wir uns auf Nahverteidigung einstellen. Jeder Mann wird dazu gebraucht, gleich ob er ein Gewehr oder nur eine Pistole hat. Handgranaten werden bereitgelegt. Ich verteile meine Männer so gut wie möglich. Die erste Häuserreihe ist bis auf die alte Beobachtungsstelle geräumt, um unnötige Verluste zu vermeiden. Der Tag kann noch lang werden!

Wenn nur die Nacht bald käme, damit Munition zu uns hergebracht werden kann. Keiner kann es wagen, am hellen Tag zurückzugehen. Iwan würde ihn mit Leichtigkeit abknallen. Ich sitze, die Maschinenpistolen zwischen den Knien, den Stahlhelm in der Hand, neben dem Führer der 7. Kompanie. Sein Gesicht ist sehr ernst, seine Kompanie ist nur noch 22 Mann stark! Er möchte gerne mit unserem Chef (8. Kompanie) sprechen. Aber der ist ja noch auf der Beobachtungsstelle. In dem Augenblick, wo er aufsteht, um zur Beobachtungsstelle zu gehen, geht die Tür auf und unser Chef kommt herein. „Gott sei Dank! Der Iwan schießt mit der Pak auf jeden einzelnen Mann, den er laufen sieht!" Er setzt sich aufs Sofa, wischt sich den Schweiß von der Stirn und nimmt den Stahlhelm ab. Die Haare hängen wirr und nass herunter. Ein Stoppelbart sprießt ihm aus dem Gesicht. Die gesamte Dorfverteidigung wird nun von den beiden Offizieren noch einmal besprochen. Thema ist immer wieder Munitionsmangel! Die Munitionskästen werden neu verteilt. Zwei Kästen werden zu Gewehrmunition entgurtet. Alles ist knapp – und keine Aussicht, irgendwie etwas herbeizubekommen. Noch ist der Draht zum Bataillon (II. Bataillon Grenadierregiment „Großdeutschland") wie durch ein Wunder noch nicht zerstört. Unser Chef will den Kommandeur sprechen. Ich rufe an und bitte ihn an den Apparat. Und gerade in diesem Augenblick macht Iwan einen Feuerüberfall – und der ist gar nicht mal so übel! Da geht es „Kraks – kraks" in der Leitung. Ich rufe noch einmal durch, aber da merke ich schon bei der Leichtigkeit, wie ich die Kurbel drehe, die Leitung ist unterbrochen. Da lege ich den Hörer auf und sage mit verunglücktem, bedauerndem Lächeln: „Störungssucher, marsch!" Leicht gesagt, ich weiß genau was das heißt. Jetzt, wo wir alle in Deckung sind, der Russe einen Feuerüberfall nach dem anderen macht, als Störungssucher raus zu müssen! Die Strippe in der Hand, und immer der Leitung nach, die beschädigte Stelle suchen und mit den klammen Fingern den Draht flicken und dann wieder zurück. Da ist manch Störungssucher von seinem Gang nicht mehr zurückgekehrt. Unsere beiden Telefonisten springen auf, aber der Chef gibt Befehl, dass nur einer losgehen soll. Wir müssen Leute schonen! Die beiden tauschen Werkzeug aus und dann geht der eine los. Ich folge ihm, bleibe aber in der Tür stehen. Anfangs geht er gebückt hinter den Häusern, die Strippe in der Hand. Dann springt er einige Male, um aber weiter zu kommen, rennt er auch bei Feindeinsicht weiter. Der Tarnanzug schützt ihn gut vor Sicht. Ich verfolge gespannt das Unternehmen. Er bleibt einen Augenblick stehen, da geht's „Krach! Wumm!" Eine kleine schwarze Dreckwolke steht sekundenlang neben ihm. Er liegt flach im Schnee, regungslos. Erschrocken denke ich: „Verwundet? Tot?" Nein, er bewegt vorsichtig seinen Kopf, sieht sich langsam um und zieht die Beine zum Aufsprung an. Wenn das mal nur gut geht! Da ist er hoch und rennt immer der Leitung nach. „Krach! - Wumm!" Wieder die verfluchte Pak. Der Einschlag ist direkt vor ihm in den Schnee gegangen. Wenn ihm nur nichts passiert. Aber nein, er ist wohl nur durch den Luftdruck und Schreck hingefallen. Er rennt weiter, dieser tapfere Junge! Der Iwan ahnt, wie wichtig der Mann für uns ist. Entweder hält er ihn für einen Melder oder für einen Störungssucher. Iwan schießt noch einmal auf ihn, auf den wir unsere Hoffnung gesetzt haben. Wenn er fällt, haben wir keine Verbindung mehr. Jetzt liegt er wie tot! – Hat's ihn erwischt? Kein Pak-Schuss fällt mehr. „Schade um den Jungen", denke ich. Da rufen aber andere Kameraden: „Er bewegt sich! Er lebt! Er kommt! Ich sehe hin zu ihm, wie er mühsam durch den Schnee herangekeucht kommt. Mit bangen Augen blicken wir alle zu ihm hin, aber er gelangt glücklich in den Schutz der Häuser. Dort wirft er sich atemlos in den Schnee. Da rennen ein paar Landser hin und tragen ihn in ein Haus. Im Kompaniegefechtsstand meldet gerade der Telefonist: „Herr Oberleutnant, Verbindung wieder hergestellt!" Und dann hängt sich der Chef an die Strippe und versucht, so bald wie möglich Verstärkung, Munition und Schlitten herzubekommen, mit denen die Verwundeten zurücktransportiert werden können. Er spricht, wie ich ihn gar nicht kenne – er fleht den Kommandeur fast an. Der verspricht, das Möglichste zu tun. Mit einer müden Handbewegung legt der Chef den Hörer wieder auf den Feldfernsprecher und lässt sich seufzend in den Sessel fallen: „Wenn da nicht bald was kommt, verrecken wir bis morgen früh alle. Dann schreiben sie mal in das dicke Buch: Sie starben getreu ihrem Fahneneid, allein auf sich gestellt – verlassen und verraten! Scheiße! Scheiße!" Das letzte hat er laut herausgebrüllt. Dann wendet er den Kopf zu meinem Melder und fragt: „Felbermeyer, gib mir mal ne Zigarette, oder haben wir keine mehr?" Der grinst, kramt in seiner Kartentasche und holt noch eine Schachtel „Nordland" heraus. Der Chef lässt sie herumreichen. Ich halte ihm mein Feuerzeug unter die Nase. „Der reinste Flammenwerfer", lacht er und zieht den Rauch genießerisch in die Lunge. Dann fragt er: „Wie ist denn das Haus, in dem wir unsere Zelte aufgeschlagen haben? Darf man sich da sicher fühlen?" Kaum gesagt, gibt es einen ekelhaft harten Knall, der Luftdruck legt sich auf Ohren und Lunge – Totenstille! Der saß drin! Keiner verzieht eine Miene. Leicht zittert meine Hand, als ich die Zigarette an die Lippen führe. Langsam, übertrieben ruhig stehe ich auf, will mal sehen, was da passiert ist. Als ich auf den Flur hinaustrete, liegt da alles voller Putz,

Kalk und Ziegelsteine, Bilder liegen auf dem Boden, das Glas zersplittert unter meinen Füßen. Durch die Tür blicke ich in den Nebenraum, der zur Feindseite liegt. Dort ist ein großes Loch in der Wand, gleich neben dem Fenster. Die Pakgranate durchschlug die Außenwand und detonierte in der Stube. Nur ein kleines Loch wurde in die nächste Wand geschlagen. Glück gehabt, denke ich lakonisch, will gerade mal nach draußen, als mich plötzlich zwei Gestalten fast umrennen. Sie sind mit beängstigender Geschwindigkeit in den Hauseingang gestürzt. Da kracht auch schon ein Granatwerfereinschlag hinter das Haus, und gleich darauf noch einer! „Mein lieber Mann", lachen die beiden, horchen eine Zeit lang nach draußen und rennen dann eilig weiter. Der Russe muss den regen Verkehr hier bei unserem Haus wohl bemerkt haben. Der Pakbeschuss wird immer heftiger. Er schießt mit mehreren Geschützen. Einige Nachbarhäuser brennen schon. Und dann erfolgt ein sehr heftiger Granatwerfer-Feuerüberfall und nach dem Bersten und Krachen der Einschläge hören wir das heisere „Urrrääähh-Geschrei" der erneut angreifenden Bolschewisten. Sie haben wohl herausgefunden, dass wir keine Unterstützung von schweren Waffen haben. Wieder trommeln sie auf unser Dorf. Da mag man kaum noch den Kopf rausstrecken. Der Chef kommt herausgestürzt, den Stahlhelm verkehrt auf dem Kopf, die brennende Zigarette noch zwischen den Zähnen. Hastig entsichert er seine Pistole. Da wagt „Bubi" Felbermeyer trotz der ernsten Lage noch einen Witz: „Wollen Herr Oberleutnant mit der Taschenflak auf Menschen schießen?" Der Chef verzieht sein Gesicht zu einem bitteren Lächeln: „Immer noch besser als eine Spielzeugpistole." Dabei betrachtet er seine 7,65 mm-Pistole. Jeder hat sich inzwischen eine Stellung gesucht, wo er bestmöglich gedeckt ist und gutes Schussfeld hat. Ich überprüfe noch einmal meine Magazine und entsichere die Maschinenpistole. Mit meinem Glas sehe ich auf etwa 800 Meter ein Gespann herankommen mit anhängender Pak. Das ist ein Ziel für mich – wenn doch nur genug Munition da wäre. Unser letztes schweres Maschinengewehr rattert plötzlich blechern los. Ich sehe den Schnee aufspritzen, die Schüsse gehen auf das Gespann zu! Tadellos! Das Pferd bricht zusammen, ein Mann fällt vom Bock herunter, das Gespann steht! Aber da ist die Bedienung auch schon am Geschütz. Unser Maschinengewehr schießt wie rasend! Wunderbar, wie die Kerle da niedergehalten werden. Aber dann... Hemmung! Sofort ist das russische Pak-Geschütz abgeprotzt und in Stellung gebracht. Und schon blitzt es drüben kurz auf, krach! Schnee und Dreck wirbeln herum. Volltreffer auf Volltreffer in das Haus, in dem die Maschinengewehr-Feuerstellung ist. Aus dem Haus fällt kein Schuss. Ist das Maschinengewehr ausgeschaltet? Ich sehe, wie unsere Landser das Seitengewehr aufgepflanzt haben und Handgranaten bereitlegen. Ihre Gesichter sind todernst und bleich. Nur wenn die Einschläge zu dicht liegen und Splitter klatschend und surrend herumfliegen, zucken sie etwas zusammen und bücken sich. – Eine gefährliche Stille! Die ersten Russen kommen mit ihren langen Mänteln bis dicht an die Häuser heran, die langen Gewehre im Arm mit den dreikantigen langen Bajonetten. Zögernd kommen sie heran, als ob sie dem Gegner nicht trauen. Da hebe ich meine Maschinenpistole, ziele sorgfaltig und krümme den Finger. Der Iwan, der nur 30 bis 40 Meter entfernt ist, bricht im Feuerstoß zusammen. Seine Mütze fliegt ihm vom Kopf. Ich lasse den Lauf sinken und suche das nächste Ziel. Wie auf Kommando kracht bei uns jetzt Schuss auf Schuss in etwas längeren Abständen. Es sind nur gut gezielte Schüsse, fast alles Treffer, wir müssen Munition sparen. Ich habe noch drei vollständige Magazine, das sind fast 90 bis 100 Schuss! Was ist das aber, wenn bei jedem Feuerstoß 10 bis 15 Schuss rausgehen? Also – weniger, aber genauer schießen. Schon höre ich das dünne Peitschen von Pistolenschüssen und rechts von uns das dumpfe Detonieren von Handgranaten. – Jetzt geht es hart auf hart! – Da kommen gleich 5 Iwans mit knatternden Maschinenpistolen angestürmt. Sie sehen uns nicht, denn wir sind hinter den Mauern und Fensteröffnungen in guter Deckung. Aber sie schießen wie verrückt. Die Geschosse klatschen in die Hauswände. Ich ducke mich kurz, reiße die Maschinenpistole an die Schulter und schon belfert sie an die 30 Schuss – ein ganzes Magazin – zu den Iwans. Die kommen nicht weiter, zwei fallen vornüber und mucken nicht mehr, die übrigen werden mehr oder weniger verwundet, liegen im Schnee und man sieht sie nur mit den Armen oder Beinen sich bewegen. – Erledigt! Rechts scheint's brenzlig zu sein, da ist jede Menge Rabatz. Von der Flanke packe ich die Pans und wieder kippen sie und bleiben liegen. Es ist ein wüstes Geknalle aus allen Fenstern, Haustüren und hinter den Hausecken. Einige Iwans kommen noch heran, aber nicht mehr ins Dorf hinein! Nerven muss man haben – und stehen. Die schweren Waffen kann der Russe jetzt auch nicht gut einsetzen, denn dann würde er seine eigenen Leute gefährden. Hier kommt es zu einem Kampf – fast Mann gegen Mann. Da bewähren sich die „Einzelkämpfer". Wegen der knappen Munition ist es sinnlos, mit dem Maschinengewehr auf einzelne Russen zu schießen, deshalb haben die Maschinengewehr-Munitionsschützen auch zum Karabiner gegriffen und schießen gezieltes Einzelfeuer. Besorgt blicke ich die Stellungen in und an den Häuser entlang, ob wohl die Männer die Nerven behalten werden. Denn, sind wir erst rausgeworfen aus den Häusern und Trümmern, dann sind wir sicher verloren, ohne Deckung würden wir durch den tiefen Schnee nicht weggekommen. Also heißt es: Bleiben-kämpfen-fallen! Der Feind, der hier angreift, ist aus seinen Siegesträumen durch unser Auftauchen, das Krachen unserer Granaten, das „Bellen" unserer Maschinengewehre jäh herausgerissen. Wir sind ja auf den Einschließungsring um Königsberg, von Süden kommend, praktisch in den Rücken der Russen gefallen. So hat der Iwan zwei Fronten. Hell aufklatschend, dass die Latten fliegen, schlägt eine Maschinenpistolengarbe in den Zaun, hinter dem ich in Deckung liege. Blitzschnell bin ich zurückgesprungen, habe die Deckung gewechselt – und ein neues Magazin eingelegt. Das letzte! Alle sind leergeschossen. Keine Munition mehr! Erschrocken drehe ich mich um, Günter, mein Melder hebt eine Patrone auf, die schnee- und eisüberkrustet ist, putzt sie ab und steckt sie als einzelne Patrone in die Gewehrkammer. – Die letzten Patronen! Ich zeige meine Maschinenpistole hoch: „Das letzte Magazin, Günter." Dann blicke ich wieder auf das Vorfeld. Überall braune Gestalten, die im Schnee herumliegen. Regungslos, mit seltsam verkrampften Gliedern. Um mich herum nur noch wenige, einzelne Karabinerschüsse. – Es wird ruhiger! Dann, was ist das? Die Russen, die den Angriff überlebt haben, gehen zurück. Hier und dort einzelne, da zu mehreren, dann zwei und wieder einer allein. Sie gehen zurück, stolpern durch den Schnee. Jetzt müssten wir genug Munition haben. Ich schieße nicht, ich habe nur noch 6 Schuss im Magazin. Günter hebt sein Gewehr, zielt und feuert. Seine Augen bohren sich förmlich ins Ziel. „Der liegt" sagt er nur, und jetzt? Mein Funker hat noch 20 Schuss, er gibt Günter 5 Schuss ab! – Ruhe nach dem Sturm. Nun teile ich neue Beobachtungsposten ein, lasse alle vorhandene Munition möglichst gleichmäßig verteilen und gehe dann zum Gefechtsstand zurück. Mit hell pfeifendem Ton ziehen drei leichte Infanteriegeschütz-Granaten über uns dahin und verpuffen unter den zurückflutenden Russen. Es sind und bleiben leider die letzten drei Schüsse. Wer weiß, wo sie die noch aufgetrieben haben? In der Stube des Gefechtsstandes sitzen sich die beiden Chefs gegenüber. Sie sind aufgeregt, denn die Telefonleitung zum Bataillon ist wieder einmal unterbrochen. Ich nehme den Stahlhelm ab und melde, wie es mit der Munition bestellt ist. „Damit Sie es wissen, es kann bei Tage keine Munition vorkommen. Bis zum Abend müssen wir unbedingt noch halten.“ Melder kommen zu uns. Es ist nichts Erfreuliches, was sie zu melden haben. Ausfälle, Gefallene, Verwundete, Munitionsmangel, ein leichtes Maschinengewehr hat Hülsenklemmer, der noch nicht beseitigt ist. Das alles kann uns im Moment nun auch nicht mehr erschüttern. Von unserer Beobachtungsstelle kommt einer meiner Truppführer, Obergefreiter Hans Esser, und meldet, was dort vorne los ist. Das Haus ist wie ein Sieb durchschossen. Nur gut, dass in der vergangenen Nacht die Bewohner noch geflüchtet sind. Er hat zurzeit nur noch drei Mann dort vorne. In einem Haus rechts von uns ist der Iwan doch noch eingedrungen und hält die Trümmer trotz einiger heftiger Gegenangriffe von uns fest in seiner Hand. „Was? Der Russe sitzt noch in unserem Dorf? Der muss sofort geworfen werden!“ Durch das Fenster dringt kurzer, heftiger Geschosslärm und Detonationen von Handgranaten zu uns herein. Wir horchen auf, aber es beruhigt sich schnell wieder. Plötzlich erschreckt uns das Schrillen des Fernsprechers – es hatte keiner mehr daran gedacht. Ich nehme den Hörer ab: „Rehfeldt hier! 8. Kompanie, Granatwerferzugführer!“ Und dann höre ich wie von weit her eine aufgeregte Stimme: „Wer ist da? Unteroffizier Rehfeldt ist ja tadellos! Seid ihr noch in der alten Stellung? Greift der Iwan immer noch an? Haben Sie noch genug Munition? Die Stellung, das Dorf, muss unbedingt gehalten werden! Hören Sie! Unbedingt! Gerade war der Regimentskommandeur hier, er sprach seine Anerkennung aus. – Aber halten müsst Ihr!“ „Jawohl, Herr Hauptmann, ich übergebe an Herrn Oberleutnant Hinnerks!“ der Chef ist aufgestanden und nimmt den Hörer. Dann höre ich ihn eine Zeit lang nur noch „Jawohl“ sagen. „Jawohl, aber…!“ Kein aber! Der Kommandeur redet wie ein Buch, unser Chef lächelt müde, dann reißt er plötzlich die Augen auf! Sein Gesicht zeigt volle Anspannung! Er scheint freudig überrascht zu werden, wir sehen ihn fragend an. „Jawohl, Herr Hauptmann – Ende!“ Der Chef lässt sich in den Sessel fallen: „Jungs, heute Abend werden wir abgelöst!“ Es hätte einen Mordsbums gegeben, wenn all’ die Steine, die in diesem Augenblick von unseren Herzen fallen, tatsächlich auf den Holzboden gefallen wären! Da entsteht draußen lautes Gerede, die Flurtür wird heftig aufgestoßen, dann poltern schwere Schritte herein. Da scheinen sie jemanden hereinzutragen. Mit Schwung geht die Tür auf, zwei Mann mit hochroten Gesichtern. Schwitzend haben sie unseren Kompanietruppführer zwischen sich. Der steht mit zusammengebissenen Zähnen und humpelt mühsam zum Stuhl. Erschöpft setzt er sich und stöhnt dabei leise auf. Vom Chef befragt, antwortet er: „Ich habe mit 5 Mann einen Gegenstoß unternommen, um die Iwans aus dem Haus zu jagen, aber die Kerle sind wieder drin! Ich habe einen Pistolensteckschuss im Oberschenkel. Die ganze Maschinengewehrbedienung, außer dem Unteroffizier, ist durch Pak-Volltreffer gefallen!“ Nun ist es dem Russen doch gelungen, sich in einem der Häuser festzusetzen und es ist klar, dass er nun versuchen würde, ein Haus nach dem anderen in seine Hand zu bekommen. Ein Gegenstoß muss erneut angesetzt werden. Der Chef der 7. Kompanie will ihn selbst führen. In Eile werden die Vorbereitungen dazu getroffen. Und dann ziehen die Männer des Stoßtrupps los. Draußen ist es allmählich dunkler geworden. Es geht auf 18.00 Uhr, nun können die Melder auch losgeschickt werden, ohne dass sie der Russe sehen kann. Und bald kommen auch die ersten Melder von hinten. Sie kündigen uns Munition an! Zwei Schlitten seien unterwegs, mit denen dann die Verwundeten und Gefallenen zurückgebracht werden sollen. Und das Wichtigste! – Die Ablösung sei auch auf dem Weg zu uns! „Wer kommt denn da?“ „Ein Volksgrenadierbataillon, tolle Soldaten.“ Wir ahnen bei diesen Worten nichts Gutes.

Sind das alles Schuster, Schneider, Fahrer, Trossknechte? Wir können uns unter der Bezeichnung noch nicht viel vorstellen. Wir denken nur, uns kann es egal sein, was da kommt, nur hoffentlich sind sie bald da! Ich schicke Günter (Melder) zu meinen Gruppenführern, wegen der Tagesmeldung. Aber da kommen sie schon selbst an, die sich in irgendeinem Keller sternhagelvoll betrunken haben, weiß der Kuckuck, auf was sie da gestoßen sind! Noch sind sie nicht ganz nüchtern. Ich werde beide ablösen lassen, wenn die Möglichkeit dazu besteht. Viel reden lohnt sich noch nicht. Obergefreiter Hans Esser, der mich tatkräftig unterstützt, hat meine restlichen Leute zur Nahsicherung um den Gefechtsstand aufgebaut. Draußen ist es jetzt ganz dunkel geworden. Gespenstisch flackern die Brände im Dorf. Einzelne Melder huschen wie dunkle Schatten von Haus zu Haus. Der Iwan macht von Zeit zu Zeit Feuerüberfälle aufs Dorf, dann hallen die Detonationen durch die Nacht. Für die nächsten Augenblicke ist dann jeder wieder in „voller Deckung". Hoffentlich greifen die Russen in der Nacht nicht noch einmal an. Ich blicke auf meine Uhr – 19.40 Uhr! Jetzt macht die 7. Kompanie (d.h. der Rest, der noch einsatzfähig ist) den geplanten Gegenangriff auf das „Russenhaus". Ich trete ins Freie. Klar wölbt sich der Sternenhimmel über das Land. Es ist recht kalt. Da steigt eine grüne Leuchtkugel auf und gleich darauf die Detonationen von „geballten Ladungen". (Um eine Stielhandgranate werden etwa vier bis fünf Sprengköpfe von „entstielten" Stielhandgranaten befestigt.) Die laut in die Nacht hallenden Maschinenpistolen „bellen" kurz auf und einzelne Handgranaten krachen los! „Hurrraa-Geschrei" ist laut zu hören. Iwan antwortet mit rasendem Maschinengewehrfeuer aus mindestens vier Maschinengewehren. Im Anschluss daran, die ersten Pak-Granaten, die in die Häuser fetzen! Ich gehe in Deckung in die Stube zurück. Da reißt mit ohrenbetäubendem Krach eine Granate die Hausecke weg! Neben dem Ofen, in Deckung, schreibe ich meine Tagesmeldung. Da kommt ein Landser herein und fragt nach mir. Ich sage: „Hier bin ich, was ist los?" „Grenadier Bleuel, Herr Unteroffizier, ich bin verwundet." Ich hebe die Kerze hoch und sehe in das weiß werdende Gesicht. Er lacht mich verlegen an. „Alles voller Splitter, Herr Unteroffizier!" Ich frage ihn, ob es sehr schlimm sei und „Kannst Du noch rauchen?" „Können schon, aber ich habe keine mehr." „Na, so war das nicht gemeint." Ich gebe ihm drei Zigaretten (Marke „Möwe") und stecke mir die letzte selbst an. Als die Schlitten dann kommen, sorge ich dafür, dass er gleich mit dem ersten zurückgebracht wird. Noch ein Blick in die treuen Augen und dann: „Mach's gut, Junge!" Die Pferde vor dem Schlitten schnauben ängstlich – dann verschwindet er im Dunkel der Nacht. Leise stöhnen und wimmern die schwerer Verwundeten, ich mache ihnen Mut, bald seid ihr im Warmen in Sicherheit – nur ruhig bleiben. Die noch am Boden Liegenden, die nicht mitkommen konnten, blicken uns mit ängstlichen Augen an: „Lasst uns nur nicht liegen! Vergesst uns nicht!" Im Gefechtsstand ruft unser Chef den Bataillonskommandeur an und fragt, wann denn die Ablösung käme? Natürlich alles verschlüsselt. „Wann ist Christi Himmelfahrt? Kommen die Jünger bald?" Günter meint danach: „Herr Oberleutnant, wenn das der Iwan hört, meint er sicher, Germanski Bibel nix viel wissen davon." Wir lachen laut. Wir hören, dass die Ablösung unterwegs sei, auch der Schlitten mit Munition müsste schon bei Ihnen sein! Und dann kommt der auch und fragt, wo er die Munitionskästen abladen solle. Er bringt mir 60 Kästen (je 3 Wurfgranaten), das ist enorm! Auch Maschinengewehrmunition, Handgranaten und Maschinenpistolenmunition. Die Karabinerschützen sollen von den Maschinengewehr-Gurten Patronen nehmen. Die beiden von dem Lkw, der immer noch abseits steht, fragen, ob Benzinkanister dabei seien, aber da schütteln die Schlittenfahrer den Kopf. Ich rufe beim Bataillon an und frage, was mit dem Lkw ohne Sprit werden solle? Da geht's draußen wieder einmal: „Rumms – Krach!" Ein Feuerüberfall. Auch Iwans Pak knallt dazwischen. Das fehlt uns gerade noch, hoffentlich kein neuer Angriff der Russen. In aller Eile verteile ich die Werfermunition und lasse alle vier Werfer in Feuerstellung gehen. Wir richten auf Sperrfeuer, aber ohne uns vorher einzuschießen. Iwan soll sich wundern, falls er einen Angriff starten will! Hinter uns höre ich eine Stimme, die halblaut ruft: „Hallo, 8. Kompanie – 7. Kompanie Großdeutschland." Mit gedämpfter Stimme rufe ich: „Hierher! Hierher!" Und dann sehe ich die Ablösung herankommen. An der Spitze ein Offizier und der Einweiser unseres Bataillons. Dahinter eine Reihe von Landsern, weit auseinandergezogen. Gott sei Lob und Dank! Sie sind gekommen, wir werden abgelöst. „Gefechtsstand hier!" rufe ich ihnen noch einmal zu, dann gehe ich ins Haus und melde dem Chef: „Herr Oberleutnant, die Ablösung ist da! Die Herren kommen bereits!" Der Einheitsführer tritt herein, seine Zugführer bleiben im Vorflur stehen. Mein Chef erhebt sich, geht ihnen entgegen, grüßt und sagt: „Hinnerk, schön, dass Sie da sind, bitte, nehmen Sie Platz!" Sie geben sich mit nobler Geste die Hand, Verbeugung angedeutet und dann setzen sie sich gegenüber an den Tisch. Unser Chef fragt nach der Einheit, Stärke, Bewaffnung, Munition und Moral der Leute, woher die Männer jetzt kämen und sonst noch alles Mögliche. Melder vom Kompanietrupp haben die Zug- und Gruppenführer schon benachrichtigt, sie trudeln so langsam ein. Die neu Angekommenen sind ein toller Haufen, genau, wie uns der Melder schon gesagt hat. Alt und Jung, alles durcheinander, die wenigsten haben schon mal Infanterist gespielt. Ich ahne nichts Gutes. Die sind hinter uns in den Häusern in Deckung gegangen. Noch haben wir die Dorfsicherung. Der Führer dieser Einheit redet ganz offen und ohne Scham von seiner „Elitetruppe". Er beneidet unseren Chef, weil der bei so einer „ruhmvollen", einer wirklichen Elite sei. Dann zieht er eine Schnapsflasche aus der Tasche des Pelzmantels heraus und schlägt den Hals ab. Bubi Felbermeyer bringt aus seiner Kartentasche drei Schnapsgläser hervor – ein idealer Melder! Und dann trinken die Herren auf unser und auf ihr Wohl und Kriegsglück. Schließlich geht die Flasche unter uns Unteroffizieren und Oberfeldwebel Grosse reihum. Unser Chef gibt schließlich die Lageübersicht. Dazu malt er mit Kreide eine Dorfskizze auf die Tischplatte: „...und in dem Haus hier unten ist ja nun leider noch der Russe drinnen. Wir versuchten zwei Gegenstöße, aber ohne Munition gelingt es uns leider nicht, die Kerle da rauszuschmeißen." Man sieht es dem ablösenden Einheitsführer an, lieber hätte er es gesehen, wenn wir noch die Iwans da aus dem Haus vertreiben würden. Aber unser Chef will so bald wie möglich übergeben und fort von hier. Ich schlage vor, mit einem schlagartigen Feuerüberfall meiner vier Werfer und aus dem Bestand der eben erst erhaltenen Munition die Russen dort auszuräuchern, dann das Haus zu nehmen und es zu besetzen. Das will ich wohl noch gerne machen! Aber mein Chef meint: „Nur jetzt bei der Ablösung bitte keinen Rabatz! Womöglich macht dann der Iwan lauter Feuerüberfälle während der Ablösung." Ich sehe das ein. Mir tun nur die fast 200 Granaten leid, die ich nun für die Ablösung liegen lassen muss. Dann werden die einzelnen Gruppenführer der ablösenden Einheit in die Stellungen eingewiesen, dort gemachte Beobachtungen ihnen mitgeteilt, sonstiges über die Lage hier, Feindstärke, erkannte Pak-Stellungen erklärt. Nachdem die Ablösung erfolgt ist, werden unsere Posten eingezogen, die eigenen Trupps zum Sammeln hinter die Häuser geschickt. Wir melden Vollzug beim Chef und sammeln in Deckung vorsichtig und leise unsere Züge. Die Gruppenführer haben „Alles fertig" gemeldet, ich gehe zum Chef und melde: „Herr Oberleutnant, Granatwerferzug hat alles richtig über-

geben, stehen abmarschbereit, Mannschaft und Gerät vollzählig, von der zuletzt erhaltenen Munition 72 Granaten in 24 Kästen, das sind pro Werfer 18 Schuss, übernommen. Den Rest ordnungsgemäß übergeben." „Ist gut, Rehfeldt, sagen Sie Oberfeldwebel Grosse, er soll die 8. Kompanie nach Gut Maulen führen. Er weiß Bescheid!" Als ich nach draußen komme, sehe ich die Kompanie bereits abmarschieren in langer Reihe mit weiten Abständen – ohne jegliches Geräusch. Der Russe schießt blindlings mal mit der Pak, mal mit seinen Granatwerfern. Ich gehe zu meinem Zug. Da zischen ein paar Wurfgranaten vom Iwan über mich hinweg und detonieren im Hof des nächsten Gehöftes. Dort gibt es Tumult! Mitten in eine Gruppe der Ablösenden gleich drei Tote und vier Verwundete! Unvernünftigerweise haben sie alle auf einem Haufen gestanden. Ich schüttele nur den Kopf, wie kann so etwas nur möglich sein. Unerfahrenheit – keine Ahnung diese Kerle! Bald lassen wir das Dorf Jäskeim, das wir von der 8. Kompanie zusammen mit Teilen der 7. Schützenkompanie verteidigt und gehalten haben, hinter uns. Noch einen Schlitten mit Verwundeten führen wir mit. Es ist keiner liegengeblieben! Durch den tiefen Schnee gehe ich an der Marschkolonne vorbei zu Oberfeldwebel Grosse. Beim Abgehen meines Zuges zähle ich die Männer noch einmal durch. Ich habe nur einen Ausfall, einen Verwundeten. Glück gehabt! Müde trotten die Männer durch den Schnee. Wo mag es jetzt hingehen? Oberfeldwebel Grosse zieht seinen Kompass heraus, ihm kommt die Richtung böhmisch vor. Und richtig! – Wir gehen parallel zur Hauptkampflinie. Da treffen wir auch schon auf einen Landser, der im Schnee auf Sicherung liegt. Er hat sich ordentlich Stroh beschafft. „Welche Kompanie?" – „2. Kompanie, III. Bataillon, Sicherung!" – Aha! An einem Gut wird halt gemacht. Dort lassen wir uns den richtigen Weg zeigen und marschieren weiter. Kaum sind wir etwas weg, da überschüttet Iwan das ganze Gelände mit Feuerüberfällen. Er weiß noch nicht genau, welche Einheit hier was vorhat und wie stark sie ist. Wir können unbehelligt weitermarschieren. Nach endlos erscheinendem Marsch kommen wir beim Gut Maulen an. Dort rasten wir kurz und dann kommen unsere Lkws. Alles aufsitzen! Ich verfrachte meinen Zug auf zwei Lkws und steige selbst als Beifahrer in den Peugeot. Eiskalt ist es im Fahrerhaus, denn wir hängen aus Benzinspargründen im Schlepp eines anderen Lkws. Die Motoren heulen auf. Wo rollen wir hin? Durch das Rütteln und Hinundherschütteln schlafe ich ein. Als ich aufwache, liegt vor uns die Stadt Königsberg. Wir rollen über eine große Eisenbahnbrücke in die Stadt hinein.
„Der Zug der Panzergrenadierdivision Großdeutschland aus dem Raum Praschnitz quer in fast nördlicher Richtung durch Ostpreußen bis zur Ostsee ist abgeschlossen. An ihren Straßen und Wegen, in den Orten und Städten, die sie passierten, blieben die Kameraden, die ihren Einsatz mit dem Leben bezahlten. Sie und ihre Gräber in den ostpreußischen Landen zeugen von ihrer Tapferkeit im Kampf um ihre Heimat."
(Aus dem 3. Band „Die Geschichte des Panzerkorps. „Großdeutschland" – Helmuth Spaeter Seite 261. Mit Zusätzen aus meiner Feder)

30./31. Januar 1945: Noch in der Nacht, nachdem wir Jäskeim an die ablösende Volksgrenadiereinheit übergeben haben, wurden die Reste des II. Bataillons unter Hauptmann Mackert hinter der Front über die Haffstraße nach Königsberg verlegt.
Der „Schlauch" nach Königsberg war sehr eng geworden. Wir zogen in einem der südwestlichen Vororte der Stadt unter und schliefen uns erst einmal richtig aus. Die Wohnungen waren verlassen, man sah, in welcher Eile das geschehen sein musste!

1./2. Februar 1945: In den Häusern funktioniert Telefon, Radio und Licht! Das sind Dinge, die wir schon ewig lange nicht mehr gehabt haben. Fließendes Wasser. Die Landser machen sich fix daran, alles Essbare zu organisieren. Und siehe da – selbst die Speisekammern sind noch gefüllt. Ich habe abends noch einige Stunden mit den Zugführern beim Chef verbracht, als die Offiziere plötzlich anbefohlen werden. Nun geht es ich in die Küche und ich ziehe meine Filzstiefel aus. Das sind jetzt nicht mehr die russischen Beutefilzstiefel, die „Valenkis", aus einem Stück geformten Filz bestehend, sondern deutsche, bei denen Leder mit Filz verarbeitet sind. Da die Stiefel feucht geworden sind, stelle ich sie auf den Ofen, in dem nur noch wenig Glut ist. Übermüdet schlafe ich ein. Wach werde ich durch einen ekelhaften Gestank. Da sehe ich die Bescherung. Irgendwie ist die Herdplatte doch noch zu heiß geworden. Die Sohle und andere Lederteile sind fast verkohlt. Woher jetzt neue Stiefel oder Schuhe nehmen? Ich habe aber Glück im Unglück! In der Besenkammer entdeckte ich Gummistiefel, die mir passen. Damit sie nicht so locker am Knöchel sitzen, habe ich mir sogenannte Marschriemen angeschnallt. Mit diesen Gummistiefeln bin ich herumgerannt, bis mich der Iwan am 17. März 1945 am Waldrand hinter Pörschken außer Gefecht setzte – ausgerechnet mit seinen Granatwerfern. Kaum war ich wieder eingeschlafen, kam ein Melder: „Alles fertig machen! Wir greifen morgen früh an. Abmarsch in einer Stunde!"

Dem Ende entgegen

Ostpreußen – vom Reich abgeschnürt!

3. Februar 1945: Die todmüden Kerle wurden geweckt, alles gefechtsklar gemacht und nach einer Stunde, etwa gegen 05.00 Uhr marschierte das II. Bataillon zum Angriff los. Allgemeine Richtung Westen! An der Küste entlang neben der Reichsstraße 1 (von der holländischen Grenze nördlich Aachen über Dortmund, Berlin bis Königsberg und weiter!) im morgendlichen Dunkel bis Kalgen. Dort Bereitstellung. In Richtung auf Brandenburg ist der Russe zwischen Warthen und Heide-Waldburg schon über die Reichsstraße 1 bis an die Küste vorgestoßen. Wir wissen aber nichts Genaues! Während wir uns bereitstellten, haben die Offiziere noch eine wichtige Besprechung. Das ergibt für uns eine unschöne Situation! Sie bleiben eine ganze Zeit lang weg. Kaum einer von uns weiß, was hier „gespielt" werden soll. Unser Leichter-Infanteriegeschütz-Zugführer Oberfeldwebel Grosse und ich fragen die mit uns vorgehenden Infanteriezugführer der 6. und 7. Kompanie. Aber die wissen auch nur: „Angriff ist befohlen!" Es ist eine unheimliche Großlage! Hinter uns ist die Großstadt Königsberg, in der es an vielen Stellen hell brennt und dazu das laute Donnern der Abschüsse und das Krachen der Granaten. Das sind sowohl eigene, als auch russische. Dazwischen irgendwo das helle und schnelle Rattern der deutschen Maschinengewehre 42 und das langsamere Tacken/Bubbern der russischen Maschinengewehre. Überall steigen Leuchtkugeln hoch. Grell weiß unsere und mehr grünlich-weiß die des Iwan. „Lage beschissen! Königsberg direkt vom Feind bedroht, so gut wie eingeschlossen, Ostpreußen schon vom Reich abgeschnürt! Der Iwan schon vor Danzig! Wir hier am Haff, auf engstem Raum. Ist das das Ende? Sollen wir hier untergehen? Die Parole der Ostpreußenkämpfer heißt: „Tapfer und treu!" Vorsichtig gehen wir von Kalgen auf Warthen vor. Später erfahren wir den Auftrag, nämlich südlich Haffström die Reichsstraße 1 zu gewinnen und weiter nach Südwesten auf Warthen vorzustoßen und den Ort zu nehmen. Die Morgendämmerung kommt herauf. Das beiderseitige Artilleriefeuer wird stärker. Unheimlich rollte der Geschützdonner in der Luft. Etwas links, seitlich von uns trommelt Iwan mit den Stalinorgeln. Plötzlich vor uns Gewehr und Maschinenpistolenknallerei. Es geht los! Wir sind am Feind. Irgendwie habe ich den Eindruck, der Iwan ist schon ganz dicht an die Reichsstraße 1 herangekommen. Aber sehr bald merken wir, dass der Russe schon die Haffküste erreicht hat. So erhalten wir nun sehr heftiges Abwehrfeuer von rechts, von vorne und auch reichlich von der linken Flanke! Wir gehen weit auseinandergezogen vor. Der Gegner ist hier sehr stark! Da dies ein Überraschungsangriff sein soll, haben wir kein vorbereitendes Artilleriefeuer zur Unterstützung gehabt. Heftiger Pakbeschuss zwingt uns immer wieder zu Boden. Wir kommen fast bis an die Straße heran, müssen dann aber liegenbleiben. Bei diesem Angriff ist der Führer der 6. Kompanie, Oberleutnant Ochmann gefallen und dann werden zwei Unteroffiziere und neun Mann verwundet zurückgetragen. Unser Kompaniechef ist noch nicht zu uns gekommen? Als der Russe merkt, dass wir dort durchwollen, beschießt er uns mit seiner Artillerie. Da wird es für uns sehr ungemütlich, denn wir liegen auf freiem Feld, ohne jegliche Deckungsmöglichkeit. Wohin nun aber? Als es heller geworden ist, bemerken wir etwa 200 Meter hinter uns einen großen, grauen Betonbunker. Wie ich später erfahre, ist die Festung Königsberg aus Weltkriegszeiten von 15 leider veralteten Bunkern umgeben. Die

Namen dieser Forts, beginnend mit dem ostwärts der Stadt, nördlich des Pregel-Flusses gelegenen I „Stein“ – Ia „Groeben“ – II „Bronsart“ – IIa „Barnekow“ – III „Friedrich Wilhelm I.“ – IV „Gneisenau“ – V „Friedrich Wilhelm III.“ – Va „Lehndorf“ – VI „Königin Luise“ – VII „von Holstein“ – VIII „Friedrich Wilhelm IV.“ – IX „Dohna“ – X „Kanitz“ – XI „Dönhoff“ – XII „Eulenburg“. Diese alten Forts liegen entgegen dem Uhrzeigersinn rund um die Stadt. Ich denke mir, dass wir dort bestimmt sicherer aufgehoben sind. Ich schicke einen Melder los, der bald wieder zurückkommt und uns mitteilt, dass dort in dem großen Bunker lauter Volkssturmleute hocken, die gar keine Stellungen draußen haben. Da beschließen wir, Stellungswechsel zu diesem Bunker zu machen. Einzeln springen die Männer dorthin, immer unter starkem Beschuss. Als meine Leute fast alle schon unter dem schützenden Beton sind, stehe ich noch einen Moment wenige Meter draußen vor dem großen Bunkereingang, weil ich für mich noch eine gute Beobachtungsstelle suchen will. Iwan schießt laufend mit der Artillerie in die Gegend. Da höre ich, wie sich unheimlich schnell einige Granaten jaulend nähern! Ich kann aber so schnell gar nicht in den Bunker rennen, da schlagen zwei oder drei Granaten an der Betonkante oberhalb des Tores krachend ein! Da spritzen Splitter und Betonbrocken nur so durch die Gegend und ich komme ungeschoren davon. Glück gehabt! – Soldatenglück! Im Bunker befindet sich ein Kompanieführer einer Volkssturmeinheit, Männer aus der Gegend um Königsberg. Er schickt mit Ablösung seine Männer raus, um mal die „Lage zu peilen“. Der ist nun froh, dass wir da sind, und wir sind froh, dass da nun noch ein paar Männer mehr da sind. Schnell haben wir uns diesen Bunker (Friedrich Wilhelm IV.) etwas näher angesehen. Leider hat der überhaupt keine Schießscharten oder irgendwelche Löcher, aus denen man hätte schießen oder beobachten können. Im Inneren sind Räume, die mit schweren Gittertoren verschlossen sind, vor denen noch dicke Schlösser hängen. Aber einen Schlüssel dafür hat niemand. Da müssen wir unsere Verteidigungsstellungen neben dem Bunker einrichten. Der Russe greift uns einige Male an, wird aber jedes Mal wieder abgeschlagen. Hierbei gelingt es uns, einen russischen „Kapitän“ gefangenzunehmen. Ich sehe eine Gruppe von etwa vier bis fünf Iwans, die ein Maschinengewehr hinter sich herziehen. Vorneweg ist ein großer Mann, der wohl ihr Führer ist. Wenn wir sie beschießen, werfen sie sich hin, um dann bald wieder weiter vorzulaufen. Der Führer hat eine Pistole in der Hand, die mit einem Riemen am Gürtel befestigt ist. Als ich erkenne, dass der Mann ein Offizier ist, was ich erkennen konnte, weil auf den Schultern breite goldene Schulterklappen zu sehen sind, immer dann, wenn er sich vor unserem Beschuss Deckung suchend hingeworfen hat, befahl ich den Männern, nur noch auf die Maschinengewehrleute zu schießen, weil ich den Offizier gerne gefangen nehmen will. Und so haben wir es gemacht. Die Maschinengewehrschützen werden niedergehalten oder abgeschossen, der Offizier blickte sich um, und dann sehe ich, wie er seine Pistole abreist, fortwirft und auf uns zurennt. Ich rufe laut zu ihm: „Idi ßuda! skorjei! ruki wwerch! Dawai, dawai!“ (Komm' hierher! Schnell, Hände hoch, dalli, dalli!) Ich stehe neben dem Bunker mit meiner Maschinenpistole und zeige mich ihm. Der kommt mit hoch vorgestreckten Händen angerannt. Da ich mich recht gut auf Russisch mit ihm „unterhalten“ kann, übernahm ich den Mann und verhörte ihn im Bunker. Er ist Kommandeur einer Pioniereinheit. Warum kommt er dann mit einem Maschinengewehrtrupp auf uns zu? Dann verstehe ich nicht, was er sagt, habe aber den Eindruck, dass er möglicherweise strafversetzt worden ist. Er ist eben über 30 Jahre alt, von Beruf Ingenieur und stammt aus der Umgebung von Leningrad. Er macht einen guten, beinahe sympathischen Eindruck auf mich. Ich bin gerade mal 21 Jahre alt! Ich befrage ihn mit meinen stümperhaften russischen Sprachkenntnissen. Als ich einen kleinen „Sprachführer für deutsche Soldaten in Russland“ aus der Tasche ziehe, sagt er zu mir: „Please, speak english.“ Da geht es natürlich wieder viel besser. Der kann sogar französisch sprechen! Wir rauchen dann eine Zigarette, und dann fällt mir wieder ein, dass ich bei ihm, als er mit erhobenen Händen ankam, eine Armbanduhr gesehen habe. Da fragte ich ihn: „Kotory tschaß?“ (Wieviel Uhr ist es?) Als er dann auf seine Uhr blickt, zeige ich ihm meine nackten Handgelenke und sage ihm, dass meine Uhr durch Kriegseinwirkung kaputt gegangen sei, und ob er mir nicht seine Uhr geben würde? Ich habe ihn ja nicht niedergeschossen und außerdem, wenn er weiter in Gefangenschaft käme, würde er sicher irgendwann seine Uhr auch loswerden. Ich biete ihm außerdem noch 100 Möwe-Zigaretten dafür. Da sieht er mich an, lächelt „verständnisvoll“ und übergibt mir seine Uhr. Das alles findet statt in Gegenwart etlicher neugieriger Kameraden. Ich betrachte die Uhr. Es ist eine „Hamilton“ – wohl aus den USA und trägt auf der Rückseite eine Gravur die sinngemäß bedeutet: „Dem heldenmütigen russischen Volk – Hilfeleistung der USA.“ Ich überlege, so einen Mann müsste man zum Regimentsstab bringen. Vielleicht könnte er da Nützliches für uns aussagen? In der Folgezeit habe ich aber anderes zu tun. Stellungen anweisen, Sicherungen einteilen und Zielpunkte angeben. Nach mehreren Nachtalarmen verläuft der Rest der Nacht einigermaßen ruhig. So kann ich noch eine Mütze voll Schlaf nehmen.

4. Februar 1945: Am nächsten Morgen greifen wir erneut zur Straße (Reichsstraße 1) hin an. Aber auch dieses Mal klappt es nicht, der Russe ist hier für uns zu stark! Als wir wieder in der Ausgangsstellung beim Bunker ankommen, stehen beim Bunker die Fahrzeuge für die drei leichten Infanteriegeschütze. Ich glaube, das sind zwei Opel-Blitz und ein „Muli“ (Vorne Räder, hinten Gleisketten). Wir erhalten den Befehl, bei den Infanteriegeschützleuten mit aufzusitzen und sollen mit den drei Lkws über die Reichsstraße 1 nach Brandenburg fahren. Dort sollen wir uns melden. Mir ist nicht ganz wohl in meiner Haut bei dem Gedanken. Hier ist es ja schon im Schützenloch ungemütlich, und da sollen wir nun mit drei Lkws über die Straße, zwei Meter hoch über der Erde über das Gefechtsfeld kutschieren!? Wer ist nur auf den Gedanken gekommen? Hat sich die Lage plötzlich so verändert? Aber wir erkundigen uns noch einmal, bevor wir losfahren. „Ist denn die Straße feindfrei?“ „Ja, die kann befahren werden!“ ist die Antwort. Wir fahren also los. Auf dem Lkw, auf dem ich mitfahre, habe ich auch „meinen“ Kapitän aufsitzen lassen. Ich muss meine drei Gruppen auf drei Lkws verteilen. Der Zugführer der leichten Infanteriegeschütze fährt mit dem ersten Wagen, ich selbst bleibe auf dem Trittbrett des letzten Lkws, weil ich bei Beschuss und möglichem Volltreffer nicht im Fahrerhaus liegen bleiben will! Ich habe in den fast 4 Kriegsjahren viele zerschossene Autos gesehen, wo Fahrer und Beifahrer verkohlt, verbrannt, tot, noch im Fahrerhaus waren. Der Anblick hat sich mir eingeprägt! So will ich nicht enden! Da will ich doch lieber abspringen und an der Erde Deckung suchen, wenn es denn zu „schattig“ werden sollte. Wir fahren an, zuerst geht es durch das Gelände mit viel Schaukeln und Schütteln, dann erreichen wir die Straße. Kaum 50 Meter gefahren, da geht die Knallerei auch schon los. Wir fahren mit 100 Meter Abstand, so schnell es geht. Die Straße ist mit zivilen und militärischen Fahrzeugtrümmern übersäht. Große Bomben oder Granattrichter müssen langsam und vorsichtig umfahren werden. „Krach! – wumm!“ Eine Dreckwolke geht dicht hinter dem ersten Lkw auf der Straße hoch. Nanu, das kommt doch von rechts? Vom Haff her kracht schon der zweite Einschlag, wieder zu kurz. Und dann bekommen wir Maschinengewehrfeuer von beiden Seiten. Man sieht die Einschläge der Kugeln direkt auf uns zukommen. Aber noch werden wir nicht getroffen. Wieder schießt die verfluchte Pak von rechts her? Jetzt auf den zweiten Wagen. Da sitzt doch der Iwan schon, oder noch am Haff und wir fahren da mitten hindurch, geht es mir durch den Kopf. Die Straße führt leicht erhöht durch die Niederung. Was kann uns da noch passieren? In dem Moment kracht keine fünf Meter rechts neben mir eine Pakgranate in die Böschung mit hässlich lautem Krach! Ich falle vor Schreck, vom heißen Luftdruck geschüttelt, fast vom Trittbrett. Eine Menge Schlamm und Dreck fliegt mir um die Ohren und ins Gesicht. Die Windschutzscheibe ist ganz vollgespritzt, sodass der Fahrer kaum noch was sehen kann. Verdammt! Das war sehr nah! Der Fahrer schreit: „Ich seh' nichts, ich seh' nichts mehr!" Mit der linken Hand halte ich mich am Fensterrahmen fest und wische, so gut es geht, mit der rechten Hand die Windschutzscheibe einigermaßen sauber. Dabei wäre ich beinahe vom Trittbrett gefallen, als der Wagen einen plötzlichen Schlenker macht, um einen Granattrichter zu umfahren. Mir steckt der Schreck noch in den Knochen, als ich sehe, wie „mein" Kapitän ängstlich seinen Kopf durch ein kleines Fenster in der Plane steckt. Kein Wunder, denn die Männer auf dem Wagen sind auch sehr unruhig geworden! Die drei Lkws fahren so schnell, wie es die mit allerlei Trümmern vollliegende Straße möglich macht. Da schießt die Pak wieder von der rechten Haff-Seite. Wen wird es treffen? Da sehe ich, wie kaum 100 Meter vor uns das an den Lkw angehängte leichte Infanteriegeschütz einen Treffer erhält! Es wirbelt hinter dem Wagen hin und her, weil das rechte Rad zerschossen ist. Als lästiger Schrott wird es mitgeschleift! Ich sehe auch, wie hinten an der Klappe, wo geduckt einige Männer sitzen, eine kleine Stichflamme hochschießt. Da sind einige Zusatzladungen, die ein Mann von meinen Granatwerfern in den Brusttaschen hat, in Flammen aufgegangen! Mehr kann ich nicht erkennen, denn der Beschuss wird heftiger, ich muss mich sehr gut festhalten. Es ist schon ein tolles „Autorennen". Wir bekommen Feuer von beiden Seiten. Das kann eigentlich gar nicht gut gehen. Da, was ist das? Der erste Wagen wird langsamer! Was ist der Grund? Ist er getroffen? Besorgt blicke ich nach vorne und erkenne, dass der Wagen rechts von der Straße abfährt, vorsichtig und langsam die Böschung runter! Warum fährt der so? Was ist der Grund? Dann aber sehe ich, dass eine kleine Straßenbrücke über den Frisching, der hier zum Haff fließt, zerstört ist und umfahren werden muss. Außerdem stehen da zerstörte Fahrzeuge. Besorgt verfolge ich das Manöver, die Lkws müssen an der Stelle sehr langsam fahren. Es geht durch den hier nicht sehr tiefen Fluss. Die Männer springen ab, um bei der Auffahrt zu schieben. Da sind wir hier jetzt die schönsten Zielscheiben für die russische Pak! Aber wir sind etwas gegen Sicht geschützt durch einige Bäume und Sträucher. Alles geht gut. Wieder auf der Straße brausen wir mit Tempo weiter. Das zerschossene Geschütz schleudert noch immer hinten am Lkw hin und her. Dann dauert es nicht mehr lange und wir sind am Ortsrand von Brandenburg angekommen. Dort werden wir von den Soldaten kopfschüttelnd und ganz erstaunt empfangen. „Mensch, dass Ihr da über die Straße gefahren seid, das ist doch heller Wahnsinn! Da sitzen doch die Russen noch auf beiden Seiten!" – Das haben wir gemerkt! Wir beziehen neue Feuerstellungen am Haff. Nun habe ich endlich Gelegenheit, meinen Kapitän abzuliefern. Ich habe ihn meinem Melder zur Bewachung anvertraut. Ich fahre los, den Regimentsgefechtsstand suchen. Als ich nach einiger Zeit zurückkomme, ist mein Iwan nicht mehr da. Da ist ein Leutnant gekommen und hat angeordnet, den Kapitän mit anderen Gefangenen abzuführen. Ärgerlich schnappe ich mir ein Krad und fahre hinterher. Weit können die ja noch nicht sein. Bald erwische ich den Haufen. Suchend überblicke ich die dahintrottenden Gefangenen. Da sehe ich, wie mir „mein“ Kapitän zuwinkt. Die Wachmannschaft ist schnell informiert und dann habe ich ihn wieder. Auch er freut sich. Jetzt aber ab zum Regimentsgefechtsstand. Der Adjutant will mit ihm sofort zum Kommandeur, aber da sage ich zu ihm: „Herr Oberleutnant, so ganz kostenlos gebe ich den Kapitän nicht her. Da muss schon eine gute Flasche und Zigaretten bei rausspringen.“ Da lacht der Adjutant und meint: „Sie sind mir ja ein richtiger Erpresser, aber gehen Sie zu Feldwebel N. und lassen sich dort die Sachen geben, da können Sie sich auf mich beziehen.“ Ich berichte ihm noch, unter welchen Umständen wir den Kapitän gefangen genommen haben und dann hole ich mir meinen „Bringelohn“ ab. Ob er nun wichtige Aussagen gemacht hat, habe ich nie erfahren. Leider habe ich vergessen, mir seinen Namen und die Heimatadresse geben zu lassen. Es kommt später eine Mitteilung an die Truppe heraus, in der es heißt, man solle gefangene Offiziere immer erst melden und beim Gefechtsstand abliefern. Sehr wahrscheinlich hat er doch einige gute Informationen geben können. Sein weiteres Schicksal hätte mich schon interessiert. Hier am Haff sind wir nicht lange geblieben. Es geht nach Brandenburg hinein. Wir merken bald, dass sich da etwas zusammenbraut auf unserer Seite. Es wird umgruppiert und Angriffsvorbereitungen getroffen.

Panzergrenadierdivision Großdeutschland Divisionsgefechtsstand 5. Februar 1945
Ia

Divisionsbefehl für den 5. Februar 1945

1. Feind vor der Division mit Teilen XVI. G.S.K. (mit 11. und 31. G.S.D., sowie Teilen XXXVI. G.S.K. (mit 16. und 18. G.S.D.) sowie Restteilen der 26. G.S.D. Die ursprüngliche Absicht, mit XVI. G.S.K. aus dem Raum Godrienen – Wundlacken – Maulen zum Königsberger Haff durchzustoßen und dann mit 11. G.S.D. und Teilen des XXXVI. G.S.K. nach Südwesten entlang der Rollbahn Königsberg-Brandenburg einzuschwenken, ist durch die eigenen Angriffe verhindert worden. Gegner wird trotz seiner außerordentlich hohen Verluste an seiner Absicht festhalten, gegebenenfalls unter Abgabe von Kräften an der Südfront Königsberg, das Königsberger Haff zu erreichen. Mit dem Auftreten einer Sturmgeschützabteilung und Stalin-Panzern im Raum Warthen – Maulen – Waldburg muss weiterhin gerechnet werden.
2. Panzergrenadierdivision „Großdeutschland“ hält am 5. Februar 1945 die gewonnene Linie: Neu-Colbnicken – Waldburg – Maulen – Warthen mit der Absicht, nach Auffrischung und Umgliederung einzelner Verbände am 6. Februar 1945 anzugreifen, um die Eisenbahn Kobbelbude – Königsberg zu gewinnen.
3. Der Division sind unterstellt: Grenadierregiment 975 (367. Infanteriedivision) und schwere Haubitze/Mörserabteilung 816 auf Zusammenarbeit angewiesen Werferregiment 81 und 1. Flakregiment 64.
4. Für die Verteidigung am 5. Februar werden eingesetzt: Rechts: Das Panzerfüsilierregiment „Großdeutschland“, ohne I. Bataillon. Links: Grenadierregiment 975 mit unterstelltem I. Panzerfüsilierregiment „Großdeutschland“ und II. Panzergrenadierregiment „Großdeutschland“, Pak- und Fla-Kompanie

Panzergrenadierregiment „Großdeutschland“ und 1. Panzerjägerabteilung „Großdeutschland“.
Grenze: Rechts zu 562 Volksgrenadierdivision-Schoschen: (562) – Neu-Colbnicken („Großdeutschland“) – Bergau „Großdeutschland“ – zwischen Panzerfüsilierregiment „Großdeutschland“ und Grenadierregiment (975) – Fabrik – 500 Meter ostwärts Heide-Waldburg. Punkt „05“ – 750 Meter nordostwärts Schloss Waldburg – Südwestecke zu Maulen – Vorwerk Ludwigshof (Füsiliere).

5. Es sind zur Verfügung der Division zu verlegen: Panzergrenadierregiment „Großdeutschland“ – ohne II. Bataillon und ohne Pak- und Fla-Kompanie nach Brandenburg
II. Grenadierregiment 975 nach Heide Maulen
Bataillon „Brandenburg“ nach Brandenburg
Pioniereinheiten nach Pokarben
Panzeraufklärungsabteilung „Großdeutschland“ in den Raum Pörschken – Brandenburg
Divisionsbegleitkompanie nach Heide Waldburg
6. Kampfführung: Zur Bereinigung der Hauptkampflinie, aus der heraus am 6. Februar 1945 nach Umgliederung angegriffen werden soll, ist vom Panzerfüsilierregiment „Großdeutschland“ Waldburg, und vom Grenadierregiment 975 Maulen-Nord in der Nacht vom 4. zum 5. Februar zu nehmen sowie vom Grenadierregiment 975 die Wiedergewinnung von Maulen-Süd vorzubereiten.
7. Panzerregiment „Großdeutschland“ unterstützt den Kampf der Grenadierregimenter durch frontnah aufgestellte, zur Zusammenarbeit mit den Grenadierregimentern angewiesene Panzergruppe im Raum Honogbaum/Wald, nördlich von Waldburg, Heide Maulen und Warthen. Verbindung zwischen den jeweiligen Regiments- und Bataillonsführern der Panzertruppen ist sicherzustellen!
8. Panzerartillerieregiment „Großdeutschland“ (mit unterstellter schwerer Haubitze/ Mörserabteilung 816 und auf Zusammenarbeit angewiesenem Werferregiment 81) zerschlägt erkannte feindliche Bereitstellungen und Angriffe und stellt Zusammenarbeit durch Überlappung mit beiden Nachbardivisionen her. Für geringe, rein infanteristische Angriffe ist Artilleriemunition nicht einzusetzen. Störungsfeuer und Bekämpfung feindlicher Artillerie hat zu unterbleiben. Es sind auf Zusammenarbeit angewiesen:
I. Panzerartillerieregiment „Großdeutschland“ mit Grenadierregiment 975.
II. Panzerartillerieregiment „Großdeutschland“ mit Panzerfüsilierregiment „Großdeutschland“.

Den weiteren Divisionsbefehl habe ich leider nicht mehr in meinem Besitz. Unser II. Bataillon Grenadierregiment bleibt als Gegenstoßreserve hinter dem angreifenden III. Bataillon. Die Bereitstellung ist hinter einem kleinen Wäldchen. Die allgemeine Frontlinie verlief etwa: Colbnicken – Neu-Colbnicken – Waldburg – Maulen – Warthen.
Wir gehen mit unseren Werfern in Stellung. Fahrzeuge schieben sich von hinten langsam heran.
Es soll bald losgehen! Geplant ist: Vorstoß auf Neu-Colbnicken – Vorwerk Colbnicken – weiter Waldpothen (Ziegelei) und dann Seepothen. Wir stehen bereit. Gut getarnt, gegen Sicht geschützt. Noch haben wir nicht geschossen. Es ist unheimlich. Merkt Iwan etwas?

5. Februar 1945: Der Morgen dämmert herauf. Das vor uns liegende „Pistolen-Wäldchen" scheint nicht ganz feindfrei zu sein. Dort sollen wir hinein. Es scheint die „Stunde X" gekommen zu sein. Wir gehen vor, der Kommandeur Oberst Heesemann ist bei uns. Plötzlich röhren schräg links vor uns und rechts hinter uns Raketenwerfer. „Na, das gibt ja für den Russen jetzt einen schönen Feuerzauber", denke ich schadenfroh! Da haben wir aber schnell bemerkt, der ganze Segen kommt auf uns! Und dann fauchen sie heran, immer sechs Einschläge fast gleichzeitig. – Und da „brüllen" die Werfer noch einmal! „Alles rennet, rettet, flüchtet – taghell ist die Nacht gelichtet!" (Frei nach Schiller!) Da sucht man aber schnell eine Deckung! Verflucht! Kein Loch zu sehen! Da liege ich flach wie eine Briefmarke auf dem Bauch, auf gefrorenem Boden, der nur wenig mit Schnee bedeckt ist. Ich wage es nicht, den Kopf zu heben, da bleibt die Nase im Schnee! Anfangs denke ich, dass uns da eigene Werfer beschossen haben. Die Einschläge krachen dicht um uns herum! Aber danach ist wieder Ruhe. Gott sei Dank! Überall um uns herum die hässlichen schwarzen Einschlaglöcher. Der Iwan ist wach geworden und schießt nun auch mit seinem schweren Granatwerfer in den Wald. Da ist hier mit einem Mal die Hölle los! Ich höre Verwundete schreien: „Sanitäter!" Und dann höre ich lautes Rufen: „Der Oberst ist gefallen!" Er hat das Unternehmen führen sollen. Ich höre, er habe neben seinem Befehlsschützenpanzerwagen gestanden und mit General Lorenz (Regimentskommandeur) telefoniert, als er von Granatwerfersplittern tödlich getroffen wurde. Die anfängliche Aufregung hat sich schnell gelegt. Wir greifen an! Aber es geht nur sehr langsam! Selbst das uns als Feuerstellung angewiesene „Pistolen-Wäldchen" (wegen seiner „Pistolenform") muss erst noch vom Feind „gesäubert" werden. Wir gehen in Stellung mit Front Nordost. Es wird allmählich ruhiger. Allzu viel hatte uns der Angriff bisher nicht eingebracht. Wir haben aber festgestellt, dass der Russe hier sehr stark ist! Wir werden abgelöst und fahren am vorgeschobenen Regimentsgefechtsstand vorbei in ein kleines Dorf. Hier steht eine Nebelwerferbatterie, die eifrig schießt. Bei dieser Nähe lässt uns das Abschussgeheul einen eiskalten Schauer den Rücken herunterlaufen! Die Nachbarschaft einer solchen Batterie ist nie ungefährlich. Iwan ist auch nicht faul, er beschießt das kleine Dorf, wo er die Batterie vermutet, mit seiner „Schwarzen Sau" (15,2 cm). Wenn wir Iwans Abschüsse hören, rennen wir wie ein „geölter Blitz" in das nächste Deckungsloch. Die „Nebelwerfer"-Leute geben uns von ihren „Nazipäckchen", die sie in rauen Mengen haben. „Nur für Frontkämpfer im Großkampf" stand auf ihnen. Es gibt diese Kampftruppen-Sonder-Päckchen seit Mitte 1943 (Zitadelle). Inhalt: 1 Schachtel „Juno" Kekse, Vitaminbonbons und die gute „Schokakola", Schokolade in runder Blechdose. Das ist sehr gut! Unser Kompaniegefechtsstand ist im Keller eines Hauses. Dort ist es ziemlich eng, aber das Mauerwerk sieht sehr vertrauenserweckend aus. Meine Werfer haben gute Feuerstellungen, alles ist bereit. Da werde ich zu meinem Kompanieführer Oberleutnant Hinnerk gerufen. Außer mir kommt noch ein Unteroffizier der leichten Infanteriegeschütze. Wir melden uns und erwarten irgendeinen neuen Befehl.

7.-8. Februar 1945: Aber wir müssen nur ganz stramm stehen und dann verleiht uns Oberleutnant Hinnerk im Namen des Regimentskommandeurs das „Eiserne Kreuz I. Klasse". Kaum dass uns der Tenor vorgelesen werden kann, und das geht auch sehr schnell, da rauscht es auch schon wieder jaulend heran! Iwan sucht die Nebelwerferstellungen! Wir haben kurz verharrt, dann Hände schütteln: „Macht's gut, Männer!" Da sind wir auch schon wieder draußen. Meine Jungs freuen sich mit uns. Ob wir damals überhaupt noch einmal einen Schnaps darauf haben trinken können – daran kann ich mich beim besten Willen nicht mehr erinnern. In der Nacht vom 8. auf den 9. Februar gibt es noch einen Stellungswechsel für uns. Wir landen in dem großen, an einem Überschwemmungsgebiet vor Kobbelbude liegenden, sehr großen Gut Wesdehlen. Zwischen den Gebäuden werden unsere Werfer in Stellung gebracht, Posten eingeteilt und „Quartier" gemacht. Bei der Auswahl muss immer bedacht werden, wo die Feindseite ist und ob Iwan direkt in die Fenster schießen kann und wie es mit der übrigen Sicherheit steht.

Im Kessel bei Mehlsack – Heiligenbeil – Zinthen

9. Februar 1945: Als wir morgens im Hellen unsere Lage betrachten, sehen wir, dass wir in einem Abschnitt liegen, der wie eine Spitze nach Osten ragt. Heute bauen wir unsere Feuerstellungen richtig aus, dann werden die Unterkünfte noch einmal verbessert. Die erste Gruppe, Unteroffizier Ramm, hat sich Stellungen hinter dem Kuhstall gebaut, und die Unterkunft selbst mit dicken Balken geschützt. Meine zweite Gruppe, Unteroffizier Sprengala, bezieht Unterkunft in einem der Wohngebäude und hat die Feuerstellung zwischen den Gebäuden. Hier in Wesdehlen liegt auch eine Schützenkompanie. Bei der Suche nach einer Beobachtungsstelle sehen wir einige hundert Meter nördlich eines Hügels, der laut Karte hier mit seinen 29,9 Metern Höhe eine der höchsten Erhebungen ist. Er ist mit „Sand Berg" auf der Karte eingetragen. Noch sind wir fast alleine hier und so kann ich mir eine gute, geeignete Stelle am oberen Rand des „Sand Bergs" für meine Beobachtungsstelle aussuchen. Von hier oben hat man einen sehr guten Rundblick. Nach Norden blicke ich über Neu-Colbnicken fast bis Waldburg. In ostwärtiger Richtung liegt Jäskeim und nordostwärts Seepothen. Einige hundert Meter ostwärts liegt in der Spitze unseres Frontbogens das Vorwerk Wangnicken. Dort habe ich eine 2. Beobachtungsstelle im Dach des Gehöftes hinter dem Schornstein. Südlich und südostwärts ist ein großes Überschwemmungsgebiet bis fast an die Bahnlinie, die nach Königsberg führt. An der Eisenbahn liegt Vorwerk Catharinlauk. Weiter südlich liegt der Ort Kobbelbude zwischen der Bahn und der Autobahn nach Königsberg gelegen. Von den genannten Orten ist in eigener Hand: Vorwerk Wangnicken und der Ort Kobbelbude. Wegen der hervorragenden Sicht kommen in den nächsten Tagen weitere Beobachtungsstellen anderer Waffen dazu. In der Sandkuhle hinter dem „Berg" hocken in ihren Löchern die Telefonisten und Funker. Da wir ja schon eingekesselt sind, ist es sehr wichtig, nach allen Seiten gut beobachten zu können. In den nächsten Tagen hören wir lauten Gefechtslärm – Artillerie- und Panzerabschüsse. Dort grummelt es ganz schön! Das ist das Gebiet von Mehlsack, Heiligenbeil und Zinten. Bei klarer Sicht können wir Qualm und Rauch brennender Häuser und die grauweißen Rauchfinger unserer Nebelwerfer sehen. Bei uns bleibt es vorläufig noch ruhig. Vom Dachfenster eines hohen Gebäudes in Wesdehlen kann man das Überschwemmungsgebiet und bei Catharinlauk ein Bahnwärterhaus an den Schienen gut sehen. Dort ist der Russe. Entfernung etwa 1.800 Meter. Ich kann eine russische Granatwerferstellung seitlich des Bahnwärterhauses erkennen. Auch sehe ich die Iwans dort herumlaufen. Eigentlich haben wir keine „Front" zu dieser Richtung, weil ja das Wasser dazwischenliegt. Aber ich habe die Iwans dort immer beobachtet, wenn ich nicht gerade auf dem „Sand Berg" bin. Von der Beobachtungsstelle im Dach des Hauses in Vorwerk Wangnicken sehe ich die Dächer von Jäskeim. Hier bei uns beträgt der Abstand vom Haff etwa 5.000 Meter. Das ist nicht viel! Bei Heiligenbeil ist der aber noch größer. Westlich liegt nicht weit das Vorwerk Morken. Dort ist auch der Bataillonsgefechtsstand. Von der Beobachtungsstelle „Sand Berg“ kann ich mit einem aus einem zerstörten Schützenpanzerwagen ausgebauten Scherenfernrohr die Gegend und die Iwans sehr gut beobachten. Von der 2. Beobachtungsstelle aus in Vorwerk Wangnicken hat man zwar weniger Deckung, aber eine gute Weitsicht! Der Weg dorthin ist zeitweilig von russischen Scharfschützen gefährdet. Der Russe hat vor unserem „Sand Berg“ an der Straße Jäskeim-Wardienen ein Grabensystem gebuddelt. Bei einem Wäldchen habe ich Pak erkannt. Eines Tages beginnt doch der Iwan ganz frech, am helllichten Tag hinter der genannten Straße Pakstellungen zu bauen. Und dann stehen auch schon die Geschütze darin. Mich ärgert, dass man so ein Vorhaben einfach tatenlos hinnehmen soll! Warum werden die Pakgeschütze nicht von der Artillerie beschossen? Ganz einfach! Weil die Munition so knapp ist! Ich habe aber noch jede Menge russische Wurfgranaten und einen einsatzfähigen Beutewerfer, leider ohne Richtaufsatz. Ich melde mich ab und ziehe mit „Lotte“ (Deckname) und viel Munition in Richtung Morken. Auf halbem Weg ist ein großer Strohhaufen auf freiem Feld. Der Werfer kommt hinter den Schober, meine Beobachtungsstelle oben auf den Schober. Die ersten Schüsse gehen „über den Daumen gepeilt“ zum Iwan. Wir schießen ihm seine eigene Munition zurück. Gespannt sehe ich nun durchs Glas und suche die Einschlagstelle. Ich höre zwar zuerst den Krach des Einschlags, kann aber nicht herausfinden, wo der gelandet ist. Aber mit dem 3. Schuss habe ich Entfernung und Seite eingeschossen. Nun geht es Schuss auf Schuss! Das macht richtig Spaß, dem Iwan mit seiner eigenen Munition ordentlich einzuheizen! Als die ersten Treffer im Grabensystem liegen, rennen die Iwans nach rechts weg. Da habe ich voll hineingehalten und auch gute Treffer erzielt! Etliche Iwans müssen getragen werden. Der wird ja nun wohl nicht mehr so frech vor unserer Nase Stellungen bauen! Wir schießen noch, da höre ich in der Luft ein Zischen, und dann fliegen drei russische Granatwerfergranaten ungefähr knapp 100 Meter vor den Strohschober und detonieren dort. Das Geräusch beim Heranzischen der Wurfgranaten, wenn sie zu weit oder zu kurz kommen, kennen wir! Ob wir hier wohl schon erkannt sind? Das kann ich mir kaum vorstellen. Ich lasse aber weiter schießen, denn sonst hätte sich Iwan womöglich gedacht: „Aha, jetzt schweigen sie! Da habe ich schon richtig hingeschossen.“ Die nächsten drei Granaten fliegen aber mit feinem Zischen über uns hinweg in eine hinter uns liegende Mulde. Aber da können sie keinem wehtun! Nachdem wir die Russen so unfein bei ihrem Stellungsbau gestört haben, und noch einige gute Treffer landen können, bauen wir den Werfer wieder ab und ziehen nach Wesdehlen wieder zurück. In den nächsten Tagen wird der Russe vor uns immer stärker. Wir müssen höllisch aufpassen, denn bald hat er herausgefunden, dass es mit dem „Sand Berg“ eine besondere Bewandtnis hat. Haben wir uns zu auffällig verhalten, oder hat er den Funk angepeilt? Aber leider laufen ja auch einige Landser zu offen und frech durch die Gegend. Wir selbst sind schon bei Regen mit aufgespannten Regenschirmen zum „Sand Berg“ gegangen. Das Grüßen höherer Offiziere macht mit dem Regenschirm dann oft erhebliche Schwierigkeiten. Aber mit gewissem Galgenhumor geht das meist ganz gut. Der Russe schießt sich allmählich auf unsere Beobachtungsstellen ein und schon bald liegt unser „Sand Berg“ und die dahinterliegende Sandkuhle, in der sich die Landser, weil sie nicht gesehen werden können, recht unvorsichtig benehmen, mehrere Male unter dem sehr unangenehmen Feuer der russischen schweren Granatwerfer.

Da hört man nur dieses kurze „Zischen" in der Luft, wenn die Granaten vom Kaliber 12,0 cm mit einem widerlich harten und sehr kurzen „Brettttsch!" detonieren. Und davon kommen meist vier bis sechs Granaten auf einmal! Die Abschüsse kann man im Gegensatz zur Artillerie kaum hören, da die Mündungen im steilen Winkel nach oben weisen. Und wenn die erfahrenen Landser die Abschüsse mit ihrem „Pötsch-Pötsch-Pötsch-Pötsch" hören, was im Gefechtslärm kaum möglich ist, dann wissen sie, dass sie nun noch gerade kaum 20 Sekunden Zeit haben, um in eine Deckung zu springen. Also buddeln wir uns tiefer in die sandige Erde. Aber einen Treffer hätte die Decke auch nicht abgehalten. Als es einmal heftig geregnet hat, ist uns die ganze lehmig-sandige Decke zusammengebrochen. Nun regnet es zu allem Übel auch noch hinein! Man muss im Krieg halt sehr viel Glück haben. Iwan wird immer frecher. Jetzt beschießt er auch unser Gut Wesdehlen mit Artillerie. Nachts mit Brandmunition, sodass das Heu auf dem Boden zu brennen beginnt. Wir können die Scheune nicht retten, aber aus Erfahrung klug geworden, werfen wir über dem Kuhstall befindliches Stroh herunter an die Seite. Um mein Quartier splittersicherer zu machen, stelle ich einige der dicken Bettmatratzen von innen vor die Fenster. Meine Leute haben irgendwo ein russisches Maxim-Maschinengewehr entdeckt und dazu reichlich Munition. Im oberen Stock des Hauses stelle ich das Maschinengewehr auf einem Brett aufs Bett. Das Fenster wird mit einem Sack zugehängt und nur ein kleines Loch zum Durchschießen gelassen. Ich kann an der Bahnlinie das Bahnwärterhaus gut sehen und auch, wie die Iwans da herumlaufen. Mein Melder nimmt mein 10 x 50 Fernglas und orientiert sich schon einmal. Und dann geht's los! Ich schieße von der hinteren Zimmerwand durch das Loch nach Katharinlauck zum Iwan, der neben dem Bahnwärterhaus Granatwerfer stehen hat. Um mich aber erst einmal einzuschießen, peile ich über das lange Stangenvisier die Haustür des Bahnwärterhauses an. Und unser Maschinengewehr schießt! Aber im Raum kann man es vor lauter Krach nicht aushalten! Ich jage dem Iwan einen ganzen Gurt (das ist ein Textilgurt im Gegensatz zu unseren Metallgurten) seiner eigenen Munition zurück. Die Ohren können den Lärm aber nicht aushalten. Als dann dem Kompanieführer der 6. Kompanie die Ballerei zuviel wird, und er meint, als Antwort würde der Russe bald zu uns rüberschießen mit seinen Werfern, habe ich mit Bedauern das Feuer eingestellt. Die Iwans sind ganz schön herumgesprungen! Zwischen Wesdehlen und Katharinlauck ist ja das ganze Gelände überschwemmt und wir haben nach dort nur schwache Sicherungen liegen. Mit meiner Schießerei will ich dem Iwan zeigen, dass wir trotzdem gut aufpassen. Mit meinem Glas kann ich genau sehen, wie die Russen zur Tür rausrennen in ihre Feuerstellung. Ich nehme ein „Gewehr 98 – lang". Wir haben nur den etwas kürzeren Karabiner „98 – kurz". Mit dem längeren Lauf kann man eine Idee besser auf entfernte Ziele schießen. Ich schieße zuerst mal nur aus Jux aufs Fensterkreuz aufgelegt, über Kimme und Korn geguckt – ja, worauf sollte ich bei einer Entfernung von etwa 1.800 Meter wohl zielen? Ich ziele zuerst einmal mitten auf das Haus. „Peng!" – der Schuss ist raus! Aber wo schlägt die Kugel ein? Mein Melder blickt gespannt mit dem Glas zum Haus. „Ich hab' ihn! – Aber fast 100 Meter zu kurz! Ich habe das Wasser aufspritzen sehen!" Als ich mit dem 3. oder 4. Schuss, den ich höher angehalten habe, fast genau vor die Tür geschossen habe, da ziele ich auf den Schornstein des Hauses. Also den Schornstein anvisieren, Bubi mit dem Fernglas beobachtet die Tür, und wartet. „Bubi, wenn Du siehst, dass da einer aus der Tür kommt oder dort rein will, sag' mir Bescheid! Dann knalle ich dem einen vor den Latz! Ha, ha, ha!" Ich lege wieder an, warte eine Weile und ziele ruhig auf den Schornstein! „Unteroffizier, die Tür geht auf! Da kommt einer raus!" Ich halte die Luft an, ziele genau auf den Schornstein – Schuss! „Ha, ha, der ist aber richtig erschrocken!" ruft mein Beobachter begeistert. Immer, wenn sich dort etwas bewegt, habe ich auf diese Art geschossen. Ich habe keinen Iwan fallen gesehen, aber die Tür wird dann nicht mehr benutzt. „Scharfschütze!" denken die Iwans vielleicht. Am Bataillonsgefechtsstand in Vorwerk Morken erfahre ich am Abend beim Treffen der Einheitsführer, dass man einen tollen Plan ausgeheckt habe. Da man beim Bahnwärterhaus in Katharinlauck neben den vielen Granatwerfern auch eingebaute Paks in Stellung erkannt hat, und sich demnach wohl etwa 35 bis 40 Russen im Haus aufhalten, will man einen Eisenbahnwaggon voll mit Fliegerbomben mit einer Lokomotive schiebend zum Rollen bringen und auf das Bahnwärterhaus zurollen lassen. Die Zünder werden so eingestellt, dass die Bomben hochgehen werden, wenn der Waggon gerade neben dem Bahnwärterhaus angekommen ist! Diesen Plan habe ich abends bei der Besprechung erfahren. Aber nach dem „offiziellen Teil" haben wir Kompanie- und Zugführer noch eine Zeitlang gemütlich beieinandergesessen. „Mensch", denke ich, „das Spektakel soll doch um Mitternacht losgehen! Wir sollen doch unsere Leute warnen, denn man fürchtet, dass bei der zu erwartenden gewaltigen Explosion möglicherweise sogar die Gebäude von Wesdehlen zusammenstürzen können!" Weil der Russe unter Umständen das Telefon oder den Funk abhören kann, sollten wir die Leute persönlich oder durch Melder warnen. Also los! Ich laufe einen schmalen Weg entlang, der ziemlich dicht am Überschwemmungsgebiet herführt. Ich bin noch keine 200 Meter gelaufen, als mir Gewehr und Maschinengewehrfeuer um die Ohren knallt. Mit einem Sprung suche ich Deckung hinter einem dicken Baum. Bis zum Gut sind es nur noch 300 Meter. Kann mich der Russe gesehen haben? Aber es ist doch dunkle Nacht? Oder kommen gerade hier zufällig die Maschinengewehrgarben und Gewehrschüsse runter, die gar nicht mir gelten? Vielleicht ist es nur Störungsfeuer? Ich blicke auf das hell leuchtende Zifferblatt meiner neuen „Kapitän-Uhr". Donnerwetter, schon 7 Minuten vor Mitternacht. Dann sollte die angekündigte gewaltige Bombenüberraschung für den Iwan losgehen? Da stehe ich hier, wie festgenagelt, und meine Leute wissen von nichts! Endlich wird es weniger mit der blöden Schießerei und ich kann weiterrennen. Als ich unser Quartier im Gut erreiche, ist es schon 7 Minuten nach Mitternacht. Ungläubig sehen mich die Männer an, sie wollen nicht glauben, dass für sie Gefahr bestehen könnte. Außerdem will keiner so recht gerne raus in die Kälte und in die Keller. Dort, meinen sie, seien sie doch gut geschützt. Ich stehe mit einigen Kameraden hinter der Hausmauer und blicke und horche gespannt nach Katharinlauck und zum Bahnwärterhaus. Dann hören wir eine Lokomotive fahren, das Knirschen von Eisenbahnwaggonrädern und das Rollen. Mund auf, Hände vor die Ohren! Aber der erwartete ungeheuere Explosionsknall bleibt aus. Da ist wohl etwas schiefgegangen. Wir gehen in die Häuser zurück. Vorher kontrolliere ich noch die Posten zur Wasserseite. Die Nacht bleibt ruhig. Am nächsten Morgen kommt aber ein einzelner russischer Flieger (IL 2) und wirft eine Bombe im Tiefflug auf die Schienen, damit die „Fritze" ihre geplante „Schweinerei" nicht noch mal versuchen können! Auch die nächste Nacht verläuft ruhig. Mit meinen Gruppenführern löse ich mich auf der Beobachtungsstelle „Sand Berg" ab. Wir haben versucht, einen „Bunker" oben an der Kante zu bauen. Aber der bröselige Sandboden ist dazu kaum zu benutzen. Mit unserer kleinen S. P.-Schere haben wir von dort oben eine gute Feindeinsicht. Die Iwans laufen dort vor und hinter der Straße ziemlich ungeniert herum. Man kann jeden einzelnen Iwan gut verfolgen. Die Russen schanzen dort eifrig, das sieht ja eigentlich nicht nach einem Angriff aus. Vom Dorf Jäskeim sieht man nur die Dächer. Wenn bei klarem Wetter fast hinter uns im Südwesten, dort bei Zinthen (Kessel: Mehlsack – Heiligenbeil – Zinthen) der Gefechtslärm sehr laut wird, blicken wir mit dem Fernglas dort hin und können die Granateinschläge auf beiden Seiten sehen. Da röhren die Stalinorgel und unsere Nebelwerfer unentwegt. Ich habe bald den Eindruck, dass es der Iwan dort wissen will. Im Augenblick ist er dort sehr aktiv! Oft „rummst" es ganz beängstigend und dazwischen die harten, hellen Abschüsse der Panzer oder auch Paks, die laut zu uns herüberhallen. Ich bekomme bald den Eindruck, als wenn der Russe dort Geländegewinn machen würde. Bei uns startet Iwan noch keinen Angriff, stattdessen ist er vor dem „Sand Berg" eifrig bemüht, seine Stellungen zu verbessern. Am nächsten Tag erkenne ich zwischen unseren Beobachtungsstellen und den russischen Stellungen einen breiten Minengürtel. Noch liegen die Dinger offen auf der Erde. Die zeichne ich gleich in meine Karte ein. Am Tag darauf sind sie aber alle in der Erde verschwunden. Iwan hat längst bemerkt, dass hier an unserem „Sand Berg" (Höhe 29,9) allerlei los sein muss. Wir haben ja auch Funkgeräte, die man anpeilen kann, außerdem sind einige Landser in der relativ ruhigen Zeit ziemlich frech herumgelaufen. Viele Telefonleitungen laufen von hier zu den einzelnen Feuerstellungen und zum Bataillonsgefechtsstand. Da ist es durchaus möglich, dass Iwan uns abhören kann. Nun wird es hier oben von Tag zu Tag ungemütlicher. Von Jäskeim her schießt er fleißig mit seinen schweren Granatwerfern (12 cm) auf unsere schöne Höhe. Jetzt graben wir die Löcher tiefer und alle werden vorsichtiger! Die Granatwerfer haben die verdammte Eigenschaft, dass man meist das Herunterkommen der Wurfminen zu spät hört. Und dann kann es schon zu spät sein! Und von solchen Werfern hat der Iwan sehr viel! Da kann ich nur neidisch werden! Auch mitten in die direkt hinter uns liegende Sandkuhle setzt er etliche von diesen Dingern. Und das bleibt leider nicht ohne Wirkung! Zu allem Pech beginnt es nun auch noch heftig zu regnen. Abends, als ich in Vorwerk Morken beim Bataillonsgefechtsstand bin, erhalte ich per Telefon die Meldung von der Beobachtungsstelle „Sand Berg", dass als Folge des vielen Regens unser Bunker halb eingefallen sei. Das ist eine Hiobsbotschaft! Haben wir doch gehofft, dass die Lehm-Sand-Decke Beschuss aushalten kann. Die Männer bessern die Beobachtungsstelle aus, so gut es geht. Meine beiden Beobachtungsstellen beziehe ich im Wechsel. In Vorwerk Wangnicken bin ich oben im kaputten Dach hinter dem Schornstein. Neben mir ist auch die Beobachtungsstelle unserer leichten Infanteriegeschütze (7,5 cm) von Oberfeldwebel Grosse. Wenn Iwan uns mit der Artillerie beschießt, sausen wir hinunter in den Keller! Auch hier baut der Russe vor uns Erdgrabenstellungen. Ich sehe, wie eine lange Kolonne Iwans von Katharinlauck herkommt, um zu buddeln. Eine lange Strecke sind sie durch Buschwerk gegen Sicht gedeckt. Nachdem ich mir das eine Weile angesehen habe und weiß, wann die Kerle sich dort ablösen, dann ist meist die doppelte Anzahl dort, mache ich, nachdem ich mich unauffällig so beiläufig eingeschossen habe, einen schönen Feuerüberfall! Dabei erziele ich gute Wirkung! Als mir der Stellungsunteroffizier meldet: „Vier Werfer abgefeuert!", starre ich mit meinem Glas zu den Iwans, die dort ahnungslos arbeiten oder sich unterhalten. Aber 20 Sekunden nach dem „Abgefeuert", als die Granaten kurz vor dem Aufschlag sind, sehe ich, wie einige kurz nach oben blicken und sich dann blitzschnell hinwerfen. Aber da krachen schon die 8,00 cm Wurfgranaten dazwischen! Wer noch kann, rennt in Richtung Katharinlauck. Mit schnell wechselnden neuen Feuerkommandos verfolge ich sie. Da gibt es Tote und Verwundete! Ich sehe, wie mehrere Iwans von den anderen getragen werden. Als sie in Katharinlauck angekommen sind, mache ich auch auf das Bahnwärterhaus mehrere Feuerüberfälle. Das trifft die dort befindlichen Granatwerferstellungen, die gegen Kobbelbude gerichtet sind. Uns haben sie bisher in Gut Wesdehlen kaum beschossen. Ich kann deutlich sehen, wenn die Iwans an die Werfer gehen und dann abfeuern. Ich kann sie mit meinen Werfern einigermaßen stören. Als Dank dafür schießt Iwan dann mit Artillerie auf unser Gut Wesdehlen. Dabei gehen fast alle Fensterscheiben zu Bruch. Nachts kommt der General mit einigen hohen Herren, um die Stellungen zu inspizieren. Wir erfahren, dass wir abgelöst werden sollen. Wohin soll es denn nun wieder gehen? Unsere Ablösung kommt, wir sammeln beim Vorwerk Morken (Bataillonsgefechtsstand). Von dort bringen uns unsere Lkws in eine Schule in Perwilten.

Das Unternehmen „Ordensritter"

4./5. März 1945: Wir erfahren, dass ein Angriffsunternehmen gestartet werden soll. Der Befehl sei direkt von der Armeeführung (General Müller) gekommen. Der gute Mann sitzt nicht im Kessel und ist bei den höheren Offizieren nicht gerade sehr beliebt! Wir treffen alle Vorbereitungen. Jeder Soldat bekommt eine „Ostpreußenpostkarte" mit dem Aufdruck „Tapfer und treu", die wir nach Hause schicken können. Da denkt mancher: „Ein letzter Gruß vor dem Heldentod!" (Meine Karte ist bei meinen Erinnerungsstücken!) Das Unternehmen „Ordensritter" hat zum Ziel, südlich Konradswalde durchzubrechen und dann westlich an Zinthen vorbeizustoßen, um die nach Norden vorgestoßene Feindgruppe zu vernichten. Unser neuer Bataillonskommandeur wird ein Major Krützmann, der war bisher im Regiment 51 der aufgelösten 18. Panzergrenadierdivision gewesen.

6. März 1945: Wir stehen um 03.00 Uhr in der Nacht bereit, und dann beginnt der Angriff. Wir rennen auf die Bahnlinie los, in Richtung auf ein Bahnwärterhaus. Es scheint ganz gut zu klappen, aber dann! Vom Bahndamm aus bekommen wir sehr heftiges Abwehrfeuer. Wir kommen nicht richtig weiter! Unsere Artillerie verschießt ganze 12 bis 15 Schuss! Und dann ist Schluss! Munitionsmangel! Ein neuer Angriff ist um 15.00 Uhr geplant, aber auch der geht nicht richtig voran! Die russische Abwehr ist verdammt stark hier! Alles wird abgeblasen! Die Panzerfüsiliere kehren zurück nach Maulen in ihre alten Stellungen, und auch wir kehren wieder nach Wesdehlen zurück. Doch wir werden aus unserer Stellung bei Wesdehlen herausgezogen und rollen mit unseren Lkw in einen kleinen Ort. „Angriffsvorbereitungen treffen", hat es geheißen. Also werden die Waffen überprüft, die Granaten liebevoll mit einem Petroleum-Lappen abgewischt und auch die Handfeuerwaffen kontrolliert. Abends werden wir Zugführer zum Chef beordert. Der ist mit den Herren des Stabes in einem großen Haus und man feiert irgendetwas. Vielleicht einen Geburtstag? Als wir im Flur warten, hören wir, dass es dort ganz fröhlich zugeht. „Weltuntergangsstimmung?" Ordonnanzen rennen geschäftig hin und her und ergänzen die Alkoholbestände. Wir rufen einen davon zu uns her, und beordern ihn, den Chef der 8. Kompanie herauszubitten – die Zugführer wären da. „Kommen Sie, die eine Flasche bleibt hier, die werden die Herren da drinnen sicher nicht vermissen", mit diesen Worten nehme ich dem verdutzt Dastehenden eine Flasche Chartreuse aus der Hand und lasse sie in der Tiefe der weiten Tasche der Winteruniform verschwinden. „Was der nur wieder will?" knurrte Oberfeldwebel Grosse (Zugführer der leichten Infanteriegeschütze) und steckt sich eine Zigarette ins Gesicht? – „Keine Ahnung, wir werden es gleich erfahren", zucke ich mit den Schultern und horche auf, denn die Tür hat sich geöffnet und unser Chef, Oberleutnant Hinnerk kommt heraus. Er sieht ziemlich ernst aus, drückt jedem von uns die Hand und zieht uns dann in einen Nebenraum. Dort lassen wir uns in tiefe Clubsessel fallen. Im Rückblick auf den vergangenen gestrigen Tag bringe ich es nur zu einem verunglückten Lächeln. „Na, nur nicht so vorwurfsvoll!" Dabei haben wir noch kein Wort gesprochen. Er breitet eine Karte aus (die befindet sich bei meinen Unterlagen) und erklärt uns die eigene Angriffsabsicht. Wir beide sollen noch in der Nacht abfahren mit unseren Zügen, und für die Werfer und die Geschütze gute Stellungen suchen und beziehen, und wir selbst sollen uns gute Beobachtungsstellen suchen. Auf der Karte weist er uns einige Mulden an, die wohl seiner Meinung nach günstig wären für die Feuerstellungen. Weiterer Plan: Angriffsbeginn um 03.00 Uhr mit Artilleriefeuerschlag und Panzerunterstützung. Dann wird das II. Bataillon mit der 6., 7. und 8. Kompanie mit den Lkws bis an die Hauptkampflinie herangebracht, absitzen und den Angriff vortragen. Wir sollen zu dem Zeitpunkt unsere Stellungen schon ausgebaut und uns eingeschossen haben. Den Angriff sollen wir mit unserem Feuer unterstützen. „Ich komme dann zu Ihnen in die Beobachtungsstelle. Alles Weitere wird sich dann nach Lage der Dinge ergeben." Wir besprechen noch einige „technische" Angelegenheiten, wie Munitionsnachschub und Verpflegung (das Letztere ist immer sehr wichtig). Als der Chef sich verabschiedet, meine ich kalt lächelnd: „Wie sieht es denn mit einer Flasche Zielwasser aus?" Da grinst er und lässt uns durch seinen Burschen eine Flasche „Dreistern-Weinbrand" bringen. „Aber bitte nur so viel, dass Sie morgen früh noch klare Augen haben!" – „Jawohl, Herr Oberleutnant!" „Schiet, nichts von wegen ausschlafen und Ruhe", sagt Oberfeldwebel Grosse, „Morgen früh gibt's ordentlich Rabatz!" Wir suchen auf der Karte den Marschweg und trennen uns dann. Die Männer, die teils schon schlafen oder noch zusammensitzen, sind nicht sehr begeistert, als ich ihnen von dem frühen Angriff berichte. „In einer Stunde Abmarschbereitschaft melden – mit Angriffsgepäck!" Die Fahrer lassen zur Probe einmal kurz den Motor an und schleppen dann ihre „Fresskiste" und Schlafsäcke zum Fahrzeug. Die Landser rollen die Decken ein, schnallen um und machen Waffen und Gerät fertig. Ich selbst sitze in einem bequemen Lehnstuhl und esse gedankenverloren bei flackernden „Hindenburg"-Lichtern meine Brotration und dazu Büchsenfleisch. Dann einige Schluck aus der Feldflasche mit heißem Kaffee. Ich bin seit unserer Ankunft noch nicht aus den Stiefeln herausgekommen, habe ich doch gehofft, hier noch einige Stunden schlafen zu können. So rufe ich einen der Männer zu mir: „Richter! Kommen Sie doch mal her, ziehen Sie mir mal die Stiefel aus. – Ah, das tut gut!" (Richter hat den Krieg überlebt. Ich sehe ihn verwundet, als ich selbst an beiden Beinen durch Granatwerfersplitter verwundet bin, mit einem 10.000-Tonner Schiff von Pillau nach Swinemünde fahren. Er ist später von Deutschland aus nach Kanada gegangen.) Die Fußlappen, löcherig und schmierig, kleben an ebensolchen Füßen. Ich muss ja seit Königsberg in Gummistiefeln laufen. Die Lappen werden getrocknet und ich habe sie dann wieder um die Füße gelegt. Günter Lorenz, mein ehemals treuer Melder, der vor kurzem erst Unteroffizier geworden ist, und der auch das EK I trägt, fragt mich, ob er denn nun endlich mal eine Gruppe allein führen dürfte. Als ich ihm aber sage, dass ich ihn als „zur besonderen Verwendung" bei mir behalten wolle, ist er ziemlich enttäuscht. Ich weiß wohl, warum ich das so tue. Er ist sehr ehrgeizig und draufgängerisch. „Günter, lieber ein heiles Kreuz behalten als das Ritterkreuz und dann das Birkenkreuz!" Ich habe zu Ende gegessen und überprüfe dann meine Zigarettenbestände. Das wird noch für einige Tage ausreichen. Eine bärtige Gestalt kommt herein und meldet: „Dritte Gruppe – abmarsch- und einsatzbereit!" – „Ist gut, Bruno, setz' Dich." Nacheinander kommen dann die Gruppenführer herein und melden, dass ihre Gruppen „fertig" seien. Wir bleiben einen Augenblick beisammen. Ich lasse die Flasche „Dreistern" reihum gehen und gebe sie dann einem Melder (Gefreiter Hähnchen), damit jeder Mann noch einen Schluck abkriegen soll. Bald geht es los. Ich stehe auf und gehe zu unseren Lkws (die sind seit Jahren unsere Heimat, denn auf ihnen haben wir unser Gepäck und die Wäschetaschen), die schon aufgefahren sind. Das sind die altbewährten Opel-Blitz 3,5-Tonner. An der Spitze ist „mein" Peugeot, dessen Tarnanstrich aus weißer Kalkfarbe stellenweise schon abgeblättert ist. Die Gruppen sind aufgesessen, die Gruppenführer steigen in die Fahrerhäuser. Ich gehe von Lkw zu Lkw und frage hinten an der Klappe: „Ist hier alles in Ordnung?" Dann steige auch ich in meinen Peugeot und lasse anfahren. Ich habe außer dem Peugeot noch zwei Opel-Blitz, die leichten Infanteriegeschütze stehen etwas abseits und fahren nun auch an. Mit meinen Fahrzeugen fahren wir hinterher. Es geht über verschneite, z. T. eisbedeckte Wege. An Straßenkreuzungen halten wir an, um uns zu vergewissern, dass wir den richtigen Weg nehmen. Wir wollen ja nicht gleich zum Iwan rüberfahren! Das Flackern der Leuchtkugeln und das Blitzen von Abschüssen und Krachen der Einschläge kommt immer näher. Wie Wetterleuchten sieht es aus. Wir erreichen Konradswalde, dort wird angehalten, die Männer sitzen ab und mit Gerät und Munitionskästen marschieren wir in ein mulden- und schluchtenreiches Gelände. Von einer Hauptkampflinie ist hier nichts zu erkennen. Ich habe bald den Eindruck, als wenn hier außer uns auch noch andere Einheiten herumlaufen, die ebenfalls nicht wissen, wo die Front eigentlich verläuft. Wir kommen schließlich in eine Schlucht, in der sich die 14. Kompanie (III. Bataillon) befindet. Die haben sich schon einige „Bunker" gebaut. Ich bin gerade in einen dieser „Bunker" gekrochen, um mich informieren zu lassen, als der Iwan mit Granatwerfern in die Schlucht schießt. Laut krachend hallen die Einschläge. Lautes Rufen meiner Männer lässt mich aufhorchen. Da muss etwas passiert sein! Ich laufe zu den Männern und sehe, dass Günter Lorenz, Unteroffizier im IV. Zug der 8. Kompanie Grenadierregiment „Großdeutschland" tödlich verwundet worden ist. Er ist vor Kurzem erst zum Unteroffizier befördert worden und hat den Wunsch geäußert, auch endlich eine Granatwerfergruppe zu führen. Dazu ist es gar nicht erst gekommen. Wieder ein guter und treuer Kamerad weniger. Vor Angriffsbeginn schon der erste böse Ausfall. Wir wollen auf die Autobahn Elbing – Königsberg vorgehen. Vor uns ist eine kleine Autobahnüberführung über einen Feldweg. Während die Werfer in einer der Mulden in Feuerstellung gehen, mache ich mich mit meinem Melder und zwei weiteren Männern auf und erreiche die Autobahn. Hier verläuft die Hauptkampflinie etwa parallel zur Autobahn. Ich richte meine Beobachtungsstelle links der Überführung oben am Rand des hohen Dammes ein. Halblinks vor uns liegt der kleinere Ort Albenort II, von dem wir anfangs nicht wissen, ob er in unserer oder russischer Hand ist. Iwan hat Wind gekriegt und „Lunte gerochen". Er schießt eifrig mit seiner „Ratsch – Bumm" (7,65 cm-Mehrzweckgeschütz). Es ist schon sehr gefährlich, aus den Mulden oder vom Wald hierher zum Autobahndamm zu gelangen. Dennoch kommen weitere Verstärkungen zu uns nach vorne. Auch ein Sturmgeschütz ist zu uns gekommen und steht anfangs hinter dem Damm, dann aber bei Granatwerferbeschuss unter der Überführung in Deckung. Der Russe hat natürlich gehört und gesehen, dass ein Sturmgeschütz zu uns vorgefahren ist. Daraufhin belegt er den vermutlichen Standort mit dem Feuer seiner schweren Granatwerfer. Auch mit der Pak „Ratsch-bumm" versucht er unter die Autobahnbrücke zu schießen, weil er zu Recht annimmt, dort das Sturmgeschütz eventuell mal zu treffen. Er schießt zwar sehr oft, aber es will ihm nicht gelingen unter die Brücke zu schießen. Seine Granaten fetzen immer oben in das Geländer oder gegen die Betonkante. Da muss es mit der Erhöhung bei seiner Kanone nicht klappen. Vielleicht steht das Geschütz irgendwie ungünstig? Gut zwei Meter tiefer hätte die Flugbahn sein müssen. So fühlen sich die Landser unter der Brücke gegen Beschuss ziemlich sicher, obwohl die Ausfahrt direkt zum Russen führt. Links an der Wand stehen Munitionskisten, Handgranatenkisten und eine Funkergruppe. Das Sturmgeschütz steht an der rechten Seite aber mehr am hinteren Ende der Wegunterführung. Unter der Brücke stehen immer einige Männer, um sich die Füße zu vertreten und unterhalten sich. Bei jedem Pak-Treffer oben an der Brückenkante zucken sie zwar kurz zusammen, aber sie glauben nicht an einen Treffer unter die Brücke. Das Sturmgeschütz lässt in Abständen immer mal wieder den Motor laufen, damit er immer startklar bleibt. Meine Werfer habe ich inzwischen eingeschossen und hätte liebend gerne diese „Ratsch-bumm" außer Gefecht gesetzt! Ich erfahre, dass vor uns eine „ Panzerzerstörbrigade" liegt – also viel Pak und andere Panzerabwehrwaffen. Ich erfahre ebenfalls, dass mit uns das Fallschirmjäger-Panzergrenadierregiment „Hermann Göring" angreifen wird. Die Sonne scheint hell, der Schnee blendet, ich bin eigentlich soweit fertig. Außerdem bin ich verdammt müde! Da meint der Chef, Oberleutnant Hinnerk, ich solle mich unter die Brücke setzen und versuchen zu schlafen. Wenn es losgeht, würde man mich schon nicht vergessen! Ich habe meine Beobachtungsstelle neu besetzen lassen und bin dann die Steintreppe neben der Autobahndurchfahrt hinunter gegangen und habe mir einen Platz links an der Wand im ersten Drittel der Durchfahrt gesucht. Nach wenigen Minuten mache ich aber Stellungswechsel, weil der Griff der Handgranatenkiste, auf der ich sitze, am „Hinterteil" hart und ungemütlich drückt. So setze ich mich 1,5 Meter links daneben auf eine Kiste, die oben glatt ist. Zuerst döse ich mit geschlossenen Augen nur so vor mich hin. Dabei höre ich, wie ab und zu der Funker des Sturmgeschützes spricht, aber für mich unverständlich, da die Meldungen chiffriert sind. Direkt vor mir steht zuletzt eine Gruppe von etwa 6 bis 8 Soldaten, die sich unterhalten. Aber dann bin ich doch übermüdet eingeschlafen. Ich weiß nicht, wie lange wohl? Aber dann! Hart und grell berstend – eine scheußliche Detonation, ganz nahe bei! Erschrocken fahre ich hoch, will sehen, was da passiert ist, aber da klebt etwas Nasswarmes in meinem Gesicht, ein Auge ist verdeckt, alles ist dunkel und zu sehen ist anfangs gar nichts! Instinktiv taumele ich nach hinten raus zu „unserer" Seite. Da lichtet sich der Qualm, ich habe einen ekelhaften Geruch in der Nase. Ich sehe wieder hellen Schnee, aber nur mit einem Auge! Und ich sehe meinen Melder! Der starrt mich entsetzt an! „Mensch, da klebt ja Ihr ganzes Gehirn draußen am Kopf." Ich bin derart verdattert, dann wische ich mit der Hand vorsichtig mein Auge frei und vom Kopf blutiges Hirn und Haare, ich zittere am ganzen Körper! Aber es ist nicht mein Gehirn! Ich bemerke, dass auch meine „weiße" Tarnjacke mit Blut und Hirn bespritzt ist! „Mein Gott, denke ich, was habe ich da wieder einmal für unverschämtes Glück gehabt!" Mir fallen die Worte jenes Leutnants ein, der mir 1942, als bei einer Namensverwechslung Wäschenfeld – Rehfeldt, ich für gefallen gehalten worden war, sagte: „Totgesagte leben länger." Grausig laut schreiend kommt ein Mann aus der Unterführung, dem ist der ganze Arm zerschmettert und abgerissen. Das Sturmgeschütz wirft den Motor an und setzt einige Meter zurück. Aus der Unterführung quillt dunkler Rauch. Was

Illustriertes IB Blatt

Deutsche Kriegsgefangene in Sowjetrußland

Juni 1943. Nr. 10 (73)

Ein russischer Gärtnereiarbeiter und die deutschen Obergefreiten Josef **Erhardt**, Heinrich **Bühle** und Stefan **Eberhardinger**.

Die Schusterwerkstätte arbeitet, so wie alle anderen Werkstätten, für den Lagerbedarf. Die Kriegsgefangenen werden von einem russischen Meister angeleitet.

Deutsche Soldaten! In den letzten vier Tagen, vom 21. bis zum 24. Juni, gingen **1964** deutsche Soldaten an verschiedenen Frontabschnitten **freiwillig in russische Gefangenschaft.**

Unsere Bilder zeigen deutsche Kriegsgefangene in Rußland bei der Arbeit und in der Freizeit.

Im Kreis: Walter **Zöllmann** aus der zerschlagenen 83. I. D. Er gab sich mit Tausenden seiner Kameraden im Dezember 1942 bei Welikije Luki gefangen.

Jedes Lager hat seinen eigenen landwirtschaftlichen Betrieb. Links: den ersten Pflug führt der Gefreite Helmuth **Nolb**, den zweiten Heinrich **Banasch**.

Dieses russische Flugblatt vom Juni 1943 will das Leben von deutschen Gefangenen in einem guten Licht erscheinen lassen.

Links: Das Brot ist diesmal besonders gut geraten.

Rechts: Der Diensthabende, Oberstarzt Dr. Paul **Schmidt**, prüft die Frühstücksbutter. Neben ihm Obltn. Heinz **Vogelsänger**.

Unten: Im Lager sind frische Zeitungen eingetroffen.

Oberstabsarzt Fritz **Sefor** (76. I. D.) behandelt den Major Hans **Warmboldt**.

Eine Handballpartie kriegsgefangener Offiziere.

Deutsche Soldaten! So leben in Wirklichkeit deutsche Soldaten in russischer Gefangenschaft. **Wer sich freiwillig gefangengibt,** erhält die besonderen **Vergünstigungen,** die das Oberkommando der Roten Armee für Überläufer angeordnet hat. Zögert nicht länger!

Geht zu den Russen über!

Bewusst wurden Namen genannt, die manchmal sogar stimmten, oft jedoch auch erfunden waren.

September 1943.

NATIONALKOMITEE

Freies Deutschland

AN VOLK UND WEHRMACHT!

DEUTSCHE! Es sprechen zu Euch die Männer des Nationalkomitees „Freies Deutschland".

Wir sprechen im Namen des deutschen Volkes!

Die Lage für Deutschland ist unhaltbar geworden. Ein ganzes Jahr schon geht es aus einer Niederlage in die andere. Im Osten verbluten die Männer in aussichtslosen Rückzugskämpfen. Das Kriegsmaterial geht zum Teufel. Die zerschlagenen Divisionen reichen nicht einmal mehr zur Verteidigung. Mit den letzten Reserven aus der „totalen" Mobilmachung ist das Loch nicht zu stopfen. Aber die Gegner fangen jetzt erst an, ihre Kriegsmacht voll zu entfalten. **Der Tag kann schon ausgerechnet werden, an dem der Krieg auf deutschen Boden tritt,** und er wird noch schneller kommen, wenn die englisch-amerikanischen Truppen von der anderen Seite einbrechen. Damit muß jetzt ernstlich gerechnet werden.

In der Heimat geht eine Stadt nach der anderen schutzlos in Trümmer, weil die Hitlerregierung nicht abtreten und unserem Volk den Weg zu einem ehrenhaften Frieden frei machen will.

Hitlers Krieg ist verloren. Das wißt Ihr alle. Ein Teil unseres Volkes beginnt, sich gegen seine Hinopferung zu wehren. Hitlers Antwort ist das Henkerbeil.

Hitler selbst weiß, daß sein Raubkrieg verloren ist. Worauf spekulierte er noch? Womit suchte er Euch noch Hoffnungen einzureden? Mit der angeblichen Uneinigkeit der gegnerischen Mächte. Er hat sich verrechnet und Euch betrogen. **Die Moskauer Konferenz bewies die volle Einmütigkeit Sowjetrußlands, Englands und Amerikas, mit der Hitlerherrschaft auf schnellstem Weg Schluß zu machen.** Alle Hoffnungen auf Kompromisse, auf Sonderabkommen sind zu Wasser geworden. **Mit einem Hitler kann und wird kein Land Frieden schließen.**

Sie wollen Euch mit einem neuen 1918 schrecken. Aber ist dieses Chaos, dieses Schreckensdasein in Deutschland heute nicht schon viel schlimmer als alles, was am Ende des vorigen Krieges war? **Jeder Friede wird besser sein als das, was dieser schändliche Krieg uns eingebracht hat.** Und der Friede wird ein ehrenhafter und erträglicher werden, wenn unser Volk nicht wie damals mit dem Kriegsschluß wartet, bis die großen Durchhalter es in den Bankrott getrieben haben, wenn es diesmal der kriegslüsternen Nazireaktion und den Volksausplünderern für alle Zeiten das Handwerk legt. Nur dann wird unser Volk die Achtung der Welt wiedergewinnen können und im Rat der Völker mitbestimmen dürfen.

Die Deklaration der Moskauer Konferenz über Italien mag uns zur Lehre dienen: **ein Volk, das aus eigener Kraft rechtzeitig seine Kriegsverbrecher absetzt, rettet damit auch den Bestand, die Freiheit und die Ehre seines Landes.**

Das „Nationalkomitee Freies Deutschland" wurde von gefangenen Offizieren und Soldaten der untergegangenen Stalingrad-Armee gegründet, die sich von Hitlers Strategie geopfert und enttäuscht fühlten.

Wenn Hitler vor unserem Volk und nicht erst vor fremden Waffen kapitulieren muß, dann wird unserem Volk das Schwerste erspart bleiben.

Aber die Rettung Deutschlands liegt im schnellen und entschlossenen Handeln. Es ist fünf Minuten vor zwölf! **Warten, bis es fünf Minuten nach zwölf ist, wie Hitler will, heißt mit ihm zugrunde gehen.** Und nichts anderes will er ja. Dann wird unser Volk die volle Mitverantwortung für alle Verbrechen tragen müssen und zur vollen Wiedergutmachung gezwungen werden, statt als freies Volk seinen Beitrag zum Wiederaufbau Europas zu leisten.

Die Stunde drängt. Jeder Tag, der heute versäumt wird, treibt uns tiefer ins Verhängnis. Jeder Tag, den die deutschen Soldaten auf Befehl Hitlers weiter plündern, brandschatzen und morden, reißt uns tiefer in die ungeheure Schuld.

GENERALE, OFFIZIERE UND SOLDATEN! Befreit Euch von dieser fürchterlichen Verantwortung, indem Ihr die Befehle zur Zerstörung und Verwüstung nicht ausführt oder ihre Ausführung verhindert.

BEFEHLSHABER! Welche Macht liegt in Euren Waffen! Verweigert Hitler den Gehorsam! Übernehmt das Kommando zum Marsch gegen Hitler, in die Heimat! Statt Eure Kräfte in sinnlosem Widerstand aufzureiben und Eure Waffen zerbrechen zu lassen, gebraucht sie gegen den wahren und einzigen Feind der Nation, gegen Hitler!

MÄNNER UND FRAUEN IN DER HEIMAT! SCHAFFENDE IN STADT UND LAND! Aus Eurer Hände Arbeit wird der Krieg gespeist. Durchkreuzt die Zwangsmaßnahmen der Gewalthaber! **Leiter der Wirtschaft und des Verkehrs!** Ihr habt tiefe Einsicht in den Gang der Kriegsmaschine. Bringt den Krieg aufs tote Gleis! **Geistliche, Gelehrte, Schriftsteller!** Schlagt die Bankrotteure mit der Waffe Eures Wortes!

Auf zur Volksaktion, zum mächtigen nationalen Einsatz! Der Rücktritt Hitlers muß erzwungen werden! Nur Mut, Deutsche! Und jeder Terror wird an Eurer Kraft zerschellen.

Vorwärts! Für ein freies, unabhängiges Deutschland!

Nationalkomitee „Freies Deutschland"

Der Präsident:
Erich Weinert

Die Vizepräsidenten:
General der Artillerie **Walther von Seydlitz**

Generalleutnant **Alexander Edler von Daniels**

Major **Karl Hetz**

Leutnant **Heinrich Graf von Einsiedel**

Soldat **Max Emendörfer**

Es waren bekannte Namen darunter, die nun gegen Hitler opponierten.

Konferenz

der Leiter der drei verbündeten Mächte: der Sowjetunion, der Vereinigten Staaten von Amerika und Großbritanniens in Teheran

Vom 28. November bis zum 1. Dezember fand in Teheran eine Konferenz der Leiter der drei verbündeten Mächte statt: des Vorsitzenden des Rates der Volkskommissare der Sowjetunion J. W. STALIN, des Präsidenten der Vereinigten Staaten von Amerika F. D. ROOSEVELT und des Premierministers von Großbritannien W. CHURCHILL.

An den Arbeiten der Konferenz nahmen teil:

Von seiten der Sowjetunion: der Volkskommissar für Auswärtige Angelegenheiten W. M. MOLOTOW und Marschall K. J. WOROSCHILOW.

Von seiten der Vereinigten Staaten: der Sondergehilfe des Präsidenten H. HOPKINS, der Botschafter in der Sowjetunion A. HARRIMAN, der Stabschef der Armee der USA General D. MARSHALL, der Oberkommandierende der Seestreitkräfte der USA Admiral E. KING, der Stabschef der Luftstreitkräfte der USA General H. ARNOLD, der Chef der Armeeversorgung der USA General B. SOMERWELL, der Stabschef des Präsidenten Admiral W. LEHIGH und der Chef der Militärmission der USA in der Sowjetunion General R. DEANE.

Von seiten Großbritanniens: der Minister für Auswärtige Angelegenheiten A. EDEN, der Botschafter in der Sowjetunion A. KERR, der Chef des Empire-Generalstabs General A. BROOK, Feldmarschall D. DILL, der Erste Seelord Flottenadmiral E. CUNNINGHAM, der Stabschef der Luftstreitkräfte Großbritanniens Hauptmarschall der Luftwaffe CH. PORTAL, der Stabschef des Verteidigungsministers General H. ISMAY und der Chef der Militärmission Großbritanniens in der Sowjetunion General G. MARTELL.

Die Konferenz nahm eine DEKLARATION über das gemeinsame Vorgehen im Krieg gegen Deutschland und über die Zusammenarbeit der drei Mächte nach dem Kriege sowie eine Deklaration über den Iran an.

6. Dezember 1943

DEKLARATION

DER DREI MÄCHTE

Wir, der Präsident der Vereinigten Staaten von Amerika, der Premierminister Großbritanniens und der Premier der Sowjetunion, kamen in den letzten vier Tagen in der Hauptstadt unseres Verbündeten, des Iran, zusammen und formulierten und bekräftigten unsere gemeinsame Politik.

Wir sind fest entschlossen, daß unsere Länder sowohl während des Krieges wie auch in der darauf folgenden Friedenszeit gemeinsam arbeiten.

Auch aktuelle Themen wie die Konferenz von Teheran im November 1943 wurden in der Feindpropaganda als Mittel benutzt, die deutschen Soldaten von der Sinnlosigkeit ihres Handelns zu überzeugen.

Was den Krieg betrifft, so haben die Vertreter unserer Armeestäbe an unseren Verhandlungen am runden Tisch teilgenommen, und wir haben unsere Pläne der Vernichtung der deutschen Streitkräfte koordiniert.

Wir sind in bezug auf Ausmaß und Fristen der Operationen, die vom Osten, Westen und Süden her unternommen werden sollen, zu völligem Übereinkommen gelangt.

Das von uns hier erzielte Einvernehmen gibt uns die Gewähr für den Sieg.

Was die Friedenszeit betrifft, so sind wir davon überzeugt, daß die zwischen uns bestehende Übereinstimmung einen dauernden Frieden sichern wird. Wir sind uns völlig der hohen Verantwortung bewußt, die wir und alle Vereinten Nationen für die Herbeiführung eines Friedens tragen, der die Zustimmung der überwältigenden Masse der Völker des Erdballs finden und das Elend und die Schrecken des Krieges für viele Generationen beseitigen wird.

Gemeinsam mit unseren diplomatischen Beratern haben wir die Probleme der Zukunft erörtert. **Wir werden die Mitarbeit und die aktive Beteiligung aller Länder erstreben — der großen wie der kleinen —, deren Völker sich gleich unseren Völkern mit Herz und Hirn der Aufgabe gewidmet haben, die Tyrannei, Versklavung, Unterdrückung und Unduldsamkeit aus der Welt zu schaffen.** Wir werden ihren Eintritt in die Völkerfamilie der demokratischen Länder begrüßen, sobald sie ihn zu vollziehen wünschen.

Keine Macht der Welt wird uns daran hindern können, **die deutschen Armeen zu Lande und ihre Unterseeboote zur See zu vernichten sowie ihre Rüstungsbetriebe aus der Luft zu zerstören.**

Unsere Offensive wird schonungslos sein und immer stärker werden.

Nach Beendigung unserer freundschaftlichen Beratungen erwarten wir voller Zuversicht den Tag, da alle Völker der Welt, ohne der Tyrannengewalt ausgesetzt zu sein, in Freiheit leben werden und in Übereinstimmung mit ihren verschiedenen Bestrebungen und mit ihrem Gewissen.

Wir sind hierhergekommen, erfüllt von Hoffnung und Entschlossenheit. Wir gehen von hier als wirkliche Freunde dem Geiste und der Zielsetzung nach.

Gezeichnet in Teheran am 1. Dezember 1943:

Roosevelt
Stalin
Churchill

E536

Tatsächlich musste der deutsche Soldat vor der Übermacht der Alliierten im Mai 1945 kapitulieren.

NATIONALKOMITEE „FREIES DEUTSCHLAND"

Sie klagen an!

Am 3. Februar d. J. hatte die Rote Armee im Raume Korsun-Schewtschenkowski westlich Tscherkassy 10 Divisionen und 1 motorisierte Brigade der deutschen Wehrmacht eingekesselt. Die Lage der Eingekesselten war völlig hoffnungslos. Um das Leben der Zehntausende deutscher Soldaten und Offiziere zu retten, traf General der Artillerie Walther von Seydlitz, Präsident des Bundes Deutscher Offiziere, im Bereich des Kessels ein und schlug im Namen des Nationalkomitees „Freies Deutschland" der Führung der eingekesselten Truppen vor, die Kampfhandlungen einzustellen und auf die Seite des Nationalkomitees zu treten.

Aus Prestigegründen befahl jedoch Hitler den Eingekesselten, „bis zum letzten auszuhalten", und versprach ihnen, sie zu befreien. Genau so wie vor einem Jahre bei Stalingrad, belog er die Eingekesselten. Nachdem alle Versuche, den Kessel zu entsetzen, endgültig gescheitert waren, erteilte Hitler den zermürbten und ausgebluteten Truppen im Kessel den Befehl, mit eigenen Kräften durchzubrechen. Er betrog sie bewußt, als er ihnen versicherte, die Panzerspitze der Entsatzarmee stünde bereits dicht vorm Kessel. So trieb Hitler deutsche Soldaten und Offiziere in das russische Feuer hinein.

55 000 deutsche Soldaten und Offiziere, die Hitler Glauben schenkten, kamen sinnlos um.

18 200 deutsche Soldaten und Offiziere, die Hitler nicht trauten, stellten die Kampfhandlungen ein und retteten somit ihr Leben.

Aus Prestigegründen hat Hitler die Eingekesselten betrogen und verraten. Aus Prestigegründen belügt und betrügt er jetzt ihre Angehörigen und unser ganzes Volk mit der Behauptung, der Kessel wäre gesprengt und die eingeschlossenen Truppen wären befreit worden.

Die 18 200 lebenden Zeugen der Tragödie von Korsun klagen Hitler des niederträchtigsten Betruges und Mordes an.

Hier sprechen die Zeugen des Verbrechens:

Oblt. FRIEDRICH WILHELM WOLFF, Adjutant beim Kdr. der Korpsnachschubtruppen des XI. A. K.:

„General d. Art. Stemmermann, Kommand. General des XI. Armeekorps, hatte noch vor der Einkesselung vom Oberbefehlshaber der Heeresgruppe Süd, Generalfeldmarschall von Manstein, die Zurücknahme des taktisch unhaltbaren und für den Verlauf weiterer Operationen sinnlosen Frontvorsprungs, ‚des Balkons', verlangt. Manstein jedoch antwortete mit einem Befehl des Führerhauptquartiers: ‚Die Stellung ist um jeden Preis zu halten.' Mit diesem Führer-

Deutsche Offiziere aus dem Kessel von Korsun im Gespräch mit **Erich Weinert**, Präsident des Nationalkomitees, Generallt. **Edler v. Daniels**, Vizepräsident des NK. und des Bundes Deutscher Offiziere, und Generalmajor Dr. **Otto Korfes**, Vorstandsmitglied des Bundes Deutscher Offiziere. Von links nach rechts sitzend: Oberstltn. **Ch. Fleischmann**, Generalmajor Dr. **O. Korfes, Erich Weinert**, Generalltn. **E. v. Daniels**, Hptm. **G. Zeibig**. Stehend von links nach rechts: Oblt. **F. W. Wolff**, Oberarzt Dr. **E. Bitzer**, Ltn. **H. Bried**, Hptm. **F. Eggers**, Oblt. **O. Hinze**, SS-Hauptsturmführer Dr. **W. Michl**, Ltn. **B. Rzichon**, Hptm. **H. Britting**, SS-Hauptsturmführer **K. Schröder**.

In diesem Flugblatt berichten (glaubhaft oder nicht) deutsche Gefangene, die im Kessel von Tscherkassy (die Russen bezeichnen diese als „Schlacht um Korsun") gefangengenommen wurden.

Oberstltn. Christof Fleischmann

SS-Hauptsturmführer Dr. Walther Michl

SS-Hauptsturmführer Kurt Schröder

befehl wurde die ganze kommende Tragödie, der Untergang von zwei Armeekorps, heraufbeschworen."

Die ersten Tage im Kessel

Oblt. FRIEDRICH WILHELM WOLFF:

„Die noch in Betrieb befindliche, doppelgleisige Eisenbahn von Kapitanowka bis Korsun, also quer durch den Kessel, war geradezu die Lebensader für die Verschiebung von Versorgungsgütern und Munition und für den Verwundetenabtransport. Am 30. Januar jedoch geschah das Unglaubliche: wir hörten Sprengungen und mußten dann feststellen, daß durch den bevollmächtigten Transportoffizier der 8. Armee, unter ausdrücklichem Hinweis, auf örtliche **Befehlsgebung keine Rücksicht zu nehmen,** die ganze Bahn gesprengt wurde. Bedarf es neben diesem von außen erteilten Befehl noch eines stärkeren Beweises dafür, daß wir im Kessel schon am 30. Januar abgeschrieben waren?!"

SS-Hauptsturmführer Dr. WALTHER MICHL, Abteilungsarzt der SS AA/5, SS-Panzerdivision „Wiking":

„Ich sah eine unvorstellbare Desorganisation. Die drei Lazarette waren bis auf den Korridor überfüllt. Mein Verbandplatz, überfüllt mit Verwundeten, lag wie auf dem Präsentierteller im feindlichen Granatfeuer. Der Abtransport war unmöglich, da beide Krankenkraftwagen außerhalb des Kessels beim Rückzug steckengeblieben waren. Auf dem Flugplatz staute sich eine Menge Leichtverwundeter. Kein einziger Schwerverwundeter wurde ausgeflogen. Wohl aber drängten sich offensichtliche Simulanten in die Maschinen. Leider sah ich darunter auch solche mit silbernen Achselstücken."

SS-Hauptsturmführer KURT SCHRÖDER, II/Rgt. „Germania", SS-Panzerdivision „Wiking":

„Zwischen dem 10. und 12. Februar wurde bekannt, daß in den Stellungen der 112. I. D. ein persönlicher Brief von General von Seydlitz eingetroffen war, der den eingekesselten Truppen ein ehrenvolles Übergabeangebot machte, das General von Seydlitz mit dem Kommando der Roten Armee vereinbart hatte. Sowohl General Stemmermann wie Gruppenführer Gille erhielten persönliche Schreiben des Generals der Artillerie von Seydlitz. Der genauere Inhalt dieser Briefe blieb mir unbekannt. Das Angebot wurde abgelehnt. Unter den Kameraden war die Rede davon, daß Gruppenführer Gille General Stemmermann gezwungen habe, eine negative Antwort zu geben. General Stemmermann hegte schon früher die Absicht, Verhandlungen über die Übergabe der sich im Kessel befindlichen Truppen aufzunehmen."

Hptm. GUSTAV ZEIBIG, Adjutant, Grenadierregiment 339:

„Uns wurde gesagt, daß deutsche Panzerverbände aus Süden und Westen im Angriff seien, um uns zu befreien. Wir klammerten uns an diese Versprechungen und hofften von einem Tag auf den anderen auf Entsatz. Aber man hat uns bitter getäuscht. Die Panzer kamen nicht."

Ltn. BERTHOLD RZICHON, Adjutant III/A. 188, 88. I. D.:

„Wir wurden von oben her ermutigt, auszuhalten, weiterzukämpfen, denn starke Panzerverbände seien bereits unterwegs, um uns herauszuhauen. Der Truppe wurden Funksprüche verlesen wie dieser: ‚Wir kommen ... Schlamm und Regen. Aushalten!' Die

2

Die Schlacht um Tscherkassy war sehr verlustreich für die deutschen Truppen, jedoch konnten auch Tausende von deutschen Soldaten aus dem Kessel befreit werden.

Ansehen und weitergeben!

FRONT-ILLUSTRIERTE

Nr. 6 (79) FÜR DEN DEUTSCHEN SOLDATEN März 1944

Totgesagte zeugen gegen Hitlerlügen

Deutsche Offiziere in russischer Kriegsgefangenschaft.

Deutscher Soldat, sieh Dir Deine ehemaligen Vorgesetzten an! Sie waren vernünftig und zogen das Leben in russischer Kriegsgefangenschaft dem sinnlosen Tod für Hitler vor.

Die meisten, deren Bilder Du hier siehst, gaben sich vor Stalingrad gefangen. Sie brauchten nicht wie Du und Deine Kameraden all das Schwere eines Rückzugs von der Wolga bis an den Pruth durchzumachen. Sie haben sich von Hitler getrennt, sind frei von Verantwortung für seinen Raubkrieg und leben jetzt unter menschenwürdigen Bedingungen. Sie alle werden nach dem Kriege heimkehren.

Hier — zwei Brüder: Hptm. Heinz Ilse und Oblt. Wolfgang Ilse. Seit Kriegsbeginn im Felde, hatten sie sich jahrelang nicht gesehen. Beide waren dem Tode nahe, wie jeder deutsche Soldat der Hitlerarmee. Doch die Brüder Ilse fanden, jeder für sich, den rettenden Ausweg. Nur darum konnten sie ein glückliches Wiedersehen in einem russischen Kriegsgefangenenlager feiern.

Vorbei war die Zeit der primitiven russischen Flugblätter. Durch deutsche Gefangene, die auf Seiten der Russen arbeiteten, wurden diese nun in hoher Qualität angefertigt. Hier ein Flugblatt vom März 1944.

Schöne Gegend, gesundes Klima, weitläufiges Lagergelände und solide Wohngebäude — hier leben die kriegsgefangenen deutschen Offiziere. Jeder verbringt die Zeit, wie es ihm gefällt. Denn, streng nach dem Völkerrecht, werden sie hier nur auf eigenen Wunsch zur Arbeit herangezogen.

Auf zum Frühsport in strahlender Wintersonne!

Kriegsgefangene Offiziere beim Morgenappell. Sie sind Hitler nicht in die Katastrophe gefolgt, in die er heute die ganze Wehrmacht geführt hat.

Wer Lust hat, kann lernen, sich weiterbilden. Neben Kursen für Mathematik, Chemie, Biologie u. a. wird auch der russische Sprachkursus eifrig besucht.

Gutes Bildmaterial und raffinierte Texte sollten die aussichtslose Situation der deutschen Landser aufzeigen.

Langeweile gibt es da nicht! Die einen spielen Schach, die anderen nehmen ein Buch zur Hand. Doch wenn im Rundfunk die neuesten Nachrichten von der Front und aus der Welt durchgegeben werden, sammelt sich alles um den Lautsprecher, um die Wahrheit zu hören, die ihnen in der Hitlerarmee vorenthalten worden war.

Die kriegsgefangenen Offiziere haben ihre eigene Theatergruppe. Eben ist Goethes „Faust" in Vorbereitung. Ltn. Fischer und Dr. Härtlein proben eine Faust- und Mephisto-Szene.

Fleisch und Butter für den Tisch der Kriegsgefangenen wird von Ltn. Babick und Ltn. Hahn abgeladen.

So ein friedliches und komfortables Leben, wie im Flugblatt dargestellt, gab es in russischer Gefangenschaft nicht.

Schnitzen, formen, malen und zeichnen... Alle Arten von Kleinkunst-Arbeiten entstehen im Kriegsgefangenenlager. Obltn. Arndt und Obltn. Schneider stellen das Werk zur Schau.

Ein neues Lied für den Lagerchor. Der Chormeister und Komponist Ltn. Bödeker hinter seinen Notenblättern.

← Der Geburtstagstisch für Ltn. Kilpert als Aufmerksamkeit seiner Stubenkameraden.

Deutsche Offiziere und Soldaten! Heute, da die Rote Armee Euch an verschiedenen Abschnitten der Front bis an die Grenzen der Sowjetunion zurückgeworfen hat, weist Euch das Beispiel Eurer Kameraden und die Stimme der Vernunft den einzigen Ausweg: GEFANGENGABE!

Wer diese Chance nicht wahrnimmt und weiter Hitler folgt — dessen Untergang ist besiegelt!

→ Ein Brief aus der Heimat. Auf einem weiten Umweg, über die Schweiz, hat Ltn. Albert Rechberg Antwort von seinen Angehörigen erhalten. Die Hitlerregierung läßt keine Briefe herein und hinaus, die die Verbindung zwischen den Kriegsgefangenen in Rußland und ihren Angehörigen daheim herstellen sollen. Denn in Deutschland soll niemand wissen, daß die Kriegsgefangenen leben und daß es ihnen in Rußland gut geht. Dennoch findet so mancher Brief seinen Weg durch die Sperre der Hitlerzensur.

U. B.: Ltn. Krause, Ltn. Rechberg, Ltn. Grewe.

Ein heile Welt wird vorgegaukelt. Nicht einmal den überzeugten deutschen Kommunisten wurde so ein Leben in der Sowjetunion geboten.

Freies Deutschland im Bild

ORGAN DES NATIONALKOMITEES »FREIES DEUTSCHLAND«

Nr.
APRI
1944

Achtung! Achtung!
Hier spricht der Feldsender
„Freies Deutschland“

Das „Nationalkomitee Freies Deutschland“ wurde 1943-44 immer aktiver und die deutsche Führung war durchaus über diese Opposition aus den Reihen ehemaliger Soldaten sehr beunruhigt.

Kameraden! Unsere Bewegung „Freies Deutschland“ lebt und kämpft — an der Front, in Euren eigenen Reihen, in den Lagern für deutsche Kriegsgefangene. Unter den Fahnen des Nationalkomitees „Freies Deutschland“ geht der unerbittliche Kampf gegen Hitler, den Verderber unseres Volkes, für ein neues, freies und unabhängiges Deutschland. Ihr hört unsere Stimme tagtäglich über die Fronten hinweg. Ihr trefft an jedem Frontabschnitt unsere BEVOLLMÄCHTIGTEN. Wenn Ihr ins Kriegsgefangenenlager kommt, empfangen Euch Vertreter der Lagergruppe „Freies Deutschland“ und des Bundes Deutscher Offiziere. Hunderttausende stehen in unseren Reihen, um Deutschland vor der Katastrophe zu retten, es einer besseren Zukunft ohne Hitler entgegenzuführen.

U. B. (oben): Gefr. **Horst Sitow**, Beauftragter des NK am Narwe-Abschnitt, vor dem Lautsprecherwagen am Mikrophon.

Oberst **Luitpold Steidle**, Vizepräsident des BDO, Frontdelegierter des Nationalkomitees „Freies Deutschland“, spricht in einem Durchgangslager der Südfront zu tausenden deutschen Kriegsgefangenen über Bestand und Ziele des NK. Neben ihm Major Büchler, Mitglied des Vorstandes des BDO.

Leutnant **Dietrich Willms**, Frontbevollmächtigter des NK an einem Abschnitt der Nordfront, macht eingelieferte deutsche Kriegsgefangene mit der Zeitung des Nationalkomitees „Freies Deutschland“ bekannt.

→

Soldat **Max Franzke**, Armeebeauftragter des NK an einem Abschnitt der Südfront, wendet sich durch den Grabenlautsprecher an seine Kameraden jenseits der Front.

In Wort und Schrift prasselte russische Propaganda auf die deutschen Landser im Graben hinab.

Führende Männer des Nationalkomitees „Freies Deutschland" und des Bundes Deutscher Offiziere sind in ständiger Fühlung mit den deutschen Kriegsgefangenen in den verschiedenen Lagern. In unermüdlicher Aufklärungsarbeit wirken sie für die Wahrheit: „Hitler muß fallen, damit Deutschland lebe."

U. B. (oben, rechts): Generalmajor **Martin LATTMANN**, Mitglied des Nationalkomitees und des Vorstandes des Bundes Deutscher Offiziere, als Vortragender in einer Massenversammlung kriegsgefangener deutscher Offiziere und im nachfolgenden Gespräch mit jungen, für die Bewegung „Freies Deutschland" begeisterten Offizieren.

U. B. (rechts): Der Präsident des NK, **Erich WEINERT**, läßt sich von Überlebenden aus dem Kessel von Korsun (westlich Tscherkassy) berichten, mit welchen verbrecherischen Methoden Hitler 10 deutsche Divisionen und eine Brigade in den Untergang führte, um

DIE ZEITUNG IST DA! U. B.: Ltn. **Keil** und Ltn. **Haufe**, Mitglieder einer

Deutsche Generäle, wie hier Generalmajor Lattmann versuchten deutsche Gefangene für die Mitarbeit im „Nationalkomitee Freies Deutschland" zu gewinnen.

sein Prestige zu retten. Von links nach rechts: Oberstltn. **Christof Fleischmann**, Kdr. I. R. 246; Oblth. **Friedhelm Wolff**, Adjutant beim Kdr. Korps-Nachschubtruppen XI. A. K.; Erich Weinert; SS-Hauptsturmführer Dr. **Walther Michl**, Abtlgs.-Arzt der SS AA/5, SS-Panzerdivision „Wiking".

Lagergruppe des NK, bei der Verteilung der Zeitung „Freies Deutschland".

U. B. (unten): Generalleutnant **Helmut SCHLÖMER**, Mitglied des Bundes Deutscher Offiziere, und Generalmajor **Martin LATTMANN** werden von einem Lagerbevollmächtigten des NK, Oberst **Pickel**, über Bestand und Arbeit der Lagergruppe „Freies Deutschland" unterrichtet.

MIT JEDEM TAG WACHSEN DIE REIHEN DER FREIHEITSKÄMPFER! U. B. (oben): Der Sekretär einer Lagergruppe „Freies Deutschland", Oberzahlmeister **Hohmann**, begrüßt mit Handschlag das neue Mitglied Ltn. **Philipp**; Oblt. **Schroerschwarz**, Lagerbevollmächtigter des BDO, wohnt dem Aufnahmeakt bei.

Offiziere! Soldaten! Folgt dem Beispiel derer, die zum Kampf gegen Hitler und seinen verbrecherischen Krieg angetreten sind!

Bewusst werden auf den Bildern die Offiziere mit ihren Orden gezeigt, was die russische Achtung vor den tapferen Soldaten zeigen sollte. Nicht selten jedoch brachten Orden dem gefangenen Soldaten den Tod, weil er doch für die „Deutschen Faschisten" gekämpft hat.
Hier endet die eindrucksvolle Sammlung von Flugblättern von Hans Heinz Rehfeldt.

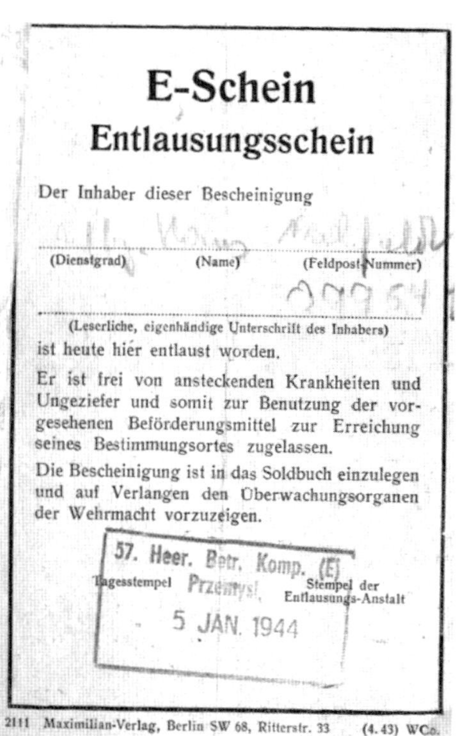

E-Schein

Entlausungsschein

Der Inhaber dieser Bescheinigung

(Dienstgrad) (Name) (Feldpost-Nummer)

(Leserliche, eigenhändige Unterschrift des Inhabers)

ist heute hier entlaust worden.

Er ist frei von ansteckenden Krankheiten und Ungeziefer und somit zur Benutzung der vorgesehenen Beförderungsmittel zur Erreichung seines Bestimmungsortes zugelassen.

Die Bescheinigung ist in das Soldbuch einzulegen und auf Verlangen den Überwachungsorganen der Wehrmacht vorzuzeigen.

57. Heer. Betr. Komp. (E)

Tagesstempel Przemysl. Stempel der Entlausungs-Anstalt

5 JAN. 1944

2111 Maximilian-Verlag, Berlin SW 68, Ritterstr. 33 (4.43) WCo.

Ein wichtiges Dokument jedes deutschen Soldaten, der Entlausungsschein. Im Bild der Entlausungsschein von Hans Heinz Rehfeldt.

Ein Bild aus einer Illustrierten zeigt eindrucksvoll die mächtige 8,8 cm-Kanone des Kampfpanzers „Tiger".

Sommer 1944:
Ein deutscher Kampfpanzer „Panther" fährt mit Grenadieren der „Großdeutschland" zum Gegenstoß vor.

Eine Schilderstange mit Hinweisen von Einheiten der Division „Großdeutschland“ im Winter 1943/1944.

Ein Geschützführer der Artillerieabteilung „Großdeutschland“ an seiner 15-cm-Feldhaubitze.

Ein Pionierführer spricht zu seinen Männern vom Schützenpanzerwagen aus.

Sprung aus einem VW-Schwimmwagen. An der Seite des Schwimmwagens ist der weiße Helm, das Zeichen der Division „Großdeutschland" zu erkennen.

General Hasso von Manteuffel mit seinem Ia, Oberst von Natzmer am Schützenpanzerwagen.

Oberstleutnant Gerhard Konopka, Führer des II. GR (mot) „GD" bei einem Empfang von Dr. Goebbels. Konopka zeichnete sich vielfach durch persönliche Tapferkeit aus und trug neben dem Ritterkreuz, das Deutsche Kreuz in Gold und das Panzervernichtungsabzeichen sowie die seltene Nahkampfspange in Gold.

ist geschehen? Anfangs habe ich geglaubt, das Sturmgeschütz sei schwer getroffen worden. Aber es ist wohl so gewesen, dass es dem Iwan per Zufall mit seiner Pak gelungen ist, eine Granate unter die Brücke zu schießen, die dann an der Seitenwand abprallte und mitten unter der Brücke explodierte – mit verheerender Wirkung! Ich selbst habe keinen Kratzer abbekommen, aber es gibt viele Tote und Schwerverwundete! Mit zittrigen Händen habe ich einen kleinen Metallspiegel aus der Tasche geholt, um mich selbst einmal anzusehen. Das ist doch ein ziemlicher Schock für mich! Der Chef ist von der Beobachtungsstelle runtergekommen, klopft mir auf die Schulter und meint: „Da haben Sie ganz großes Glück gehabt! Wollen Sie bleiben?“ Da kann ich ja nun nicht einfach nein sagen! Aber von dem Moment an habe ich eine Zeit lang das Gefühl, bei jedem Schuss, der da fällt, bei jedem Granateinschlag – der Iwan hat es nur noch auf mich abgesehen! Jeder Schuss, jeder Einschlag lässt mich erschrecken! Dann werde ich vom Chef zum Kompaniegefechtsstand gerufen. Ich erfahre, dass die Schützenkompanien den Ort Albenort angreifen und nehmen sollen. Ich soll mit Granatwerferfeuer unterstützen. Aber die wenigen Männer werden immer wieder abgeschlagen, es gibt viele Verluste. Ich versuche diese verfluchte Pak „Ratsch-bumm“ zu bekämpfen. Es ist leider nicht ganz gelungen. Hier ist der Russe sehr stark! Die Schützenkompanien gehen immer wieder mutig vor, aber sie sind sehr zusammengeschmolzen! Inzwischen ist es Abend geworden und der Iwan sitzt noch immer in Albenort. Mit nur wenigen Leuten liegen wir auf halbem Weg fest. Dann kommt ein einzelner Tiger-Panzer, der, obwohl es bereits dunkel wird, mutig auf das Dorf zufährt! Wir sollen ihn infanteristisch schützen. Im Feuerschein einiger brennender Häuser dringen wir in Albenort II ein! Aber da sehe ich keine Infanteristen mehr mit uns vorgehen. Mit meinen fünf Männern komme ich mir neben dem Tiger recht verlassen vor! Links der Dorfstraße sehen wir in den Gärten eine Pak-Stellung, die aber nur mit wenig und schwachem Gewehrfeuer verteidigt wird. Ich jage ein Magazin aus meiner Maschinenpistole hinüber. Der Widerstand ist gar nicht mehr so stark. Wir schicken einen Melder zurück, der die neue Lage mitteilen soll. Wir benötigen unbedingt Verstärkung! Wir sind jetzt nur noch vier Mann, die dicht hinter oder bei Beschuss auch in Deckung neben dem Panzer bleiben. „Hoffentlich kommen da bald noch einige Männer“, denke ich gerade, als wir vier Abschüsse beim Iwan hören, die sich nach der „Schwarzen Sau“ Kaliber (15,2 cm) anhören. Jetzt so schnell ein Loch finden, denn beim Panzer sind wir nicht ausreichend gegen die Splitterwirkung geschützt. Da heulen die Granaten auch schon heran, und die gelten dem Panzer! Wir sind noch auf der Straße, als die Einschläge erfolgen. Das bestialische Krachen hab ich noch heute in meinen Ohren! Direkt vor uns blitzt es 4-mal grell auf und dann nur noch dieses eklige Detonationsgeräusch! Da werden wir regelrecht „von der Straße gefegt“. Ich rappele mich wieder auf, da sehe ich meinen Melder bewegungslos liegen. Als ich ihn anheben will, ist er völlig kraftlos – er ist tot! Was ist mit den anderen Männern? Im Graben neben der Straße, liegen sie auch tot? – Bevor ich irgendetwas weiter denken oder tun kann, krachen wieder vier Einschläge um mich herum, ich will mich hinwerfen, da bekomme ich einen Hieb oder Schlag derart heftig an den Stahlhelm, dass ich einfach umfalle. Da habe ich „Sterne gesehen“ im wahrsten Sinne des Wortes! Es geht keinen Schritt mehr weiter und dann … – aus!

Gute zwei Stunden später werde ich langsam wieder wach. Ich betaste den Helm, keine scharfkantige Beschädigung? Mein Kopf „ist noch drauf“. – Was kann das gewesen sein? Da muss ein hartgefrorener Erdbrocken oder ähnliches mit enormer Wucht mir seitlich an den Helm

gedonnert sein. Ich habe überhaupt keine Verwundung, aber ich friere und bibbere vor Kälte. Was ist mit den anderen? Ich höre ein Stöhnen, wer ist das? Noch versuche ich zu denken, was ist da passiert? Der Panzer ist nicht mehr da, es ist dunkel und irgendwie gefährlich ruhig. Wo bin ich? Wo sind die Kameraden und wo der Russe? Wie ich nach dem Schreck so mutterseelenallein und ohne Orientierung ziemlich „verdattert" dastehe, packt mich große Angst!
Im Straßengraben liegt auch ein Toter, wo der andere abgeblieben ist, weiß ich nicht. Langsam finde ich aber die Orientierung wieder! Ich pirsche mich zur Autobahnbrücke zurück. Dort finde ich aber niemanden mehr. Auch das Sturmgeschütz ist nicht mehr dort. Ich horche in die Nacht. Von Albenort II her höre ich ein MG 42 schießen und Fahrzeuggeräusche. In wenigen Minuten bin ich im Ort. Der ist feindfrei und unsere Infanterie besetzt gerade die Stellungen. An den beiden vernichteten „Ratsch-bumm!"-Geschützen, die ich ja schon beim ersten Angriffsversuch habe stehen sehen, gehe ich vorbei und finde endlich „meine Kompanie" wieder. Die Männer meines Zuges sehen mich ungläubig an und bestürmen mich mit Fragen. „Wo sind die anderen Kameraden, die mit Ihnen waren?" Als es heller wird, hat man sie gefunden. Alle sind durch den Beschuss der „Schwarzen Sau" gefallen. „Scheißkrieg!" Aber dieser Scheißkrieg geht ja noch immer weiter. Wie lange noch? Als es heller wird, habe ich mir erst einmal meinen Stahlhelm angesehen. Da ist an der linken Seite die Tarnfarbe wie abgeschmirgelt. Das Metall ist silbrig hell zu sehen. Keine Delle, keine scharfen Kratzer. Ein Splitter der „Schwarzen Sau"-Granate kann es nicht gewesen sein. Ich nehme an, es kann „nur" ein hart gefrorener Erdbatzen gewesen sein. Da habe ich in den letzten Tagen und Stunden ja wieder einmal unerhörtes Glück gehabt!

7. März 1945: Am nächsten Morgen sieht die Hauptkampflinie anders aus. Wir haben uns etwas vorschieben können. Der Iwan ist auf einen halbkreisförmigen Waldrand zurückgedrängt worden. Ich bekomme den Befehl, bei der 6. Kompanie eine vorgeschobene Beobachtungsstelle zu errichten. Da unsere Artillerie knapp bei Munition ist, setzt man jetzt vermehrt auf die „Zigeunerartillerie", das sind wir! Noch haben wir ausreichend Munition! Mit dem Glas habe ich mir das Gelände schon angesehen. Wo finde ich da einen optimalen Platz für meine Beobachtungsstelle? Bis zum vom Russen besetzten Wald ist alles eben. Aber halbrechts von Albenort II erkenne ich auf der freien Schneefläche eine schwache Erhöhung. Gleich daneben sind auch Schützenlöcher zu erkennen. Auf halbem Weg dorthin steht im Gelände ein Tiger-Panzer zur Sicherung. Iwans Pak ist gestern wohl vernichtet worden, denn er beschießt den Tiger nicht. Von dem Panzer bis zu den erkannten Stellungen, wo ich meine Beobachtungsstelle einrichten will, sind es noch etwa 250 Meter. Da man auf der weißen Schneefläche wie auf einem Präsentierteller zu sehen ist, habe ich mich mit meinem Melder vorsichtig bis an den Tiger vorgepirscht. Während wir hinter dem großen Stahlkoloss stehen und mit den Panzermännern reden und die „Lage peilen", tönen von vorne links, aus dem Wald drei Abschüsse, ähnlich unserer leichten Infanteriegeschütze, und dann die Einschläge vor dem Tiger. Aber etwa 25 Meter zu kurz! Nun wird es für uns hier ungemütlich! Nur weg von diesem Panzer, der jetzt das Feuer auf sich zieht. Geduckt rennen wir beide los. Keuchend und schwitzend erreichen wir unbehelligt die Löcher. Es sind ehemalige russische Stellungen. Auch ein kleiner „Bunker" ist dort. Der hat aber leider verkehrte Front, d.h., die Einstiegsöffnung ist jetzt feindwärts und da hat der Iwan uns auch verschwinden sehen. Im „Bunker" sind einige Männer der 6. Kompanie. Zuerst sehe ich mir diesen „Bunker" etwas näher an. Der macht nun sogar keinen vertrauenserweckenden Eindruck. Abgedeckt ist er nur mit einer doppelten Lage armdicker Birkenstämme und darüber, zur Tarnung, kaum einen halben Meter Schnee! Vor der dem Feind zugekehrten Seite, beim Einstiegsloch hängt ein Sack! Der schützt nur vor Kälte und Einsicht. Mir ist hier nicht so ganz wohl! Kaum haben wir verschnauft und wollen unser kleines Scherenfernrohr anbringen, da dauert es nicht lange, und schon werden wir beschossen. Da sind die Landser, die im „Bunker" sind, aber überhaupt nicht begeistert! Das sind die gleichen Geschütze, die vorhin auf den Tiger geschossen haben (keine Pak, aber Kaliber 7,65 cm). Wir hocken mit sechs Mann in dem kleinen „Bunker", der kaum ein Meter in die Erde gegraben ist. Und da soll uns jetzt der Sack vor den Granaten schützen! „Oh-ha", die ersten Einschläge liegen kurz vor dem Bunker. Da ist der Dreck bis an den Schutzsack geflogen! Die nächsten Granaten gehen haarscharf über unseren „Bunker" eklig schnell fauchend hinweg und schlagen dicht hinter uns ein. Wir haben den Atem totenstill angehalten. Wer als Artillerist oder wie wir als Granatwerfer bei der Schießlehre etwas von „Eingabeln" gelernt hat, der muss nun bei der nächsten Salve Volltreffer befürchten. Da! Wieder die drei Abschüsse dieser verdammten Geschütze! Die Gesichter der Männer sind blass, keiner sagt ein Wort. Wieder das kurze über uns Hinwegfauchen, und wieder zu weit. Da stecke ich mir eine Zigarette an und warte weiter. Verdammt, Iwan lässt keine Ruhe! Wieder dreimal die Abschüsse aus dem Wald. Meine Hand mit der Zigarette zittert leicht. Ich sitze gleich vorne, bei dem Sackvorhang. Den Atem angehalten jetzt! – und zu kurz. So geht das für uns scheinbar eine Ewigkeit. Wir sitzen fast unbeweglich, horchen, warten – warten auf den Volltreffer – auf den Tod kann man getrost sagen. Die Erde erzittert, die Splitter schwirren umher, doch zu uns kommt nichts rein. Ich werde zum Kettenraucher. „Der Iwan da, kann nicht richtig schießen, bei der Autobahnbrücke war es genauso", sagt da einer der Männer. „Bei der Brücke war es genauso." … Mich durchzuckt es! – Hätte der doch nur die Schnauze gehalten! Ich sehe noch mein blutiges, hirnverschmiertes Gesicht und höre noch die Schreie des Mannes, dem der Arm fast abgerissen ist. Iwan hätte sich ganz bestimmt riesig gefreut, wenn hier bei uns Balken und Dreck hochgeflogen wären. Volltreffer! Aber es kommt anders. Wir möchten es gar nicht glauben, als der Beschuss aufhört und es ruhig wird. Nun wollen wir nach einer halben Stunde, die wir aus Sicherheitsgründen haben verstreichen lassen, erneut unser Scherenfernrohr „in Stellung" bringen. Aber da hat Iwan gut aufgepasst! Kaum habe ich die Schere angebracht und will einen ersten Blick zum Russen riskieren, da setzt der uns doch eine einzelne Granate genau vor die Nase. Blitzschnell bin ich abgetaucht! Das soll eine ideale Beobachtungsstelle sein? Wo Iwan schon von vorneherein weiß, da sitzen sie? Hier bleiben wir nicht. Im Schutze der Dämmerung machen wir uns auf, zurück zum Autobahndamm. Ich lasse mich von Unteroffizier Sprengala (aus Cosel/Oberschlesien) ablösen, melde mich ab und gehe in die Schlucht zu den Feuerstellungen. Dort haben die Landser aus Tannenzweigen Hütten gebaut, um etwas gegen Kälte und Wind geschützt zu sein. Hier in der Schlucht ist lebhafter Betrieb. Da wird Munition gebracht, die Verwundeten erhalten hier ihre Erstversorgung, und hierher wird auch im Schutze der Dunkelheit die Verpflegung gebracht. Ich lege mich auf einige Tannenzweige, wickele mich in meine Decke und schlafe sofort ein.

8. März 1945: Als ich meine Feuerstellungen besichtige, kommt unser alter Oberfeldwebel Ernst Baerwald, (dem wurde im Januar bei einem Angriff die Backe durchschossen). Er ist inzwischen „Kriegsoffizier" (Leutnant) geworden. Wir unterhalten uns eine Weile, er ist jetzt Führer der 14. Kompanie (III. Bataillon). Die haben auch einen Granatwerferzug. Werfer, wie wir. Es gibt eine freudige Begrüßung und dann gehen wir zusammen zur Autobahnbrücke zu meiner Beobachtungsstelle. Das Gefechtsfeld hat sich aber schon wieder verändert. Es muss eine neue Beobachtungsstelle gesucht und gefunden werden. Iwan sitzt in einem Bahnwärterhaus an der Bahnlinie Perwüten-Zinthen. Wir errichten die Beobachtungsstelle im Keller eines ziemlich zerschossenen Hauses am Rand von Albenort II. Da der Kohlenkeller uns als der sicherste erscheint, richten wir uns dort ein. So sehen wir bald alle wie die Schornsteinfeger aus. Wir können aus einem nach vorne liegenden kleinen Kellerfenster mit unserer Schere gut auf die Eisenbahnschienen und das Bahnwärterhaus sehen. Das kleine Scherenfernrohr ist viel besser als mein 10 x 50 Fernglas. Neben unserem Haus steht ein Tiger-Panzer und beschießt das Bahnwärterhaus. Iwan versucht mit seinen schweren Granatwerfern den Panzer zu treffen – und er schießt nicht schlecht! Nur in der Nacht können wir den Keller mit einem kleinen Ofen heizen. Tagsüber hätte uns der Rauch verraten. Kaum 200 Meter vor uns steht ein abgeschossener T 34. Wir wollen sichergehen, dass dort drinnen kein russischer Beobachter mehr sitzt. Zwei von meinen Leuten besuchen ihn in der Nacht. Ein Iwan ist nicht im Panzer, aber sie kommen mit Beute zurück! Sie haben im Panzer Konserven entdeckt, das ist nun nicht etwa russische Panzerverpflegung, sondern Beute, die der Iwan gemacht hat. Auf den Dosen steht nämlich: Feinste dänische Markenbutter und „Spargel mit Köpfen". Köstlich! Der Spargel mit viel Butter, im Kochgeschirr heiß gemacht, hat uns bestens geschmeckt! Das ist für uns eine willkommene Abwechslung. Und wieder vergeht eine Nacht.

9. März 1945: Es kracht mit einem Mal furchtbar laut, der Tiger beschießt immer wieder das Bahnwärterhaus. Iwan antwortet mit seinen schweren Granatwerfern. Dabei kracht eine Granate genau in die Trümmer unseres Hauses. Da sind nur noch die Kellerdecken intakt, alles andere ist Schutt, der meterdick auf den Kellerdecken liegt. Zuerst habe ich das für einen Vorteil gehalten, da die „Schutzschicht" der Trümmer, so denke ich, einschlagende Granaten abbremsen würde. Der Treffer durchschlägt die Decke des Nebenkellers – aber wir haben den Schrecken und jede Menge Staub. In der Decke ist ein fast ein Quadratmeter großes Loch! Dann sehe ich, dass die Kellerdecken aus Hohlziegelsteinen gebaut sind, da misstraue ich doch der Sicherheit unserer Kellerdecken. So hocken wir bei Beschuss immer in den Ecken der Kellerräume. Ich habe einen weiteren Vorgeschobenen Beobachter zur 6. Kompanie geschickt. Ich selbst bleibe hier. Das Vorfeld birgt für mich inzwischen keine Geheimnisse mehr! Iwan ist ziemlich frech und auch unvorsichtig. Auf dem Bahnkörper zähle ich allein 6 bis 8 mäßig gut, mit weißen Tüchern getarnte Geschütze. Einige Schutzschilde sind weiß angestrichen, bei anderen Geschützen sieht man, wie sich die Laken bei flatterndem Wind bewegen. In einer lang gezogenen Mulde parallel zu den Schienen stehen oft bis zu 15 Russen herum. Tagsüber schieße ich mich möglichst unauffällig mit dem „Arbeitswerfer" genau auf die Entfernung ein. Aber ich schieße absichtlich ungefähr 50 Meter rechts daneben. Nun werden alle vier Werfer „gleichlaufend" gerichtet mit Hilfe der Richtaufsätze. Dann lasse ich Munition paratlegen und warte die Nacht ab. Gut 100 Meter hinter uns steht ein „Sturmpanzer", der mit seiner schweren Kanone auch versucht, das Bahnwärterhaus zu zerschießen. Diesen Kampfwagen habe ich nicht aus der Nähe zu sehen bekommen. Am frühen Morgen hänge ich wieder an meiner „Schere". Ich kann genau sehen, wie eine Ablösung in die Pakstellung kommt. Das ist immer ein günstiger Augenblick! Da ist nämlich dann die doppelte Belegschaft in der Stellung. Ich lasse alle vier Werfer je drei Schuss abfeuern, nachdem die Richtschützen noch einmal genau die Werte am Richtaufsatz überprüft haben. Da sind jetzt 12 Granaten – 8,00 cm auf dem Weg. Als der Einschlagrauch sich verzogen hat, sehe ich, wie die Iwans durcheinander springen. Etliche Tote und Verwundete hat es gegeben! Ein Pak-Geschütz hat wohl einen oder zwei Treffer abbekommen, dabei ist das weiße Tuch in Fetzen gegangen und wahrscheinlich auch mehr. Dann bekämpfe ich nacheinander alle erkannten Pak-Geschütze dort auf dem Bahndamm. Einmal habe ich wohl Munition getroffen, denn es explodiert einiges hinter und neben den Geschützen! Sieben Paks außer Gefecht gesetzt und die Bedienungen dezimiert, das ist ein guter Erfolg. Der Dank der Panzerkameraden ist mir gewiss. Die kommende Nacht verläuft ruhig.

10. März 1945: Am nächsten Tag machen wir Stellungswechsel in eine Mulde. Da stehen wir im Freien und in der Kälte draußen herum – „Scheißkrieg". Aber dann geht es in ein Dorf, wo auch unsere Lkws stehen. Heimatliche Gefühle! Wir haben uns für die Nacht Quartier in einer Schule, oben unter dem Dach gesucht. In den unteren Räumen sind viele Verwundete und Soldaten anderer Einheiten. Wir fallen alle in einen tiefen Schlaf! In der Nacht kommen einige von Iwans „Nähmaschinen" (auch „Rollbahnhure" genannt) und werfen einige dicke Bomben ganz dicht neben unser Haus, dass das halbe Dach herunterfliegt. Wir haben nichts gehört oder gemerkt. Vormittags geht es mit den Lkws in eine uns gut bekannte Gegend. Meine Werfer gehen auf einem Weg, der durch ein flache Mulde verläuft, in Stellung. Dort gibt es aber für die Bedienungen sehr schlechte Deckungsmöglichkeiten. Der Kompaniegefechtsstand ist in Vorwerk Morken. Wir kommen wieder in unser Gut Wesdehlen. Alles wie gehabt. Eine Frontveränderung kann ich eigentlich noch nicht feststellen, aber dass es hier „stinkt", habe ich schnell bemerkt!

11. März 1945: Am nächsten Morgen soll sich mein Gefühl bestätigen. Iwan drückt aus der Gegend von Seepothen und Jäskeim. Da heißt es höllisch aufpassen. Auch in Richtung über das Überschwemmungsgebiet bei Kobbelbude und Katharinlauck ist heftiger Gefechtslärm. Aber die Front dort scheint noch zu halten. In den kommenden Nächten haben wir kaum ein Auge zugetan! Wir wissen, Iwan will hier reinen Tisch machen. Und wir wollen uns so teuer verkaufen, wie es nur eben geht.

12./13. März 1945: Der russische Großangriff zur Liquidierung des Kessels von Heiligenbeil beginnt. Und Iwan belegt uns mit einem tollen Feuerzauber! Das haben wir lange nicht erlebt. Als dann die Russen angestürmt kommen, rattern unsere 42-iger Maschinengewehre und die Wurfgranaten der Granatwerfer sowie die Nebelwerfersalven dazwischen. Auf dem „Sand Berg" und in den Stellungen drum herum sitzt jetzt die 14. Kompanie (Leutnant Baerwald) vom III. Bataillon. Dort ist heftiger Gefechtslärm zu hören. Iwan greift mit allen Kräften an! Auch auf Vorwerk Wangnicken und Gut Wesdehlen prasseln die Granaten. Ich bin zufällig gerade in Vorwerk Morken beim Kompaniegefechtsstand, als es dem Russen gelingt, nördlich aus Richtung Waldpothen Neu-Colbnicken auf Kamnicken und später bis Pokarben vorzustoßen! Das verspricht nichts Gutes!

Der Russe bricht durch

13. März 1945: Bei seinem nördlich am „Sand-Berg" vorgetragenen Angriff wird der Russe von Panzern unterstützt. Dort oben sind Alarmeinheiten eingesetzt, die dem Iwan nicht viel Widerstand entgegensetzen. Die Lage dort ist ziemlich unklar. Wir wissen nicht, ob Honigbaum und Pokarben noch in eigener Hand sind. Von Morken aus blicken wir sorgenvoll nach Norden! Dort sehen wir, wie die Stellungen überrannt werden, sehen zurücklaufende Soldaten, die bald wieder Front zum Feind machen, aber auch viele, die ihre Hände heben und aufgeben. Dort ist ein böses Durcheinander entstanden. Die Russen stehen plötzlich auf einem niederen Höhenzug nordwestlich von Morken! Ihre T 34-Panzer selbst sind von uns aus nicht zu sehen, nur die Türme mit den Kanonen ragen über die Höhe hinaus. Leider habe ich von hier keinerlei Verbindung mehr zu meinen Werfern, da müssen jetzt die Trupp- und Gruppenführer selbstständig handeln. Und sie haben gut geschossen! In meiner Wut, als ich sehe, wie unsere Leute aus den Löchern geholt werden, nehme ich mein Gewehr 98 lang und beschieße die Iwans auf dem Höhenzug. Allein das Schießen genügt schon, dass sich die Russen hinwerfen. So haben unsere Jungs wieder etwas Luft! Wir stellen fest, dass der Russe nicht weiter angreift, sondern sich dort auf dem niederen Höhenzug zur Verteidigung einrichtet. Das ist unser Glück! Hier in Morken auf dem Gefechtsstand ist große Unruhe entstanden! Melder rennen hin und her. Bei dieser Gelegenheit erfahren wir, dass der „Sand Berg" noch von der 14. Kompanie (Leutnant Baerwald) gehalten wird, ja, dass der sogar einen Gegenstoß auf eine Mühle in Richtung Ziegelei-Waldpothen unternommen hat. Das ist eben der alte Haudegen Ernst Baerwald! Auch aus Richtung Maulen, ostwärts von uns hören wir schweren Gefechtslärm! Iwan will nun wohl an allen Fronten hier bei uns zum Ende kommen. Als es etwas dämmerig wird, hören und sehen wir aus nordwestlicher Richtung, mit brummenden Motoren eine ganze Anzahl unserer Schützenpanzer mit staubender „Bugwelle" durch den Schnee auf die vorgeprellten Russen zu rollen. Wie Schlachtschiffe in Kiellinie schieben sie sich heran, feuern mit allen Waffen und bilden schließlich eine Art Hauptkampflinie. Es ist die Panzeraufklärungsabteilung „Großdeutschland", die dort die Lage rettet. Die T 34 nehmen den Kampf auf! Die Schützenpanzerwagen kurven hin und her, um dem Feuer auszuweichen, und schießen wie wild! Auch mit Granatwerfern, die auf den Schützenpanzerwagen installiert sind. Auch mit den 2 cm-Kanonen halten sie dazwischen! Es wird dunkel. Die Nacht verläuft ohne größere Gefechtstätigkeit.

14. März 1945: Der Feind kann aber nicht aufgehalten werden, dazu sind wir zu schwach! Iwan kommt weiter vor! Wir werden zu erneutem Stellungswechsel gezwungen. In der Nacht verlassen wir lautlos unsere Stellungen und werden von unseren Lkws nach Brandenburg und weiter nach Porschken gebracht. Hier haben wir noch keine Feindberührung. Bei weiterer Erkundung finden wir in einer Scheune mehrere Landser einer fremden Einheit. Die pennen dort! Sie scheinen die Nase voll zu haben vom Krieg. – Versprengte? Deserteure? Wir sagen ihnen, dass sie sich von hier aber ganz schnell fortmachen sollen, sonst würde Iwan sie kassieren. Wir befinden uns südlich von Pörschken an der Bahnlinie Perwilten-Ludwigsort. Hier ist ein kleines Überschwemmungsgebiet vom Frisching oder anderen Bächen. In einem Gut suche ich mir eine Beobachtungsstelle, muss dann aber feststellen, dass dort schon unsere Infanteriegeschütze ihre Beobachtungsstelle haben. Das Gut liegt nördlich der Bahnlinie, aber man kann nicht genug über den Bahndamm hinweg nach Süden sehen. Das ist nicht gut. Hier schlafen wir erst einmal eine Nacht.

15. März 1945: Am Morgen erhalte ich den Auftrag, weiter südlich an der Bahnlinie eine Beobachtungsstelle zu erkunden, von der aus man südlich des Bahndammes mehr sehen kann. Da ziehe ich mit meinem Melder, dem Obergefreiten Hühnchen zur 7. Kompanie. Dort finde ich einen jungen Leutnant, einige Fernsprechleute und im Nebenkeller des Bahnwärterhauses einen Panzervernichtungstrupp. Drei Mann mit je einer Panzerfaust – „groß". Feindwärts direkt vor dem Bahnwärterhaus ist eine Pak tief eingegraben in Stellung. Die Bedienung ist bis auf einen Beobachter auch in dem schützenden Keller. Etwa 25 Meter links vor uns steht eine 2 cm-Fla neben der Bahn hinter einem kleinen Schuppen. Die Infanterie liegt etwa 150 bis 200 Meter weiter vor in ihren Löchern. Die Bahnlinie macht eine Kurve und führt südlich an Pörschken vorbei. Der Kellereingang befindet sich auf der Rückseite des Bahnwärterhauses. Dort treffe ich einen Leutnant, einen Vorgeschobenen Beobachter der Artillerie mit einem Funker mit „Berta"-Gerät. Auch der peilt die Lage. Ich installiere mein „Friedrich"-Funkgerät auch dort an der Treppe, weil man dort die beste Verbindung bekommt. Wir beiden Vorgeschobenen Beobachter gehen in das obere Stockwerk und können entlang der Bahnlinie bis fast nach Wargitten sehen. Wir geben Feuerkommandos und schießen unsere Waffen ein. Mein Sperrfeuer lege ich gut 100 Meter vor unsere Infanteriestellung. Aber auch zu beiden Seiten habe ich Feuerräume erschießen und festlegen lassen. Der Vorgeschobene Beobachter der Artillerie muss mit seiner Munition sehr sparsam umgehen! Er hat im Gegenteil zu mir eine gute Verbindung zum Bataillonsgefechtsstand. Bei meinem Gerät will das aber absolut nicht klappen. Vom Iwan ist hier aber noch nichts zu sehen, nur Panzerfahrgeräusche in der Nacht! Sonst bleibt es erfreulich ruhig. Wir können uns noch einmal ausschlafen.

16. März 1945: Morgens früh habe ich gleich wieder mit dem Glas in Richtung Osten nach Legnitten und Wargitten überprüft, ob Iwan in der Nacht näher gekommen ist. Meine Feuerstellung in Poplitten ist gegen Osten hin durch einen kleinen See (Überschwemmung) recht gut gegen Feindannäherung geschützt. Neben der Bahnlinie ist halbrechts vor uns ein Busch- und Kusselgelände, welches dem Feind gute Annäherung erlaubt. Noch rührt sich der Iwan nicht. Meine Funkverbindung zur Feuerstellung klappt auch noch gut. Aber als ich einmal oben am Fenster stehe, um zu beobachten, blitzt es drüben kurz auf und dann kracht es auch schon dicht über mir im Gemäuer! Und – „Bumm!" folgt auch der dazugehörende Abschussknall. Das hätte gefährlich werden können! Von da an schleichen wir Vorgeschobenen Beobachter uns immer nur ganz vorsichtig nach oben zum Fenster, um zu erkunden, welche Veränderungen und Feindbewegungen es da vor uns gegeben hat. Iwan schießt uns in den nächsten Stunden das Bahnwärterhaus über dem Kopf zusammen, dass die Trümmer und Steinbrocken nur so durch die Gegend fliegen! Dabei wird mein Funkgerät beschädigt, sodass es mit einer Verbindung zur Feuerstellung aus ist. Nun beginnt der Russe auch mit der Artillerie zu schießen. Aber nicht nur zu uns, sondern auf Häuser und Stellungen, wo er die „Fritze" vermutet. Das Spektakel beginnt! – Iwan greift an! Weit vor uns an den Schienen habe ich ein eigenartiges „Gebilde" entdeckt, das ich für einen getarnten russischen „Stalin-Panzer" anspreche. Inzwischen hat mein Melder das Funkgerät wieder in Gang bekommen und ich melde an den Kompanieführer meine Beobachtung. Ich denke, da kann man doch eigene

Panzer oder Panzerjäger darauf ansetzen, wenn der vorfahren wird. „Unsinn, Rehfeldt, das ist ein Prellbock mit daraufliegender Telegrafenstange!" Ich behalte das „Ding" im Auge, und es stellt sich schon sehr bald heraus, dass der Prellbock auf Ketten läuft und die umgefallene Telegrafenstange ein Kanonenrohr ist! Dieser blöde Panzer schießt eifrig in Richtung auf Poplitten, wo der Kompaniegefechtsstand ist und setzt bald schon die Beobachtungsstelle der Infanteriegeschütze außer Gefecht! Dann kommen wir wieder dran! Immer häufiger erzittert unser Bahnwärterhaus-Rest unter den krachenden Einschlägen der Panzergranaten. Die oberen Stockwerke fallen schon zusammen. In einer kurzen Feuerpause wetze ich nach oben an mein „Guckloch". Da sehe ich zu meinem Schrecken, dass schon 7 oder 8 Panzer bis auf einige hundert Meter an unsere Infanteriestellungen vorgefahren sind und in breiter Front dort verhalten. Der „Stalin-Panzer", der rollende Prellbock mit Telegrafenstange, rollt mit hässlich knirschendem Geräusch auf den Schienen – Stahl auf Stahl – mitten über den Bahndamm genau auf uns zu. Seine Kanone zeigt aus meiner Sicht aber immer noch nach links, in Richtung Poplitten. Dort sind die Feuerstellungen und der Kompaniegefechtsstand! Ich beschieße die aufgesessene Infanterie und als die Panzer die Einschläge sehen, kurven sie ausweichend hin und her! Eine 8,14 cm-Granate von oben auf den Panzer hätte den ganz schön demolieren können, besonders, wenn der Dieseltreibstoff aus den Fässern, die die Panzer hinten oben mitführen, zu brennen begonnen hätte! Leider ist mir das nie gelungen. Während ich in Deckung einer Mauer stehe, kommt plötzlich ein großer Bernhardinerhund winselnd auf mich zu und springt an mir hoch. Ich habe Mühe, das Tier loszuwerden, immer wieder drängt es sich an mich, Schutz suchend. Bei einem erneuten Treffer auf das Haus kommt der ganze Schornstein mit großen Steinbrocken herunter und zerstört mein Funkgerät völlig. Da gibt es keine Reparatur mehr! Der Vorgeschobene Beobachter der Artillerie überlässt mir für eine Durchsage an das Bataillon sein Funkgerät. Das Bataillon hat dann unseren Kompaniegefechtsstand informiert. Ab dann müssen meine Gruppenführer wieder einmal selbstständig schießen. Der Leutnant, der da mit seinem Panzervernichtungstrupp im Keller sitzt, ist noch nicht ein einziges Mal zu uns herausgekommen. Als die Fernsprechleitung unterbrochen ist, schickt er einen „Strippenflicker" los. Bald ist wieder Verbindung da. Aber wir sollen uns nicht zu früh freuen! „Verbindung unterbrochen", ruft der Telefonist. Als der nächste Nachrichtenmann raus soll, gibt es heftigen Panzerbeschuss, dass uns die Steinbrocken und Splitter nur so um die Ohren fliegen. Warum schießt denn unsere Pak nicht? Die ist gar nicht erst zum Schuss gekommen! Das Geschütz ist von herabfallenden Stein- und Mauerbrocken beschädigt worden. Ich denke noch so für mich: „Da wäre ich mit Pak niemals in Stellung gegangen", als der Oberfeldwebel von der Fla im tollsten Feuer angerannt kommt und berichtet, dass sein Geschütz durch einen umgeschossenen Signalmast beschädigt sei. „Es ist nicht mehr einsatzfähig! Scheiße!" – Die Lage hier wird bedrohlich! Aus dem Keller höre ich ein lautes Wortgefecht zwischen dem Leutnant und dem Nachrichtenunteroffizier. Der weigert sich, gerade jetzt, bei dem starken Panzerbeschuss auf Störungssuche zu gehen. Rein menschlich und an der Situation gemessen, habe ich volles Verständnis für den Unteroffizier, aber im Krieg muss man ja oftmals sein Leben riskieren und Befehle sollen ausgeführt werden! Ohne Verbindung kann ich nicht schießen und es können uns auch keine Befehle erreichen. Was mir aber persönlich missfällt ist, dass jener Leutnant zwar im Keller gut Befehle erteilen kann, sich selbst aber nicht einmal zu uns nach draußen gewagt hat. Und dann sehen wir die ersten Infanteristen ihre Löcher verlassen, verfolgt von den Schüssen der Russen. Sie gehen dann seitlich am Bahndamm wieder in Stellung. Die Panzer schieben sich langsam und feuernd auf uns vor. Nun haben wir nur noch mit dem Funk des Vorgeschobenen Beobachters der Artillerie Verbindung nach hinten, aber nur zu seiner Feuerstellung. Der Russe greift rund um uns her an! Überall auch das „Röhren" unserer Nebelwerfer. Der Artillerieleutnant bekommt mit viel Glück und Beharrlichkeit endlich eine Verbindung mit dem Bataillonsgefechtsstand und bekommt nach Schilderung der Lage hier die Zusage, dass die Nebelwerfer auch bei uns helfend eingreifen sollen. Das wird uns etwas Luft geben. Wir stehen beide fiebernd oben in den Trümmern des Bahnwärterhauses und warten auf die versprochene Salve. Die Werfer müssen nach Karte schießen, weil sie sich hier vor uns gar nicht eingeschossen haben. Da endlich hören wir die heulend röhrenden Abschüsse. Es rauscht über uns dahin. „Ha, ha, da hängt der Himmel voller Geigen", frohlocke ich und starre auf die Iwan-Panzer. Jetzt müssen ja doch die Einschläge dazwischen fahren! Da, zuerst nur kleine weiße Wolken, die dann immer größer werden. Wo bleiben die Detonationen? Aber was ist denn das? Die schießen ja Nebel! Nur Nebelgranaten. Da entsteht vor uns eine dichte Nebelwand. Wir können nichts mehr sehen. Für einen Rückzug wäre das ideal gewesen, aber wir sollen ja halten! Und dann erkennt Iwan seine Chance! Seine Panzer fahren an, wir hören die Motoren und dann das „Urrrääähgeschrei". Iwan kommt näher und hier – keine panzerbrechenden Waffen. Nur im Keller dieser Panzervernichtungstrupp. Und dann taucht vor uns aus dem Nebel wie ein vorsintflutliches Ungeheuer, und aus dem Nebel kommend noch größer erscheinend, mit knirschenden, rasselnden Ketten der Panzer auf, der da mitten über die Schienen gerollt kommt. Er ist bis auf 50 Meter ran. Sein Hauptaugenmerk ist immer noch, die nach vorne rechts zeigende Kanone lässt diesen Schluss zu, das Vorwerk Poplitten. „Der tut uns nichts", meint der Artillerieleutnant, aber dann steht plötzlich keine 10 Meter vor uns ein Panzer – kein T 34, wie wir leicht erkennen. Es ist ein schwerer Ami-Panzer. Der Artillerieleutnant und ich stehen dicht beieinander, als dieser Panzer bis an die Hausecke unseres Bahnwärterhauses heranfährt. Auch seine Kanone zeigt auf Poplitten. Da müssen die ja wohl was entdeckt haben? Er feuert 2-mal, dass wir die Druckwelle deutlich spüren. Unten im Keller große Aufregung! Da schreie ich runter: „Panzervernichter raus!" Aber da kommt keiner! Stattdessen werden uns nur zwei Panzerfäuste rausgereicht. Mein Melder (Obergefreiter Hühnchen) kniet an der Kellertreppe und gibt uns beiden die Panzerfäuste. Der Artillerieleutnant nimmt die erste und visiert den Panzer an. Ich rate ihm noch: „Beim Turmansatz treffen!" Er schießt los! Das Ding fliegt wenige Zentimeter über den Turm hinweg und kracht weiter hinten in den Boden. Nun habe ich die 2. Panzerfaust, Visier hochgeklappt – gut gezielt – ich schieße ab! Unten am Turm! Es gibt ein Geräusch, gleich wenn man einen Blechtopf an eine Mauer wirft. Nichts explodiert. Dem Iwan ist der Abschussrauch vor die Nase gezogen. Er dreht den Turm zu uns, beide greifen wir zur 3. Panzerfaust, ich erwische sie, springe vor an die Hausecke, da sehe ich fast in das Kanonenrohr! Und dann geht es sehr schnell! Augen zu und abgedrückt – dann ein Mordskrach! „Er brennt! Er brennt! Los weg!", ruft da der Leutnant und wetzt in weiten Sprüngen nach hinten, den Schienen entlang. Überall sehe ich Männer laufen, ich rufe in den Keller hinunter: „Raus, schnell, der Iwan ist da!" Und dann renne ich links neben dem Bahndamm dem Leutnant hinterher. Mein Melder, der Obergefreite Hühnchen, läuft in Richtung Poplitten, der Feuerstellung zu. Der große Bernhardiner hinter ihm her. Ich habe beide danach nicht wiedergesehen! Die Panzer schießen immer in Richtung Poplitten und Pörschken. Im Laufen meint der Leutnant zu mir: „Ich bestätige Ihnen den Panzerabschuss, geben Sie mir

Ihren Namen und Einheit!" Ich habe aber in diesem Augenblick ganz andere Sorgen! Nur weg und in Deckung! Dann will ich möglichst schnell zu meinem Zug und dann hätte ich ja mal sehen können. Aber wer weiß, wo der Leutnant bei dem Rabatz noch abbleibt? Nach 200 Meter verschnaufen wir bei einem kleinen Bahntelefonblechhäuschen. Dann aber hören wir wieder das Kettenrasseln der Panzer. Da gehen an einer kleinen Straße, die die Bahn überquert, einige Landser in Stellung und ein Major will auch uns als Infanteristen einsetzen. Wir erklären ihm schnell, was los ist und dass wir eiligst zu unseren Feuerstellungen müsten. Wir laufen weiter. Mit meinen Gummistiefeln kann ich nur deshalb so gut laufen, weil ich die Marschriemen am Knöchel habe! Die geben den Stiefeln Halt. Der Artillerieleutnant schlägt mir vor, mit ihm zu seiner Feuerstellung zu gehen, um nach Klärung der Lage dann später zu meinem Zug zu gehen. Wir trennen uns, aber ich gehe ein Stück der Bahn entlang, mache dann einen Bogen nach rechts (Nordosten), um in den Ort Pörschken zu kommen. Als ich die ersten Häuser erreiche, bin ich ganz sprachlos! Da sitzen Trossleute ganz ruhig, als wenn es keinen Krieg gäbe und reparieren in aller Seelenruhe ein Radio! Aber die Kameraden sind dann doch geschockt, als ich ihnen erkläre, was da passiert ist! Am Stadtrand sehe ich auch eine 8,8 cm-Flak-Batterie zum Erdbeschuss in Stellung. Auch die Männer informiere ich. Der Nachmittag ist vorüber, es dämmert schon, als ich in Pörschken ankomme. Dort erfahre ich, dass der Russe noch nicht weiter vorgestoßen ist. Der Ort ist noch völlig in unserer Hand. Ich will an den nordostwärtigen Stadtrand, um zu sehen, ob auch Poplitten noch in unserer Hand ist. Ich will zu meinem Zug! Da sehe ich einige bespannte Fahrzeuge, die Verpflegung vorbringen. Ich entdecke auch unseren Wagen in einem Hof. Unteroffizier Willi Hermesmann aus Hagen fährt den Wagen. Ich erkläre ihm die Lage, kann aber nicht sagen, wo sich die einzelnen Züge befinden. Aber zuerst fülle ich meine Feldflasche mit heißem Tee, der herrlichen Rumgeschmack hat, und lasse mir das Kochgeschirr füllen. Immer das Nötigste zuerst! Um ungestört essen zu können, gehe ich mit einem Kameraden (Gefreiter „Bubi" Felbermayer) in ein Haus an der Dorfstraße. Da sind die Fenster durch Beschuss herausgefallen, die Tür hängt lose und schief in den Angeln. Da nehme ich den Stahlhelm ab, wische den Schweiß von der Stirn! Das tut gut, als kühle Luft durch das Haus zieht. Aber nun „Mahlzeit". Wir löffeln genüsslich unseren Reis mit Fleisch, als ich plötzlich aufhorche! Da ist ein unheimliches Rauschen in der Luft – das wird mehr und mehr! Und dann glaube ich, die Welt geht unter! Das sind schwerste Einschläge, wie Bomben! Unser Haus erbebt, draußen hohe Feuerlohe, brennende Häuser brechen zusammen. Der enorme Luftdruck bläst die lose hängende Tür um wie ein Kartenblatt. Da sind wir aber beide schnell am Boden! Ich unter dem Fenster an der Wand, mein Kamerad in einer Ecke. Schnell angele ich mir meinen Stahlhelm von der Fensterbank! Dann halte ich schützend meine Hand über das Kochgeschirr, denn da fliegt viel Putz und Mörtel durch die Luft. Und wieder, immer das Nötigste zuerst! Dann stülpe ich mir meinen Helm auf den Kopf. Der gibt mir immerhin ein gewisses Gefühl von Sicherheit. (Viel später erfahre ich, dass der Russe, ähnlich wie unsere „Stuka zu Fuß" auch Geschosswerfer hat: BM-31-12, Kaliber 30 cm, und 94,6 KG schwer. Mit denen hat er uns schon in Jäskeim beschossen! Und immer noch schütteln uns die gewaltigen Einschläge. Ich habe zuerst gedacht, der Iwan schießt mit erbeuteten deutschen Wurfgeräten, Kaliber 50 cm auf uns. Dann tödliche Stille! Der Beschuss hat aufgehört. Dann aber hören wir durch das Knistern und Brechen der brennenden und zusammenstürzenden Häuser die Schreie von Verwundeten und sehen Pferdegespanne wie irrsinnig die Straße runterrasen. Wagen kippen um, die Pferde rennen in Panik weiter! Einzelne Soldaten hasten von Haus zu Haus, nur raus aus der Stadt. Auch uns sitzt der Schreck noch in den Gliedern. Schnell löffeln wir die Kochgeschirre leer und dann verlassen wir diesen ungastlichen Ort. Ich spitze bei jedem Geräusch die Ohren, sollte ich Abschüsse hören, wäre ich schnell in die nächstmögliche Deckung gesprungen. Da ich unbedingt zu meinen Leuten und zu unserem Kompanieführer Oberleutnant Hinnerk will, gehe ich bis an den ostwärtigen Stadtausgang, wo die Straße nach Poplitten ist. Dort treffe ich auch den ersten meiner Männer wieder. Von ihm erfahre ich, dass es ihnen noch einigermaßen glimpflich ergangen ist. Sie hatten sich aus Poplitten ohne große Verluste zurückziehen können, als die Panzer kamen. Dann treffe ich noch mehrere von meinem Granatwerferzug. Ich bin froh, dass ich sie wieder gefunden habe und sie sind froh, dass ich wieder bei ihnen bin. Ich frage, ob der Obergefreite Hühnchen bis zu ihnen gekommen sei. Aber der ist nicht angekommen. Ich fürchte das Schlimmste und lasse den Zug sammeln. Leider ist aber nicht mehr genug Munition vorhanden. Während die Trupp- und Gruppenführer am Ortsrand für die Männer sichere Stellungen in den Ruinen suchen, gehe ich noch etwa gut 100 Meter feindwärts die Straße entlang, die Maschinenpistole schussbereit in den Händen. Es ist dunkel. Von Baum zu Baum pirsche ich mich vor und rufe einige Male: „Hallo! 8. Kompanie.“ Ich sehe nur wenige Männer, die mit leichten Maschinengewehren im Straßengraben liegen. Weiter vor finde ich auch unseren Chef. Er steht hinter einem Baum, die Maschinenpistole in der Hand und horcht in Richtung auf Poplitten, wo jetzt der Russe ist. Von Poplitten her hören wir Panzer fahren, Automotoren brummen, wir hören, wie Pferde angetrieben werden und andere laute Kommandos. Das Brummen der Panzer, und es scheinen viele zu sein, lässt uns nichts Gutes ahnen. Wir wollen noch in der Nacht eine Verteidigungslinie aufbauen. Die soll etwa 100 Meter vor dem Ortsrand verlaufen. Hinter den Büschen ist eine Möglichkeit, die schützenden Häuser zu erreichen, falls es nötig wird. Und damit müssen wir seit dem russischen Großangriff hier rechnen. Ich weise meinen Gruppenführern die Stellungen an, nehme Fühlung auf mit Nachbarn der 7. Kompanie und freue mich über jeden Mann und jedes Maschinengewehr, was noch eingesetzt werden kann. Das kann man ja keine Front nennen, es ist eine verdammt dünn besetzte Linie. Keiner weiß Genaues. Wo ist der Bataillonsgefechtsstand? Und dann doch noch etwas Erfreuliches! Unser Fourier, Unteroffizier Hermesmann hat zu uns hergefunden. Da können die Männer endlich warmes Essen bekommen. Beim Iwan wird es allmählich ruhiger, es geht auf Mitternacht zu. Auch wir werden langsam wieder ruhiger. Wer weiß, was uns der kommende Tag bringen wird? Es wird eine Nacht voller Anspannungen, eine unheimliche Nacht! Nach einer längeren Zeit des Horchens, und als es beim Iwan stiller wird, glaube ich, es wagen zu können, mal eine kurze Zeit zu schlafen.

Meine zweite Verwundung

17. März 1945: Mitternacht ist vorüber. In einem der wenigen nicht zerstörten Häuser, wie z. B. der Apotheke des Ortes, suchen wir einen Raum, der dem Feind abgekehrt ist. Und das ist das Schlafzimmer mit richtigen, dicken Federbetten! Wir machen kurz „Probeliegen“. Wunderbar! Dann einigen wir uns schnell darauf, dass einer wachen muss, während der andere sich hinlegen kann. Aber wie? Wir liegen „gestiefelt und gespornt“, umgeschnallt und

Stahlhelm auf dem Kopf auf dem Bett, mit der Maschinenpistole am Bettpfosten! Aber an Schlaf ist nicht zu denken. Am frühen Morgen krachen Panzergranaten in den Ort, in die Häuser und auf die Straße. Nun aber hoch und raus! Beim Chef ist Alarmstimmung. Ich erhalte den Befehl: „Unteroffizier Rehfeldt, Sie sammeln den Granatwerferzug und erreichen so schnell wie möglich den hinter Pörschken liegenden Waldrand. Dort finden Sie Munition, richten Feuerstellungen ein und schießen Sperrfeuer, wenn der Russe aus dem Ort vorstoßen will." Inzwischen ist es heller geworden. Beim Iwan fahren die ersten Panzer an. Während wir nun versuchen, noch bevor es ganz hell wird, den Wald zu erreichen, greift Iwan mit Panzern und Infanterie an. Wir müssen über flache Weiden, wo wir keinerlei Deckung haben, und wo wir alle Nase lang über Stacheldraht-Weidezäune müssen, auf den Waldrand zurennen. Als Iwan uns laufen sieht, macht er uns Beine! Ein Gedanke nur: „Nicht getroffen werden! Den Wald erreichen." Es krachen zwar einige Einschläge zwischen uns, aber wir erreichen den schützenden Wald ohne Ausfall! Geschafft! Nun muss ich ja meine Beobachtungsstelle vorne am Waldrand haben, aber es muss erst eine gute Feuerstellung gesucht werden. Ich gehe fast 100 bis 150 Meter in den Wald und komme an ein kleines Haus. Dort sind aber schon unsere leichten Infanterie- und ein Fla-Geschütze. Endlich mal wieder einige „schwere Waffen". Aber mit der Munition für meine Werfer ist es hier ganz schlecht bestellt. Mit Oberleutnant Hinnerk gehe ich vor bis an den Waldrand, wo wir mehrere tiefe, gut befestigte Erdbunker vorfinden. Hier müssen wohl vorher Trosse gelegen haben, denn in mehreren flachen, etwa 5 x 10 Meter großen Erdlöchern lagern Munition und Benzinfässer. Aber leider nur Artilleriemunition. In einem der großen, tiefen Bunker bin ich mit der Gruppe Unteroffizier B. Sprengala zusammen. Unsere Werfer sind nicht aufgebaut, keine Munition! Meine Männer werden zu Infanteristen. Dabei haben die Geräteschützen nur ihre Pistolen! Ich habe mir inzwischen eines der neuen Sturmgewehre „unter den Nagel gerissen", d.h. „organisiert". Iwan beginnt mit heftigem Artilleriebeschuss, besonders mit der bei uns so beliebten „Schwarzen-Sau" (15,2 cm). Oben am Bunkereingang steht ein Beobachter, der melden soll, wenn der Russe angreifen wird. Einige Meter links ist ein kleiner Erdbunker, dorthin gehe ich in einer Feuerpause mit meinem Melder und noch zwei Männern. Wieder nur wenige Meter weiter liegt Oberleutnant Hinnerk, ebenfalls mit einigen Leuten. Wir mit unseren Pistolen und Karabinern sowie dem Sturmgewehr sollen als „Gegenstoßreserve" dienen! Etwa 100 Meter weiter links muss der Führer einer Infanteriekompanie gefallen oder verwundet sein, denn ein Melder, den ich zur Kontaktaufnahme dorthin geschickt habe, kam nur mit dem Kartenbrett, das er dort gefunden hat, zu mir zurück. Ich gebe es an unseren Chef weiter. Der Ort Pörschken ist nun in russischer Hand, und er wird wohl auch noch weiter angreifen. Und das tut er dann ja auch. Zuerst belegt er den Waldrand mit seinem Granatwerferfeuer (12 cm), sodass uns die Splitter nur so um die Ohren fliegen. Besonders hässlich sind die Baumkrepierer! Mit einem Mal verlegt er das Feuer mehr in die Tiefe des Waldes. Aber dann hören wir auch schon das „Urrrääh-urrrääh"-Geschrei der angreifenden Iwans. Jetzt aber aus dem Bunker raus! – Wo kommen sie? Direkt vor uns sind sie aber noch nicht zu sehen. Es dauert nicht lange, da sehen wir die Iwans links und rechts von uns in den Wald eindringen. Die eigene Gegenwehr ist leider nicht sehr gut! Im Wald schlägt den Russen zwar tolles Abwehrfeuer entgegen, aber wir fühlen uns an beiden Flanken bedroht. Während wir angestrengt nach vorne suchend blicken, hören wir an beiden Seiten mit ungutem Gefühl den Rabatz im Wald. Aber dann geht alles sehr schnell! Panzergranaten fegen bei uns in den Wald und ganze Granatwerfersalven kommen bei uns runter! Der reinste Weltuntergang! Ich schicke die Männer, um Deckung zu nehmen, in die Erdbunker. Einer meiner Männer hat eines dieser neuen Sturmgewehre, ich wieder meine Maschinenpistole. In einem Erdloch zusammengekauert, warten wir den Beschuss ab. Dann stellt Iwan das schwere Feuer plötzlich ein. – Stille! Ich traue meinen Augen nicht. Unsere Leute kommen aus den Erdbunkern und Löchern aber kaum 100 Meter vor uns kommen die Iwans in dichten Haufen mit „Urrääähh-Urrääähh!" auf uns zugerannt mit den verflucht langen dreikantigen „Schtiki" (Bajonetten) auf ihren Gewehren! Da blicke ich mich nach meinen Männern um, sehe, wie sie alle hinter irgendeiner Deckung liegen und auf die Angreifer schießen. Fast die Hälfte meiner Granatwerferleute sind Geräteschützen, die nur eine Pistole haben, die können bei der Entfernung noch gar nicht schießen! Neben mir schießt mein Melder aus seinem Sturmgewehr einige Magazine in die Angreifer. Ich selbst bin hinter einen dicken Baum gesprungen und schieße stehend, am Baum angeschlagen auf die vordersten Iwans. Unser aller Abwehrfeuer zwingt die Russen mit der Nase in den Dreck! Sie haben sich hingeworfen und bleiben erst einmal liegen! Das ist schon ein Erfolg für uns! Wir schießen noch einige Male dazwischen und wollen schon gerade glauben, dass der Angriff abgeschlagen sei, da rauscht es plötzlich über uns! Es zischt nur ganz kurz und dann krachen die Einschläge mitten zwischen uns und in die Bäume. Wir haben die Granatwerferabschüsse bei der Schießerei gar nicht gehört. Ich blicke mich Deckung suchend um, da kracht es zweimal ganz dicht neben mir – hässlich laut, und dann habe ich plötzlich das Gefühl, als ob mir jemand mit einem Knüppel die Beine unter dem Körper wegschlagen würde und gleich darauf ein heißes Brennen an beiden Beinen. Ich sacke zusammen und krieche ganz dicht hinter den dicken Baum. Das rechte Bein ist ab dem Knie wie gelähmt. Schmerzen verspüre ich anfangs fast gar nicht. Da bin ich nun mit einem Mal außer Gefecht gesetzt! Ich bin richtig verdattert. Hilfe suchend sehe ich mich um. Da sehe ich, wie unser Chef den Männern zuwinkt und in den Wald verschwindet. Die Leute hinterher. Ich will auch hoch, tiefer in den Wald, aber da versagen die Beine den Dienst!

Hilflos blicke ich nach vorne, da kommen jetzt die Russen wieder, keine 50 Meter entfernt. Und ich kann hier nicht weg. „Verdammte Scheiße!" Dann nehme ich noch einmal die Maschinenpistole hoch und schieße das Magazin leer – auf die herankommenden Iwans. Das verschafft mir etwas Luft. Dann kommen plötzlich zwei meiner Männer angerannt und fragen: „Was ist los? Unteroffizier? – Wir müssen hier weg?" Der eine ist Paul Schmitz (aus Wolbeck bei Münster in Westfalen), an den anderen kann ich mich leider nicht mehr erinnern. Schnell haben sie erkannt, was mit mir los ist, nehmen mich unter die Arme und verschwinden mit mir in den schützenden Wald, verfolgt von Gewehrschüssen der herangekommenen Iwans. Aber kaum sind wir der Gefahr entronnen, da hat der Russe sein Feuer vorverlegt und nun krachen die dicken „Brocken" der „Schwarzen Sau" (15,2 cm) in den Wald. Besonders die vielen Baumkrepierer sind widerlich und sehr gefährlich. Da fetzten die Splitter nur so herum! Wir finden etwas Schutz in einer flachen Grube, die für Benzinfässer ausgehoben worden ist. Hier müssen wir alle drei erst einmal verschnaufen. Einige Benzinfässer liegen da auch noch! Das ist ein saublödes Gefühl, wenn man daran denkt, dass da ja mal ein Treffer reingehen könnte. „Dann – Heimat ade!" Als der schlimmste Feuerzauber vorüber ist, raffen wir uns auf und mit verbissenen Zähnen schleppe ich mich, von den Kameraden gestützt, meine Maschinenpistole wie einen Handstock benutzend, auf meinen fast gefühllosen, kraftlosen Beinen weiter. Und jetzt brennt es bei jedem Schritt wie glühendes Eisen an vielen Stellen beider Beine. Aus den Gummistiefeln, die ich ja noch immer trage, da meine Filzlederstiefel in Königsberg auf dem Herd verkohlt sind, läuft und spritzt zum Teil das Blut aus vielen Löchern! Das sieht sehr schlimm aus. Hinter uns das Geknalle der in den Wald eingedrungenen Russen, es lässt uns schneller „laufen". Wir erreichen eine Lichtung und einen Waldweg nach etwa 150 Meter. Dort verschnaufen wir erst einmal und „peilen die Lage". Vereinzelte Landser sehen wir, die sich wiederfinden wollen. Da brummt plötzlich ein Schützenpanzerwagen heran, in dem oben ein aufgeregter Offizier uns anschreit, wir sollen sofort wieder vor und in Stellung gehen. Ich melde ihm was Sache ist – und dann lässt er einen der Männer bei mir, weil ich verwundet bin. Der andere Kamerad muss wieder „nach vorne". Ich gebe ihm mein Fernglas (7 x 50) mit, bedanke mich bei ihm und trage ihm auf, das Fernglas bei Oberleutnant Hinnerk abzugeben mit der Meldung, dass ich verwundet bin und Ersatz für mich beschafft werden müsse als Granatwerferzugführer. Mit laut aufheulendem Motor fährt der Schützenpanzerwagen weiter. Überall laufen Soldaten im Wald herum, um sich wieder zu sammeln. Auf dem Waldweg stehen auch einige Fahrzeuge. Ein Leutnant, der mit einem Beiwagenkrad zurückfahren will, nimmt mich mit. Ich verabschiede mich von meinem Kameraden und gebe ihm Grüße für unseren Hauptmann und meinen Zug mit. In den Wald krachen immer noch Artillerie- und Granatwerfereinschläge, aber der Russe drängt nicht nach. Anscheinend ist es doch gelungen, ihn aufzuhalten. Mit dem Krad fahre ich aber nicht weit. Hinter dem Wald kommen wir auf der Straße an einen Sanka, der aber schon voll beladen ist. Durch die Seitentür, gleich hinter dem Fahrerhaus kann ich aber doch noch mitkommen. Ich muss allerdings auf einer schmalen Bank sitzen. Aber direkt vor meinen Knien sind die eingeschobenen Tragbahren, ich kann meine Beine nicht bewegen und strecken. Das erweist sich aber nach einer Zeit als eine nicht auszuhaltende Qual! Noch fahren wir nicht ab. Es ist wohl gegen 17.00 Uhr, überall sind Bemühungen im Gang, eine neue Hauptkampflinie aufzubauen. Alle Versprengten werden hier gesammelt. Ich bin froh, als der Sanka endlich losfährt! Er fährt uns zu einem Verbandsplatz, der aber gerade geräumt wird. Hier erfolgt keine Versorgung der Verwundeten mehr. Inzwischen ist die Nacht hereingebrochen. Wir sehen überall Leuchtbomben und hören die verfluchten russischen „Nähmaschinen" (leichtes Trainingsflugzeug mit Stoff bespannten Flügeln) fliegen und ihre Bomben werfen. Wir sehen mehr als wir hören, wegen des Motorenlärms des Sankas. Aber das häufige Aufblitzen mal weiter weg, dann mal ungemütlich nah nehmen wir wahr! Unser Sanka fährt noch ein kurzes Stück, dann bleibt er stehen. Der Sprit ist alle, sie würden welchen besorgen, sagt der Beifahrer. Nach langem ängstlichem Warten quäle ich mich nach hinten durch. Hier auf der Bank kann ich es vor Schmerzen nicht mehr aushalten. Dann sitze ich hinten an der Tür, jetzt zwar nicht mehr so unmöglich eingekeilt, aber wie soll es weitergehen? Der Beifahrer ist noch nicht zurück. Man ist ja jetzt so verdammt hilflos! Man ist auf andere Kameraden angewiesen! Da kommt eine bespannte Einheit vorbei. Ich mache mich lautstark bemerkbar, da kommen zwei Mann und ich habe das Glück, die nehmen mich mit. Ich werde in ein eigenartig kistenförmiges Fahrzeug geladen. Diese „lange Kiste" ist schon mit drei Verwundeten belegt. Die „Kiste" steht auf einer Kante, unten im eckig-schmalen Boden liegt einer, über ihm ein anderer Verwundeter und nun werde ich da noch obendrauf gepackt! Der zu unterst Liegende stöhnt, kein Wunder, wenn wir noch mit zwei Mann obendraufliegen! Wir fahren langsam an. Immer, wenn die Kolonne hält, hebe ich den Deckel unserer Kiste hoch, um die Lage zu „peilen". Da ist der Himmel voller Leuchtbomben, die verfluchten „Nähmaschinen" sind sehr aktiv und kreisen über uns. Immer, wenn das Ding seinen Motor ausgestellt hat, rauscht es von oben und zwei bis drei Bomben krachen. Oft kann ich die Auspuffflamme der „Krähen" sehen. Jedes Mal, wenn dann die Bomben herabrauschen, laufen die Pferdeführer und die anderen Soldaten draußen in Gräben oder Löchern in Deckung. Ich habe das verdammte Gefühl, mindestens ein Meter zu hoch zu liegen! Und das ohne jeglichen Schutz, wobei wir die Splitter surrend und klatschend einschlagen hören. Aber am unheimlichsten ist, dass die Front (Hauptkampflinie) gar nicht weit ab zu sein scheint. Ich höre und sehe deutlich Maschinengewehr-Garben mit Leuchtspur schießen. Dann rummst es ab und zu ganz mächtig. Da kriegt man, wenn auch todmüde, kein Auge zu. Meine sperrige Maschinenpistole drückt mich recht hart in der Enge. Aber noch möchte ich mich nicht von meiner Waffe trennen. Ich habe jetzt überhaupt keine Ahnung, wie die Lage ist und wie das alles wohl weitergehen soll? Vielleicht kann ich sie noch einmal gut gebrauchen?

18. März 1945: Endlich halten wir in einem Ort an – Wolitta. Es ist inzwischen heller geworden. Kalt und durchgefroren werde ich, wie die anderen Verwundeten von einem „Hiwi" (Hilfswilliger, ehemaliger russischer Soldat) und einem Sani (Sanitätssoldat) zum Hauptverbandsplatz getragen. In einem der Bauerhäuser ist der OP-Raum. Davor liegen, sitzen oder stehen mehr oder weniger halb- oder dreiviertelstot die armen Schwerverwundeten. In den Häusern sind alle Räume und Zimmer voll von den armen Kerlen. Mancher stöhnt leise vor sich hin, die meisten aber liegen ruhig und haben die Augen geschlossen. Und wieder habe ich Glück! Die beiden tragen mich bis an die Tür des OP-Raumes und legen mich dort ab. Sonst hätte ich wohl den halben Tag warten müssen, bis ich dran gekommen wäre. In solchen Situationen hat sicher auch das schwarz-silberne Ärmelband „Großdeutschland" etwas geholfen. So habe ich nur eine Stunde gewartet. Und die erscheint mir sehr lang! Denn immer hören wir die uns nur allzu gut bekannten „Geräusche" von der Front, gleich hinter dem Wald. Endlich komme auch ich auf den Tisch. Ich sehe den Arzt mit seinem blutbefleckten Kittel, er hat gerade ein Bein amputiert, ich sehe es noch unter dem Tisch in einem großen Kübel liegen. Im Raum selbst ist ein für mich grauenhafter Geruch, ein Gemisch aus Blut, Eiter, Narkosemittel und Schweiß. Ich muss immer wieder auf das amputierte Bein sehen, das blutig zerfetzt im Kübel liegt. Da packt mich grenzenlose Angst! „Nur mein Bein nicht amputieren! Nur das nicht!" Der Arzt steckt sich eine Zigarette an, geht mit maskenhaftem Gesicht in den Nebenraum, wo ein anderer Arzt geweckt wird. Wer weiß, wie viele Stunden der nun wieder all dieses Elend, diese zerfetzten Körper, Glieder und Menschen sieht. Die vielleicht schon vom Tod gezeichnet sind, die aber immer noch auf Hilfe und Rettung warten und hoffen, wenn sie es endlich bis hierher geschafft haben. Ein Sani zieht mir die Gummistiefel aus, und dann kunstgerecht mit einer Gipsschere oben am Oberschenkel meine blutig verklebte Uniformhose mitsamt der Unterhose ab. Dann kommt der Arzt, sieht die vielen mehr oder weniger großen Splitterwunden und reinigt grob mit einer Pinzette, zieht Stofffetzen sowie Krusten ab und sagt dann etwas. Ich blicke ihn fragend an. Dann sagt er zu einem anderen Arzt, der nur gerade einen Blick auf meine Beine geworfen hat: „Da sind noch so viele kleine Splitter, die können wir hier nicht alle jetzt herausnehmen. Die Beine, die Knochen sind noch intakt. Also hier jetzt: Rivanolverband, Kramerschiene, Tetanus gehabt? Ach ja, September 1942, steht ja in Ihrem Soldbuch. Sie haben großes Glück gehabt!" Dann legt der Sani vom Rivanol gelb gefärbte, triefende Mullstreifen auf die Wunden und um die Beine legt er mir eine Schiene an, vom Oberschenkel bis über die Ferse gehend bis zu den Zehen. Die ganze Sache wird dann mit Papierbinden umwickelt! – Binden aus Stoff oder Mull gibt es wohl schon nicht mehr. – Armes Deutschland! Während ich noch auf dem Tisch liege, dröhnen draußen Iwans IL 2-Schlachtflieger über uns. Ganz in der Nähe prasseln Bomben kleinen Kalibers in Massen hernieder, dann das Fauchen der Raketenabschüsse und zuletzt minutenlang das Hämmern der Bordkanonen und Maschinengewehre. Dann springen alle Soldaten, die noch eben laufen können, in Deckung. Ich bin nun versorgt, habe meine Verwundetenkarte und soll in „Haus 4" gebracht werden. Zwei Sanis heben mich auf eine Trage und gehen los. Wie wir gerade zwischen den Häusern sind, fegt eine russische Panzergranate wie ein Spuk haarscharf an uns vorbei und „läuft sich tot" irgendwo, ohne zu krepieren. Das ist das, was man „ein verirrtes Geschoss" nennt. Durch solche Zufallstreffer ist schon mancher verwundet oder sogar getötet worden! Vor Schreck lassen die beiden mich fallen und rennen in Deckung. Sie wagen es nicht, wieder herzukommen. So ganz wohl ist mir auch nicht, denn ich habe höllische Angst, hier womöglich noch einmal verwundet zu werden. Endlich raffen sich die Helden auf und bringen mich ganz schnell ins nächste Haus. Das ist aber nicht Nr. 4! Ich bin aber dennoch froh, wieder unter einem Dach und im Warmen zu sein. Eine Zeit lang liege ich ganz ruhig und denke an die letzten Stunden zurück. „Wo wohl meine Kameraden jetzt sein mögen? Sicher gerade dort, wo schon wieder die Stalinorgel röhrt!" Die Serieneinschläge liegen nicht weit von hier weg. Die Erde erzittert sogar hier! So ganz sicher ist man also auch hier nicht. Der Himmel scheint voller russischer Schlachtflieger zu sein. Ich finde noch eine Zigarette und stecke sie mir an. Danach betrachte ich meine Umgebung. Es ist ein kleines Zimmer, vielleicht einmal die gute Stube eines ostpreußischen Bauern? Jetzt ist der Raum völlig leer, nur an einer Wand ist eine dicke Strohaufschüttung. Dort liegen etwa 10 Verwundete. Ich sehe von einem zum anderen. Und da wird es mir ganz unheimlich. Da liegen nur Amputierte, fast alle ohne Besinnung, oder sie schlafen vor Erschöpfung. Sie haben alle dicke weiße Verbände, dann und wann bewegt einer das Bein oder den Arm. Dann stöhnen sie. Ich schaudere, mein Gott! Neben mir liegt einer, da sehe ich anstelle des Kopfes nur dicke weiße Verbände, stellenweise von Blut durchtränkt. Nur am schwachen Heben und Senken der Brust erkenne ich, dass der arme Kerl noch lebt! Mit keinem kann ich reden, keiner gibt mir eine Antwort. Ich höre wieder die Schlachtflieger, die Landser draußen rennen wieder in den Schutz der Häuser. Ich presse mich dicht unter das Fenster, um geschützt zu sein. Der Spuk ist bald vorüber. Irgendwie meine ich zu merken, dass der Russe nähergekommen ist. In dem Raum steht ein Kachelofen, ganz dicht drücke ich mich an ihn. Er strahlt noch ein wenig Wärme ab. Wie soll das hier nur weiter gehen? Da lässt mich aufgeregtes Rufen, Herumlaufen und Hasten argwöhnisch werden. Ich habe den Eindruck, als würde da etwas nicht stimmen. Pferde werden angespannt, Wagen beladen! Was ist da los? Ich richte mich auf und sehe zum Fenster raus. Da sehe ich Kampftruppen mit Panzerfäusten, Maschinengewehren und Granatwerfern laufen. Eine Fla auf Selbstfahrlafette geht in Stellung. Artilleriebeschuss setzt ein! Feuerüberfälle mehren sich. Da packt mich eine große Angst: Ob die uns hier einfach liegen lassen? Da geht die Tür auf, ein Sani kommt herein, geht von einem zum anderen, rüttelt sie, ruft sie an. Bei vielen keine Antwort! Er fühlt den Puls, drückt prüfend auf die Augen. Tot – tot – tot! Ich bin der Einzige, der hier wach ist. Der Sani nimmt den Toten die Soldbücher aus den Taschen und bricht die Erkennungsmarke zur Hälfte ab. Dann sucht er in den Taschen nach persönlicher Habe. Hier eine Tabakspfeife, dort ein Etui, ein Notizbuch und andere Dinge. Im Brotbeutel eines der Toten ist die Butterdose noch halbvoll und etwas Brot. Auch eine Schachtel mit einigen Zigaretten. Der Sani fragt mich, ob ich das haben will. Anfangs ekelt es mich, aber dann sage ich doch ja, denn ich weiß ja nicht, ob ich in nächster Zeit wieder einmal etwas zu Essen oder auch zu Rauchen kriegen werde. Ich frage ihn, was diese Unruhe da draußen bedeute? Er antwortet, dass der Verbandplatz verlegt werden müsse, der Iwan sei wohl vorne irgendwo durchgebrochen. Dann geht er schnell wieder raus. Die armen Kerle hier bei mir sind Panzersoldaten, die abgeschossen worden sind und schwere Verbrennungen erlitten haben. Jetzt habe ich nur noch einen Gedanken! – „Nur nicht hier jetzt vergessen werden!“ Auf allen Vieren krieche ich zur Tür und sehe die Sanitätskompanie abmarschbereit. Auf den Pferdewagen eine Menge von verwundeten Soldaten – aber zu mir ist keiner gekommen. Als ich draußen laut rufe und mit der Maschinenpistole drohend winke, kommen doch zwei Mann und tragen mich auf einen der Wagen. Ein Arzt würde zurückbleiben und die nicht transportfähigen Verwundeten notfalls an die Russen übergeben. Die Wagen sind hochbeladen mit Wäschebeuteln, Rucksäcken und Sanitätskisten. Es herrscht große Nervosität, die Feuerüberfälle mehren sich. Endlich geht es los. Nur schnell weg von hier! Die Wege sind verstopft, viele Fahrzeuge, mot. und hot. arbeiten sich langsam zurück. Das Schlimmste sind immer wieder die IL 2-Schlachtflieger. Die kreisen unbehelligt über uns und werfen ihre Bomben, schießen die Raketen ab und stürzen sich dann mit den Bordwaffen auf die Fahrzeuge, treffen die Häuser und Soldaten. Die einstmals stolze, erfolgreiche deutsche Luftwaffe hat dem nichts mehr entgegenzusetzen. Die am Ufer des Haffs stehende 8,8 cm-Flak tut, was sie kann, aber sie muss sich jetzt schon selbst verteidigen! Qualmende, brennende Fahrzeuge stehen auf den Straßen, Wegen und in den Feldern, wo sie sich vor den Fliegerangriffen retten wollten. Wenn die Schlachtflieger unsere Kolonne anfliegen, springen alle Soldaten, die noch irgendwie laufen können, von den Fahrzeugen in den Straßengraben oder in Deckungslöcher. Wir Verwundeten auf den Wagen sehen alles mit an, sehen die angreifenden Flugzeuge und warten hilflos, warten bis es uns erwischt oder die Fahrt endlich weiter geht. Am Nachmittag stauen sich die Kolonnen, es geht überhaupt nicht mehr weiter. Ein Lkw, der nach Balga fährt, nimmt Verwundete mit. Auch mir gelingt es, als einer der Letzten mit auf diesen Lkw zu kommen. Nun geht es endlich schneller voran! Die Nacht kommt. Schneller voran? Das ist wohl ein Irrtum! Gegen Morgen bleibt unser Lkw einfach stehen, kein Sprit mehr! Das kenne ich schon! Der Beifahrer nimmt zwei Kanister und geht los. Nach zwei Stunden ist er immer noch nicht zurück.

Und Gott schweigt

19. März 1945: Frierend liegen wir auf dem Lkw. Bange Fragen erheben sich. Was wird denn nun wohl weiter mit uns geschehen? Als eine bespannte Kolonne vorbeifährt, verlasse ich mit einigen Verwundeten den Lkw und wir fahren nach Balga, dort zu einer alten Ordensburg. Wir werden in eine alte Kirche gebracht (Ordenskirche). Hier hat man alle Bänke herausgenommen und Stroh auf den Boden gelegt. Der ganze Boden liegt dicht an dicht voll mit Verwundeten. Mein Gott, welches Elend! Ich sehe mich lange Zeit um, kann aber keinen bekannten Kameraden sehen. Nach einigen Stunden, die ich mit geschlossenen Augen ganz ruhig gelegen habe, merke ich, dass ich einen gewaltigen Hunger habe. Aus der Kartentasche krame ich meine Butterdose hervor und finde auch noch einen Kanten Brot. Wenn man Hunger hat, schmeckt das genauso gut wie Kuchen, dann sehe ich nach vorne zum Altar, der von einfallenden Sonnenstrahlen angeschienen wird. Darüber ist die Mutter Gottes mit dem Christuskind, umgeben von einer Engelschar. Alles was vergoldet ist, blinkt und glänzt. Wohl noch nie waren wir wie hier dem Himmel so nahe! Ich bin von diesem Anblick so beeindruckt, nehme meine Agfa-Box-Kamera (stammte vom Gut Wesdehlen) und fotografiere dieses Bild. Den Film habe ich leider nie entwickeln lassen können. Ich habe den Film im Garten meines Onkels in Schwerin mit anderen Dingen vergraben, bevor ich am 1. Mai 1945 aus dem Lazarett in Schwerin über Gadebusch-Roggendorf-Lassahn vor den Russen floh! Ich trinke den Rest aus der Feldflasche. Unaufhörlich werden Verwundete in die Kirche gebracht, Ärzte sehe ich nicht, aber es laufen viele Sanitäter herum. Nun kommt etwas, was aufschreibenswert ist, weil ich wohl sagen kann, dieses Ereignis hat mir vielleicht das Leben gerettet! Wenn man auf der Blase einen solchen Druck hat, weil es keine Möglichkeit gibt, dem Bedürfnis nachzukommen, dann wird das fast unerträglich und schmerzhaft. Ein Sani bringt mir auf meine Bitte endlich eine Konservendose deren Rand sehr zackig abgeschnitten ist. Da soll ich nun liegend, oder wie sonst mein Wasser lassen? Die umliegenden Landser merken mein Bemühen, gucken rüber und machen ihre dummen Bemerkungen! Da geht dann überhaupt nichts mehr. So quäle ich mich schließlich mit zwei Krücken, die mir ein Sani bringt, mühsam nach draußen. Kaum bin ich wenige Meter neben der Kirche hinter einem großen steinernen Grabmal, da donnern vom Russen her Abschüsse der Artillerie und dann rauschen die schweren Granaten der 15,2 cm „Schwarzen Sau“ nach Balga hinein. Große schwarze Rauchwolken zeigen die Einschläge an. Noch bevor ich wieder in die Kirche zurückkriechen kann, krachen die nächsten Einschläge schon in den Friedhof. Ich habe den Eindruck, als ob der Iwan sich auf die weit sichtbare Kirche einschießen will. Nun ist es hier aus mit der Ruhe. Ich lege mich ganz dicht außen an die dicke, feste Steinmauer der Kirche, gleich neben der Tür. Und wieder fällt mein Blick auf die Kanzel und den Altar. Die einfallenden Sonnenstrahlen lassen das Kreuz, die Christusfigur und die vergoldeten Engel hell erstrahlen. Da muss ich unwillkürlich denken: „Mein Gott, wie kannst Du das alles so geschehen lassen?“ Mir kommen die Flüchtlingstrecks vor Augen, die kleinen Kinder, die erfroren am Wegesrand gelegen haben, die Verwundeten hier, eben all’ das Elend, all’ die Not. „Herrgott, hast Du uns verlassen?“ – Und Gott schweigt! An diesen Titel eines Buches über den Ersten Weltkrieg muss ich unwillkürlich denken. Erneut krachen Einschläge, lassen mich aufschrecken. Ich blicke mich nach besserer Deckung um. Hinter einem Grabstein finde ich die auch und habe dort noch Gelegenheit mich zu „entleeren“. Diese Erleichterung tut richtig gut! Da kommt plötzlich ein Pferdefuhrwerk an, der Kutscher, ein Hiwi springt vom Bock und blickt sich suchend um. Als er mich mit dem schwarz-silbernen Ärmelstreifen und „Großdeutschland“ sieht, winkt er mir zu. Als er meine Verwundung erkennt, kommt er zu mir und ich erfahre, dass er mit dem Wagen hergeschickt worden sei, um Verwundete vom Löwenbataillon „Großdeutschland“ von hier nach Rosenberg zu bringen. Dort sei ein kleiner Hafen und Schiffe würden die Verwundeten nach Pillau bringen. Da im gleichen Augenblick wieder ein Feuerüberfall erfolgt, rennt er schnell zu den Pferden und beruhigt sie. Dann kommt er wieder zu mir und mit seiner Hilfe erreiche ich den Wagen und er hilft mir auf den Bock. Als ich glücklich dort oben sitze, pocht und hämmert es in den vielen Wunden und ich spüre da erst wieder Schmerzen. Und dann ein uns nur zu gut bekanntes Brummen in der Luft! Ich sehe tief fliegende „Stormoviks" (IL 2-Schlachtflieger) mit den roten Sowjetsternen an den Tragflächen. Die sind so niedrig, dass ich die Piloten in den Kanzeln erkennen kann. Und schon prasseln die Bomben nach Balga hinein, das Hämmern der Bordkanonen und das Fauchen der Raketen. Mir ist nicht ganz wohl bei dem Gedanken, hier jetzt so hoch oben auf dem Kutschbock zu sitzen. Wenn Gefahr droht, kann ich ja nicht wie der Hiwi mit einem Satz vom Bock herabspringen. Aber der Iwan passt gut auf. Wenn die Schlachtflieger kommen, fährt er immer irgendwie in Sichtdeckung unter Bäume, und sind die Flieger weg, dann fährt er sehr eilig weiter. Der Weg führt nach kaum einem Kilometer schräg hinab zum Strand. Vorher müssen wir aber noch unter einigen Bäumen anhalten, weil die Schlachtflieger wieder einmal kommen und sie mit ihren Bordwaffen auf alles schießen, was sich bei uns bewegt. Hier sind viele Fahrzeuge tief eingegraben und ich sehe auch Erdbunker. Ich erkenne die Fahne des „Roten Kreuzes" und halte an. Da kommt auch schon ein Sanitätsoffizier und fragt, wo wir denn hinwollen. Als er Rosenberg hört, bittet er uns, einen Schwerverwundeten mit Bauchschuss mitgeben zu dürfen. Drei Mann tragen einen halbtoten Mann heran und legen ihn vorsichtig hinten auf die Ladefläche. „Geben Sie dem Mann bitte nichts zu trinken und zu essen!" Dann fragt er mich, wer denn mir den Befehl gegeben habe, nach Rosenberg zu fahren? Darauf sage ich ihm: „Der Hiwi ist vom Löwenbataillon nach Balga geschickt worden um ‚Großdeutschland'-Männer dort rauszuholen und nach Rosenberg zu bringen." Da treibt auch mein Hiwi die Pferde wieder an, denn die Luft scheint einen Moment rein zu sein. Jetzt fahren wir auf dem Sandstrand-Uferweg vom Haff. Dort stehen Geschütze aller Kaliber: Nebelwerfer, Flak und Fla-Geschütze, daneben Unmengen von leeren Kartuschen und Geschosskörbe. Die Munitionsfahrzeuge sind z.T. ganz dicht unter der Steilküste und auch eingegraben. Neben den Geschützen sehe ich die tiefen Deckungslöcher der Bedienungen. Aber bald gibt es keine Steilküste mehr. Dass der Russe diesen Strandstreifen mit seinen Flugzeugen beschießt und bombardiert, ist ganz klar. Das ist die letzte Bastion – mit dem Rücken am Haff! Es ist ein strahlend heller sonniger Märztag mit fast wolkenlosem Himmel. Immer wieder haben wir das Brummen und Dröhnen der Schlachtflieger in den Ohren! Ich halte mich krampfhaft fest und suche den Himmel ab. Da sehe ich vor mir über Rosenberg Staffeln amerikanischer „Boston"-Bomber ihre Bomben abladen. Der Luftdruck ist bis zu uns her zu spüren. Es grummelt und kracht ganz fürchterlich, als in dem Ort im Reihenwurf die Bomben detonieren und die schwarzen Rauchpilze in die Luft schießen. Auch jetzt hinter uns werfen die Russen in Balga Bomben ab. Ich denke an die Kirche mit den vielen Verwundeten. Froh bin ich, dass ich nicht mehr dort in der alten Kirche liege. Aber hier scheine ich ja vom Regen in die Traufe zu kommen! Mit dem Wagen geht es über Stock und Stein. Die beiden Pferde scheinen taub zu sein, denn sie reagieren kaum auf das Getöse ringsumher. Auf dem Wasser des Frischen Haff sehe ich nur wenige Boote. Und auch diese werden von Fliegern angegriffen. Dann blicke ich mich um, auch mein Hiwi dreht den Kopf – und da kommen sie! Direkt aus Richtung Rosenberg, gar nicht hoch, in geordneter Formation! Die müssen direkt über uns herfliegen! Mein Gott! Was nun? Die fliegen genau über den Strand und unseren Uferweg! Hier haben wir keinerlei Deckungsmöglichkeit! Und schon sehe ich aus den Tragflächen das Mündungsfeuer der Bordkanonen und Maschinengewehre. Dann das Fauchen der Raketen, dabei bleibt immer ein kleines, weißes Wölkchen am Himmel unter den Tragflächen stehen. Verfluchte Situation! Als die Einschläge um uns herum den Dreck und Sand aufspritzen lassen, springt mein Hiwi fast kopfüber vom Bock in ein Deckungsloch. Wieder kann ich die Piloten in den Kanzeln der Maschinen sehen, die leicht schwankend über uns dahinfliegen. Dann und wann schert einer der Schlachtflieger aus der Formation aus und setzt zum Flug auf besondere Ziele an. Das sind dann die Artilleriestellungen und die der 8,8 cm-Flak. Ich sehe Menschen und Pferde im Bombenhagel zusammenbrechen, seh die Bomben mitten in den Feuerstellungen detonieren! Es ist ganz fürchterlich. Kaum sind diese Maschinen verschwunden, als hinter uns, von Balga her schon die nächsten Staffeln herankommen. Mich packt eine wahnsinnige Angst, hier nun, so kurz vor dem rettenden Hafen noch einmal – und vielleicht viel schwerer verwundet zu werden. Ich stelle unwillkürlich den Kragen hoch, ziehe den Kopf ein – als wenn das etwas helfen könnte! Hier sehe ich grässliche Bilder. Zerstümmelte Menschen, zerfetzte Pferde und immer wieder Blut – viel Blut! Das ist hier ein Morden. Ich glaube Dünkirchen war nichts dagegen! (Da wollte Hitler ja die Engländer schonen aus politischem Kalkül! Churchill: „Wir hätten damals Frieden haben können, aber wir wollten nicht!") Mein Hiwi-Kutscher ist wieder auf den Bock geklettert und dann treibt er die Pferde weiter auf Foliendorf zu. Überall die gleichen Bilder! Auch hier haben die Bomber gewütet. Hier ist eine kleine Brücke über einen Wasserlauf zerstört, sodass wir einen Umweg fahren müssen, da sich auch Zugmaschinen und Lkws festgefahren haben. Unsere Batterien schießen vom Strand her, aber ich höre und sehe mehr Einschläge als Abschüsse. Trossfahrzeuge stehen dort in irgendeiner Deckung und daneben hocken Männer, die Papiere verbrennen. Die Landser versorgen sich mit allem, was sie gebrauchen können. Untergangsstimmung! Überall die tiefen Deckungslöcher, zu denen die Landser rennen, wenn wieder die Schlachtflieger zu hören sind. Meine große Sorge und Angst ist, dass unsere Pferde bei diesem ganzen Krach und Getöse unter Umständen durchgehen könnten. Aber diese beiden Pferde, die hier mithelfen, mein Leben zu retten, sind geradezu großartig – oder taub. Follendorf haben wir hinter uns, der Ort liegt auf halber Strecke von Balga nach Rosenberg. An Häuserwänden, an Lkws und vielen anderen Flächen sind mit weißer Farbe die Worte groß gemalt: „Tapfer und treu." Ich habe nicht viel Zeit, mir darüber noch Gedanken zu machen – aber so sind die deutschen Soldaten dort in Ostpreußen, Samland, Pillau und Königsberg untergegangen, zuletzt nur noch mit dem Bestreben, soviel der ostpreußischen Bevölkerung zu retten, ihnen die Flucht vor den rachedurstigen Sowjet-Soldaten möglich zu machen, solange es nur irgend geht. Und schon wieder kommen die verfluchten Schlachtflieger! Mit den Bordwaffen haben sie es jetzt wohl auf unser Gefährt abgesehen, denn so hageldicht haben die Einschläge und die kleinen Bomben noch nie vorher gelegen. Es ist ein „Scheißgefühl". Ich beuge mich vornüber, schlage den Uniformkragen hoch! Weil die „IL 2" von hinten kommen – aus Richtung Foliendorf, habe ich immer das Gefühl, gleich müsse es mich in den Rücken treffen, zumal ich noch hoch oben auf dem Kutschbock sitze! Es gibt für mich keine Deckung! Es kracht und pfeift um mich herum, Geschosse schlagen klatschend hinter mir in den Wagen, wo der arme Kerl mit dem Bauchschuss liegt. Wir hätten durchsiebt werden können, aber als der Schreck und die Schlachtflieger vorbei sind, sehe ich, dass unser Verwundeter auf der Ladefläche nichts abbekommen hat. Aber ein grausiges Bild kann ich nicht vergessen! – Da sind Bomben in eine Gruppe von 6 bis 8 Soldaten gefallen – die liegen da, blutig, verstümmelt, mit abgerissenen Gliedern und zerschmetterten Köpfen! Es ist ein grauenvolles Bild. Und dazwischen die vielen kleinen Krater der kleinkalibrigen Bomben, die von den Fliegern massenhaft abgeworfen worden sind. Als ich da vorbeifahre, meine ich, Blut riechen zu können. Es sind Bilder der Vernichtung, unauslöschliche

Eindrücke. Hier ist auf engstem Raum der Rest der IV. Armee eingekesselt mit dem Rücken zum Haff! – Tapfer und treu!
Weiter! Nur weiter! Wenn wir einmal stehen bleiben müssen, sehe ich, wie die Pferde zittern und dampfen! Sie halten aber prachtvoll durch! Kamerad Pferd! Habt Dank! Ihr treuen, armen Kreaturen! Ohne sie wäre ich hier ganz sicher nicht herausgekommen. Nun können wir schon unser Ziel, Rosenberg, liegen sehen. Aber an oder auf dem einzigen weit ins Wasser des Haffs führenden Anlegesteg kann ich weder Schiffe noch Menschen sehen. Rings um den Steg sehe ich die Fontänen der einschlagenden Granaten hell und hoch im Sonnenlicht aufspritzen. Kurz vor dem Ort zieht sich die „Höhe 21" (21 Meter über NN) links der Straße einige hundert Meter lang und zum Haff hin, mehr oder weniger steil abfallend. Dort am Hinterhang gibt es unzählige Deckungslöcher. Erdbunker und Gräben, so dicht beieinander, dass dazwischen kaum noch Platz ist. Und ich sehe ein Gewimmel von Soldaten, die dort Schutz suchen. Der Iwan weiß aus der Karte natürlich, dass dort ein Ort ist, wo am Hinterhang, einigermaßen gegen den Beschuss geschützt, lohnende Objekte sein müssen. Darum schießt er fast andauernd auf dieses Stück Erde zwischen Höhe 21 und dem Haff. Auf diesem schmalen Streifen liegen die Einschläge der „Schwarzen Sau" (Kaliber 15,2 cm). So kurz vor dem Ziel – und dann so etwas! Bis hierher sind wir gekommen. Aber jetzt halten wir erst einmal an, um die Lage zu peilen. Da sind die Abschüsse der Batterie zu hören, dann rauschen die vier Granaten heran, jaulend, und dann das Krachen der Einschläge. Die liegen teils auf der Höhe 21, aber auch dahinter genau auf der Straße und manchmal am Ufer im Wasser. Unruhig stehen die Pferde schweißdampfend mit nassem Fell in der Sonne. Angstvoll bewegen sie die Nüstern, ziehen am Geschirr. Da höre ich das Heulen der abfeuernden Stalinorgel („Katjuscha" = Salvenwerfer) aber die Raketen schlagen alle dicht am Strand ins Haff-Wasser, dass die Fontänen hoch aufspritzten, ohne Schaden anzurichten. Dort liegen viele gekenterte und halb gesunkene kleinere Boote im Wasser. Den rettenden Landungssteg vor Augen, keine 1,5 Kilometer entfernt – soll es hier nun nicht weitergehen? Wir fahren etwa 150 Meter weiter vor, sodass bei den nächsten Einschlägen der 15,2 cm-Granaten die Splitter gefährlich dicht an uns vorbeisausen. Staub, Dreck und Pulverqualm liegt in der Luft. Bei einem Blick über Rosenberg und den Landungssteg sehe ich einige kleine Boote, Prähme und Ruderboote im Halbkreis vor dem Hafen liegen. Und immer wieder einmal die ins Wasser einschlagenden Granaten, die eine Gischtfontäne hochwerfen. „Herrgott, wenn ich doch erst dort wäre!" Ich bekomme hier mit einem Mal schreckliche Angst, ich könnte noch einmal – und vielleicht viel schwerer verwundet werden als jetzt. Und wenn das ganze Gespann oder nur ein Pferd getroffen wird, laufen kann ich nicht mit der langen Schiene am Bein. Als dann beim ruckartigen Anfahren der auf dem Wagen liegende Verwundete mit dem Bauchschuss stöhnt und schreit, wir sollen doch etwas langsamer und vorsichtiger anfahren, verliere ich die Nerven und brülle ihn an „Mensch, halt doch die Schnauze, wir haben hier jetzt ganz andere Sorgen!" Und dann rufen und schreien vom steilen Abhang der Höhe 21 einige Landser: „He, Du Idiot! – Fahr weiter, mit Deiner Karre ziehst Du das Feuer auf uns! Der Russe kann von seinem Fesselballon aus hier alles einsehen! Haut schnell ab!" Ich weiß nicht, was wir jetzt machen sollen. Noch dichter an die Einschlagstellen heranfahren ist kaum noch möglich, denn schon jetzt krachen die Einschläge keine 100 Meter weit vor uns auf die Straße. Wir haben immer wieder gezögert, denn da sind schon wieder die Abschüsse zu hören! Ich möchte kaum glauben, dass wir da heile durchkommen können. Aber einmal muss es sein! Ich gebe mir einen

Ruck, deute dem Hiwi an: „Jetzt! los!“ – und dann noch in das Krachen der Einschläge hinein, als es dicht vor uns blitzt, Dreck, Staub und Splitter hochfliegen, da treiben wir die Pferde an. Mein Hiwi sitzt totenbleich neben mir, ich sehe gewiss auch nicht anders aus! Er hält sich mit der einen Hand am Bock fest, mit der anderen hält er die Kreuzleine. Ich reiße sie ihm aus der Hand und schreie auf die armen Pferde ein, der Iwan hat die Peitsche ergriffen. „Via! Via!“ ruft er und lässt die Peitsche sausen. Wir fahren in eine dichte Staubwolke, ich weiß nicht mehr was dann passiert, jedenfalls sehe ich durch den ganzen Staub und Rauch die Sonne wieder schwach durchscheinen. Es wird heller und heller! Wir sind durch und haben es geschafft! Aber da rauschen wieder die 15,2 cm-Granaten heran – hässlich kurz nur jaulend, „huiii – und krach“, aber 25 bis 30 Meter hinter uns! Wir sind durch! Die Pferde haben nun auch wohl „die Nüstern voll“! Sie fegen ab wie der Wirbelwind! Ich habe große Mühe, nicht vom Bock zu fallen. Schon will ich forsch auf Rosenberg zufahren, aber da höre ich ein gut bekanntes Geräusch in der Luft. Gegen Sicht einigermaßen gut gedeckt, halten wir an. Die Schlachtflieger kommen träge und ziemlich frech, tief an und nehmen sich die Artilleriefeuerstellungen auf dem Strand vor. Dort rummste es, Dreck, Qualm und Rauch fliegen hoch, dazwischen höre ich die Fla-Geschütze wie wild ballern. Aber die „Sturen“ fliegen weiter, schießen mit den Bordwaffen in den Ort, sie sind nach unten gepanzert! Keiner kann abgeschossen werden. Endlich hört das Hämmern der Bordkanonen und das Fauchen der Raketen auf. Sie drehten ab. Jetzt aber nichts wie rein nach Rosenberg! Hier sieht es grauenhaft aus! Die Bomben haben fast alles umgepflügt. In den Straßen neben brennenden Ruinen sind riesige Bombentrichter, Häuser sind vom Luftdruck ineinander gedrückt. Es gibt ja nur kleine Häuser in diesem Ort. Ein weiteres grauenhaftes Bild ist mir unvergesslich! In einem großen Baum, der von den Bomben schwer getroffen ist, sehe ich in den unteren Ästen vielleicht 4 bis 5 Meter hoch einen „Sanka“ hängen. Fahrer und Beifahrer hängen tot aus den geöffneten Türen! Hinten sind die Türen weit geöffnet. Wir fahren suchend weiter, um den Landungssteg zu finden. Jetzt bemerke ich überall im Schutz von Mauerresten und Häusern Verwundete, die da oft zu 10 bis 20 Mann liegen und sich vor heranjaulenden Granaten oder, wenn die Schlachtflieger kommen, ängstlich noch dichter an die Mauern drücken. Hier gibt es kaum ein Haus, das nicht getroffen ist. Verdammt, ich treffe keinen einzigen Soldaten, den ich nach dem Weg zum Steg fragen kann. Eine unheimliche Atmosphäre! Brennende Häuser, Knistern, Poltern von einfallendem Mauerwerk. Da werden vielleicht noch Verwundete, die man im Schutze dieser Mauern abgelegt hat, noch von den Steinen erschlagen. Da liegen Tote und immer wieder Verwundete, und auch in den noch erhaltenen Häusern liegen sie und warten, dass von Pillau über das Haff Schiffe kommen, um sie abzuholen. Die Straßen, von Schutt und Trümmern bedeckt, sind für uns große Hindernisse. Wir biegen in eine Nebenstraße ein – und, überall dasselbe Bild! Erschrocken hören wir da wieder das typische Motorengeräusch der „IL 2“ – und wieder kommen diese verfluchten Schlachtflieger, um sich die Artilleriestellungen auf dem Strand vorzunehmen. Einzelne, schwere Granaten schlagen in unregelmäßigen Abständen in die Häuser ein, die schon mehr Ruinen sind. Plötzlich steht da an einer Straßenkreuzung so ein „Einmann-Betonbunker“ und ich erkenne einen Feldgendarm an dem Blechschild, welches an einer Kette an seinem Hals hängt. Das sind meist sehr gefürchtete Leute! „Heldenklau“ nennen wir sie auch. Aber sie müssen überall für Ordnung sorgen. Dieser hier wagt sich gar nicht aus seinem Betonhäuschen heraus. Wir halten an, wenn, dann muss der es wissen, wie wir zum Steg kommen. Ich frage ihn in dem Lärm und Bordkanonenfeuer nach dem kürzesten Weg zum Schiffsanleger. Er kommt kurz raus, erklärt mir den Weg und ist dann schnell wieder in seinem „Beton-Schilderhaus" verschwunden. Nun aber nichts wie weg von hier! An der nächsten Ecke, wie er es gesagt hat, kann ich auf etwa 100 Meter den Landesteg sehen! Geschafft! Der Wagen rollt darauf zu, mein Herz schlägt bis zum Hals. Jetzt aber gut aufpassen! Ich ziehe die Bremse an und fahre ganz langsam bis fast an das Ende der breiten Landebrücke. Aber ich sehe keinen Menschen dort. Das Rollen der Wagenräder auf den Holzbohlen treibt einige Landser, die bisher unter dem Steg im Gebälk gehockt haben, nach oben. Sprachlos sehen sie sich unseren Wagen an, aber dann geht es auch hier wieder los! „Ihr seid wohl wahnsinnig! Hier kann der Iwan alles einsehen! Das Feuer zieht sie nur hierher!" Verstehen kann ich ihre Angst, aber erst einmal will ich hier vom Bock, dann muss der Mann mit dem Bauchschuss abgeladen werden. Ich bin sehr energisch geworden! Aber dann erkennen sie unsere Situation. Hilfreiche Arme heben mich herunter – auch der arme Kerl mit dem Bauchschuss lebt noch! Sie legen ihn vorsichtig auf die Bohlen. Dann werden die Pferde ausgeschirrt und zurück ans Land gejagt, ich weiß nicht, was mit ihnen später geschehen ist. Sie taten mir wirklich leid. Mein Hiwi verkriecht sich auch mit den anderen Soldaten unter dem Steg in die Balken. Ich hätte ihm gerne alles Gute gewünscht, denn er ist es gewesen, der mir in Balga auf seinen Wagen geholfen hat, er hat tapfer den Wagen bis hierher gefahren. Ich sehe ihn dann nicht mehr. Ich sitze mit meiner langen „Kramerschiene" am Ende des Steges. Die Männer, die hier auf ein „Schiff" warten, sind von der Division „Hermann Göring" alle mit Spezialausweisen versehen – alle haben irgendeine Sonderausbildung, oder sind Panzersoldaten ohne Panzer. Sie meinen, das Schiff würde schon bald kommen. Als eine Pak-Granate über den Steg hinweg ins Wasser knallt, sind sie schnell wieder „unter Deck" verschwunden. Von Rosenberg her sehe ich eine Anzahl Verwundeter auf den Steg zu und zu uns herkommen. Einige humpeln, sogar angekrochen kommen etliche! Als ich aufs Haff blicke, kommt da ein kleineres Schiff mit hoher Bugwelle an, schlägt einen Bogen und rammt beim Anlegen beinahe die Landungsbrücke. Schnell springen einige Matrosen ab, legen dicke Taue um die Pfosten – und dann heißt es nur noch „Schnell! Schnell! Beeilung, los, aufs Boot!" Zwei Matrosen helfen mir auf Deck zu kommen, auch der Mann mit dem Bauchschuss wird hergetragen. Er stöhnt einmal laut auf, als er etwas unsanft in der Eile niedergelegt wird. Dann laden die Matrosen viele Kästen und Kisten ab, Munition und Sanitätskisten mit dem Roten Kreuz rufen den herankommenden Männern zu: „Los! Los! Tempo! Beeilung!" Alle kommen mit, auch die, die da mühselig herangekrochen kommen, werden abgeholt und aufs Schiff gebracht. Dann – Taue los! Die Schiffsmotoren drehen voll auf! Der ganze Bootskörper erzittert. Mit einem weiten Bogen geht es mit voller Kraft auf die Mitte des Wassers des Frischen Haffs. Oben am Himmel kreisen russische „Ratas", die sich fast senkrecht auch auf unser Boot stürzen. Einzelne Pak-Granaten fegen noch hinter uns her ins Wasser, ohne uns zu schaden. Mit schäumender Hecksee ziehen wir ab. Ein Matrose erklärt mir den Schiffstyp, den ich noch nie vorher gesehen habe. Es ist eine „Siebelfähre", ein Spezialschiff nach dem Konstrukteur Ingenieur Siebel benannt. Auf dem „Schiff" gibt es eine 3,7 cm-Fla-Kanone, die uns mit gut liegendem Einzelfeuer die „Ratas" vom Hals hält. So schnell, wie das Schiff laufen kann, geht es nun nicht so dicht unter der Küste in Richtung auf Pillau. Ich kann nun vom Wasser aus etwa in der Mitte des Haffs auf das ostpreußische Festland sehen, dort, wo die IV. Armee ihren Untergang findet. Bei Deutsch-Bahnau etwa reicht der russische Einschließungshalbkreis nicht weit von Rosenberg an das Haff und nicht weit ostwärts von Balga mit der alten Kreuzritterburg und der Kirche, von wo ich meine Fahrt begonnen habe – vielleicht bei Wolittnick, reicht der andere Flügel an das Wasser des Frischen Haffs. Ob die Reichsstraße 1 noch gehalten wird – ich weiß es nicht mehr. In dem Buch von Reinhard Hauschild: „Plus minus Null?" – später unter dem Titel „Flammendes Haff" – Verlag Schneekluth 1952, sind die Geschehnisse und das Ende der IV. Armee im „Kessel Ostpreußen" am 29. März 1945 ebenso geschildert, wie ich es erlebt und festgehalten habe. Ich glaube, der Kessel ist nicht einmal drei Kilometer tief! In diesem Halbkreis überall aufsteigender Qualm und Rauchwolken, hämmern die Einschläge der Stalinorgeln – der „Schwarzen Sau", die harten Abschüsse und Einschläge der Panzer und Pak-Kanonen. Dazu das Aufblitzen der eigenen Batterien vom Strand her. An drei Stellen sehe ich Fesselballone, dort, wo der Einschließungshalbkreis an das Haff stößt und in der Mitte, an der tiefsten Stelle des Kessels! Darüber die Staffeln der russischen Schlachtflieger, dazwischen die schwarzen Wölkchen der Flak-Detonationen! Es ist dort vor mir wie auf einer Bühne ein Rumoren, Donnern, Dröhnen und Krachen und das alles bei fast wolkenlosem klaren Himmel und heller Märzsonne! Vom Boden, nur wenige 100 Meter hoch, an vielen Stellen der Qualm und Rauch brennender Häuser, Fahrzeuge, Panzer – wo bleiben die Menschen? Maschinengewehre knattern, einzelne Gewehrschüsse sind zu hören – das sind sie! Die letzten, die versuchen, getreu den Worten „Tapfer und treu" die Stellungen zu halten gegen eine gewaltige Übermacht, abgeschnitten von der fast 65 bis 75 Kilometer westlich verlaufenden deutschen Ostfront! Die ist im Raum um Danzig! Jetzt bin ich zwar der direkten Gefahr im Kampfgebiet nicht mehr ausgesetzt – aber wie würde es in Pillau weitergehen? Wenn wenige Zahlen von der Schwere und Härte der Kämpfe Zeugnis geben können – dann solche!

Verluste vom 15. Januar 1945 bis zum 29. März 1945:
14.586 Mann – davon 390 Offiziere
Gefallene/Verwundete – keine Differenzierung
Allein vom 13. März 1945 bis 29. März 1945:
5.653 Mann – davon 120 Offiziere
Gefallene/Verwundete – keine Differenzierung
Und Gott schwieg?

Auf dem Haff fahren mehrere kleine Schiffe und Boote zwischen Pillau, der Nehrung und zum Ufer des Kessels mit der IV. Armee, die auf engstem Raum eingeschlossen ist. Wir erreichen Pillau ohne weitere Zwischenfälle. Im Hafen geht dann alles sehr schnell, da man stets Luftangriffe befürchtet. Ich werde mit vielen Verwundeten im Hafengebiet zu einer Baracke gebracht. Unterwegs sehe ich zwei Frachter am Kai, zu denen lange Menschenschlangen führen. Das sind zumeist Ostpreußen, die ihre Gespanne hier stehen lassen müssen mit ihrem ganzen Hab und Gut, um auf die Schiffe zu kommen. In der Baracke sucht sich jeder einen geeigneten Platz, wo er auch schlafen kann. Ein Feldwebel kommt, notiert unsere Namen, Dienstgrade und Feldpostnummern. So werden wir erfasst und er sagt uns, dass es auch Verpflegung geben würde. Darauf warten wir nun. Hoffentlich gibt es keine russischen Fliegerangriffe. Wir liegen ja völlig schutzlos in Holzbaracken. Plötzlich kommen da einige Matrosen eines am Kai liegenden Schiffes und sie fragen: „Wer will mit nach Schweden?" Sie würden diese zu ihrem Schiff bringen – aber nur Verwundete! Da zögere ich nicht lange!

Aus dem Kessel entkommen

20. März 1945: Bis Pillau war ich bis jetzt relativ „gut" gekommen von Balga und Rosenberg. Wie würde es dann wohl hier mit uns weitergehen? Ich sehe eine gute Gelegenheit, von Pillau über See nach Schweden zu kommen, das ja neutral ist. Ich melde mich, zwei Matrosen packen mich und so komme ich am Kai neben das Schiff. Das ist ein französischer „Zehntausend-Tonnen"-Frachter. Dann werden wir alle mit einem Kran auf einer etwa 4 x 4 Meter „Plattform" an Deck gehievt. Das Ding ist normalerweise nur für „Stückgut" geeignet! Oben angekommen, steigen die, die gehen können, eine breite Treppe hinunter zu den Laderäumen. Ich denke an die Gefahr eines Torpedotreffers und will lieber oben auf Deck bleiben. Wer nicht gehen kann, der wird unter Deck getragen. Ich bleibe aber oben. Das Schiff ist bald überladen. Ich habe mich an Deck inzwischen umgesehen und eine windgeschützte Ecke gefunden. Dort strömt von unten aus dem Schiff aus einem breiten Kanal, der mit Gitterrosten abgedeckt ist, warme Luft (besser „warmer Mief"). Da ja noch März ist, weht ein recht kalter Wind. Nach fast einer Stunde vibriert das Schiff, die Maschinen laufen und „sang und klanglos" laufen wir aus dem Hafen. Da fährt ein dunkles Schiff ohne Beleuchtung fast lautlos in die dunkle Nacht auf die freie Ostsee hinaus. Ich liege in meiner Ecke auf dem wärmenden Gitterschacht und denke nach: „Wird die Fahrt gutgehen? Wie lange wird das Schiff brauchen? Werden wir von russischen U-Booten oder Fliegern unbehelligt ankommen?" Wir sind noch nicht weit auf See, da sehe ich seitlich voraus Blinklichter – Morse-Blitze. Unter den Matrosen gibt es Unruhe! Sie rennen hin und her und reden aufgeregt. Was ist da los? Unser Schiff wird langsamer, die Maschinen stoppen? – Das ist rätselhaft? Da lassen Matrosen an meiner Seite ein Fallreep hinunter. Nach einer Weile kommt eine Barkasse längsseits und als die Männer an Bord kommen, gibt es eine laute und erregte Diskussion! Ich höre eine energische Stimme: „Sie ändern ihren Kurs! Fahren direkt auf dem ihnen bekannten Seeweg in die Danziger Bucht. Dort wird ein Geleitzug zusammengestellt, der nach Swinemünde geht. Und Sie kommen mit!" „Dicke Luft", denke ich. Will denn unser Schiff unerlaubt nach Schweden? Dort wären wir ja interniert worden – auch das Schiff. Wir fahren nun unter „neuer Leitung" zur Danziger Bucht. Die Maschinen laufen gleichmäßig, es gibt keine Unterbrechung mehr. In der Nacht habe ich mich etliche Male gedreht, um von allen Seiten durch die warme Abluft erwärmt zu werden. Der Fahrt- und Seewind ist doch noch verdammt kalt! Gegen Morgen laufen wir in die weite Danziger Bucht ein und ich sehe dort viele Schiffe, meist Frachter, vor Anker liegen. Zu diesen fahren ununterbrochen kleinere Boote, die Flüchtlinge und wohl auch Verwundete bringen. Ich wusste nicht, dass der Russe schon soweit nach Westen vorgestoßen ist! Ich merke es aber, als Iwan vom Festland her mit schwerem Kaliber die Schiffe beschießt, die da ruhig vor Anker liegen. Die haben zwar Vierlings- und Zwillings-Fla auf Türmen auf jedem Schiff, aber sie liegen ja da wie die Zielscheiben, sich in der Meeresströmung langsam an der Ankerkette drehend. Es gelingt den Russen, einige Schiffe zu treffen! Auf einem der Frachter brennt es. Qualm und Rauch steigen hoch. Auch in die Nähe unseres Schiffes schlagen Granaten ins Wasser ein. Warum bleiben die Schiffe da nur vor Anker liegen? Da müssen dem Iwan ja Treffer gelingen. Immer wieder kommen vom Festland her die kleinen Boote zu den hier liegenden Schiffen. „Geht denn jetzt auch noch Danzig verloren?" Werden wir die Russen noch aufhalten können? Da sehe ich einige Soldaten aus den Laderäumen die Treppe hoch kommen. Die wollen sicher nur mal frische Luft schnappen und die „Lage peilen"!

Da werde ich angerufen: „Unteroffizier Rehfeldt! Unteroffizier Rehfeldt!" – „Hier bin ich! Gefreiter Richter!" Er ist von meinem Granatwerferzug und auch verwundet! Er winkt mir zu und ich winke zurück und will ihn fragen, was mit meinem Granatwerferzug passiert sei, aber da kommen Marinesoldaten und alle müssen wieder unter Deck. Der Gefreite Richter ist auch lebend nach Deutschland gekommen und später in die USA gegangen. Inzwischen wird mir die Schießerei unheimlich! Ein nicht weit ab liegender größerer Frachter wird nun gezielt beschossen, da spritzen die Wasserfontänen meterhoch, auch dicht neben unserem Schiff! Da sehe ich plötzlich einige U-Boote, die um den Turm herum einen breiten gelben Streifen haben. Die fahren zur Bucht hinaus und dann drehen mit kurzem Sirenengeheul alle bisher vor Anker gelegenen Schiffe bei und bilden eine Reihe (Kiellinie), die sich langsam nach Westen bewegt! Wir fahren! Die U-Boote sind unser Geleitschutz! Sie formieren sich um unsere Schiffe. Ich bemerke, dass alle Schiffe relativ langsam dicht unter der pommerschen, mecklenburgischen Küste fahren. Ich kann die Steilküsten gut erkennen, gelb-braun am Rande oben die dunklen Kiefern. Ab und zu ein kleiner Leuchtturm oder ein anderes Küstenschutzgebäude.

Wir benutzen den sogenannten Niedrigwasserweg, der dicht unter der Küste nach Swinemünde führt. Der sogenannte Tiefwasserweg führt nach Dänemark. Wir haben erfahren, dass schon zwei große Schiffe, die „Gustloff" und die „Steuben" von russischen U-Booten versenkt worden sind. Dabei gab es große Menschenverluste! Ab und zu höre ich von den Schiffen Sirenen heulen, auch auf meinem „Kahn". Oder es wird mehrfach kurz „getutet". Das bedeutet einmal „Fliegeralarm" oder „U-Boot-Gefahr!"

Dabei habe ich ein mulmiges Gefühl! Nichts vonwegen: „Eine Seefahrt, die ist lustig, eine Seefahrt, die ist schön…" Ich wäre jetzt viel lieber schnell an Land gewesen! Ich habe mir Gedanken gemacht: Wie komme ich einigermaßen lebendig an Land mit der langen Kramerschiene am Bein, falls das Schiff einen bösen Treffer erhalten sollte und dann sinkt? Da bin ich hier oben ja viel besser dran als alle, die unter Deck sind – aber hätte ich schwimmen können? Und dann bei dem noch im März eiskalten Wasser – wie lange? Ich möchte überhaupt nicht weiter denken! Mit meinen beiden Verbandspäckchen habe ich dann die nur mit Papierbinden (wie WC-Papier) angelegte „Kramerschiene" etwas fester umwickelt. Die Jacke meiner Winteruniform wärmt recht gut, aber von der Hose haben mir die Sanis das rechte Hosenbein am Oberschenkel abgeschnitten – mitsamt der Unterhose. Dort spüre ich doch die Kälte! Aber durch das Abluftgitter kommt immer wieder warme Luft, doch sonst pfeift mir ein recht kalter Wind um die Nase. Aufmerksam verfolge ich die Flieger oder U-Boot-Alarme. Nur einmal kommt ein russisches Flugzeug, das wird aber durch das konzentrierte Abwehrfeuer aller Schiffe vertrieben! Sonst ist dem ganzen Geleitzug nichts passiert! So schnell es das langsamste Schiff zulässt, geht es immer dicht unter der pommerschen Küste entlang auf Swinemünde zu!

21. März 1945: Morgens beim Hellwerden laufen wir in den Hafen ein. Hier sieht alles ziemlich zerbombt aus! Wir erfahren, dass die Angloamerikaner erst vor wenigen Tagen die Stadt und den Hafen von Swinemünde bombardiert haben. Ich hier oben bin bei den Ersten, die mit einem Schiffskran abgeladen werden. Das geht alles sehr schnell, weil immer mit Fliegeralarm gerechnet werden muss! Nicht weit ab stehen mit dem „Roten Kreuz" bemalte Eisenbahnwaggongüterwagen, in die wir Verwundeten gebracht werden. Wir finden in den

Waggons lange, braune, kräftige „Papiersäcke". Da sind wir reingekrochen und wenn man oben über dem Kopf das Band zuzieht, ist man „Fleisch im eigenen Saft", oder besser gesagt: im eigenen Mief! – Aber warm! Verdammt, ich höre schaurig die Alarmsirenen aufheulen! Da rennen alle, die laufen können, zu irgendeiner Deckungsmöglichkeit. Aber wir – wir liegen im Waggon fast anderthalb Meter hoch über der Erde! Das ist schon ein wirklich saublödes Gefühl! Ich höre aber keine Flugzeuge und keine Flak schießen. Das ist ja noch mal gut gegangen! Nach endlos scheinender Zeit ist das ganze Schiff endlich entladen, unser Zug fährt! Es ist später Nachmittag. Abends durchfahren wir den Bahnhof von Pasewalk. An einer Wand sehe ich eine große Inschrift, Wortlaut etwa: „Hier lag unser Führer Adolf Hitler im ersten Weltkrieg wegen einer Giftgasverletzung im Lazarett. Hier beschloss er Politiker zu werden. Da habe ich grimmig bei mir gedacht: „Hätte der das damals doch nur nicht beschlossen! Vielleicht ginge es uns dann heute viel besser?" Der Zug hat Fahrtrichtung nach Bad Kleinen. Es geht aber nur sehr langsam voran. Plötzlich fegt von hinten kommend ein Flugzeug am Zug entlang, dann knattern die Bordkanonen und Maschinengewehre. Die Waggons werden abrupt gestoppt, es kracht! Vorne ist die Lok getroffen. Wir stehen! Es geht nicht weiter. Nach endlosem Warten merken wir, dass die zerschossene Lok von den Schienen gekippt wird und eine neue Lok sich ankoppelt. Dann stoßen die Waggons mit den Puffern zusammen, die Lok pfeift kurz – es geht weiter! Gott sei Dank! Aber da haben wir die Rechnung ohne den Ami gemacht! Schon wieder ein einzelnes Flugzeug seitlich von vorne kommend am Zug vorbei, macht eine Kehre und fliegt von hinten zur Lok vor und zerschießt auch diese! Und wieder krachen die Waggons hart zusammen. Der Zug steht! Es wird ungemütlich in diesem Zug! Nach fast zwei Stunden bekommen wir eine neue, die 3. Lok, vor den Zug. Mit der haben wir dann den Bahnhof von Bad Kleinen erreicht. Dort stehen wir dann fast zwei Stunden – keiner weiß, wohin es mit uns gehen soll. Meine Beine, besonders das rechte schmerzen gewaltig! Da pocht und brennt es in den vielen Splitterwunden. Ich kann es bald nicht mehr aushalten! Da quäle ich mich aus dem Papiersack, verlasse ganz langsam und vorsichtig den Waggon. Das rechte Bein kann ich kaum belasten. Aber Ich will hier weg! ich will unter keinen Umständen noch nach Dänemark gebracht werden. Ich nehme meine Krücke und gehe mit schmerzverzerrtem Gesicht zu einem anderen Bahnsteig, wo ein Zug nach Schwerin eingesetzt wird. Ich finde Platz in einem 3. Klasse-Abteil und strecke das schmerzende rechte Bein vor. Der Zug füllt sich. Per Lautsprecher wird durchgesagt: „Achtung! Achtung! – Alle Flüchtlinge, die nach Schwerin und Ludwigslust sollen, einsteigen in den Zug auf Gleis „X". Ich sehe abgehärmte alte Menschen, die fast nichts mehr bei sich haben. Mir gegenüber setzt sich ein alter Ostpreuße – man kann es sehr deutlich an der typischen, breiten Aussprache hören, mit seiner Frau, und etwas Gepäck. Nach einer Weile, nachdem er mich gründlich angesehen hat, fragt er mich: „Sind Sie ein Russ?" – Na, denke ich, da muss ich ja wohl schlimm aussehen, dass er mich für einen Russen hält? Noch habe ich mein Gesicht nicht gesehen. Meine weiße Tarnjacke ist ziemlich schmutzig und mit viel Blut befleckt. Am rechten Bein nur die mit den sich auflösenden Papierbinden befestigte „Kramerschiene". Dann öffne ich meine Tarnjacke und er erkennt meine Wehrmachtuniform, das schwarzweißrote Band des EK II, das blutrote Band des „Gefrierfleischordens" (Ostmedaille) und an der Brust neben dem EK I die Nahkampfspange, das Infanteriesturmabzeichen, das Verwundetenabzeichen! Da entschuldigt sich der alte Mann und fragt, wohin ich wolle. Ich frage ihn nach seinem Heimatort, den Namen habe ich vergessen, aber er kommt aus der Tilsiter Gegend. Er will, wie ich auch, nach Schwerin. Ich zu meines Vaters Bruder, zu Tante Trudi und Cousine Ursel und Vetter Jürgen. Er will dort in ein Sammellager. Bis Schwerin sind es knapp 30 Minuten. Wir sind da!

Meine Flucht vor den Russen

22. März 1945: Nachdem wir uns gegenseitig viel Glück gewünscht haben, humpele ich dem Bahnhofsausgang zu. An der Sperre steht ein „Kettenhund" (Feldgendarm), mit einem Soldaten, beide ältere Semester und Reservisten. An der Sperre ist reger Berufsverkehr. Da rennen viele Menschen herum. Der Feldgendarm hält mich an: „Unteroffizier, wo wollen Sie hin? – Haben Sie einen Marschbefehl? Woher kommen Sie jetzt?" Ich sage nur: „Vom Lazarettzug, der in Bad Kleinen steht. Ich halte die Schmerzen nicht mehr aus. Ich will in ein Lazarett!" Da ich keinen Marschbefehl und auch keine Verwundetenkarte habe, sagt der Feldgendarm laut zu mir: „Sie dürfen den Bahnhof nicht verlassen, das muss geklärt werden!" Ich bestehe darauf, hier in Schwerin in ein Lazarett zu kommen, er dagegen will seine Macht demonstrieren! – Da wird es laut! Im Nu sind wir von Zivilisten umringt, die alle für mich Partei ergreifen. Es gibt ein lautes Wortgefecht! Da greife ich zur Pistolentasche: „Lassen Sie mich jetzt durch, um zu einem Lazarett zu kommen oder..." Da kommen mir zwei Rote-Kreuz-Schwestern zu Hilfe: „Sehen Sie denn nicht, dass der Mann schwer verwundet ist, dass er auch eine Kopfverletzung hat? Wir bringen ihn über den Bahnhofsplatz zu unserem ‚Rotes Kreuz-Haus', dann sehen wir weiter." Da denke ich erschrocken: „Kopfverletzung?" Ich habe tatsächlich einen linsengroßen Splitter über der Stirn am Haaransatz und einen weiteren, kleineren in der Oberlippe. Der ist mir bis heute erhalten geblieben. Das habe ich damals bei der Verwundung fast nicht bemerkt. Viel schlimmer aber sieht das von der Stirn über die Nase und vom Mund zum Kinn angetrocknete Blut aus! Die Zivilisten nehmen beinahe eine drohende Haltung gegenüber dem Feldgendarmen ein! Der ist ein älterer Reservist, der wie sein Helfer eine nackte Heldenbrust hat, das heißt – keine Kriegsauszeichnungen. Da nehmen mich die beiden Schwestern und bringen mich zu dem Lazarett. Dort sitze ich und ich soll etwas zu Essen und Trinken bekommen. Die Schwestern gehen in einen hinteren Raum – ich warte. Bevor der Feldgendarm wieder tätig werden kann, will ich hier nicht mehr sein. Ich gehe langsam zur Toilette, peile die Lage und verlasse dann das Haus, schmerzhaft die Beinwunden spürend, in Richtung „Richard-Wagner-Straße 7". Ein Teil des durchbluteten Papierverbandes hat sich aufgelöst und ich ziehe ihn etwa anderthalb Meter lang hinter mir her. Endlich bin ich vor dem vertrauten Haus. Ich klingele, Tante Trudi öffnet. Sie hat mich ja noch im Februar 1944 zuletzt gesehen – erkennt mich aber nicht! Da sage ich zu ihr: „In diesem Haus möchte ich für eine Nacht Quartier haben." Tante Trudi guckt verwirrt – sie ruft: „Ursi, komm' doch mal her! Hier ist ein Soldat, der bei uns Quartier machen will!" Auch Cousine Ursel sieht mich entgeistert an. Als ich aber nun fast lachend sage: „Da, in dem Zimmer, wo die Kuckucksuhr hängt, da will ich schlafen!" Da ruft Ursel plötzlich: „Mutti! – das ist doch der Hans!" Inzwischen ist mein Vetter Jürgen an die Tür gekommen, auch der hat mich nicht erkannt! „Nein, wie Du aussiehst – komm' herein!" Als ich dann im Flur in den Spiegel blicke, da sieht mich ein fremdes Gesicht an! Seit Wochen nicht rasiert, vor

Stirn, Mund und Kinn angetrocknetes Blut. Ungewaschen, übermüdet, heftige Schmerzen in den Beinen – das bin nicht ich, der da aus dem Spiegel blickt! Und ich bin es doch! Dann gibt es eine ganz freudige Begrüßung. Viele Fragen muss ich beantworten. Aber dann, die Klamotten ausgezogen und rein in die Badewanne! Das tut gut! – Aber dann fangen die vielen Splitterwunden erheblich an zu brennen und zu schmerzen! Ich erhalte neue Unterwäsche von Onkel Adolf, die Beine werden frisch verbunden. Meine Unterwäsche und der Pullover werden „entsorgt". Mein seit Monaten läusefreies Khaki-Hemd behalte ich aber. Ich fühle mich wie „neugeboren". Als Onkel Adolf kommt, staunt der nicht wenig! Nach dem Abendessen muss ich erzählen – einmal meine ganz persönliche Geschichte und dann sprechen wir auch über die derzeitige Kriegslage. Ist der Krieg noch zu gewinnen? Wie weit werden die Russen noch nach Westen vorstoßen? Was wird aus Deutschland werden, wenn wir den Krieg verlieren, und es sieht ja zurzeit nicht nach einem Endsieg aus! Von meinen Eltern habe ich seit vielen Wochen keine Post mehr bekommen. Die Amerikaner stehen schon vor der Elbe! Ich kann natürlich auch nicht mit Hagen telefonieren! Onkel Adolf ist Reserveoffizier und in leitender Funktion im Heeresverpflegungsamt tätig. Wir haben lange diskutiert. In der Nacht habe ich wie in einem Himmelbett geschlafen. Am nächsten Morgen hat er schon ein Wehrmachts-Pferdefuhrwerk mit Fahrer besorgt und diesem den Auftrag gegeben, mich in ein Lazarett zu fahren. Ich sitze oben auf dem Bock neben dem Kutscher, ohne Kopfbedeckung zwar, aber mit dem schön weiß verbundenen rechten Bein. Immer, wenn Offiziere vorbeikommen, grüße ich mit Kopfhaltung. Und das muss ich sehr oft tun, denn Schwerin ist Garnisonsstadt, und Offiziere laufen in großer Zahl herum. Das erste Lazarett, zu dem wir fahren, schickt mich zu einem anderen, dort werden nur kranke Soldaten behandelt. Auch beim 2. Lazarett werde ich abgewiesen und an den Pfaffenteich geschickt, dort im Humanistischen Gymnasium werde ich endlich aufgenommen. Hier hat mein Vater gelernt! Nach erster Untersuchung bringt man mich nach 2 Tagen in die Schule in der Grenadier-Straße – dort bleibe ich bis zum 1. Mai. Direkt gegenüber haben die Schweriner Rehfeldts (Großeltern und Vaters Bruder mit Familie) gewohnt, bis Onkel Adolf sein neues Haus in der Richard-Wagner-Straße baute. Meine Wunden heilen unter fachmännischer Pflege allmählich gut ab. Ich bekomme sogar von Ursel und Jürgen Besuch! Endlich hat der Arzt mich „gehfähig" geschrieben. Da bin ich dann oft mit einer Krücke in die Richard-Wagner-Straße gegangen, zu meinen Verwandten. Als ich einmal um das Schweriner Schloss gehe und auf einer Rampe über dem See weit hinaus bis Kaninchenwerder blicke, kommt urplötzlich ein russischer Jäger aus Richtung Zippendorf auf das Schloss zugeflogen, macht über der Stadt eine Kurve und fliegt, ohne zu schießen, wieder zurück. Ich bin fix hinter eine der großen in Stein gehauenen allegorischen Figuren verschwunden, um Deckung bei Beschuss zu haben – der Russe kann nicht mehr weit ab sein!
Einmal hat ein Bomber, obwohl Schwerin „offene" Lazarettstadt ist, seine Bomben im Notwurf in einen Straßenzug geworfen. Er ist von deutschen Jagdfliegern abgeschossen worden. Das rummst sehr laut und nah! Ich liege oben auf meinem Bett, bin dann aber doch, wie alle anderen in den Keller gegangen. Mehr ist aber in Schwerin nicht passiert!
Gespannt verfolgen wir die Nachrichten im Radio. Zu der Zeit gehen die Angloamerikaner bei Boizenburg schon über die Elbe – der Russe ist nur wenige Kilometer ostwärts der Stadt. Mit einem Kameraden der Division „Feldherrnhalle" beschließe ich, nicht im Lazarett hier in Schwerin auf die Russen zu warten, sondern wir wollen nach Nordwesten in Richtung auf die „Amis" zu. Von denen, so hoffen wir, würden wir sicher besser behandelt als von den Russen!

1. Mai 1945: Die große Lage ist: An und über die Elbe bei Lauenburg sind schon die Angloamerikaner, der Russe etwa auf der Linie: Stralsund – Neubrandenburg – Neuruppin (dort bin ich 1941 ausgebildet worden). Im Rundfunk hören wir vom Engländer: „Die Einengung des norddeutschen Widerstandsraumes geht planmäßig weiter.“ Wir wollen nach Lübeck marschieren und weiter zu unseren Ersatztruppenteilen nach Rendsburg. Meine Eltern sind seit Wochen im feindbesetzten Gebiet! Sie haben nicht einmal erfahren, dass ich aus dem Ostpreußenkessel lebend herausgekommen bin. Ebenso wenig weiß ich, ob zu Hause meine Eltern noch leben und ob unser Haus noch unzerstört ist. Im Januar habe ich die letzte Post von zu Hause bekommen! Mit den schlimmsten Befürchtungen über unsere nahe Zukunft marschieren wir beide nachts um 22:00 Uhr los. Auf dem Weg in nordwestlicher Richtung nach Gadebusch ziehen Kolonnen von Soldaten der „Wlassow-Armee“. Da haben wir uns bei denen auf die pferdebespannten Wagen gesetzt und sind so bis fast nach Gadebusch gekommen. Dort machen wir in einem Haus Quartier, das heißt wir fragen, ob wir einige Stunden bei ihnen bleiben und uns erholen können. Bei freundlichen Leuten kommen wir gut unter! Wir können in den Betten schlafen! Gegen 14.00 Uhr weckt mich die Frau und fragt mich: „Wissen Sie schon das Neueste? – Die „Amis sind da!“ Ich sehe zum Fenster raus – tatsächlich, da sind schon amerikanische Kolonnen mit Panzern in der Stadt! Mein erster Gedanke ist: „Der Krieg ist für dich jetzt aus!“ Ich wecke meinen Kameraden Heinz, der murmelt im Halbschlaf, als ich ihm sage, dass die Amis in der Stadt seien nur: „Ist ja gut, Hauptsache es sind nicht die Russen!“ Dann bleibt er aber liegen! Der hat Nerven! Bald höre ich einen Lautsprecher sagen: „Alle deutschen Soldaten müssen sich auf dem Ortsplatz versammeln, ihre Waffen abgeben, sie sind ab jetzt Kriegsgefangene!“ Aber so eilig haben wir es nicht, in Gefangenschaft zu kommen! Wir wollen weiter nach Westen, Raum gewinnen, weiter weg von den Russen! Hinter der Elbe würden wir uns sicherer fühlen können. Also abgewartet und dann später losmarschiert. Aber in Deutschland kann man nicht einfach so querbeet gehen! Immer wieder müssen wir Stacheldrahtzäune überklettern und das ist sehr lästig! Wir gehen auf der Landstraße weiter! In Roggendorf werden wir von einer überrollten Waffen-SS-Einheit aufgehalten, und wir sollen noch weiter Krieg spielen. Da haben wir den Führer dieser späten Helden aufgeklärt, ihm klar gemacht, dass das, was er da mit seinem kleinen Häuflein noch vorhat, ja wohl der reinste Wahnsinn sei. Wir würden weiter nach Westen wegzukommen versuchen und er solle sich mit seinen Männern beim Ami melden und die Waffen abgeben. Dann sind wir weiter losgezogen. „Ohne uns, Kameraden!“ Wir kommen an den Zarrentiner See. Das ist leider noch nicht die Elbe.

In amerikanischer Gefangenschaft

3. Mai 1945: Gegen 18.00 Uhr rasten wir südlich Lassahn und da kommen plötzlich zwei Jeeps angefahren. Die halten an und durchsuchen uns nach Waffen. Da läuft es mir kalt den Rücken runter! Ich habe von Onkel Adolf einen alten Trommelrevolver aus dem Ersten Weltkrieg, mit 6 Schuss in der Trommel und etwa 5 Patronen in der Kradmanteltasche! Da ich gerade eine Fleischkonservendose mit dem Seitengewehr öffnen will, der Griff mit einem Teil des Seitengewehrs aus der Dose zu sehen ist, macht das auf den Ami wohl den Eindruck,

als würde es sich da um eine besonders dicke „Handgranate“ handeln! Der „Neger“ (schwarzer US-Soldat) hält mir seine Maschinenpistole auf den Bauch und ruft laut: „Hands up boy! – Put it away!“ Als er erkennt, was das für eine böse Handgranate ist, lachte er und ruft mir zu: „Hi boy! Keep it ... and now hands up!“ Da stehen wir nun wehrlos dem „Feind“ gegenüber. Bei der folgenden Durchsuchung halte ich mit einem ziemlich unguten Gefühl mit beiden Händen den geöffneten weiten Kradmantel auseinander und lasse mich „betatschen“. Da ich nicht will, dass die Gegner mir unter Umständen meine Orden und Ehrenzeichen abnehmen, habe ich diese mit einer dicken Binde an meinem linken Oberarm mitsamt dem Soldbuch angebunden, etwas blutig gemacht und rufe auf meinen Verwundetenzettel zeigend: „Please, don't touch my arm. I'm wounded there!“ Und das haben die Amis immer respektiert! Wir müssen auf den Jeep und werden nach Zarrentin in eine große Schreinerei gebracht, wo jede Menge an Holzsärgen gemacht wurden. In mein Tagebuch schreibe ich:
„Am 3. Mai 1945 gegen 18.00 Uhr gingen wir, zwei deutsche Soldaten von der Division „Großdeutschland“ und der „Feldherrnhalle“, mit zusammengebissenen Zähnen, entzündeten Fußwunden, aber stolz und aufrecht in die amerikanische Gefangenschaft. Das war für uns das Ende des Krieges! – Und wir hatten überlebt!“
Die erste Nacht verbringen wir jeder in einem der Holzsärge. Auf dem Betonboden ist es uns zu hart und zu kalt. Am nächsten Morgen werden wir auf Lkws (Studebacker) verladen und sollen nach Westen über die Elbe abtransportiert werden. Das ist ja ganz in unserem Sinn! Aber wir müssen zurück, da die Elbbrücke entweder zerstört ist, oder aber jede Menge alliierte Truppen nach Osten streben. Wir landen schließlich auf einer großen Weide bei Waschow in Mecklenburg. Ein großer Teil der Gefangenen muss laufen, aber da ich verwundet bin und große Blasen an den Füßen habe, werde ich gefahren. Ein junger Leutnant bittet mich, da er auch bei „Großdeutschland“ gewesen ist, einen „Persilkarton“ für ihn mitzunehmen. Ich kenne ihn überhaupt nicht! Das Lager ist auf einer großen Weide, durch die ein breiter Bach fließt. Hier versammeln die Amis etwa 15.000 Gefangene. Wir liegen unter freiem Himmel und haben Glück, dass das Wetter einigermaßen gut ist. Und wie immer, finden sich Gleichgesinnte und halten zusammen. Wir graben uns ein Loch – wie im Krieg, legen Gras auf den Boden und da ist vorerst unsere „Heimat“. Das Lager ist von Lkws umstellt, die auf den Fahrerhäusern ein schweres Maschinengewehr haben. Am nächsten Tag spricht ein amerikanischer Offizier über einen Lautsprecher zu uns: „Sie müssen vorerst hier bleiben, Lebensmittel können wir ihnen nicht geben! Da einige von Ihnen Lebensmittel haben, müssen sie das mit Ihren Kameraden teilen. Vom Bachwasser können Sie trinken, aber dann dürfen Sie ihre Notdurft nur am unteren Teil in den Bach entledigen!“
Ich habe ja immer noch das Paket, welches mir der Leutnant von „Großdeutschland“ zum Aufbewahren mitgegeben hat, weil er zu Fuß zum Lager gehen musste. Ich bin einige Male im Lager zwischen den vielen Soldaten suchend herumgegangen – habe ihn aber nie gesehen. Nach drei Tagen ist die „Schonfrist“ vorbei! Ich öffne den Karton – und da kommen viele gute, in unserer jetzigen Situation sehr nützliche Dinge zu Tage! Da sind einige Rollen Rasierseife, jede Menge Rosinen! Und das allerbeste: eine Zigarrenkiste – original, der Familie Loeser und Wolf. Innen in goldener Schrift: „Sonderanfertigung – nur für den Herrn Gauleiter“. Na, das ist ja gerade richtig für uns! Schnell haben wir eine der wohl verpackten edlen Zigarren in Brand gesetzt und liegen nun mit verklärtem Blick am Boden unserer Löcher. Bei jedem Zug wird uns schwarz vor Augen! Aber der Genuss ist einmalig! Und dann stecken wir uns

eine Rosine in den Mund. Mal sehen, wer die am Längsten im Mund halten kann, ehe er sie zerbeißt und dann schluckt. Die werden nach einer Zeit immer dicker – immer weicher – und dann sagt entweder mein Kamerad oder ich: „Jetzt!“ und zerbeißen die leckere dicke Rosine. Verhungern werden wir so schnell nicht! Den anderen Gefangenen geht es aber nicht so gut! Bald sieht man keinen Mann im Lager herumgehen, die liegen alle flach! Auch uns wird es schwarz vor Augen und schwindelig, wenn wir mal aufstehen wollen. Ab und zu sieht man eine Gestalt langsam zum unteren Teil des Baches wanken, dort sollen wir ja unsere Notdurft verrichten. Da meint mein Kamerad: „Ich weiß gar nicht, wovon der noch ‚scheißen‘ kann?“ Es wird das reinste Hungerlager Waschow! Da fasse ich einen kühnen Entschluss. Es ist vorauszusehen, dass die Menschen, die hier in so großer Zahl eingepfercht sind, regelrecht verhungern werden, wenn sich die „Verpflegungslage“ nicht bald ändern wird! Onkel Adolf in Schwerin ist als Offizier in einem großen Heeresverpflegungslager gewesen – das kann die Rettung sein! Mit meinem Kameraden mache ich einen Plan. Auf irgendeine Art und Weise muss es mir gelingen, nach Schwerin zu kommen. Wie aber aus dem von Stacheldrahtrollen und bewaffneten Amis umgebenen Lager herauskommen? Und wie dann noch die etwa 35 Kilometer nach Schwerin schaffen? In den letzten Tagen sind einige deutsche Feldküchen in einer Ecke des Lagers aufgestellt worden. Aber weiter hat sich noch nichts getan. Auch haben wir beobachtet, dass mehrmals in der Woche ein Omnibus nach Schwerin fährt, der kranke und schwerer verwundete Soldaten in ein Lazarett bringt. Mit dem wäre es ganz leicht – aber wie? Ich pirschte mich an den deutschen Fahrer heran, frage ihn aus und habe ihn dann mit einigen unserer edlen Zigarren „bestochen“. Er will aber nichts damit zu tun haben. Jedes Mal fährt ein amerikanischer Sanitätsoffizier mit, der neben dem Fahrer sitzt. Der Hunger machte mich mutig! Eines Morgens greife ich einen leeren Sack, der neben den Feldküchen liegt, gehe ganz mutig auf den Bus zu, der Fahrer guckt seitlich weg, der Ami-Offizier sitzt schon neben ihm, da steige ich ein wie selbstverständlich, lege den Sack auf den Boden, der Ami sieht mich erstaunt an, dann setzte ich mich als Dritter auf den Fahrersitz, möglichst weit ab von dem Offizier. Der sagt aber nichts, guckt mich nur an. Da habe ich auf den Sack gezeigt und gesagt: „That’s for the field kitchens, I have to get some food from the German military store in Schwerin, by order of one of your officer.“ Der Ami sagt nichts und der Fahrer gibt Gas – wir fahren nach Schwerin! Am Ortseingang befindet sich das Verpflegungslager. Da sage ich zu dem Fahrer: „Hier anhalten – bei der Rückfahrt holen Sie mich hier wieder ab.“ Dann nehme ich den Sack, verlasse den Bus, grüße durch Handanlegen an die Mütze den Ami-Offizier und bin draußen. Der Bus fährt weiter. Ich marschiere los in Richtung Richard Wagner Straße. Bald bemerke ich, dass kein deutscher Soldat mehr in Uniform in der Stadt herumläuft. Da denke ich bei mir: „Holzauge sei wachsam!“ – Ich bin stolz wie ein Spanier an den vielen amerikanischen Posten, die oft ein Maschinengewehr haben, vorbeigegangen. Einige Male habe ich die auch militärisch gegrüßt. Da ist schon die Richard-Wagner-Straße und als ich um die Ecke biege, bekomme ich einen gelinden Schreck. Die Straße ist gesperrt! Überall Ami-Fahrzeuge und in den Häusern Ami-Soldaten. Um die Sache so harmlos wie möglich zu machen, gehe ich forsch auf den amerikanischen Posten zu, grüße und fragen ihn: „I beg your a pardon sir, may I go here in the street? The third house on the right side is my uncle’s house. I want to get some food there.“ Der sieht mich gelangweilt an, kaut seinen Kaugummi weiter und sagt dann: „No, there is now military quarter – the german civilists are elsewhere.“ Da murmele ich mir in den Bart: „Verdammt und zugenäht, was mache ich

Im Januar/Februar 1944 wurde Unteroffizier Hans Heinz Rehfeldt in Zakopane als Ausbilder in der 3. Kompanie „Großdeutschland“ 1029 eingesetzt.

Kamerad Heinz Spieß in Zakopane.

Marsch mit der 3. Kompanie „Großdeutschland“ 1029 nach Poronin.

Zakopane in der hohen Tatra ist bis heute ein beliebtes Wintersportziel.

Bei der Unterkunft in Poronin.
Diese Kompanie war Bestandteil des „Karpathenbataillons Kühn“.

Bahnverlegung nach Rumänien im Frühjahr 1944.
Eine 2 cm-Flak soll den Zug gegen Tiefflieger schützen.

Auf der Bahnfahrt durch die frühlingshafte Landschaft.

Hier herrschte weitgehend noch Frieden.

Ausblick über ein Zwillings-MG 34.

Eine Baumsperre wird beseitigt.

Im Landmarsch über Schlammpisten im Mai/Juni 1944.

Ein 2 cm-Flakgeschütz auf dem Landmarsch durch die Karpathen.

Ein Sprengtrichter wird besichtigt.

Das Divisionserholungsheim in Jassy,
Rumänien im Juni 1944.

Hier konnten sich ausgewählte Soldaten für kurze Zeit erholen.

Unteroffizier Hans Heinz Rehfeldt (links) ist wieder bei seiner Einheit. Dort wurde er 21 Jahre alt.

Übung am 8 cm-Werfer im Sommer 1944.

Ende 1944: Obergefreiter Josef Dörfler, ausgezeichnet mit der silbernen Nahkampfspange.

Der kriegsversehrte Kamerad B. Behler.

Deshalb kaempfen wir am Sereth!

DF. Schaut auf die Karte Rumaeniens und Ihr werdet mit einem Blick erkennen, dass unsere Division die wichtigste Stellung dieser Front, das Tor zum Balkan, haelt: Überall bilden die Hoehenzuege der Vorkarpaten einen natuerlichen Schutzwall Rumaeniens nach Norden. Nur dort, wo die Fluesse — der Dnjestr, der Pruth und der Sereth ihren Weg zwischen den Bergen von Norden nach Sueden ins Schwarze Meer suchen, oeffnet sich das Land zu weiten Talmulden — den einzig gangbaren Toren nach Rumaenien hinein.

Wenn Ihr aber noch genauer hinseht, aus Eurem Graben dem Lauf der Eisenbahnen und Strassen nach Sueden folgt und Euch die Naehe des rumaenischen Erdoelgebietes vor Augen haltet und schliesslich bedenkt, dass an den Ufern des unteren Dnjestr—also suedostwaerts von uns — ebenfalls deutsche und rumaenische Kameraden stehen, dann wird Euch klar werden, dass wir hier zwischen Sereth und Pruth nicht nur irgendein beliebiges, sondern das Tor Rumaeniens gegen die Sowjets verteidigen.

Das haben die Sowjets genau so gut erkannt wie wir. Deshalb glaubten sie im April — unsere Absetzbewegungen ausnutzend — aus dem Schwung der Bewegung hier einen leichten und billigen Durchbruch erzwingen zu koennen. Dass es ihnen nicht gelang, dass sie von der Strasse Jassy-Târgul Frumos wieder hinweggefegt und nach Norden zurueckgeworfen wurden, war eine entscheidende Tat unserer Division, die neben dem militaerischen Erfolg moralische Auswirkung auf die gesamte Front hatte.

Aber die Wichtigkeit, das Tor Rumaeniens am Sereth aufzustossen und die Hoffnungen, die die Sowjets damit verbanden — naemlich bis in das Kernland Rumaeniens ungehindert vorstossen und damit die deutsche Suedfront am Dnjestr aufrollen zu koennen — waren viel zu gross, als dass sich die Sowjets mit ihrer Niederlage abgefunden haetten. So massierte Marschall Konjew staerkste Panzer — und Infanteriekraefte (insgesamt 2 Panzerarmeen mit ca. 400 Panzern

Fortsetzung Seite 2

aber er kuemmerte sich wenig um mich. (Der Feind nahm ihn zu sehr in Anspruch) Ein guter Vetter von mir war der „Karpaten-Kurier"; er starb eines ploetzlichen Todes auf der Reise zum Sereth, da ihm nicht nur die Luft, sondern auch das Papier ausging. So zur Waise geworden, nahm mich nunmehr der Kriegsberichter-Zug in seine verwandtschaftliche Obhut. Ich wurde „Feuerwehr" getauft, weil mir in die Wiege die Bestimmung gelegt wurde, den Wissensdurst anderer zu loeschen und — weil es auch sonst gut passt. Alte Leute wissen schon . . .

Zur Sache: Wenn ich von nun an jede Woche einmal bis in das vorderste Panzerdeckungsloch komme, dann will ich nichts anders sein, als Kamerad unter Kameraden. Nur fuer Euch zu berichten ist meine Aufgabe und auch — von Euch. Denn: Jede gute Feuerwehr braucht ihren Motor, der Motor wiederum braucht Sprit, und so kann ich nur exis-

Wer graebt,
hat mehr
vom Leben

Ein Rumänien-Bericht in der ersten Ausgabe der divisionseigenen Zeitung „Die Feuerwehr" vom Juni 1944.

Leutnant Diddo Diddens (Bildmitte) der Sturmgeschützabteilung „Großdeutschland" hat mit seinen Männern schwerste Abwehrkämpfe bei Targul-Frumos gegen angreifende russische Panzer geschlagen.

Diddo Diddens im Bild zwischen Major Gerbener und Oberleutnant Wentzke in Rumänien 1944. Für seine Abwehrerfolge erhielt er als Oberleutnant am 15. Juni 1944 das Eichenlaub.

General Hoernlein bei einer Veranstaltung der Hitler-Jugend im Sommer 1944 in der Heimat. Die Veranstaltung diente zu Werbezwecken, um Freiwillige für seine Division zu gewinnen. Hinter ihm im Bild steht Leutnant Kremers.

Reichsleiter Baldur von Schirach mit HJ.-Führern der Panzerdivision „Großdeutschland", unter ihnen unser Gebietsführer Kremers (X)

Sogar der „Reichsjugendführer" Baldur von Schirach empfängt eine Delegation der Division „Großdeutschland", hier fälschlicherweise als „Panzerdivision" bezeichnet.

Die siegreiche Mannschaft des Bannes Stade im Schießwettkampf.

Ein Schießwettbewerb soll die Hitler-Jungen anspornen, hier die Sieger von 1943/44.

Der Wanderpreis

des Kommandeurs der Ersatz-Brigade „Großdeutschland" für den Gebiets - Schießwettkampf Ost-Hannover, den für 1943/44 die Mannschaft des Bannes Stade der HJ. errang.

Der Wanderpreis war ein großes geschnitztes Infanterie-Sturmabzeichen, ein Symbol für Infanteristen und Grenadiere.

GD Die Feuerwehr

Grabenzeitung der Panzer-Grenadier-Division „Grossdeutschland“

Nr. 1 | Erste Junifolge | 1944

Zum Geleit

Die „GD-Feuerwehr“ will Euch Unterhaltung und damit Zerstreuung bieten sowie Anregungen und Belehrungen geben; sie will zugleich ein weiteres Bindeglied innerhalb der GD-Familie sein.

Auf dem Schlachtfeld hat uns das vorbildliche Zusammenwirken aller Waffen schoenste Erfolge gebracht, die ueber den Kampfauftrag der Division hinaus entscheidend waren. Der Gleichklang unseres Wollens wird uns unseren Herzenswunsch erfuellen: den Endsieg!

Heil unserem Fuehrer!

gez. von Manteuffel
Generalleutnant u. Div.-Kdr.

In eigener Sache

DF. Vor dem Richterforum der gesamten Division erscheint heute die „GD-Feuerwehr“ und sagt — zur Wahrheit ermahnt — folgendes aus:

Zur Person: Ich heiss „Die Feuerwehr“ und bin im Granatenhagel ostwaerts des rumaenischen Sereth geboren. Ich bin das juengste Kind einer geistigen Ehe. Meine Mutter hiess „Divisionsnachrichtenblatt“; sie ist allerdings sehr frueh verstorben. Mein geistiger Vater soll aus vornehmen „ritter“-lichen Kreisen stammen, aber er kuemmerte sich wenig

Trotz Sparmaßnahmen gelang es der Division „Großdeutschland“ eine eigene Zeitung herauszubringen. Hier die Ausgabe Nr. 1 von Anfang Juni 1944, kurz vor der Invasion und dem Zusammenbruch der Heeresgruppe Mitte.

GD Die Feuerwehr

Grabenzeitung der Panzer-Grenadier-Division „Grossdeutschland“

Nr. 2 | Zweite Junifolge | 1944

11 Divisionen aufgerieben

Die ersten Tage der anglo-amerikanischen Invasion

DF. In den ersten Stunden des 6. Juni begannen englische und amerikanische Streitkraefte die seit langem vorbereitete und von uns erwartete Landung an der atlantischen Kueste. Waehrend Luftlandetruppen ueber der Seine-Bucht bei Le Havre absprangen, versuchten unter dem Schutze starker Schlachtschiffeinheiten und Luftstreitkraefte zahlreiche Landungsboote an verschiedenen Abschnitten der Atlantikkueste zu landen. Der Feind erlitt an allen Stellen hohe blutige Verluste. In den ersten beiden Tagen der Landung verloren Englaender und Amerikaner rund elf Divisionen und damit etwa ein Zehntel ihrer fuer die Invasion bereitgestellten Verbaende.

Zwischen Jassy und Le Havre

DF. Die Stunde der Entscheidung ist gekommen! Sie trifft uns nicht unvorbereitet, denn wir haben auf sie gewartet und fuer sie gekaempft und gearbeitet. Ist es nicht so, dass wir mehr gefuerchtet haben, unsere Gegner koennten nicht kommen, — ist es nicht so, dass ein kraftvolles Aufatmen durch die Graeben ging, als wir die ersten Nachrichten von der Invasion hoerten, das nichts anderes hiess als: Endlich!

In der Nr. 2 wird auf die längst erwartete Invasion der Amerikaner und Engländer am 6. Juni 1944 in der Normandie eingegangen.

Grabenzeitung der Panzergrenadier-Division „Grossdeutschland"

Nr. 3 | Dritte Junifolge | 1944

Ein Blutbad ohnegleichen

Die hohen Verluste der feindlichen Invasionstruppen

DF. Die Kaempfe um die Brueckenkoepfe feindlicher Invasionstruppen im Westen steigern sich von Tag zu Tag in ihrer Heftigkeit. Die Schlachten im franzoesischen Kuestengebiet brachten dem Gegner, seitdem er an mehreren Stellen des Atlantikwalles zum ersten Male Fuss fasste, ueberaus hohe blutige Verluste. Neben den Verlautbarungen aus dem Lager des Gegners bestaetigen das die Aussagen gefangener Englaender und Amerikaner: „Unmittelbar nach der Landung und waehrend der folgenden harten Kaempfe erlebten wir ein Blutbad ohnegleichen!" — In den ersten 10 Tagen haben unsere Truppen ueber 400 feindliche Panzer und ueber 1000 Flugzeuge vernichtet. Nicht eingerechnet sind die zahlreichen Panzer und schweren Waffen aller Art, die bei Angriffen von Einheiten der Kriegsmarine und Luftwaffe gegen die feindliche Landungsflotte untergingen.

Dem Volk die Wehr,
Dem Reich die Ehr.
Und was noch mehr?
Das Herz dem Heer!

Reichsleiter Baldur von Schirach der Div. „Grossdeutschland" gewidmet

Drei Jahre, Kamerad!

DF. Drei Jahre, Kamerad, kaempfen wir nun im Osten. Als wir am 22. Juni 1941 die Tore zur Sowjetunion aufbrachen und den zum vernichtenden Schlag schon ausholenden Feind von unseren Grenzen in die Weite seines Landes zuruecktrieben, da hat keiner von uns geahnt, wie schwer dieser Kampf einmal werden wird. Denkt einmal zurueck und ver-

Die Nr. 3 berichtet vom „Blutbad" an der Normandieküste, wo die West-Alliierten hohe Verluste hatten, jedoch auch die deutschen Verteidiger.

GRABENZEITUNG DER PANZERGRENADIER-DIVISION „GROSSDEUTSCHLAND"

Nr. 9 | Erste Augustfolge | 1944

Um unsere Heimat!

Der Schutz Ostpreußens, unserer deutschen Dörfer und Städte, unserer Frauen und Kinder vor dem Vernichtungswillen des bolschewistischen Weltfeindes ist uns unmittelbar anvertraut. Es gilt, diesen Ansturm vor unseren Grenzen endgültig zu brechen.

Die Wochen der Ruhe haben der Ausrüstung mit neuen Waffen und der Ausbildung für den Kampf gedient. Mehr als je fühlen wir uns jedem Feinde überlegen.

Das Leben des Führers ist kürzlich vor dem gemeinen Anschlag einer verbrecherischen Verräterclique wie durch ein Wunder bewahrt geblieben. Wir sehen darin eine neue Bestätigung seitens des Schicksals dafür, daß der Führer und unser Volk diesen Krieg siegreich bestehen werden. Wir wissen, daß wir die derzeitige Krise meistern müssen, bis neuartige Waffen und neue Kräfte zum Einsatz kommen und uns helfen werden, den Kampf zu unseren Gunsten zu entscheiden. Dem Führer muß noch mehr als bisher durch die Tat jedes Einzelnen die Sorge für den Abschnitt, in dem wir kämpfen, abgenommen werden.

Getreu der Ueberlieferung tapfersten deutschen Soldatentums und im unbeirrbaren Glauben an die Berufung des Führers, die Kraft und die Zukunft unseres Volkes und den Sieg werden wir den Feind schlagen, wo wir ihn treffen!

Generalleutnant von Manteuffel

War es umsonst?

DF. Nach drei harten Jahren Ostfeldzug stehen wir heute im erbitterten Kampf gegen den bolschewistischen Feind wieder vor den Grenzen Ostpreußens.

Wir kennen den Ernst der Lage, wir wissen, daß im konzentrischen Ansturm unserer Feinde an allen Fronten die Sowjets kein anderes Ziel haben, als in unsere Heimat einzufallen, und sind uns bewußt, daß es kein Zurück mehr geben kann, wollen wir uns nicht selbst aufgeben. Vielleicht mag sich bei diesem oder jenem bei der Betrachtung der gegebenen Lage der Zweifel einschleichen, ob diese drei Jahre, die uns weit in den Osten hineinführten und nun wieder auf unseren Ausgangspunkt zurückgeworfen haben, nicht unwiederbringlich vertan sind.

Nichts ist so falsch wie dies. Wir haben an dieser Stelle schon einmal in aller notwendigen Offenheit darauf hingewiesen, was gekommen wäre, hätten damals im Juni 1941 die Massen bolschewistischer Horden unsere Grenzen durchbrochen. Es hätte keine Macht der Welt gegeben, die unser Reich vor dem Schicksal eines sowjetischen Vasallenstaates mit all

Die Nr. 9 vom August 1944 ruft bereits auf zum Schutze der Heimat! Die Russen stehen vor Ostpreußen und die Amerikaner vor der Westgrenze.

Memel-Brückenkopf 1944

Absendestelle:	1. te Meldg.	Ort	Datum	Zeit
m. Gr.W. Halbzug	Abgeg.	Szodeiken Jonett B. Stell	21. X 1944	18 00
Uffz. Rehfeldt	Angek.			

An: Kp. Truppführer 8. Kp.

Tagesmeldung

Stärke: 4 / 19 + 1 (...)

Einsatzbereite Waffen:

3 m. Granatwerfer

10 Gewehre. 2 M.Pi.

7 Pistolen

Muni-Bestand: 340 Schuß

Muni-Verschuß: 60 "

" Bedarf: 100 "

Ausfälle: Mannschaften: —

W.u.G. —

Wenden!

Bestell-Nr. M 5
2008 Lille, 49, Rue de Béthune — Tel. 465.47.

Rehfeldt Uffz.

Eine Meldung von Unteroffizier Rehfeldt aus dem Brückenkopf Memel vom 21. Oktober 1944.

Oben

1 : 25 000 — 0 250 500 750 1000 m
1 : 50.000 — 0 500 1000 m
1 : 100.000 — 0 1 2 3 4 km

1/ Sperrfeuer Räume wurden überprüft und mehrmals festgelegt.

2) Auf erkannte Bewegungen im „Roten Haus"
(A 3 - 2260 m)
wurde geschossen.
Ergebnis: Treffer auf Haus, Bewegungen hörten auf.

Rehfeldt Uffz.

Die nicht benutzten Maszstäbe durchstreichen.

Er beschreibt in dieser Meldung das Treffergebnis seines Granatwerfers.

Unteroffizier Rehfeldt mit Stahlhelm und Spaten in Litauen.

Ein hochausgezeichneter Oberfähnrich der Division „Großdeutschland" ist von den schweren Kämpfen gezeichnet.

Ein Panzerfaustschütze vor einem abgeschossenen T34/85.

Der Kommandeur der Panzer-Grenadier-Division „Groß-Deutschland" General von Manteuffel, schreibt an Frau Kremers

Sehr verehrte gnädige Frau!

Die Nachricht vom Heldentode Ihres Mannes, des Leutnants Josef Kremers, hat mich tief erschüttert.

Mit Ihrem Gatten verliert nicht nur mein Panzer-Regiment, sondern auch die Division einen hochbewährten Offizier, der während seiner kurzen Zugehörigkeit zum Panzer-Regiment seinen Männern ein leuchtendes Vorbild gewesen ist.

Ich empfinde mit Ihnen in dem tiefen Schmerz um den Verlust Ihres Mannes, mit dem Sie dem Vaterlande das Höchste geopfert haben, wozu eine deutsche Frau fähig ist. Wir wissen alle, daß er nicht umsonst gefallen ist, sondern sein Leben gelassen hat für den Sieg und die Freiheit unseres Vaterlandes, dem seine ganze Lebensaufgabe in der Erziehung der deutschen Jugend gegolten hat.

Er wird in der Division weiterleben, und wir werden sein Andenken in hohen Ehren halten.

Ich reiche Ihnen in stiller Anteilnahme die Hand.

Heil Hitler!

Ihr sehr ergebener

Ein persönliches Schreiben von General Hasso von Manteuffel zum Tode von Leutnant Kremers an seine Frau.

jetzt?" Da sieht mich der Posten an und sagt: „You are soldier? Why are you not in a camp? All german soldiers have to remain there." Daraufhin ich: „No sir, I'm no more a soldier, my clothes have burned at the last bombing attack." Da sieht der mich ungläubig an und sagt: „Show me your passport!" – Das langt mir jetzt, da hebe ich lässig zwei Finger an die Mütze und sage: „Sorry – bye-bye!" In dem Moment wird der Posten von einem Offizier angerufen, der sicher erfahren will, was da mit mir los ist, der Ami dreht sich dem Offizier zu, und das ist der Augenblick den ich nutze und – verschwinde um die Ecke! Da werde ich von einem Hausbewohner angerufen: „Kommen Sie mal schnell hier rein, wir dürfen keine deutschen Soldaten aufnehmen, aber woher kommen Sie?" Drinnen fragen sie mich, und ich frage sie, wo denn die Bewohner geblieben seien? Als der Name Rehfeldt fällt, können sie mir sagen, wo ich die Rehfeldts finden kann. Als sie vom Lager Waschow erfahren, bekomme ich ein Brot und eine Dose Rindfleisch! Mit vielen Dankesworten verabschiede ich mich und gehe schnurstracks zu der neuen Unterkunft meines Onkels. Die waren bei Tante Trudis Schwester Käthe untergekommen. Als ich dort ankomme, sind sie alle ganz sprachlos! Ich bleibe angezogen und esse erst einmal tüchtig. Dann erzähle ich, wo ich herkomme und was ich will. Onkel Adolf schreibt mir einen Zettel für den Leiter des ehemaligen Heeresverpflegungslagers und dann bekomme ich noch ein Brot und eine Konservendose. Dann verabschiede ich mich ganz herzlich und dann begleitet mich die kleine Tochter ein Stück des Weges und immer, wenn amerikanische Posten dastehen, sagt sie Papa zu mir und spricht weiter. Niemand hat mich aufgehalten. Dann verabschiede ich meine kleine Lotsin und finde schnell das H.V.A. Vor dem Tor stehen ein deutscher Zahlmeister in Uniform und ein Ami-Soldat mit seiner Maschinenpistole Kaugummi kauend. Der Zahlmeister will mir Schwierigkeiten machen, da wende ich mich an den Ami und erkläre ihm, dass ich hier etwas abholen müsse. Der guckt mich an und zeigt dann mit dem Daumen zum Lagertor „Go in!" Den Zahlmeister habe ich keines Blickes gewürdigt! Von Kameraden, die im Lager arbeiten, bekomme ich Brot, Butter Käse, Tabak und auch Zigaretten. Mein mitgenommener Sack hat sich inzwischen ganz gut gefüllt! Draußen vor dem Tor setze ich mich hin und beiße erst einmal in die leckere Wurst. Der Ami sieht interessiert zu, der Zahlmeister blickt grimmig. Dann klopft mir der Ami lachend auf die Schulter und zeigt auf seinen Mund mit der typischen Essbewegung. Der hat sich dann neben mich gesetzt und greift zu einer Stange Zigaretten, nimmt eine heraus und steckt sie sich in den Mund. Dann brennt er sie an und zieht den Rauch tief durch die Lunge. Jetzt gucke ich ihn an und sage dann lachend: „You have something forgotten." Der weiß gar nicht, worum es geht. Dann ich weiter: „I like smoking too, you have forgotten to give me one." Da hat er es kapiert und will mir aus der Stange eine Schachtel herauspuhlen. Das geht nicht so einfach, da gibt er mir die ganze eben angebrochene Stange mit den Worten: „Keep it in your pocket." Der Zahlmeister hat alles mitgekriegt. Er sagt aber noch nichts. Als ich mir nun die erste „Camel" anstecke, fragt der doch, ob er nicht auch eine von mir bekommen könne. Er, der mir Schwierigkeiten machen wollte, als ich ins Lager kam, will jetzt eine Zigarette von mir haben? Als „mein" Bus aus der Stadt kommt, habe ich ihm die ziemlich lange „Kippe" hingeworfen mit den Worten: „Nehmen Sie das, das ist für Ihre Freundlichkeit!" Der hat nur ganz blöd geguckt! Der Bus kommt, ich steige ein und es geht wieder zurück in die Gefangenschaft. Ich bin unbändig froh, über das Gelingen meines Plans. Endlich sind wir angekommen, der Schlagbaum geht hoch, nochmals Dank an den Fahrer und da sehe ich auch schon meinen Kameraden Heinz. Was ist das für ein Hallo! Abends liegen wir in unserem

Loch auf dem Rücken und rauchen noch eine von unseren guten „Gauleiter-Zigarren". Pfingsten kommt. Die Kastanien haben alle weiße Kerzen und es grünt ringsum. Wir leben, es wird Frühling, wie wird es weiter gehen? An einem Juni-Tag fährt ein langer Güterzug auf und wir werden verladen. Wohin? Es geht über Zarrentin – Lübeck nach Neustadt in Holstein. In meinem Waggon haben wir vorsorglich Bodenbretter lose gemacht, falls man uns an die Russen ausgeliefert hätte. Zwischen den Güterwagen sind Flachwägen, auf denen Amis mit Maschinengewehren sind. Auf den Feldern sind Bauern beim Kartoffelpflanzen. Und immer wenn die Ami-Begleit-Wachmannschaft auf den Feldern Hasen oder Rehe sehen, ballern sie auf die Tiere. Da haben sich die Bauern oft in Deckung hinwerfen müssen. In Neustadt in Holstein hält der Zug. Wir werden belehrt, dass dort in Ostholstein ein großes Internierungsgebiet für die Wehrmachtgefangenen ist. Wir werden dort auf die Bauernhöfe verteilt und erfasst. Von dort aus werden dann auch die Entlassungen in die Heimatorte organisiert. Wir gehen los.

Juni 1945: Ostholstein im Frühling macht einen sehr guten Eindruck! Völlig „frei" können wir losgehen. Da wir nicht mehr die Kräftigsten sind, geht es langsam bis Schönwalde. Dort bekommen wir bei einer Meierei Quark zu essen. Der kommt uns schon fast aus den Ohren wieder raus! Was kann man da verschlingen! Eine Nacht bleiben wir dort, dann weiter nach Kirchnüchel, dort wieder eine Nacht bei einem Bauern und am nächsten Morgen nach wohl fast einem Liter frisch gemolkener Milch pilgern wir weiter. Je mehr wir nach Norden kommen, desto näher kommen wir aber auch der Ostsee. Und von dort können uns ja die Russen holen. Also nicht so weit. Unsere letzte Station ist der kleine Ort Nessendorf. Wir befinden uns im sogenannten Demobilisierungsgebiet. Die großen Bauernhöfe sind mit hundert und mehr Soldaten belegt. Die finden wir nicht so schön. Da wir unsere „Einheit" auf dem Weg bis Nessendorf verloren haben, suchen wir Privatquartier. Bei einem Landarbeiter finden wir vier Mann, die zusammengeblieben sind, eine freundliche Aufnahme. Bei der Familie Bernhard Schlünzen haben wir anfangs zu viert, später dann zu dritt bis zu unserer Entlassung schöne Tage verlebt. Wir schlafen oben im Dach über der Küche von Frau Schlünzen – als „Muttis große Jungs". Selbstverständlich helfen wir bei allen Arbeiten, wir renovieren das ganze Häuschen von innen und außen. Farbe haben sich die Leute aus einem Marine-Depot „organisiert". Wir lernen hier mit einer Sense umzugehen und haben sogar bei der Ernte geholfen. Hier haben wir es selbst in der Gefangenschaft – falsch – Internierung sogar recht gut gehabt. Die großen Bauernhöfe sind voll mit Soldaten, wir sind dort zwar „gemeldet" gewesen, haben unsere Verpflegung von dort erhalten, aber gewohnt nur bei unserer Familie Schlünzen. Und von Mutter Schlünzen sind wir auch noch gut verpflegt worden! Der Monat Juni vergeht. Von Entlassungen in die einzelnen Regierungsbezirke erfahren wir, aber es werden anfangs nur Bauern und Landarbeiter entlassen. Das ist ja auch richtig, denn die Menschen sollen auch ernährt werden. Bauarbeiter, Maurer und technische Berufe werden später entlassen. Da wir zu den Ersten gehören wollen, verändern wir unsere Soldbücher oder lassen uns einen Notausweis ausstellen mit dem Spruch: „An Stelle des durch Feindeinwirkung verloren gegangenen Soldbuches – Beruf: Landarbeiter."

Das alles geht nicht ohne „Betrug" und List! Ich verändere auch meinen Truppenteil, da zuerst irrtümlich „Großdeutschland" nicht entlassen werden soll. So werde ich zum „Volksgrenadier der Volksgrenadierdivision, Regiment 1142 – Paderborn." Diese Veränderung ist aber gar nicht nötig gewesen, da, wie ich später erfahre, Soldaten der Division „Großdeutschland" zwar gesucht werden, aber nicht, um sie auszuliefern, sondern um sie als „Wach-Schutzmannschaft" im Internierungsgebiet einzusetzen. Wir wissen ebenfalls nicht, dass die „Korpsgruppe von Stockhausen (Großdeutschland)" in Rendsburg mit der Aufrechthaltung von Zucht und Ordnung im Internierungsgebiet von den Angloamerikanern betraut worden ist. Diese Männer sind aber dann auch erst ganz zuletzt entlassen worden. Aber wir wollen nach Hause!

Wieder in Freiheit

Juli 1945: Nach mehreren vergeblichen Versuchen, entlassen zu werden, sind wir Anfang Juli zum Entlassungslager Bleckendorf gegangen. Hier liegen wir bei schlechtestem Wetter 3 Wochen im Wald und in Zelten. Es ist ein uralter Eichenwald. Wir liegen direkt unter den hohen Bäumen auf den oberflächlichen Wurzeln. Bei einem sehr heftigen Gewitter, wo der Donner wie die Abschüsse der 8,8 cm-Flak kracht, haben wir uns unter diesen Eichen nicht sehr gut gefühlt. Das Warten ist zermürbend! Schließlich wird doch mal wieder der Regierungsbezirk Arnsberg aufgerufen. Also auf nach Eutin zur Entlassungsstelle. Als wir dort ankommen, heißt es: „Für Arnsberg werden keine Landarbeiter mehr entlassen!" Also: „Krugom marsch!" Kehrt, marsch! Wieder einmal „corriger la fortune" – wieder neue Papiere! Es kostet uns einen unvorstellbaren Kampf, bis wir endlich, mit neuen Ausweisen versehen, wieder losmarschieren können. Man lernt aber auch aus solchen „Pleiten". Wir wissen nun, wie der Hase läuft! In diesen vier Tagen haben wir zwei Unteroffiziere 7-mal Verpflegung für 11 Mann empfangen. Wir melden uns bei verschiedenen Stellen, wo es Verpflegung auf diesen Wegen gibt. „Zwei Unteroffiziere und 9 Mann auf dem Weg zur Entlassungsstelle." „Wo sind denn die Leute?" – „Die liegen oben am Waldrand", logen wir eisern, ohne eine Miene zu verziehen. Verhungern brauchen wir nun nicht! Wir schmuggeln uns einfach in die Entlassungsstelle III – und das klappt erstaunlich schnell und gut! Am nächsten Tag gehen wir nach Eutin. Ich meine, mich erinnern zu können, dass an diesem Tag eine partielle Sonnenfinsternis stattgefunden hat. Nach Berufsgruppen geordnet, geht es in einen Saal. Dort müssen vier große Fragebögen ausgefüllt werden, danach zum Fingerabdruck, zur ärztlichen Untersuchung, Entlausung und Kontrolle. Unser weniges Gepäck wird nur sehr oberflächlich durchsucht und nach Abgabe der Erkennungsmarke bekommen wir den letzten Winkel, den wir uns alle gewünscht haben: Ein gelbgrünes Seidendreieck, welches wir an der Uniform tragen müssen. Mit dem englischen Entlassungsschein sind wir „Discharged from the army". Ein seltsames, wehmütiges Gefühl ergreift mich, als die Silbertressen vom Kragen und die Schulterklappen entfernt werden. Verdammt ja, ich habe mir meine Entlassung doch anders vorgestellt! Mit 40 Reichsmark Entlassungsgeld können wir dann gehen.

17. Juli 1945: Bei strömendem Regen werden wir mit Lkw-Kolonnen abgefahren. Bei einer Rast werden wir von amerikanischen Lkw-Kolonnen übernommen. Junge englische Soldaten schlagen mit „Wolchowstöcken", die sie uns Heimkehrern abgenommen haben, auf die Männer ein, die nicht gleich so schnell laufen können, wie sie es wollen! Das macht mich wütend! Ich bleibe auch zurück und als ich einer der Letzten bin, kommt doch so ein englisches Milchgesicht mit so einem Stock und will auf mich einschlagen. Aber dann geht alles sehr schnell! Ich brülle ihn an: „You fucking bloody bastard! Go to hell!" Und dabei reiße ich dem Kerl den Stock aus der Hand, zerbreche ihn über den Knien und werfe die beiden Stücke wütend hinter ihm her! Das ist verwegen! Während die Tommys noch laufen und ich ihnen zornig nachsehe, werde ich von einem Ami aus dem Führerhaus eines etwa 15 Meter entfernt stehenden Studebaker angerufen. „Hei, boy! Come on here! Come! Come!" Da sehe ich einen lachenden US-Soldaten, der mir zuwinkt. Ich laufe zu ihm, da deutet der mir, ich solle schnell zu ihm in das Führerhaus kommen. Dann drückt er mich nach unten, sodass ich nicht mehr gesehen werden kann. Was wird das jetzt? Dann hörte ich lautes Rufen zwischen den Engländern und den Amifahrern der Studebaker-Kolonne. Mein Ami ruft den Tommys etwas zu, was nicht sehr freundlich klingt, ich habe es aber nicht verstanden. Das „American-English" haben wir erst später „gelernt". Die Aufregung ist vorüber - die Entlassenen besteigen die Fahrzeuge und dann höre ich die Motoren brummen, die Kolonne fährt an! Nach einigen hundert Metern lacht „mein" Ami laut und klopfte mir auf die Schulter. Ich kann mich wieder hochsetzen und sehe die Engländer noch herumstehen. „Ha-ha! That was great! Thouse fucking-bloody boys!" Nach einer Weile spricht er mich wieder an, zeigt auf meinen nagelneuen Kradmantel (Familie Klepper) und ich verstehe, dass er den wohl sehr gerne haben will. Ich habe ihm klargemacht, dass zu Hause in Hagen unser Haus durch Bomben zerstört sei und ich dort keine eigenen Kleider, Mäntel oder andere Anzüge hätte. Den Kradmantel muss ich deswegen behalten. Das hat er schließlich eingesehen. Später unterhalten wir uns allgemein über den Krieg. Als ich unsere 8,8 – die „eighty eight" erwähne, meint er, das sei eine ganz böse Kanone gegen die Tanks gewesen! Womit er wohl auch Recht hat! Das Wetter wird besser, ich kann oben aus der Luke im Führerhaus alles gut sehen. Ich setze mich auf den Rand und lasse die Beine baumeln. Die „Kameraden von der anderen Feldpostnummer", wie wir die Gegner oft nennen, fahren wie die Wilden! Geht es durch eine Baumallee, so fahren sie an den Straßenrand, damit die Männer, die oben auf den Wagen stehen, von den Zweigen der Bäume „geohrfeigt" werden. Und dabei lachen die Fahrer, die zumeist Farbige sind. Sonst aber sind diese nicht einmal die Schlimmsten! Die Fahrt geht über die Autobahn: Lübeck – Hamburg – Bremen. In Zeven wird angehalten, es geht rechts ab von der „Reichsautobahn" und dort bleiben wir in der Nacht bei großem Lagerfeuer. Was mich empört ist, dass einige ehemalige Landser den Amis ihre Orden oder Ehrenzeichen für ein „Butterbrot" geben. Aber, was soll's? In der Nacht habe ich zwiespältige Gefühle gehabt. Nun sind wir auf dem Weg „nach Hause" – aber habe ich denn überhaupt noch ein „zu Hause"? – Ob meine Eltern noch leben, ob das Haus noch heil geblieben ist? Die Ungewissheit ist schlimm! Man hat uns gesagt, dass nach Aufnahme des Postdienstes alle Angehörigen benachrichtigt werden. Aber wann würde das sein? Seit Monaten haben meine Eltern keine Nachricht von mir, ebenso geht es mir. Und da kann man schon das Schlimmste befürchten, nachdem ich im Radio damals gehört habe: „In den Ruinen der toten Stadt Hagen toben heftigste Straßenkämpfe, der ‚Ruhr-Kessel' wird immer weiter eingeengt." Als wir Hamburg durchfahren, sehen wir eine richtige „tote Stadt". Kaum Menschen, die da noch herumlaufen. Nur Ruinen! Am nächsten Morgen brausen wir mit Tempo 70 miles (90 km/h) nach Bremen. Dort ist es besonders schön. Hier sehen wir viele Menschen. Wir Landser denken bange, wie wird sich die Bevölkerung uns gegenüber verhalten? Aber es scheint uns unfassbar! Die Menschen dort in den Trümmern der Stadt, die selbst Tote zu beklagen haben, nicht wissen, wo ihre Väter und Söhne sind und ob diese noch leben. Sie winken und jubeln uns zu! „Wo kommt Ihr her? Wo fahrt Ihr hin?“ Man wirft uns Brot, Blumen und alles Mögliche auf die Wagen. Wir bekommen Milch und Kaffee (das ist aber echter „Muckefuck“). Die Menschen lachen und sie freuen sich, dass die Soldaten wieder heimkehren. Diese Soldaten sind nicht schuld an diesem verlorenen Krieg! So manche Frau weint, während sie uns zuwinkt.

18. Juli 1945: Die Fahrt geht weiter! Abends kommen wir in Osnabrück an. Die Reichsautobahn ist voll von anglo-amerikanischen Kolonnen. Sogar Panzer sehen wir in großer Zahl. Wir kommen deswegen nur langsam voran. Hier schlafen wir in einer Fabrikhalle auf hartem Betonboden. Auch diese Nacht geht vorüber. Jetzt kann es gar nicht schnell genug weitergehen!

Endlich daheim

19. Juli 1945: Morgens geht es weiter ins Sauerland. Es geht über Meschede nach Arnsberg (Regierungssitz des Regierungsbezirks Arnsberg). Spuren des Krieges erkennen wir überall. Viele zerschossene Fahrzeuge, auch einige abgeschossene Panzer und „Tanks“. In Arnsberg werden wir nach Kreisen sortiert, empfangen aus der Feldküche noch einmal warmes Essen, erhalten einen „Fahrschein“ und besteigen um 18.00 Uhr einen Güterzug nach Hagen! Vor Hengstey steht der Zug lange auf der Ruhrbrücke, da wären wir am liebsten zu Fuß nach Hause gelaufen! Endlich geht es, wenn auch nur langsam, weiter. Die Schienen waren nur notdürftig repariert! Und dann heißt es: „Alle aussteigen – Endstation.“ Bald stehen wir Hagener auf dem Bahnhofsvorplatz: Wir sehen nur Trümmer und Ruinen! Herrgott, wie sieht die Stadt aus! Ganze Straßenzüge sind nicht mehr da, nur Trümmerberge, aus denen noch an manchen Stellen übel riechender Qualm und Rauch aufsteigt. Durch die „Stadt“ laufen Pfade über die Trümmer, nur wenige Straßen sind im Zentrum noch zu erkennen. Vor der Rathausruine geht es über einen hohen Schutthaufen, die Stadthalle am Markt ist ausgebrannt, die große Kuppel eingestürzt. Besorgt frage ich einige Leute, ob denn in Emst auch alles so zerbombt und abgebrannt sei? „Nein, nur sehr wenig, aber da sitzt jetzt der Tommy.“ Na, denke ich, das kann ja heiter werden, da sitzen jetzt vielleicht die Tommys in unserem Haus? Ich beschleunige meine Schritte, es geht zum „Wasserlosen-Tal“ und dann den „Puckel“ nach Emst rauf. Da kommt mir ein Nachbar entgegen, der mir sagt, dass bei uns noch alles in Ordnung sei, alle leben noch und das Haus stehe auch noch! – Gott sei Dank! – „Im Hasenlauf“ (Straßenname) kommt mir mein Vater entgegen und dann sehe ich meine Mutter wieder! Herrgott, ist das eine Freude! Und dann erst zu Hause, ich gehe durch alle Zimmer. Es ist wie ein Traum. Nun muss ich erzählen und immer wieder erzählen. Endlich ist all' die Not und Gefahr vorüber! Doch wofür haben wir gekämpft? Ist denn alles umsonst gewesen?

Aber wir wollen Gott danken!

Anhang

Gedanken nach Kriegsende

Es sind immer wieder Erinnerungen, bohrende und auch quälende Fragen, die in mir hochsteigen. „Warum bin ich gerade mit dem Leben davongekommen? Habe ich das ‚verdient'? War es ‚göttliche Fügung'? Gar nur ein Zufall?" Immer wieder muss ich zweifeln, ob es denn Gottes Wille gewesen ist, der mich während all der in meinem Tagesbuch festgehaltenen, so oft lebensbedrohenden Gefechten und Einsätzen über fast volle vier Jahre Krieg im Osten bei dramatischen Umständen vor dem Sterben (damals sagten wir „vor dem Heldentod") bewahrte. Warum sind so viele meiner jungen Kameraden im Granathagel krepiert, oder von Maschinengewehr-Garben zerfetzt worden? Warum erschoss sich unser Feldwebel „Bobbi" Reimann, als er schwer verwundet bei einem der vielen harten Rückzugsgefechte nach „Zitadelle" (1943) liegenblieb und er keine Hoffnung auf Bergung durch seine Kameraden mehr sah? Warum ließ Gott es zu, dass mein eifriger Melder Günter Lorenz (später Unteroffizier) noch in den letzten Wochen vor Kriegsende durch Granatwerfer-Splitter getroffen, im Kessel westlich von Königsberg verblutete? Warum hatte es im September 1942 vor Tschermassowo (Rshew) meinen Kameraden Gottfried Fritsch tödlich getroffen, als wir in den ersten Morgenstunden der Septemberdämmerung aufrecht und dicht nebeneinander gehend, nach einer Erkundung wieder zu unseren Löchern zurückwollten? Eine Panzergranate zerfetzte ihm den Oberschenkel. Er verblutete mir unter den Händen. Warum ließ Gott es zu, dass unter dem Autobahndurchlass zwischen Konradswalde und Wangnicken durch eine Panzer- oder Pak-Granate vier vor mir stehende Kameraden zum Teil tödlich oder schwer verwundet wurden, während mir Kopfhaut und Hirn eines dieser armen Kerle an die Stirn flog, dass mein Melder schon glaubte, auch mit mir sei es aus! Ich hatte außer einem kurzen Schock körperlich nichts abgekriegt. Warum habe gerade ich überleben dürfen?

Episoden

Leider hatten auch wir, die wir uns als Elite fühlten, mit einem unserer Kompanieführer, der Nachfolger von Oberleutnant Schmelter in Rumänien geworden war, viel Ärger und regelrecht unverdientes Pech! So einen hatten wir noch nie gehabt! Schon in Rumänien hatte er fast alle Unteroffiziere als Kompanietruppführer verschlissen. Dem konnte es keiner recht machen! Er war von Beruf Lehrer und stammte irgendwo aus dem Ruhrgebiet. „Der Kerl hat das ganze Ruhrgebiet in Misskredit gebracht!", sagten einige Landser, die selbst auch dorther kamen. Aber jetzt meine persönlichen Erfahrungen mit ihm:

I. Motor-Marsch in Rumänien zum Einsatz

Wir rollten in langen Kolonnen, Kompanie hinter Kompanie mit allem was wir hatten zum Einsatz an die Front. Russische Schlachtflieger griffen uns an, sie kamen von vorne, uns direkt entgegen. Die Fahrzeugkolonne im dichten Staub, fuhr direkt auf sie zu. Als ich das Brummen hörte, überlegte ich blitzschnell: „Die fliegen schnell auf uns zu, wir fahren ihnen entgegen, da sind wir schneller unter ihnen hindurch, wenn wir mit Tempo weiterfahren und nicht, wie viele Lkw-Fahrer es machen, nach links und rechts ausbrechen und ins freie Feld fahren." Vor uns war freie Bahn. Die IL 2 Schlachtflieger hatten noch nicht mit den Bordkanonen und Maschinengewehren geschossen. Da haute ich unserem Fahrer mit der Hand auf die Schulter und rief ihm zu: „Los! Vollgas! Wir unterfahren die Schlachter!" Der tratt aufs Gaspedal und der Wagen (Kübelwagen für 5 Mann) schoss vorwärts! Da schrie der Oberleutnant: „Halt! Halt! Rechts raus fahren auf den Acker!" Aber da begannen die IL 2 mit den Bordwaffen zu schießen, und ich merkte, dass wir nach gut 20 Metern aus ihrem Bereich heraus waren. Der Fahrer zögerte! „Mensch gib Gas! Wir haben es gleich geschafft – los, los!" und haute ihm wieder auf die Schulter. Der gab Vollgas und dann waren wir „drunter durch"! Uns war nichts passiert, aber einige der Lkws, die seitlich ausgeschert waren, brannten. Sie waren getroffen! Später erfuhr ich, dass zwar die Lkws mehr oder weniger schwer beschädigt wurden, es aber nur wenige Verwundete gegeben hatte. Kaum war der Spuk vorüber, wir hatten uns wieder gefasst, da drehte sich der Oberleutnant zu mir um und schrie was von Befehlsverweigerung und Bestrafung! Als ich den Fahrer verteidigen wollte, schrie er mich an: „Nicht der Fahrer, Sie haben Befehlsverweigerung begangen!" Im Anschluss an die Abendmeldungen hatte ich aber, bevor „er" was sagen konnte, ihm meine Meinung gesagt – und ich war sehr erregt dabei. Die Angelegenheit war danach schnell vergessen worden! – Aber unser gegenseitiges Verhältnis blieb sehr getrübt.

II. Extraportion für den Oberleutnant

Als an einem Abend der Spieß (Hauptfeldwebel) uns die Verpflegung brachte, hatte er für den Oberleutnant ein Sonderpäckchen. Das war kaltes Bratenfleisch. Da hatte noch nie ein Offizier eine Extraportion bekommen. Was sollte jetzt das? Also hatte ich den Braten auf alle Männer des Kompanietrupps verteilt. Aber auch für ihn eine Sonderportion zu seiner kalten Verpflegung gelegt. Als er ärgerlich die Bratenscheibe auspackte, fragt er mich, ob für ihn nicht eine Extraportion dabei gewesen wäre. „Nein, Herr Oberleutnant, da war ein Päckchen mit ihrem Namen drauf, das habe ich auf den ganzen Kompanietrupp aufgeteilt – und das ist für Sie!" Wenn Blicke hätten töten können, dann hätte ich den Krieg nicht überlebt! Als ich unseren Spieß Oskar Gellert wieder sah, hatte ich ihm gesagt: „Mensch, Oskar, mach' so'n Scheiß nicht wieder, das hat es ja noch nie gegeben." Der Oberleutnant hat dann auch nie wieder nach seiner Extraportion gefragt! Von ihm stammte auch der Satz: „Der Unteroffizier Rehfeldt ist ein schwieriger Untergebener." Das sagte mir der Adjutant. Ich kannte ja unseren Spieß und den Leutnant schon seit längerer Zeit sehr gut.

III. Kampf in Litauen

Wenige Wochen später waren wir in Litauen und wollten den Kurlandkessel wieder aufbrechen. An einem Angriffstag hatte ich mich, nachdem alles, was ein Kompanietruppführer zu machen hatte, gemacht und erledigt war, hinter einem Haus mit meinem Melder wenige Minuten hingelegt, um Kräfte zu sammeln vor dem Sturm. Da erschien „er" plötzlich und schiss mich an: „Haben Sie nichts anderes zu tun?" Da stand ich auf, meldete, dass alles in Ordnung sei und blickte auf meine Uhr. „In 2 Minuten geht der Angriff los, Herr Oberleutnant!" Dann nahm ich meine Maschinenpistole und als die Artillerie zu schießen begann, rannte ich mit meinem Melder raus auf den Acker und wir sprangen zwischen den Getreidehocken, die da in Reihen standen, vor. Als wir verschnaufend hinter solchen Garben lagen, sah ich mich um. „Wo bleibt denn unser Oberleutnant?" Der sollte sich eigentlich beim

Bataillonsführer aufhalten. Wir rannten weiter, da begann Iwan mit Abwehrfeuer. Nach ungefähr 250 bis 300 Metern warfen wir uns hinter eine der Getreidehocken und verschnauften erneut. Ein russisches schweres Maschinengewehr begann in unsere Richtung zu schießen. Und dann kam unser Oberleutnant angerannt, wurde aber zum Glück nicht getroffen. Die Kugeln schlugen staubend in den Boden. Keuchend warf er sich neben uns hin und befahl: „Sofort eingraben!“ Ich dachte, ich höre nicht recht. Doch hier jetzt nicht eingraben! – Wir sind mitten im Angriff! Wir wollen doch weiter vor, der Infanterie nach. Das verfluchte Maschinengewehr setzte uns doch einige Garben ziemlich dicht vor die Nase in den Acker! Er wollte sich unbedingt eingraben: Da stellten wir ihm schließlich einen langen Spaten vor die Nase, dann wetzen wir in langen Sprüngen noch einmal gut 250 Meter vor und gelangten in eine flache Mulde. Dort waren wir gegen direkten Beschuss sicher. Von hier machten sich einige Infanteristen gerade auf, um ein etwa 400 bis 450 Meter vor uns liegendes großes Gehöft zu erreichen. Iwan war hellwach! Er ballerte mit mehreren Maschinengewehren und schweren Granatwerfern, noch nicht mit Artillerie. Plötzlich krachte eine der 12 cm-Granaten in unsere Mulde! Jetzt aber raus und weg von hier! Wieder sah ich mich nach unserem Oberleutnant um – wo blieb denn unser Held? Da sah ich ihn einsam zwischen den Getreidegarben auf die Mulde zurennen. Aber er war noch nicht ganz drinnen, da setzte Iwan erneut einige 12 cm-Granaten hinein. Wir machten uns schnell fort und rannten, uns bei nahen Einschlägen ganz fix hinwerfend, auf den großen Gutshof zu. Unser „Held“ kriegte jetzt dort in der Mulde einen schönen Segen ab! Die Strecke bis zum Gut war verdammt lang! Jetzt krachte es schon ganz schön um uns herum. Die Maschinengewehrschüsse und Gewehrkugeln zwitscherten als Querschläger böse in der Gegend herum. Die reißen große Wunden! Keuchend und nach Luft japsend, erreichten wir endlich die ersten Gebäude. Schnell warfen wir uns in irgendeine Deckung. Dort lagen wir fast zehn Minuten lang völlig erschöpft und erholten uns erst einmal. Da hörten wir die „Stalinorgel“ abschießen („orgeln“). Die Einschläge lagen aber zu weit und bildeten hinter dem Gut eine große schwarze, staubige Wolke, die uns die Sicht nahm. Ich stand an einer Mauerecke und dachte gerade: Wo ist denn nur unser Kompanieführer?“ Da feuerte wieder die Stalinorgel fast auf dieselbe Stelle. Als sich Rauch und Staub langsam verzogen, sah ich einen Soldaten wie von einer Tarantel gestochen auf unser Gehöft zurennen. Der nahm schon gar keine Deckung mehr. Der rannte um sein Leben. Und dann erkannte ich unseren Oberleutnant. Ich rief ihn an: „Hierher, Herr Oberleutnant! Hier sind wir!“ Aber der schien nichts zu hören, er rannte an uns vorbei, geradewegs auf einen großen Strohschober zu, der zwischen den Gebäuden lag. Und dann „buddelte“ er sich einen fast drei bis vier Meter langen Gang tief in das Stroh. Dort drinnen blieb er dann total erschöpft liegen. Ab und zu schrie er unartikulierte Laute: „Oh, oh ah, ah – hu-hu.“ Einige umstehende Landser staunten und schüttelten nur den Kopf. Ich merkte, dass sie spöttische Bemerkungen machten und das Wort „Feigling“ und die Bemerkung „aber vorher, immer große Sprüche!“ fiel. Ich ließ einen Mann vor dem Loch stehen und habe mich dann um meine Männer gekümmert, die inzwischen mit dem schweren Granatwerfergerät und den Munitionskästen angekommen waren. Eine Beobachtungsstelle wurde erkundet und dann sechs Feuerstellungen eingerichtet. Nach etwa einer dreiviertel Stunde gegen Abend kam ein Melder: „Alle Kompanieführer vom II. Bataillon bitte sofort zum Bataillonsgefechtsstand.“ Der befand sich ungefähr 350 bis 400 Meter weiter rechts vor uns. Ich meldete dieses unserem „Helden“, der immer noch in seiner „Höhle“ saß. Der Posten davor grinste nur. Unser „Held“ war durch nichts zu bewegen, aus seinem Loch zu kommen. Ich gab es schließlich auf, da er immer nur „Oh oh – hu-hu“ von sich gab. Auch auf meine laute Frage, ob er denn verwundet sei – keine Antwort. Da machte ich mich mit Oberfeldwebel Große (leichtes Infanteriegeschütz) auf, um zum Bataillonsgefechtsstand zu gehen. Dort würden wir den weiteren Angriffsverlauf erfahren. Es sollte ja weiter auf Kursenai angegriffen werden. Als wir uns bei Hauptmann Schmelter meldeten, fragte der sofort: „Was ist mit eurem Oberleutnant, ist der verwundet? Warum ist er nicht mit Ihnen gekommen?“ Die Kompanieführer der anderen Schützenkompanien waren schon versammelt mit den Meldern anwesend. Ich versuchte, so schonend wie möglich, den derzeitigen Zustand unseres Kompanieführers zu schildern. „Er lag zwei Mal im Stalinorgel-Feuer, das muss ihn völlig fertig gemacht haben, Herr Hauptmann, ihm sind sicher die Nerven durchgegangen.“ Da sahen sich die anderen Kompanieführer und auch Hauptmann Schmelter vielsagend an. Dann meinte Hauptmann Schmelter zu uns: „Dann bleiben Sie und Oberfeldwebel Große hier und berichten Herrn Oberleutnant was hier besprochen wird. Sobald er wieder auf den Beinen ist, möchte er sich bei mir melden.“ „Oha, oha“, dachte ich, „der hat sich aber da ganz schön blamiert – er hätte vorher nicht so auf den Putz hauen und uns alte Hasen nicht immer so blamieren sollen.“ So einen Nervenkollaps kann sicher unter lebensgefährlichen Situationen jeder Soldat einmal erleiden. Aber, wie gesagt, die Zukunft des Oberleutnants hatte ich beschrieben. Er wurde nicht unerheblich am Oberarm verwundet, kam nach Deutschland – Bad Königstein, Taunus und schrieb unserem Spieß Oskar Gellert einen Brief. Das geforderte Päckchen hatte ich ihm dann zusammengestellt und einige Zeilen dazu geschrieben.

IV. Rumänien Juli/August 1944

Es war wenige Minuten vor einem Angriff in einem Waldgelände. Meine Werfer waren in Feuerstellung, mit meinem Melder war ich vorne beim Bataillonskommandeur Hauptmann Graf von Nayhaus. Noch war es ruhig. Iwan hatte wohl noch nichts gemerkt. Ich hatte meinen Stahlhelm an der Pistolentasche hängen und meine Feldmütze auf, da ich bei dem Wind, der gerade herrschte mit meiner Feldmütze besser hören konnte. Die Kinnriemen des Helmes neben den Ohren ließ den Wind manchmal „pfeifen“ und das störte das Gehör. Und im Krieg war sehen, aber auch hören lebenswichtig. Natürlich ist auch ein Stahlhelm sehr wichtig, vielleicht auch lebenswichtig. Ich erkundete gerade eine gute Möglichkeit für meine Beobachtungsstelle, als der „hohe Herr“ mich sah. Und dann noch so dicht am Feind ohne Stahlhelm! Es hatte in letzter Zeit eine Anordnung gegeben, dass im Gefecht immer der Stahlhelm zu tragen sei. Die Soldaten hatten ihn auch meist im Kampf auf dem Kopf, aber einige jüngere, feschere Leutnants liefen mit ihrer leicht gebeulten Schirmmütze vorne herum. Dadurch hatte es einige Ausfälle durch Verwundung und Tod gegeben. Der Befehl war also schon gut begründet! Da schrie der mich an, dass die Russen es hören mussten: „Unteroffizier, kommen Sie mal hierher! Wie heißen Sie, zu welcher Kompanie gehören Sie? Sie laufen hier ohne Stahlhelm herum, sollten Sie doch Vorbild sein! Der Befehl ist doch nicht ohne Grund erlassen worden! Sie melden sich heute Abend bei mir!“ – „Jawohl, Herr Hauptmann, ich melde mich bei Ihnen heute Abend!“ Und dann hatte ich aber sehr schnell meine „Hurra-Tüte“ aufgesetzt, denn das Schreien musste Iwan gehört haben! Mit einem Male Abschüsse und dann krachten die Einschläge dicht um uns herum. Ein Satz und wir beiden lagen in irgendeiner Vertiefung mit der „Schnauze im Dreck“. Da sagte doch mein Melder, wie er wieder hochkam zu mir: „Herr Unteroffizier, da hatte der Graf ja doch einmal was Richtiges gesagt!“ Da hörten wir

aufgeregtes Rufen: „Sanitäter! Hierher! Der Hauptmann ist verwundet!" Mein Melder und ich wir sahen uns an, da sagte der Kerl doch: „Das Geschrei musste ja der Iwan hören! Und was hat er jetzt davon?" Schnell waren wir dorthin gelaufen, um zu sehen, was da passiert war. Aber da hörte ich einen „gestandenen" Oberleutnant sagen: „Der Herr Bataillonsführer hat nur einen Nervenzusammenbruch erlitten, ein Beiwagenkrad wird ihn nach hinten bringen." Da wurde ich auch wieder mutiger! Ich ging auf den Oberleutnant zu und fragte ihn: „Herr Oberleutnant, ich bin eben wegen Nichttragens meines Stahlhelms von Herrn Hauptmann aufgefordert worden, mich heute Abend bei ihm zu melden, wo kann ich mich dann melden?" Seine Antwort: „Unteroffizier, was soll das? Machen Sie Ihren Dienst weiter!" Und den habe ich dann auch weiter gemacht.
Bis auf diese beschriebenen Episoden, wo ich mich mit dem höheren Herrn angelegt habe, war ich immer ein sehr ordentlicher Soldat.

Der letzte Wehrmachtsbericht

Seit Mitternacht schweigen nun an allen Fronten die Waffen. Auf Befehl des Großadmirals hat die Wehrmacht den aussichtslos gewordenen Kampf eingestellt. Damit ist das fast 6-jährige heldenhafte Ringen zu Ende. Es hat uns große Siege, aber auch schwere Niederlagen beigebracht. Die deutsche Wehrmacht ist am Ende einer gewaltigen Übermacht ehrenvoll unterlegen.
Der deutsche Soldat hat getreu seinem Eid im höchsten Einsatz für sein Volk für immer Unvergessliches geleistet.
Die einmalige Leistung von Front und Heimat wird in einem späteren gerechten Urteil ihre endgültige Würdigung finden. Den Leistungen und Opfern der deutschen Soldaten zu Lande, zu Wasser und in der Luft wird auch der Gegner die Achtung nicht versagen. Jeder Soldat kann deshalb die Waffe aufrecht und stolz aus der Hand legen und in den schwersten Stunden unserer Geschichte tapfer und zuversichtlich an die Arbeit gehen für das ewige Leben unseres Volkes.
Die Wehrmacht gedenkt in dieser Stunde ihrer vor dem Feind gebliebenen Kameraden.
Die Toten verpflichten zu bedingungsloser Treue, zu Gehorsam und Disziplin gegenüber dem aus zahllosen Wunden blutenden Vaterland.

„Großdeutschland“-Soldaten

Sie waren Familie, Legion und Orden zugleich
und alle trugen mit Stolz den Ärmelstreifen für das Reich.

Als ein Korps der Elite standen sie auf vielen Schlachtfeldern ihren Mann.
Und die Geschichte des Krieges, die von beispielloser Tapferkeit dieser Truppe
berichten kann.

Wer kennt die Schlachten, nennt man die Namen,
die all die vielen Gefechtsberichte im Soldbuch tragen?

Was gab ihnen die Kraft, standzuhalten gegen das feindliche Fremde, das um sie war?
War's die großartige Kameradschaft, war's der Glaube an die Heimat oder ans Vaterland,
das in ihnen diese Kraft gebar?

Sie waren die Feuerwehr und das Rückrad an so manchen heiß umkämpften Fronten.
Doch trotz heldenmütigem Einsatz auch sie die Flut aus dem Osten nicht aufhalten
konnten.

Oft weinten sie Tränen aus Verzweiflung und Wut,
wenn granatenfauchende „Schlachter“ stoppten ihren vorwärts stürmenden Mut.

Wenn tagelang die Panzer, „Ratsch-Bumm“ und die „Stalinorgeln“
sangen ihr grausig Lied vom Tod,
dann beteten sie und riefen nach Gott, um zu lindern ihr Not.

Wo war er? In ihrer Einsamkeit ihr Herz direkt nach ihm schrie.
Doch wo sie in diesem Inferno auch suchten – sie fanden ihn nie.

Als dann das bittere Ende kam, waren viele lädiert und zerschunden
und nur wenige haben den Weg nach Hause gefunden.

Doch die heimgekehrten Krieger resignierten nicht,
sie krempelten die Ärmel hoch, und am Aufbau kräftig mitzuhelfen
war für sie eiserne Pflicht.

Heute Rentner und Pensionäre, jedoch ungebeugt in Haltung und Gebärde,
sind sie wie eh und je aufrichtig und geradlinig in ihrer Art –
sie haben sich die alten preußischen Tugenden von Treue und Glauben bewahrt.

In den Nachkriegszeiten oftmals zu „Nazi-Soldaten“ abqualifiziert,
kommt ihnen vielfach nicht die Achtung und Ehre zu, die ihnen gebührt.

Doch sie kümmert nicht der Parteienzank und der ewige kriegspolitsiche Hader.
Sie leben für sich im eigenen Kampfgeschwader.

Sie denken noch viele Jahre danach in stolzer Trauer
ihrer im Feld gefallenen Kameraden.
Sie gedenken aber auch der toten Soldaten,
die ihnen gegenüber auf der anderen Seite lagen.

Mögen all die Toten für alle Völker eine Fackel der Mahnung sein,
dass nie wieder die apokalyptischen Reiter des Krieges brechen
verderbenbringend über die Menschheit ein!

Verfasser: Ein unbekannter Landser der „Großdeutschland"-Panzerfüsilerie

Gedenkstelle für „Füsilier" – Opfer

Etwa 310 Menschen waren an Bord, als der Truppentransporter „Füsilier" am 20. November 1944 vor der Küste Memels von russischer Artillerie versenkt wurde. An die Opfer, deren Zahl nicht genau bekannt ist, erinnert die Gedenkstelle, welche der Volksbund am 25. Mai einweihte. Während der Gedenkstunde am zentralen Platz, die mit einer Kranzniederlegung begann, sprach die stellvertretende Bürgermeisterin der Stadt Klaipeda, Juditha Simonaviciute, der Vertreter des Botschafters, Andreas Kühne, der Vorsitzende der Arbeitsgemeinschaft Memellandkreis e.V., Uwe Jurgsties und der Generalsekretär des Volksbundes. Eine kurze Andacht und ein gemeinsames Gebet beendeten die Zeremonie. Begleitet wurde die gesamte Gedenkfeier von einer Einheit der litauischen Marine.

In Anschluss wartete das Schiff „Vetra" der litauischen Marine auf die Teilnehmer, um sie an den Ort des Unterganges der „Füsilier" zu bringen. Das Schiff erreichte nach 45 Minuten Fahrt in Höhe Palange, etwa 10 Kilometer nördlich von Klaipeda, die Stelle, wo das Wrack auf dem Meeresgrund liegt. In einer feierlichen Zeremonie, zu der Burkhard Nipper die Totenehrung sprach, wurden Kränze und Blumen in die See geworfen. Worte des Dankes richtete Nipper auch an den Befehlshaber der litauischen Seestreitkräfte, Fregattenkapitän Kestutis Macijauskas, der dem Volksbund für diese Veranstaltung das Schiff bereitstellte.

Für alle Angehörigen und Teilnehmer waren dies beeindruckende Erlebnisse, die einer vom Volksbund in dieser Form das erste Mal organisierten Gedenkveranstaltung ihre Besonderheit verlieh.

Epilog

Wenn 1944 schon die Hoffnungen gering waren, den Krieg noch auf irgendeine Weise „positiv“ beenden zu können, gab es 1945 überhaupt keine mehr. Die letzten Kriegsmonate waren gekennzeichnet von einer großen, alles beherrschenden Ausweglosigkeit. Die Unmenschlichkeit und grausame Härte des östlichen Gegners, der Wunsch, den Flüchtlingen aus dem Osten noch zu helfen, die Forderung der westlichen Alliierten nach „bedingungsloser Kapitulation“, aber auch das Pflichtgefühl den gefallenen Kameraden gegenüber ließen jeden aufrechten Mann jedoch weiterkämpfen. Wer versteht das heute noch? Wohl nur die, die damals dabei waren.
„Großdeutschland“-Angehörige kämpften damals in vier Divisionen, in mehreren provisorischen Alarm- und Einsatzverbänden, aber auch als kleinere Gruppen oder einzeln in vielen anderen Verbänden des Heeres. Es waren für alle ganz besonders harte Zeiten! Die Panzergrenadierdivision „Großdeutschland“ hatte alleine vom 15. Januar 1945 bis zum 22. April 1945 16.988 Verluste an Soldaten aller Dienstgrade.

Die Geschichte der „Großdeutschland“-Verbände zeigt die bekannte Entwicklung aller Gardetruppen. Aus einem Sonderverband wird eine Elitetruppe, der einerseits durch bevorzugte Zuführung von Personal, Waffen und Gerät geholfen, andererseits jedoch große Opfer abverlangt werden – um sich schließlich in Zeiten der Überforderung der ganzen Armee völlig aufzureiben.

Die retrospektive Frage „Was hat das alles für einen Sinn gehabt?“ zu beantworten, liegt im politischen, nicht im militärischen Bereich. Sie ist sicherlich berechtigt! Im Übrigen aber, wie alle rückschauenden Betrachtungen, zu einfach gestellt.
Handlungen können echt nur aus ihrer Zeit heraus verstanden und bewertet werden. Man mag auch zum soldatischen Einsatz stehen wie man will. Die menschliche Größe, sein Leben für seinen Staat, sein Land, sein Volk und seine Familie einzusetzen, sollte immer Achtung, Anerkennung und Würdigung finden!

Diese Schlussworte stehen am Ende des Bildbandes von Horst Scheibert, Panzergrenadierdivision „Großdeutschland“ und ihre Schwesterverbände: Panzerkorps „Großdeutschland“, Panzergrenadierdivision „Brandenburg“, Führerbegleitdivision, Führer Grenadierdivision „Kurmark“.

Der bolschewistische Schriftsteller Ilja Ehrenburg rief die Sowjet-Soldaten auf:

„Soldaten der Roten Armee! Tötet! Tötet! Kein Deutscher ist unschuldig – weder die Lebenden noch die Ungeborenen. Folgt der Weisung des Genossen Stalin und vernichtet für alle Zeit die faschistische Bestie in ihrer Höhle! Gewaltsam brecht den Rassenstolz der deutschen Frauen, nehmt sie Euch in gerechter Revanche!"

Obgleich diese Weisung widerrufen wurde, blieb dies doch die Grundhaltung der sowjetischen Soldaten der deutschen Bevölkerung gegenüber!

So war der Weg!

Wie lang ist es her? Donner grollte über Land und Meer, Blitze zuckten und über allem stand der rote Brand. Der Tod hielt reichlich Ernte. Steine stürzten zusammen. Aufbrüllte der Mensch nach Recht! Und im Verlangen nach Frieden sank Geschlecht um Geschlecht. Heute erst schwelt die Glut langsam aus. Zerrissene Hände kehren die Steine und schichten das Haus, das im Feuer versank, neu zum Leben empor. Lasst einmal wandern die Gedanken – weit zurück! Erinnerst Du noch an das letzte Mal? – Als wir alle zusammensaßen im alten Haus? – Langsam und schwer tropfte roter Wein in glitzernde Gläser – und wir ahnten Blut und Leid. Flackernd brannten weiße Kerzen nieder, verzerrte Schatten an die Wand werfend. – Und die Ruhe war unheimlich! – Und dann zogen wir hinaus – du, du und ich. Die gleichen Lieder, die wir sangen, erklangen durch das weite Land. – Aufquirlte der Staub, verschluckte die Sicht, denn Nebel stiegen. Wir trugen alle dasselbe Kleid und glaubten das Recht bei uns! Wir gingen in den großen Streit – doch die Herzen fragten oftmals: „Warum?" Hatten wir schon das Leben gespürt? Jemals das Hämmern der Pulse gehört? – Wir waren noch Kinder! Wer wollte sagen, das wortlose Klagen, was Herzen sprachen und nicht der Mund. Aus der Erinnerung aber wuchs mächtig empor das Verlangen, und die bangenden Herzen verfolgten den wuchtigen Schritt, von dem, der mit dem Leben stritt, als könnt er die Reife nicht erwarten! – Nach rastlosen Märschen verließen die Ersten erobertes, fremdes Land. Die Sense hieb blühendes Leben um und sang uns ihr sattes Lied – bis auch Du auf dem Felde bliebst, es war am frühen Morgen! – Licht sprang tausendfach auf und überblasste in seinem Lauf. Dich und das Land, auf das Du stöhnend niedersankst. So unmerklich trat an uns heran der Tod in lichtendem Gewand, das so trügerisch gleißt. Im stillen, betenden Haus aber war der Platz leer! – Ruhelos zermürbte Massen wälzten die Straßen, verließen die Heimat, den Hof, die Stadt. Und wohin sie kamen, die Kranken und Lahmen – in der Heimat waren sie Gast! In blutleeren Herzen blakte ein Licht, in selbstverzehrenden Grimassen aus Bitten und Nehmen erhielt sich das Leben! Und sie erflehten das Ende – mit Recht! Die Jahre vergingen im gläsernen Springen der Zeit. „Herr, mach' ein Ende unserer Hände Tun!" – Wir sind bereit! Wir sind müde geworden, ermattet, und gestorben sind die Geister des Lebens in uns. – Wir sind ganz benommen, wenn uns die Erinnerungen kommen – und uns die verlorene Heimat

ist. Ich gehe über Felder, und nur erwachsene Wälder rauschen mir Lieder, wie einst als Kind. Ich schaue kleine Häuser am dörflichen Weiher, der still ist wie Einkehr und Frieden. Aus allen Reihen erscholl das Schreien: „Zurück!" Glühende Wellen zermürbter Gesellen, sinnlos zerschellen – Flüche gellen: „Nieder! Verräter! Rebellen! Und dann widerhallten die Wälder und Wiesen von rollenden Rädern und zuckenden Schienen!
Im Heimatland! Das Aug' ward nicht müde zu sehen, und keiner wehrte die Tränen, die fiebernde Wangen netzten. Wieder am eigenen Herd sitzen und nicht mehr daran denken müssen, was gestern war! Wieder für die Seinen walten und ihnen das Leben erhalten – für das Morgen! Aus geborstenen Schloten drängt schon wieder der Qualm. Die Arbeit beginnt!

Soldatengebet unserer Generation

Gott, unser Herr,

In dieser Stunde stehen wir mit unserem Leben vor Deinem Angesicht.
Dir kann man nichts vormachen. Du siehst ins Verborgene, in den Grund der Herzen.
Du kennst jeden einzelnen von uns besser, als wir uns selbst kennen.

Dein Urteil ist zugleich gerecht, wie es barmherzig ist.
Du weißt besser als wir selbst, was die letzten Beweggründe unseres Denkens, Redens und Handelns waren und sind.

Du weißt auch, dass die Erinnerung an unsere Vergangenheit uns stets begleitet.
Eine Vergangenheit, eine Vergangenheit, in der wir bis an die
Grenzen unserer Leistungsfähigkeit geführt wurden.
Einer Vergangenheit, der nichts Menschliches fremd war.

Menschliche Größe stand unmittelbar neben menschlicher Erbärmlichkeit.
Taten neben Untaten, Mut neben Feigheit, Treue neben Verrat, Leben neben dem Tod, Hoffnung neben Verzweiflung, Opferbereitschaft neben Egoismus, Heilung neben Verwundung.

Freude neben Schmerz, Liebe neben Hass, Wahrheit neben Lüge, Großmut neben Rechthaberei, Recht neben Unrecht, Vertrauen neben Misstrauen.

Kaum ein Erlebnis ist unserer Generation fremd. Die Bilder der Jahre, die uns in Krieg und Gefangenschaft geprägt haben, begleiten uns.
Wir wissen aus eigener Erfahrung, was Krieg, Tod, Zerstörung, Verwundung, Hunger ist – und niemand, der dies nur aus zweiter Hand kennt, braucht uns darüber zu belehren.

Niemand kann mehr für den Frieden sein, als der,
der den Krieg am eigenen Leib erfahren hat.

Niemand vermag das Leben mehr zu lieben als der,
dessen ständiger Begleiter über viele Jahre der Tod war.

Niemand kann sich mehr über das Glück und das Zusammenleben von Familien freuen,
als der, der über lange Zeit von seinen Lieben getrennt war.

Niemand weiß ein Leben in Freiheit, Frieden und Gerechtigkeit mehr zu schätzen
als der, der Unfreiheit, Krieg und Ungerechtigkeit in ihren grausamsten Formen erlebt hat.

Weil wir um all diese Schrecken wissen, bitten wir dich, den Herrn der Geschichte,
im Angesicht unserer gefallenen Kameraden,
schenke den Deutschen uns allen Völkern der Erde,
Freiheit, Frieden und Gerechtigkeit.

Gib, dass niemand als Unterworfener unterwürfig in seinem eigenen Land leben muss.

Schenke unserem Vaterland und allen Ländern dieser Welt deine Gnade,
damit alle Menschen in Ost und West, in Nord und Süd in einem menschenwürdigen und
lebenswerten Frieden ohne Not, Furcht und Schrecken leben können.

So bitten wir dich, gerade angesichts unserer gefallenen Kameraden, vor allem für die
jungen Menschen unseres Volkes und in aller Welt:

Gib ihnen Hoffnung und Zuversicht, dass sie sich mit Mut und Tatkraft den
Herausforderungen der Gegenwart stellen und nicht resignieren
und sich in illusionäre Utopien flüchten,
die nur zu Enttäuschungen führen und in Verzweiflung enden können.
Lass nicht Angst, Feigheit und Bequemlichkeit die Oberhand
über die Menschen gewinnen.

Uns allen aber hilf, unseren Egoismus, alle selbst errichteten Schranken zwischen Völkern,
Rassen, Generationen, Ideologien, Religionen, Klassen und Parteien zu überwinden und zu
erkennen, dass wir alle Brüder sind, weil du unser aller Vater bist.

Darum bitten wir dich, angesichts der Namen unserer Gefallenen auf diesen Steinen und
nach Allem, was wir erleben und durchstehen mussten.

Amen.

Vorgetragen bei der Gedenkfeier der Traditionsgemeinschaft „Großdeutschland" am 14. September in Radstadt – Erstmals gesprochen beim Treffen der Ritterkreuzträger 1985 von Militärdekan Prälat Hubert Bittorf, der erlaubt hat, seine Worte weitgehend zu verwenden.

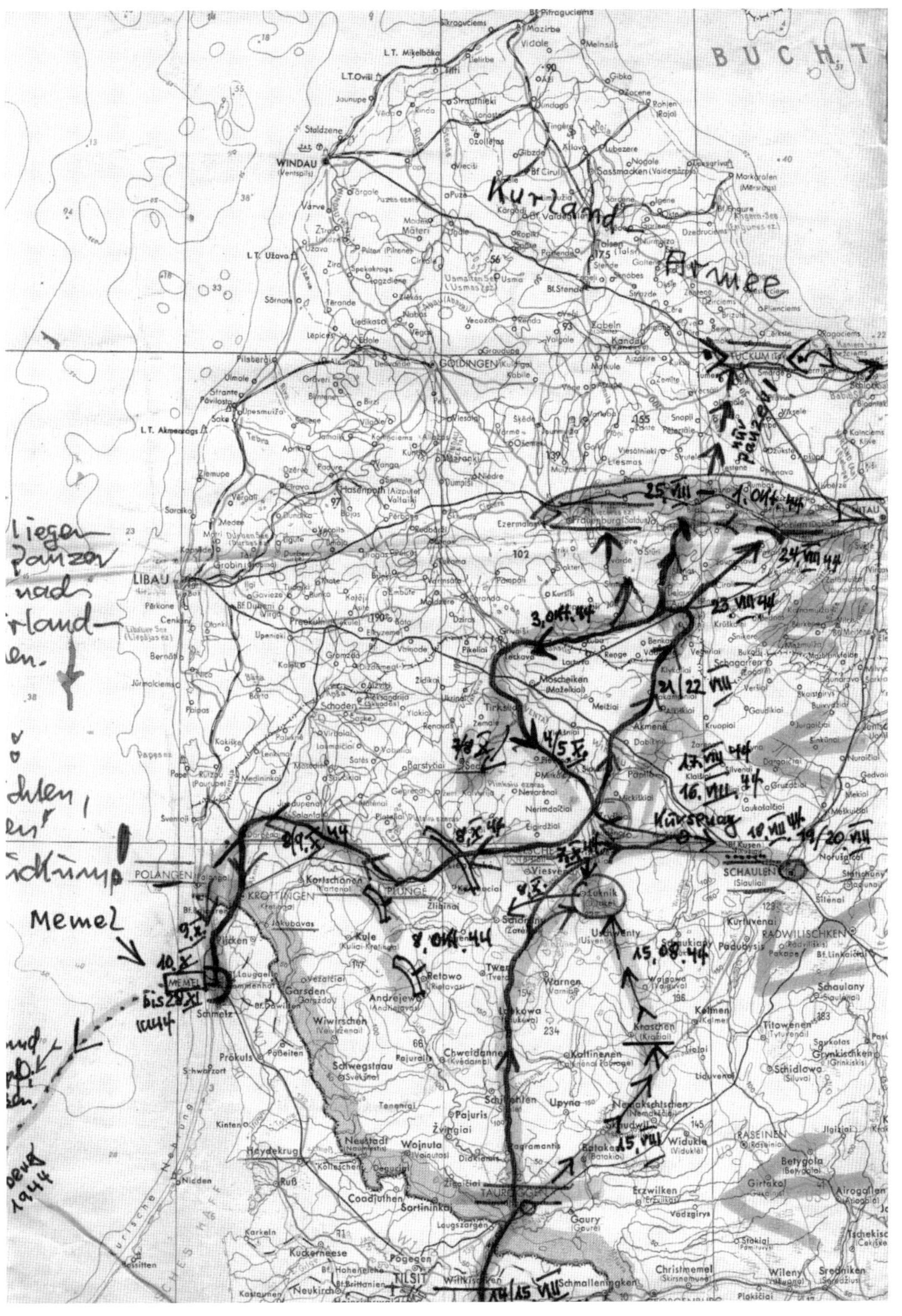

Der obere Teil der Karte zeigt die Einsatzgebiete von Hans Heinz Rehfeldt in der Division „Großdeutschland“ im Jahr 1944/1945.

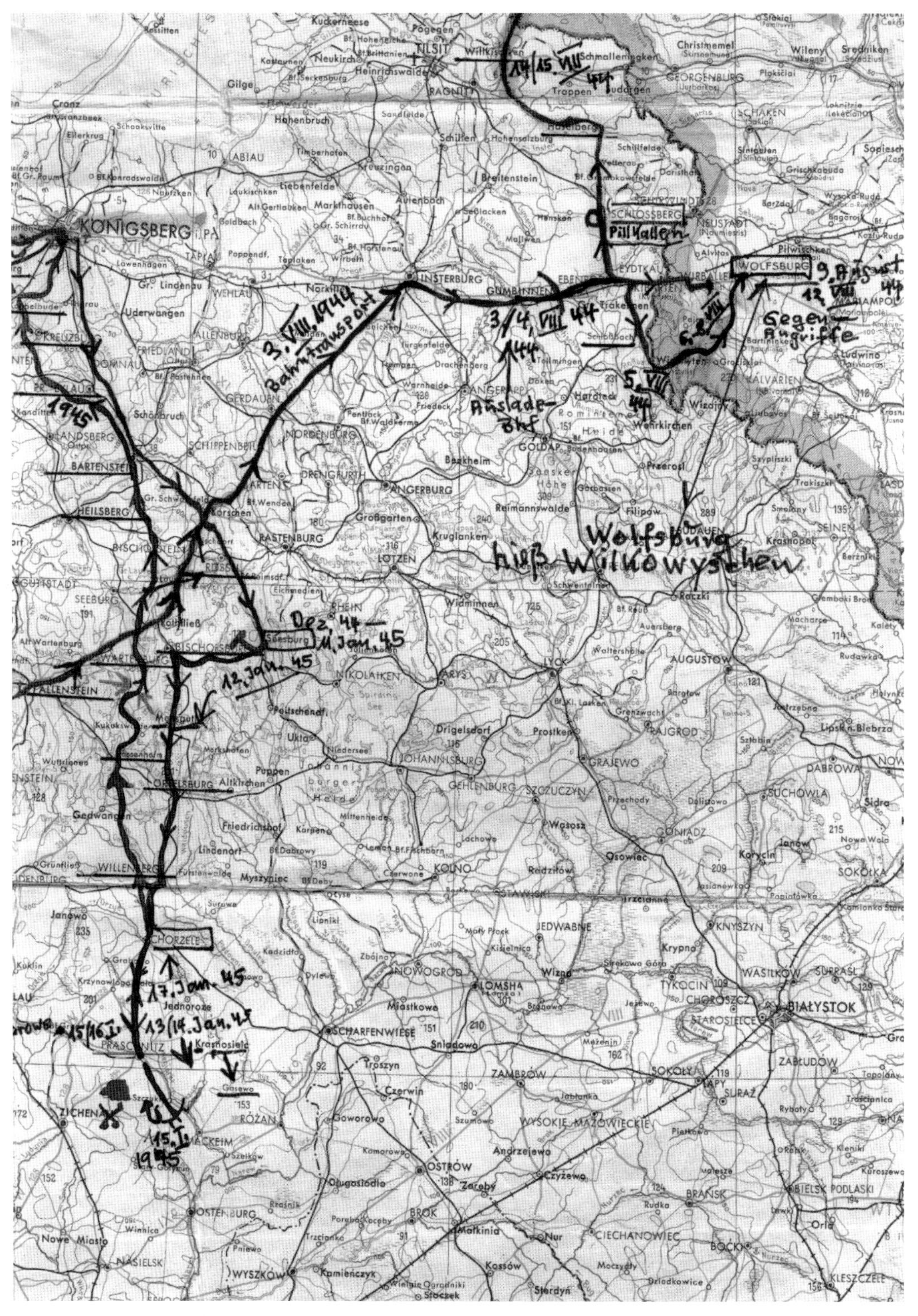

Der untere Teil der Karte von den Einsatzgebieten von Hans Heinz Rehfeldt in der Division „Großdeutschland“ im Jahr 1944/1945.

Der Unteroffizier Josef Dörfler wird im Frühjahr 1945 zur 15. Panzerdivision abkommandiert.

"Jupp" Dörfler trägt weiterhin das Ärmelband „Großdeutschland" an seiner Uniform.

Erfolg,
Glück und
alles Gute!
1945
Euer Hans

Neujahrskarte 1945 von Hans Heinz Rehfeldt an seine Familie. Die guten Wünsche sind in dieser Zeit besonders nötig.

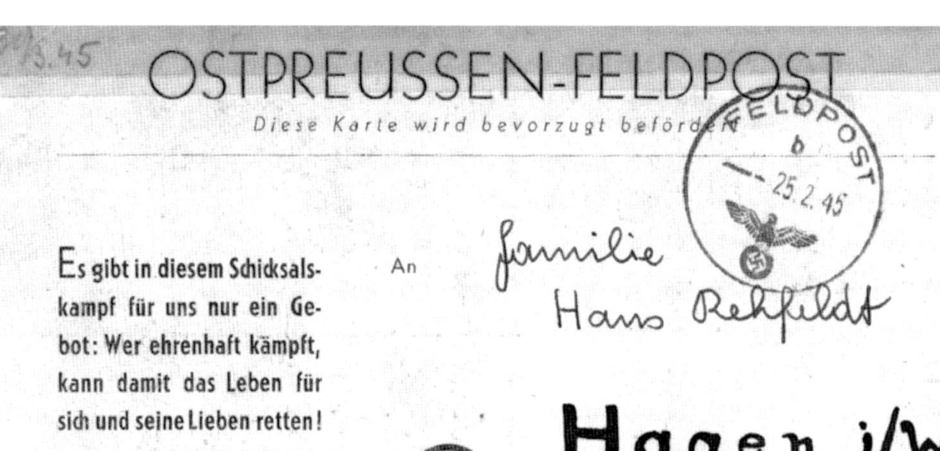

OSTPREUSSEN-FELDPOST

Diese Karte wird bevorzugt befördert

FELDPOST b 25.2.45

Es gibt in diesem Schicksalskampf für uns nur ein Gebot: Wer ehrenhaft kämpft, kann damit das Leben für sich und seine Lieben retten!

ADOLF HITLER

UNSERE PAROLE:

TAPFER UND TREU!

An Familie Hans Rehfeldt

(21) Hagen i/W

Mackensen Str. 8

Abs.: Uffz. Hans Heinz Rehfeldt 09964 F

Die Ostpreußen-Feldpost wurde bevorzugt befördert, um die dort Kämpfenden zu unterstützen.

Im Felde den 22.II.45

Liebe Eltern!

Schnell einen kurzen Gruß! Mir geht's gut, ich hoffe dasselbe auch von Euch. Post ist nun endlich angekommen; macht Euch um mich nur nicht zu viel Sorgen; Wir werden es den Iwans schon mal wieder zeigen! Schreibt bitte bald wieder. Der Winter scheint nun vorbei zu sein. Der Schnee ist restlos verschwunden. Ich grüße Euch vielmals herzlichst

Euer Hans!

Verhaltener Optimismus in schwerer Zeit. Die ständige Sorge der Familie um den Sohn versucht Hans Heinz Rehfeldt etwas zu zerstreuen.

Jupp Dörfler mit seiner künftigen Frau in Flensburg im Mai 1945.

Ein paar Angehörige der „Großdeutschland" hatten in den Maitagen 1945 großes Glück.

Flensburger Nachrichten

Bezugspreis: mtl. Stadt 2.15, Ausw. d. Bot. 2.35, Post 2.- (einschl. 0.18 Postgeb.) zuz. 0.36 Bestellg. Anzeigenpreis lt. Liste 5. Postscheck Hamb. 41721. Geschäftsst. Flensb., Nikolaistr. 7. Ruf 2999 Verlagsl. Herb. Jensen (Wehrm.) Vertr. Heinr. Krebs. Hauptschriftl. Ernst Schröder (Url.) Stellv. Hauptschriftl. Gerh. Becker. Druck u. Verlag Flensb. Nachr. Grenzverlag GmbH. Flensb. RPK. I/675

Nr. 108 | 81. Jahrgang | Mittwoch, 9. Mai 1945 | II. Vierteljahr | 15 Rpf.

Großadmiral Dönitz an das deutsche Volk

Großadmiral Dönitz richtete am Dienstag, 8. Mai, mittags 12.30 Uhr über den Rundfunk folgende Botschaft an das deutsche Volk:

Deutsche Männer und Frauen!

In meiner Ansprache am 1. Mai, in der ich dem deutschen Volk den Tod des Führers und meine Bestimmung zu seinem Nachfolger mitteilte, habe ich es als meine erste Aufgabe bezeichnet, das Leben deutscher Menschen zu retten. Um dieses Ziel zu erreichen, habe ich in der Nacht vom 6. zum 7. Mai dem Oberkommando der Wehrmacht den Auftrag gegeben, die bedingungslose Kapitulation für alle kämpfenden Truppen auf allen Kriegsschauplätzen zu erklären. Am 8. Mai 23 Uhr schweigen die Waffen. Die in unzähligen Schlachten bewährten Soldaten der deutschen Wehrmacht treten den bitteren Weg in die Gefangenschaft an und bringen damit das letzte Opfer für das Leben von Frauen und Kindern und für die Zukunft unseres Volkes. Wir verneigen uns vor ihrer tausendfach bewiesenen

Die Einstellung der Feindseligkeiten

Das Oberkommando der Wehrmacht gibt bekannt:

Am 9. Mai 1945 00.00 Uhr sind auf allen Kriegsschauplätzen von allen Wehrmachtteilen und von allen bewaffneten Organisationen oder Einzelpersonen die Feindseligkeiten gegen alle bisherigen Gegner einzustellen.

Jede Zerstörung oder Beschädigung von Waffen und Munition, Flugzeugen, Ausrüstung, Gerät jeder Art, sowie jede Beschädigung oder Versenkung von Schiffen widerspricht den vom Oberkommando der Wehrmacht angenommenen und unterzeichneten Bedingungen und ist im Gesamtinteresse des deutschen Volkes mit allen Mitteln zu verhindern. Diese Bekanntmachung gilt für jdermann als Befehl, der auf dem militärischen Dienstwege einen solchen nicht erhalten haben sollte.

Vom 9. Mai 1945 00.00 Uhr ab ist ferner auf sämtlichen Funklinien aller Wehrmachtteile nur mehr offen zu funken.

Im Auftrage des Großadmirals
gez. Jodl
Generaloberst.

rechtigkeit gehen, ohne die wir die Not der kommenden Zeit nicht überwinden können. Wir dürfen ihn in der Hoffnung gehen, daß unsere Kinder einmal in einem befriedeten Europa ein freies und gesichertes Dasein haben werden. Ich will auf diesem dornenreichen Weg nicht hinter euch zurückbleiben. Gebietet mir die Pflicht, in meinem Amt zu bleiben, dann werde ich versuchen, euch zu helfen, soweit ich irgend kann. Gebietet mir die Pflicht zu gehen, so soll auch dieser Schritt ein Dienst an Volk und Reich sein.

Der OKW-Bericht

Aus dem Hauptquartier des Großadmirals, 8. Mai. Das Oberkommando der Wehrmacht gibt bekannt:

Artillerie und Atlantikfestungen bekämpfte feindliche Batterien und Truppenbewegungen. Schwächere Aufklärungsvorstöße des Gegners wurden abgewiesen.

In Norwegen verlief der Tag ruhig.

In Kroatien haben unsere Truppen die Linie Coprivnica — Slunj nach Westen überschritten.

Während die Sowjets im Südabschnitt der Ostfront weiterhin verhalten, sind amerikanische Verbände aus dem Raum Linz im Vorgehen nach Osten. In Mähren nahmen die heftigen Abwehrkämpfe südöstlich Brünn und im Großraum Olmütz ihren Fortgang. Die Städte Olmütz und Sternberg gingen verloren. Amerikanische Abteilungen erreichten Beraun.

Auf der Frischen Nehrung hat sich die Lage trotz anhaltender starker Angriffe des Feindes nicht verändert.

In Kurland beschränkten sich die Sowjets auch gestern auf örtliche Vorstöße.

Der militärische Gruß

Das Oberkommando der Wehrmacht gibt ferner bekannt: Die Engländer haben an verschiedenen Stellen den deutschen Gruß verboten und den früheren militärischen Gruß für die deutsche Wehrmacht angeordnet. Die Disziplin der Truppe erfordert eine einheitliche Regelung. Daher wird für die gesamte deutsche Wehrmacht die sofortige Anwendung des militärischen Grußes be-

Die Kämpfe

Starke bolschewistische Angriffe in Mähr

Die Kapitulation der Deutschen Wehrmacht am 8./9. Mai 1945.

Hans Heinz Rehfeldt

Soldbuch
zugleich Personalausweis

Nr. 1032

für

den Grenadier
(Dienstgrad)

ab 1.8.42 (Datum) Gefreiter (neuer Dienstgrad)
ab 1.8.43 Unteroffizier
ab

Hans Heinz Rehfeldt
(Vor- und Zuname)

3./Ers. Btl. I.R. 6

Beschriftung und Nummer der Erkennungsmarke 488

Blutgruppe 0

Gasmaskengröße 2

Wehrnummer Hagen 23/1/10/7

Das Soldbuch von Hans Heinz Rehfeldt.

geb. am 21.4.23 in Hagen
(Ort, Kreis, Verw.-Bezirk)

Religion ev. Stand, Beruf Schüler
Stud. med. vet.

Personalbeschreibung:

Größe 1,76 Gestalt kräftig
Gesicht oval Haar blond
Bart / Augen blau
Besondere Kennzeichen (z.B. Brillenträger): Narben recht. Bein
Narbe am linken Auge
Schuhzeuglänge 29 Schuhzeugweite

Hans Heinz Rehfeldt
(Vor- und Zuname, eigenhändige Unterschrift des Inhabers)

Die Richtigkeit der nicht umrandeten Angaben auf Seiten 1 und 2 und der eigenhändigen Unterschrift des Inhabers bescheinigt

den
(Ausfertigender Truppenteil, Dienststelle)

Dienststempel

(Eigenhändige Unterschrift, Dienstgrad u. Dienststellung des Vorgesetzten)

Bescheinigungen
über die Richtigkeit der Zusätze und Berichtigungen auf Seiten 1 und 2

Lfd. Nr.	Art der Änderung	auf Seite	Datum	Truppenteil	Unterschrift	Dienstgrad und Dienststellung
1	Dienstgrad	1	5.8.42	[illegible]	[illegible]	[illegible]
2	[illegible]	1	4.8.43	[illegible]	[illegible]	[illegible]
3	[illegible]	[illegible]	[illegible]	[illegible]	[illegible]	[illegible]

3

Das Soldbuch von Hans Heinz Rehfeldt.

A. Zuletzt zuständige Wehrersatzdienststelle: W. M. A. Hagen

B. Zum Feldheer abgesandt von:¹)

	Ersatztruppenteil	Kompanie	Nr. der Truppenstammrolle
a			1581
b	J.R. „Großdeutschland"		
c	~~Gren. Ers. Rgt. G.D.~~	~~Gen. I~~	[illegible]

C.

	Feldtruppenteil²)	Kompanie	Nr. der Kriegsstammrolle
a	~~J.R. Großdeutschland~~	8	475
b	[illegible]		475
c	~~Gr. Rgt. G.D.~~	9	475

D.

Jetzt zuständiger Ersatztruppenteil³)	Standort
~~Ers. Btl. I.R. G.D.~~	[illegible]
~~Gren. Ers. Rgt. G.D.~~	~~Cottbus~~
[illegible]	[illegible]
[illegible]	[illegible]

(Meldung dortselbst nach Rückkehr vom Feldheer oder Lazarett, zuständig für Ersatz an Bekleidung und Ausrüstung)

¹) Vom Ersatztruppenteil einzutragen, von dem der Soldbuchinhaber zum Feldheer abgesandt wird.
²) Vom Feldtruppenteil einzutragen und bei Versetzungen von einem zum anderen Feldtruppenteil derart abzuändern, daß die alten Angaben nur durchstrichen werden, also leserlich bleiben.

Weiterer Raum für Eintragungen auf Seite 17.

4

Anschriften der nächsten lebenden Angehörigen

des Hans Heinz Rehfeldt (Vor- und Zuname)

1. Ehefrau: Vor- und Mädchenname ledig (ggf. Vermerk „ledig")

Wohnort (Kreis)

~~Straße, Haus-Nr.~~

2. Eltern: des Vaters, Vor- und Zuname Hans Rehfeldt

Stand oder Gewerbe Kalkulationsbeamter

der Mutter, Vor- u. Mädchenname Klara geb. [illegible]

Wohnort (Kreis) Hagen/W. (21)

Straße, Haus-Nr. Mackensenstr. 8

3. Verwandte ~~oder Braut~~:*)

~~Vor- und~~ Zuname Adolf Rehfeldt

Stand oder Gewerbe Ob. Zahlmeister

Wohnort (Kreis) Schwerin i/M

Straße, Haus-Nr. Richard Wagner Str. 7

*) Ausfüllung nur, wenn weder 1. noch 2. ausgefüllt sind.

5

Das Soldbuch von Hans Heinz Rehfeldt.

Mitgegebene Bekleidungs- und Ausrüstungsstücke

(nur bei Abgängen vom Ersatzheer zum Feldheer, sowie Abgängen vom Feldheer – ausgenommen Verwundung u. plötzliche Erkrankung – ausfüllen).

Grund (z. B. Urlaub, Ersatz ins Feld, Kommando, Versetzung usw.) | Zeit: Tag, Monat, Jahr | Stahlhelm | Feldmütze | Bluse oder Feldjacke (Schw.) | Unterjacke | Tuch-, Reit- oder Feldhose (Schw.) | Schnürschuhe, Reitstiefel | Schnürschuhe | Mantel, Übermantel | Tornister | Kochgeschirr | Zeltausrüstung | Koppel mit Zubehör | Brotbeutel mit Band | Feld-(Labe-)Flasche | Beilichzeug | Hemd | Unterhose | Kragenbinde | Socken/Fußlappen | Kopfschützer | Handschuhe

5. [illegible] Ers. Btl. „Großdeutschland" 2. 8. 41

4 13. 10. 41

Reserve-Lazarett VIII Warschau, Pasteur 17 26. 10. 42

5. 12. 42

1. 1. 43

Abstellung 14. 1. 43

9. Gr. Gren. Rgt. G.D. 16. 4. 43

9. Gr. Gren. Rgt. G.D. 31. 12. 43

Res. Laz. [illegible] Schwerin 12. 4. 45

Anmerkung: Stücke ... auch berichtigt werden, z. B.

6

7

Das Soldbuch von Hans Heinz Rehfeldt.

Besondere Bekleidungsvermerke

(z. B. Antrag der Feldeinheit auf Umtausch von Sachen usw.)
Nach Erledigung vorseitige Eintragungen in rot ändern.

8

Impfungen

gegen						
a) Pocken Erfolg — am	23.7.41					
b) Typhus Paratyphus — am	23.7.41	31.7.41	7.8.41	22.5. 42.	12.4. 43	28.9. 43.
ccm	1,0	1,0	1,0	1,0 T.A.B.	1,0	1,0
c) Ruhr — am	4.11. 43	22.11. 43	28.11. 43	26.7. 44		
ccm	0,5	1,0	1,0	1,0		
d) Cholera — am	11.6. 42	30.6. 42	24.6. 42.	11.2. 44	3.1. 45	
ccm	1,0	0,5	1,0	1,0	P.A.B. 1,0	
e) Sonstige Schutz- und Heilimpfungen — am	12.1.44 0,2cm³	Tetanus IX 42				

9

Das Soldbuch von Hans Heinz Rehfeldt.

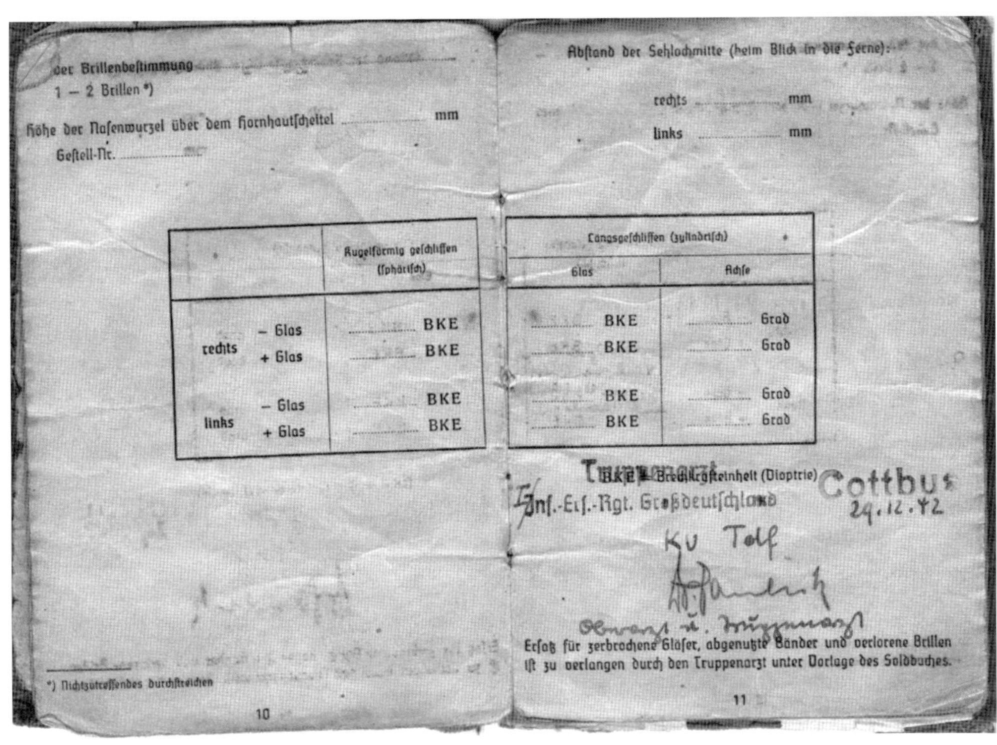

der Brillenbestimmung
1 – 2 Brillen *)
Höhe der Nasenwurzel über dem Hornhautscheitel .... mm
Gestell-Nr. ....

Abstand der Sehlochmitte (beim Blick in die Ferne):
rechts .... mm
links .... mm

		Kugelförmig geschliffen (sphärisch)	Längsgeschliffen (zylindrisch) Glas	Achse
rechts	– Glas	.... BKE	.... BKE	.... Grad
	+ Glas	.... BKE	.... BKE	.... Grad
links	– Glas	.... BKE	.... BKE	.... Grad
	+ Glas	.... BKE	.... BKE	.... Grad

BKE = Brechkrafteinheit (Dioptrie)

Truppenarzt
I./Inf.-Ers.-Rgt. Großdeutschland
Cottbus
29.12.42
KV Tolf
Oberarzt u. Truppenarzt

Ersatz für zerbrochene Gläser, abgenutzte Bänder und verlorene Brillen ist zu verlangen durch den Truppenarzt unter Vorlage des Soldbuches.

*) Nichtzutreffendes durchstreichen

10 11

Das Soldbuch von Hans Heinz Rehfeldt.

Nachweisung über etwaige Aufnahme in ein Standort-, Feld-, Kriegs- oder Reservelazarett

Lazarett	Tag und Monat (der Laz.-Aufnahme)	Jahr (der Laz.-Aufnahme)	Krankheit	Unterschrift des absendenden Truppenteils (Hauptmann usw. Oberfeldwebel)	Tag und Monat (der Entlassung aus dem Lazarett)	Jahr (der Entlassung aus dem Lazarett)	Etwaige Bemerkung in Bezug auf die Entlassung aus dem Lazarett (übergeführt nach Nr. als geheilt zum Truppenteil usw.)	Unterschrift des die Entlassung bewirkenden Lazarettbeamten
[illegible]	5.10.	42	[illegible]		15.10.	42	[illegible]	[illegible]
Reserve-Lazarett VIII Warschau, Pasteur 17	21.	10.42	31 b	[illegible]	30.11.	42	[illegible]	[illegible] Kr.-Verw.-Insp.
Res.-Laz. VIII Schwerin	27.3.	45	Gran.-Splitter [illegible] Oberlippe					

Mitgegebene Wertsachen und Papiere siehe folgende Seiten!

12 13

Das Soldbuch von Hans Heinz Rehfeldt.

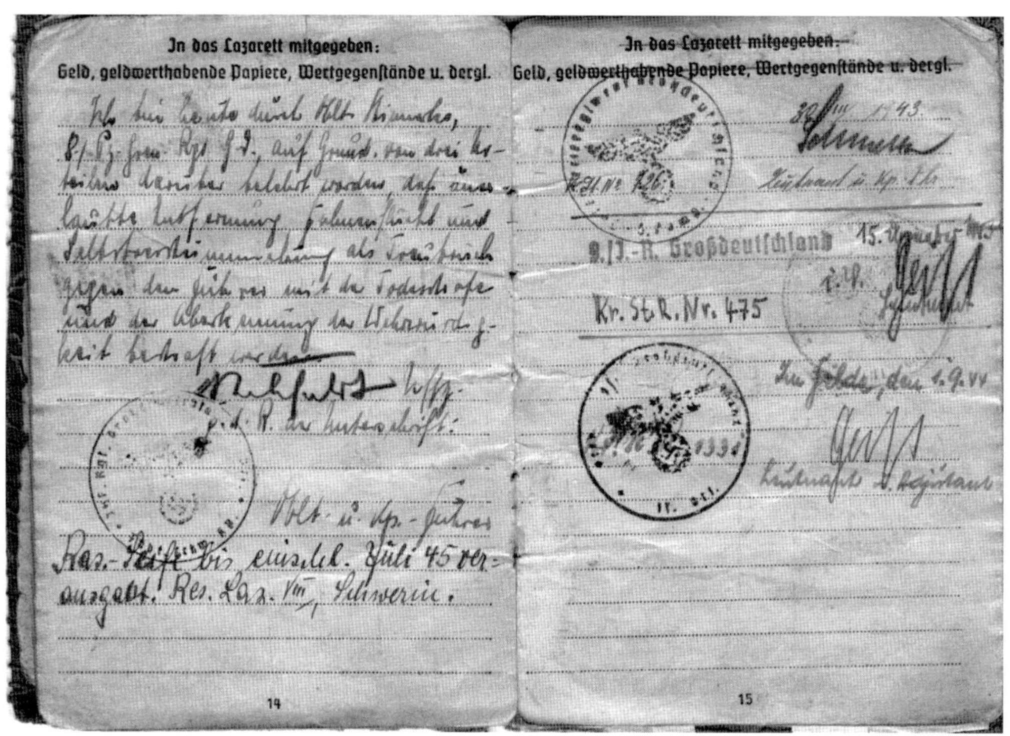

In das Lazarett mitgegeben:
Geld, geldwerthabende Papiere, Wertgegenstände u. dergl.

[illegible]

Rehfeldt Uffz.

Res. Laz. VIII Schwerin.

~~In das Lazarett mitgegeben:~~
~~Geld, geldwerthabende Papiere, Wertgegenstände u. dergl.~~

I./J.-R. Großdeutschland

Kr. St. R. Nr. 475

[illegible]

14 15

Das Soldbuch von Hans Heinz Rehfeldt.

Zahnstation:

Zahnersatz erhalten am: ....

+ Fehlende Zähne ○ Ersetzte Zähne

8 7 6 5 4 3 2 1	1 2 3 4 5 6 7 8
8 7 6 5 4 3 2 1	1 2 3 4 5 6 7 8

Unterschrift des Zahnarztes

Unterschrift des Tr.-Arztes

Ausbesserungen am: ....
in der Zahnstation: ....
Ausbesserungen am: ....
in der Zahnstation: ....
Ausbesserungen am: ....
in der Zahnstation: ....

Bemerkungen:

z. B. trägt seit: .... eigenes Zahnersatzstück mit .... Zähnen im .... Kiefer.

16

Fortsetzung zu Seite 4

B. Zum Feldheer abgesandt von:¹)

	Ersatztruppenteil	Kompanie	Nr. der Truppenstammrolle
a	Stamm-Kp. II/G. E. R. G. D.		[illegible]/39/44
b			
c			

C.

	Feldtruppenteil²)	Kompanie	Nr. der Kriegsstammrolle
a	[illegible]	3. Kp.	[illegible]
b	[illegible]	8	1330
c	Pz. Gren. Rgt. G. D.		

D.

Jetzt zuständiger Ersatztruppenteil²)	Standort
Lehrg. f. Heer. Tel. Akad.	Hannover
Ersatz Brigade G. D.	Cottbus
I./Pz. Gren. E. u. A. Rgt. GD.	Rendsburg

(Meldung dortselbst nach Rückkehr vom Feldheer oder Lazarett, zuständig für Er[satz] an Bekleidung und Ausrüstung)

¹) Vom Ersatztruppenteil einzutragen, von dem der Soldbuchinhaber zum Feldheer abgesandt wird.
²) Vom Feldtruppenteil einzutragen und bei Versetzungen von einem zum anderen Feldtruppenteil derart abzuändern, daß die alten Angaben nur durchstrichen werden, also leserlich bleiben.

17

Das Soldbuch von Hans Heinz Rehfeldt.

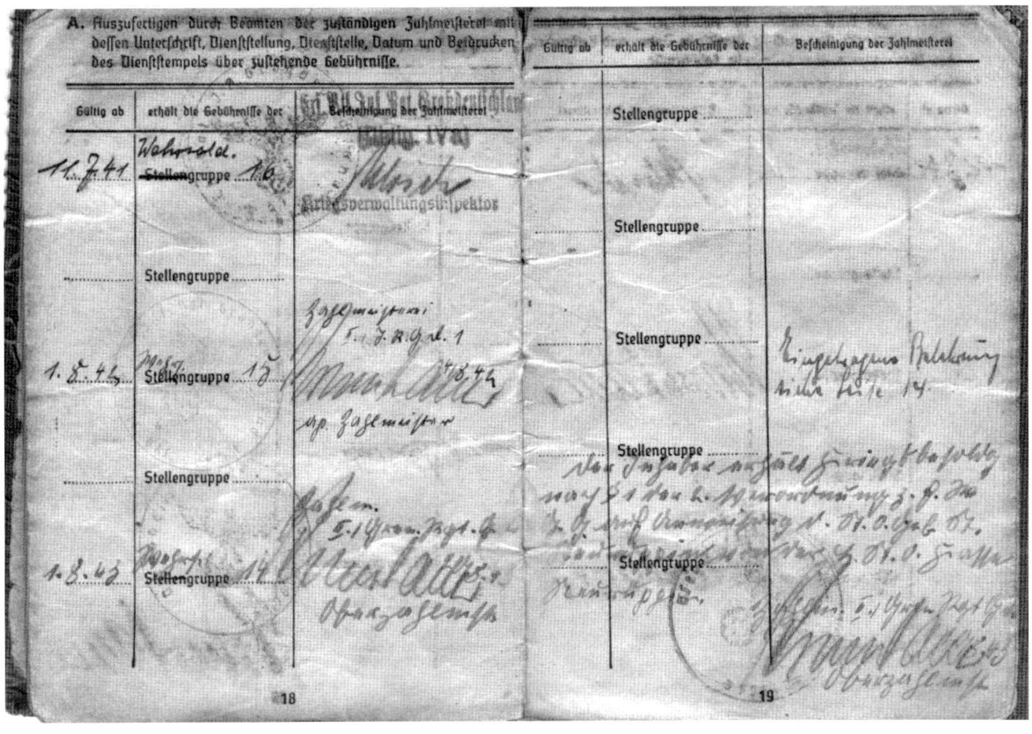

A. Auszufertigen durch Beamten der zuständigen Zahlmeisterei mit dessen Unterschrift, Dienststellung, Dienststelle, Datum und Beidrucken des Dienststempels über zustehende Gebührnisse.

Gültig ab	erhält die Gebührnisse der	Bescheinigung der Zahlmeisterei
11.7.41	Wehrsold. Stellengruppe 16	Kriegsverwaltungsinspektor
....	Stellengruppe	
1.8.42	Wehrs. Stellengruppe 15	Zahlmeisterei ... 1.8.42 ... Zahlmeister
....	Stellengruppe	
1.8.43	Wehrsold Stellengruppe 14	... Oberzahlmeister

18

Gültig ab	erhält die Gebührnisse der	Bescheinigung der Zahlmeisterei
	Stellengruppe	
	Stellengruppe	
	Stellengruppe	Eingetragene Bekleidung siehe Seite 14.
	Stellengruppe	
	Stellengruppe	Oberzahlmeister

19

Das Soldbuch von Hans Heinz Rehfeldt.

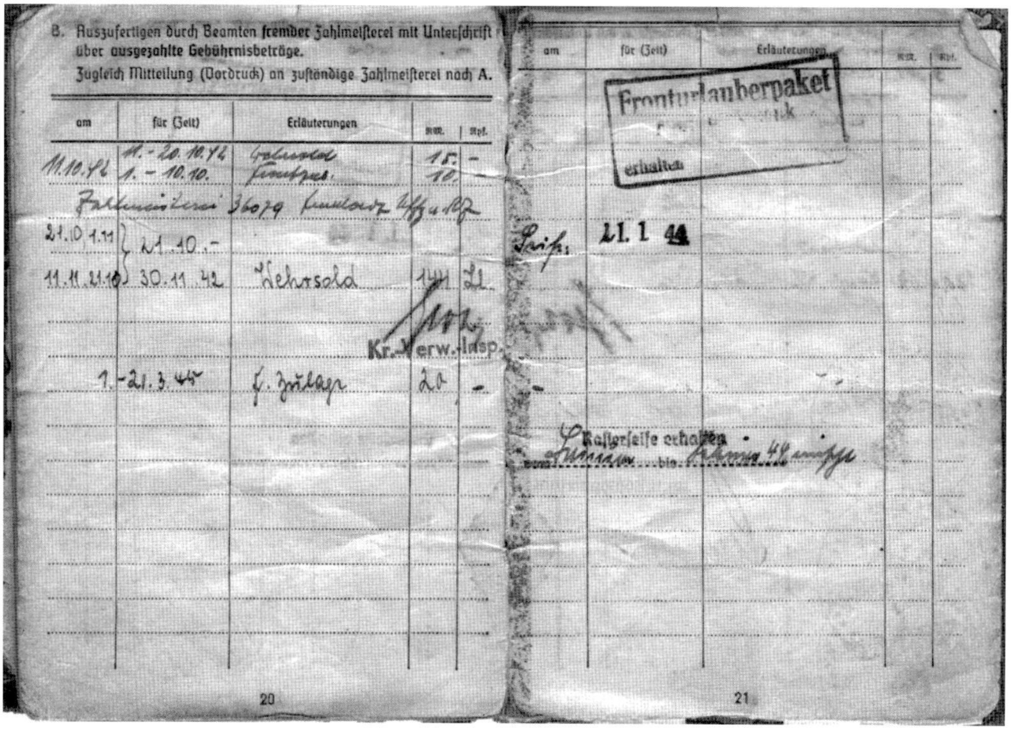

B. Auszufertigen durch Beamten fremder Zahlmeisterei mit Unterschrift über ausgezahlte Gebührnisbeträge.
Zugleich Mitteilung (Vordruck) an zuständige Zahlmeisterei nach A.

am	für (Zeit)	Erläuterungen	RM.	Rpf.
11.10.42	11.–20.10.42		15.	–
	1.–10.10.		10.	–
21.10–1.11	21.10.–			
11.11.–21.11	30.11.42	Wehrsold	144	21
	1.–21.3.44	f. Zulage	20	–

Kr.-Verw.-Insp.

20

am	für (Zeit)	Erläuterungen	RM.	Rpf.

Fronturlauberpaket erhalten

21.1 44

Rasierseife erhalten ... bis ...

21

Das Soldbuch von Hans Heinz Rehfeldt.

Auszeichnungen

Hauptmann u. Komp.-Chef

„Bronze"

Ltn. u. Kompanieführer

22

3.12.44.

8.II 45 E.K. I. Klasse

Oberleutnant u. Kp. Führer schwere Kompanie

Das Soldbuch von Hans Heinz Rehfeldt.

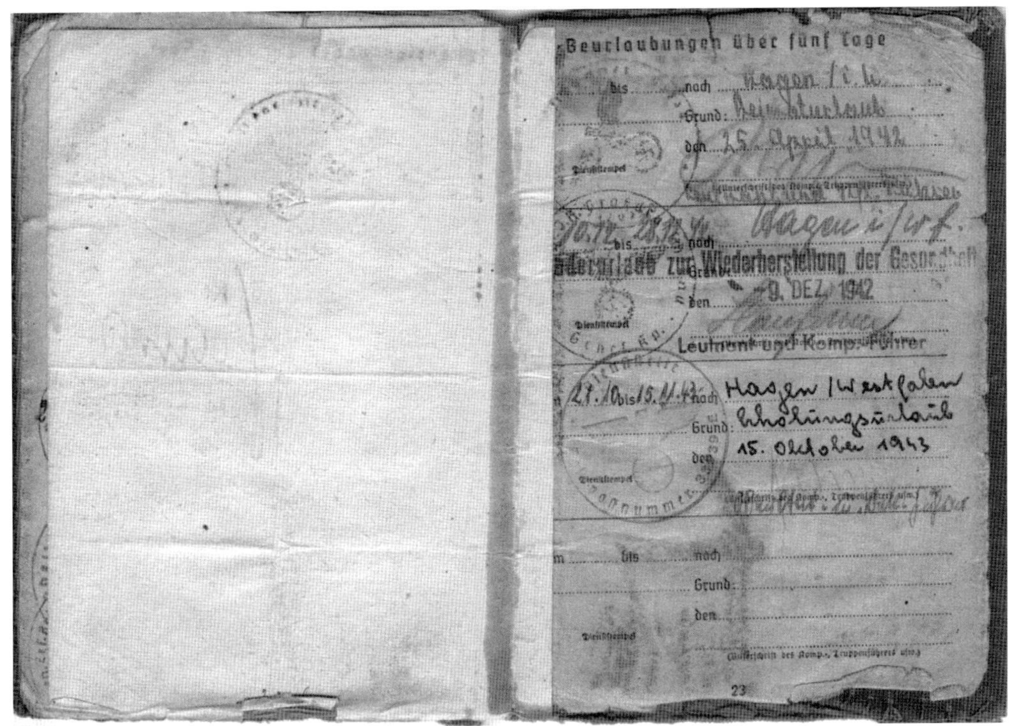

Beurlaubungen über fünf Tage

bis ... nach Hagen i. W.

Grund:

den 25. April 1942

Dienststempel

(Unterschrift des Komp.-, Truppenführers usw.)

bis nach Hagen i. Westf.

Sonderurlaub zur Wiederherstellung der Gesundheit

Grund:

den 9. DEZ. 1942

Dienststempel

Leutnant und Komp.-Führer

21.10. bis 15.11.43 nach Hagen / Westfalen

Grund: Erholungsurlaub

den 15. Oktober 1943

Dienststempel

(Unterschrift des Komp.-, Truppenführers usw.)

bis nach

Grund

den

Dienststempel

(Unterschrift des Komp.-, Truppenführers usw.)

23

Das Soldbuch von Hans Heinz Rehfeldt.

Hans Heinz Rehfeldt führte von 1937 bis 1946 regelmäßig Tagebuch, das als Grundlage für seine Aufzeichnungen in diesem Buch diente. Im Vordergrund das Soldbuch von Hans Heinz Rehfeldt, das viel mitgemacht hat.

Aus einem Stettiner Lazarettkeller besorgte sich Hans Heinz Rehfeldt 1945 eine neue Uniformjacke, da seine alte völlig abgetragen war. Er hat sie heute noch, mit allen seinen Auszeichnungen.

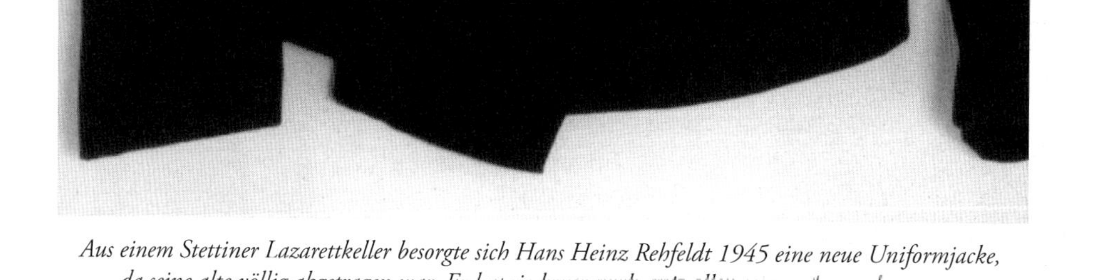

Das Ärmelband der Einheit „Großdeutschland“, das Hans Heinz Rehfeldt in der Ausbildungszeit trug. Es ist die frühe Variante mit gotischem Schriftzug.

Die „Brandenburger" wurden ab Herbst 1944 zum Teil in die Einheit „Großdeutschland" eingegliedert. Eine Erinnerungskarte beider Verbände, die sehr bekannt waren.

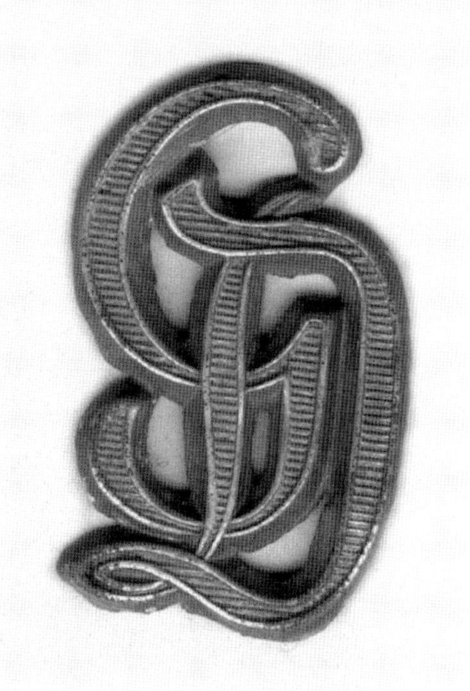

Die verschlungenen „GD"-Buchstaben, die auf der Schulterklappe eines jeden Angehörigen der Einheit mit Stolz getragen wurden.

Die ehemaligen Angehörigen der Einheit „Großdeutschland" treffen sich bis heute. Hier das Bild von einem Treffen in Montabaur im Jahr 1965.

Der General a. D. Walter Hörnlein (3. von links) besuchte 1958 das Denkmal der „Großdeutschland"-Verbände in Kassel-Karlsaue.

Die Gedenkwand in Kassel zeigt die dem Panzerkorps „Großdeutschland" zugeordneten Verbände.

Aus dem Buch „ Flammendes Haff“ (Hauschild, 1952)

... Im Kessel Ostpreußen März 1945.
Der Oberst einer Artillerieeinheit, die noch 2 Geschütze hat zu einem seiner Offiziere: „Sagen Sie nicht weiter, wenn der Russe angreift, muss sofort ein Gegenstoß gemacht werden. Man müsste, so fügt er sinnend hinzu, legt einen Augenblick Schweigen ein – wie um sich zu sammeln und umzuschalten – man müsste 10 Panzerdivisionen haben, gute, versteht sich, und voll ausgerüstet, Reichsunmittelbare, wie „Großdeutschland“ und „Hermann Göring“. Und dann müsste man einen einzigen Stoß kraftvoll in den Gegner hineinführen. Ganz kerzengerade hinein. Fernziel Warschau. Zunächst. Und dann weiter. Und 10 Infanteriedivisionen und ein paar Geschwader von Kampfmaschinen müssten unterstützen. Der Gegner ist nicht so stark wie es den Anschein hat. Stark ist hier nur die Situation für ihn. Und nach einer winzigkleinen Pause – ganz nebenhin: „Ich möchte dann eine Panzerdivision führen dürfen, Herrschaften!“

EK II-Tenor für den Gefreiten Rehfeldt.

Der Gefreite Rehfeldt nahm am russischen Feldzuge als Munitionsschütze im schweren Granatwerferzug vom Oktober 1941 teil, und hat sich in dieser Stellung stets hervorragend bewährt. Bei den Kämpfen am Donübergang hat er im starken feindlichen Granatfeuer ununterbrochen die so dringend benötigte Munition von der Übersetzstelle zum Gerät gebracht und damit ermöglicht, dass der Werfer ein feindliches Schützennest vernichten konnte. In den Angriffsgefechten bei Tschermassowo zeichnete sich Rehfeldt wiederum als Munitionsschütze aus. Im schwersten Artillerie- und Granatwerferfeuer scheute er sich nicht, immer wieder die Munition für seinen Werfer vorzuholen. Rehfeldt hat wesentlichen Anteil an den Erfolgen seines Werfers.
Tschermassowo/südlich Rshew 10.-18. September 1942
Donübergang, 6. Juli 1942
Potklodnoye

EK I-Tenor für den Unteroffizier Rehfeldt

Unteroffizier Rehfeldt „Zugführer des Granatwerferzuges der 8. Kompanie/II. Bataillon des Grenadierregiments „Großdeutschland“ hat bei den schweren Rückzugskämpfen in Ostpreußen am 23. Januar 1945 durch eigenen Entschluss und dem gekonnten Einsatz seines Granatwerferzuges, den in einem Gehöft vom Feind eingeschlossenen Rest des II. Bataillons Grenadierregiment „Großdeutschland“ verlustlosen Aus- und Durchbruch über eine von sechs Pak-Geschützen gesperrte Straßenkreuzung nordwestlich von Gillau, an der Straße nach Wartenburg, ermöglicht. Die feindlichen Pak-Bedienungen wurden durch das gut liegende Granatwerferfeuer niedergekämpft und sind nicht zum Schuss gekommen. Die Flanken-

deckung dieses Pak-Riegels wurde ebenfalls durch den Granatwerferbeschuss niedergehalten. Dem Regiment wurde ein kampfstarker Infanterieverband, vier leichte Infanteriegeschütze und sechs Granatwerfer sowie die dazugehörenden Fahrzeuge erhalten. Der Bataillonsführer hat für diesen erfolgreichen und eigenwilligen Entschluss beim Herrn Regimentskommandeur den Unteroffizier Rehfeldt für das Eiserne Kreuz I. Klasse vorgeschlagen.
Unteroffizier Rehfeldt hatte sich seit den schweren Abwehrkämpfen im Wald von Karatschew, von Achtyrka bis zum Dnepr-Übergang bei Krementschug, weiter in Rumänien und zuletzt beim Durchbruchversuch von Ostpreußen nach Kurland als Führer des Granatwerferzuges immer wieder bewährt, und das unter bestmöglicher Schonung seiner ihm anvertrauten Männer.

Im Felde den 26. Januar 1945
Oberleutnant Hinnerk

Beurteilung des Unteroffiziers Hans Heinz Rehfeldt

Panzergrenadierdivision „Großdeutschland"
II. Bataillon Grenadierregiment
8. Kompanie/schwere Kompanie

Ortsunterkunft, den 12. Oktober 1943

Der Kompanieführer Hauptmajor Schmelter

Beurteilung des Unteroffiziers Hans Heinz Rehfeldt

Offener, ehrlicher Charakter, bescheiden, zuvorkommend. Er hat an sich selbst gearbeitet, den Dienst zur Zufriedenheit seiner Vorgesetzten auszuführen.
Rehfeldt ist ein entschlossener und tatkräftiger Vorgesetzter, der seinen Untergebenen unbedingt Vorbild ist. Geistig gute Veranlagungen, rasche Auffassungsgabe, körperlich kräftig, allen Anstrengungen gewachsen. Rehfeldt besitzt gute waffentechnische Kenntnisse und besitzt auf allen Gebieten des Dienstes gleich gute Grundlagen. Rehfeldt hat sich vor dem Feind bewährt, wurde mit dem EK II und dem Infanteriesturmabzeichen ausgezeichnet. Sein Verhalten gegenüber Vorgesetzen war zufriedenstellend. In Kameradenkreisen war er beliebt.

Schmelter
Hauptmann und Kompanie-Führer

Ich sollte unbedingt Offizier werden! (Bemerkung Rehfeldts)

Zeittafel „Großdeutschland“ – Einsätze, Orte und Gefechte

15. Juli 1941 bis 19. Juli 1945
Kriegsfreiwilliger Hans Heinz Rehfeldt
Ausbildung – Marsch zur Front – mitgemachte Schlachten und Gefechte

1941

15.07.1941	Neuruppin – 3. Kompanie/Ersatzbataillon Infanterieregiment „Großdeutschland“ Seekaserne.
26.10.1941	Granatwerferzug, (8,14 cm) „Grenadier“.
27.10.1941	Marschbataillon III/16. Per Bahn bis Orel, ab Gomel noch auf russischer Breitspur.
30.10.-30.11.	Kämpfe um Jefremow und Tula.
14.11.1941	Unterkunft in Kirche. Fußmarsch, z.T. als Anhalter bis Plawsk. Dort Aufteilung auf das Regiment, das zur Zeit in Ruhe liegt, in Wodana.
15.11.1941	Es beginnt die Schlacht um Tula.
05.12.1941	Vorstoß auf Kashira und Rjasan. Versuch, Tula mittels ostwärtiger Umfassung zu nehmen. Erreichen Wenev.
06.12.1941	Einsetzen stärkster Kälte. Die Fronten „erstarren“.
07.12.1941	Schwere Abwehrrückzugsgefechte im Raum um Jefremow und Tula. Kälteste Nacht (-52° C), hinhaltende Rückzugskämpfe ostwärts Tula dann südlich über Tschern – Mzensk. Nordostwärts von Orel.
20.12.1941	Errichtung einer Riegelstellung ostwärts Orel (Eisenbahn-Endbahnhof).
21.12.1941	Motor-Marsch in den Raum Bolchow nördlich von Orel. Oka-Stellung.
22.12.1941	Abwehrkämpfe im Brückenkopf ostwärts der Oka, nordostwärts von Bolchow – „Winterstellung“ aber keine Winterbekleidung!
31.12.1941	Der Rest des Regiments aufgeteilt als „Korsettstangen“ auf 3 verschiedene Infanteriedivisionen.

1942

01.-19.01.42	Kämpfe an der Oka zwischen Orel und Belew.
20.-30.01.42	Kämpfe gegen von Nordosten eingebrochene russische Regimenter und Partisanen in den Wäldern um Gorodok-Jagodnaja.
31.01.1942	Auflösung des II. Bataillons wegen zu großer Verluste und Aufteilung auf die anderen Bataillone.
31.01.-08.02.	Sicherung im Raum um Gorodok.
09.02.1942	Angriff auf Werch.
10.02.1942	Freikämpfen der Rollbahn Bolchow-Jagodnaja.
11.-18.02.42	Weitere sehr verlustreiche Kämpfe in diesem Raum.
12.02.1942	Zusammenlegen der zwei noch verbliebenen Bataillone zu einem!
20.02.1942	Angriff auf Kosowka, Tschuchlowo und Rshewka
21.02.1942	Sicherung im erkämpften Raum. Ersatz aus Neuruppin ist gekommen.
01.04.-22.05.	Umgliederung des Regiments zu einer Infanteriedivision (mot.) „Großdeutschland“. Die neu hinzutretenden Verbände werden auf den

Übungsplätzen Döberitz und Jüterbog (bei Berlin) und in Wandern, Mark Brandenburg aufgestellt.

08.04.1942 Ablösung und Herausziehung aus der Front. Der Regimentskommandeur Oberst Hoernlein wird zum Generalmajor befördert und gleichzeitig Divisionskommandeur der neu aufzustehenden Division „Großdeutschland“.

09.-14.04.42 Nach wenigen Ruhetagen Motor-Marsch des Restes des alten Verstärkten Infanterieregiments „Großdeutschland“ nach Orel.

15./16.04.42 Bahntransport von Orel nach Rjetschitza. Dnjepr (Nähe Gomel).

17.04.1942 Unterkunft in Rjetschitza. Dort Umgliederung in Infanterieregiment „Großdeutschland 1“.

26.04.1942 Urlaubsfahrt Rjetschitza, Berlin, Hagen. Nur die, die den Winterkrieg mitgemacht haben! Herrliche Tage im Frühling zu Hause!

01.05.1942 Umgliederung des Ersatzbataillons „Großdeutschland“ zu einem Ersatzregiment unter Verlegung von Neuruppin nach Cottbus.

21.05.1942 Rückfahrt Hagen-Berlin, dort sammeln – dann nach Rjetschitza.

23.-31.05.42 Teils im Bahntransport, teils im Motor-Marsch gelangen die zur neu zu bildenden Division hinzutretenden Verbände in den Raum Fatesch – nordwestlich von Kursk. Hier Unterstellung der Division unter das XXXXVIII. Panzerkorps.

30.05.1942 Rjetschitza. Das Regiment „Großdeutschland 1“ fährt los. Wohin?

31.05.-07.06 Die 8. Kompanie bleibt zur Sicherung und als Nachhut in Rjetschitza. Ungarische Einheiten besetzen Rjetschitza und lösen uns ab. Wir verladen und fahren per Bahn über Gomel-Brijansk, Orel bis Swobodka etwa 25 Kilometer nördlich von Kursk.

01.06.1942 Umgliederung des Grenadier-Ersatz-Regiments „Großdeutschland“ in die Ersatzbrigade „Großdeutschland“ (mot.)

09.-22.06.42 Bereitstellung im Bereich der Heeresgruppe Mitte (B). Ausgangsstellung 55 Kilometer ostwärts von Kursk vor Schtigri, und Polywoije - Dubrowka.

28.06.1942 Beginn der Sommeroffensive. Angriff und Durchbruch durch die russischen Stellungen über den Olym und Tim. Weiter Verfolgung bis zum oberen Don bei Woronesh.

01.-27.07.42 Ausbildung im Raum Fatesch und Bereitstellung hart ostwärts von Schtschigry zur Sommeroffensive im Süden Russlands.

05./06.07.42 Übergangskämpfe über den Don (Potkiodnoije) und Beteiligung an der Einnahme von Woronesh.

07.07.1942 Herauslösen aus der Front und Sammeln auf dem Westufer des Don.

08.-13.07.42 Durchbruch nach Süden und Vorstoß auf den mittleren Don. Vormarsch mit z.T. heftigen Kämpfen (Panzerangriffe) durch den „Großen Donbogen“ südwärts bis Oichowsky an der Olchowka. Dabei alle Ost-West-Verbindungen des Gegners durchschneidend (z.T. hinter der russischen Südfront).

14.-19.07.42 Vormarsch unter leichteren Kämpfen bis an den Donez über Tazinskaja. Donezübergang, hart nördlich des Zusammenflusses des Donez und Don.

20.07.1942 Donez-Übergang mit russischer Fähre bei Michailowsky.

21.-23.07.42 Kampfe nördlich des Don. Vorausabteilung auf Schachty. Einnahme der

Stadt. Weiter! Erreichen des Don.

23.-24.07.42 Donübergang bei Rasdorskaja und Brückenkopf bei Melichowskaja (etwas flussabwärts).

24.-30.07.42 Ausweitung der Brückenköpfe bis zum Sal und seine Sicherung unter Einnahme der Orte Susatzkij und Aschinow. Weiter vor bis Fedoloff am Manytsch-Liman.

27.07.1942 Iwan sprengt einen großen Damm, danach große weitflächige Überschwemmungsgebiete.

01.08.1942 Meine Beförderung zum Gefreiten!

02.08.1942 Abmarsch (mot.) als OKH-Reserve am Nordufer des Don. – Wir liegen fest, wie auf vielen kleinen Inseln! Zwangsweiser Stopp unseres Vormarsches in Richtung Kaukasus! „Erholsame Ruhe“ bis zum Ablaufen des Wassers.

02.-14.08.42 Die Division sammelt in Stalino (heute Donez) und Schachty.

15./16.08.42 Beginn der Eisenbahnverladung, II. Bataillon in Grischinew. Wohin? Nach Frankreich?

16.-20.08.42 Bahntransport: Dnjepropetrowsk (riesiges Stauwehr) – Krementshug – Gomel – Orscha – Smolensk (russischer Großangriff bei Rshew).

21.08.1942 Beziehen von Verfügungsräumen südlich von Rshew.

09.09.1942 Armeereserve des Armeeoberkommandos 9. Ich bin jetzt „Zweibeinschütze“ am Granatwerfer. Straßenbau in unmittelbarer Frontnähe. Der Iwan greift heftig an.

10.09.1942 Schwere angriffsweise geführte Abwehrkämpfe bis zum 8. Oktober am Südrand und weiter südlich von Rshew im Rahmen des XXVII. Armeekorps. Beim 1. Angriff werde ich am rechten Knie relativ leicht verwundet (Granatsplitter-„Durchschuss“ vor dem Knie, Eröffnung des Schleimbeutels dort und nachfolgende schwere Entzündung).

20.09.1942 Verleihung des Verwundeten-Abzeichens (1. Verwundung).

21.09.1942 Feldlazarett Artimowa (noch in Artillerie-Reichweite!)

27.09.1942 Verleihung des Infanterie-Sturmabzeichens.

05.-14.10.42 Verlegung, um Platz zu schaffen, für die große Zahl an Verwundeten! Mit Lkw nach Leonowo, wiederum um Platz zu schaffen für die vielen Verwundeten. Verlegung nach Smolensk (Verwundeten-Sammelstelle).

15.-20.10.42 Erneut Verlegung mit Lazarettzug nach Warschau.

30.11.1942 Reservelazarett VIII. in der Ulica Pasteur. Hier blieb ich bis zur Ausheilung. Danach zur Ersatzbrigade/1. Genesenden-Kompanie.

01.12.-17.01. Im „Grenadier-Ersatz-Regiment Großdeutschland“ Cottbus, Sachsendorf-Kaserne.

09.-28.12.42 Genesungsurlaub in Hagen.

1943

18.01.1943 „Marschbataillon“ zur Front.

19.01.1943 Bahnfahrt Glogau – Litzmannstadt (Lodz) Bahntransport

20.-27.01.43 Über Warschau – Byalistok – Minsk – Bobruisk – Gomel – Bryansk – Orel – Swoboda – Kursk – Ausladen in Woltshansk zwischen Bjelgorod u. Charkow.

28.01.1943 Abwehrkämpfe nach der Stalingrad-Katastrophe zwischen dem Oskol und dem oberen Donez. Ostwärts Bjelgorod (verloren am 08.02.1943). Eine große Frontlücke war entstanden!

19.01.-04.03. Abwehrschlacht im Raum Charkow. Kämpfe entlang der Rollbahn Bjelgorod-Charkow und nördlich von Charkow. Hier wären wir fast vernichtet worden!

15./16.02.43 Räumung von Charkow – gegen „Führerbefehl". (Der General der Waffen-SS, Hausser und unser General Hoernlein waren sich einig in der Lagebeurteilung. „Kein 2. Stalingrad.")

16.-23.02.43 Abwehrkämpfe an der Rollbahn Charkow – Poltawa, bei Ljubotin u. Walki.

24.02.-04.03. Die Masse der Division verlegt in den Raum etwa 30 Kilometer südwestlich von Poltawa. Verstärkung trifft ein! Die IV. Artillerieabteilung/1. Kompanie Tiger-Panzer. Auch die Sturmgeschütze erhalten neue Wagen. Wir fassen neuen Mut!

05.03.1943 Marsch in den Bereitstellungsraum zum Gegenangriff auf Charkow und Bjelgorod!

07.03.1943 „Iwan! Wir kommen wieder!" Beginn des Gegenangriffs! Ich bin Werferführer.

08.03.1943 Vorstoß nordwestlich von Walki der Eisenbahn entlang.

10./11.03.43 Die Stadt Bogoduchow wird wieder genommen!

14./15.03.43 Große erfolgreiche Panzerschlacht bei Borißowka!

16./17.03.43 Kämpfe westlich von Bjelgorod, nördlich von Charkow. Die Waffen-SS erobert Charkow zurück!

18.03.1943 Divisionskommandeur Generalleutnant Hoernlein erhält das Eichenlaub zum Ritterkreuz.

19.03.1943 Tomarowka wird genommen. Hier bombte uns Iwan mit ununterbrochenen „Nähmaschinen-Angriffen" aus der Stadt! (nachts)! „Nähmaschine" ist ein leichtes sowjetisches Übungsflugzeug, wurde auch „Rollbahn-Hure" oder „Nervensäge" genannt.

20./22.03.43 Die „Kleeblatt- Division" löst uns ab.

23.03.-29.06. Ablösung und Rückverlegung in einen „Verfügungsraum" nördlich von Poltawa. Von Achtyrka nach Dikanka. Erholung für die Truppe, „Neuaufstellung" der Division. Spezialausbildung: Waffenübungen, Gefechtsübungen, Nahkampfübungen. Panzer- und Bunker-Bekämpfungstraining.

30.03.1943 Mir wird das „Eiserne Kreuz II. Klasse" verliehen!

23.06.1943 Umbenennung der Division: „Panzergrenadierdivision Großdeutschland".

30.06.1943 Beginn des Motor-Marsches in den Bereitstellungsraum an der Woskla, nordwestlich von Tomarowka. Vorbereitung zur Entscheidungsschlacht im Osten, das Unternehmen „Zitadelle".

04.07.1943 Angriffsbeginn und erste sehr schwere Kämpfe.

05.-11.07.43 Mühselige und verlustreiche Durchbruchskämpfe in den tief gestaffelten sowjetischen Verteidigungsstellungen mit Erdbunkern und eingegrabenen Panzern.

12.-16.07.43 Schwere Abwehrkämpfe in den erreichten Linien. Wir waren etwa 4-5 Kilometer südlich von Obojan. (50 Kilometer noch bis Kursk!) In Italien: „Badoglio-Verrat". Amerikaner im Vormarsch. Die Waffen-SS-Divisionen werden herausgezogen und nach Italien verlegt! Abbruch der Offensive „Zitadelle".

18.07.1943 Herauslösen unserer Panzergrenadierdivision „Großdeutschland" und Verlegung in den Raum um Tomarowka. Bombennächte!

21.07.1943 Weitere Verlegung per Schiene und Straße. Wohin? Wir, das II. Bataillon/ Grenadierregiment „Großdeutschland", fahren „per Achse" mit unseren Fahrzeugen Borißowka-Graiworon-Boromlja-Ssumi-Belopolje.

22.-23.07.43 Putiwel-Gluchow-Lugani, Tscheplokino in den Raum von Karatschew (Heeresgruppe Mitte).

24.07.1943 Gegenangriff gegen den von Bolchow vorstoßenden Feind.

01.08.1943 Ich werde mit 3 Kameraden meines Zuges zum „Tapferkeitsunteroffizier" vom Gefreiten zum Unteroffizier befördert! (Ebenfalls Gefreiter Spiegel und Gefreiter Ahlburg.)

03.08.1943 Abwehrschlacht im Raum Orel-Brijansk-Allissowo, Shudre im „Wald von Karatschew – Gelbe Höhe" („Kornfeldhöhe"). Verlustreiche Kämpfe. Unteroffizier Martin Scharfenberg wird verwundet. Oberleutnant Schmelter: „Rehfeldt, übernehmen Sie die Gruppe." Bataillonsführer Oberleutnant Konopka.

04.08.1943 Ablösung und Verlegung der „Feuerwehr"-Division zurück zur Heeresgruppe Süd nach Achtyrka (Bahnverladung in Brijansk). Hier tritt die neu aufgestellte Tiger-Abteilung zur Division „Großdeutschland".

07.08.1943 Fahrt geht über Ssumi-Boromlja, dort ausladen! Iwan hatte den nächsten Bahnhof schon besetzt! Wir fahren nach Achtyrka über Tschernetschino.

08.-23.08.43 Abwehrschlacht im Raum Achtyrka. Ich werde zur Führerreserve kommandiert und bleibe als Unteroffizier zur besonderen Verwendung beim „Gefechtstross" Tschernetschino.

10.-12.08.43 Verlegen nach Lebedin.

17./19.08.43 Verlegen nach Achtyrka zurück.

23.08.1943 Verlegen nach Ochuchra-Kotelwa.

24-26.08.43 Verlegen nach Oposchnia-Dikanka (dort waren wir vor 5 Monaten). Dem XXXXVIII. Panzerkorps unterstellt.

27./28.08.43 Kampfeinsatz: Ljutyscha-Budetscha.

28.08.-15.09. „Großdeutschland" kämpft auf breiter Front verzettelt als „Feuerwehr der Ostfront" in den krisenreichen Gefechten westlich von Charkow und nördlich von Poltawa.

02.09.1943 Ich fahre mit dem Gefechtstross nach Birki und Ssorotschinzky.

03.09.1943 Befohlener Abmarsch nach Dikanka. Einsatz bei Sijenken/Sinkiw

05.09.1943 Gefechtstross verlegt nach Daikalowka.

06./07.09.43 Einsatz bei Oposchnia. Danach „Verbrannte Erde", z.T. werden Häuser und auf den Feldern stehendes reifes Getreide in Brand gesetzt. Genau so, wie es der Russe bei unserem Vordringen auf Moskau gemacht hatte!

09.09.1943 Ich übernehme den Tross 2 der 9. Kompanie/Grenadierregiment „Großdeutschland". Beginn der großen Absetzbewegung an den Dnjepr nach Krementschug. Ich verlege nach Westen nach Ssorotschinzy.

11.-17.09.43 Absetzen nach Welika Bahatschka.

18.-29.09.43 Absetzen nach Reschetilowka. An der Front harte Abwehrkämpfe! Wir erreichen den Dnjepr bei Krementschug. Alle Gefechtstrosse überqueren den Dnjepr über die „Rundstedtbrücke". Vor dem Brückenkopf harte Abwehrkämpfe. Der Russe drängt stark nach. Sprengung der „Rundstedtbrücke". Auf dem westlichen Ufer sammeln, Aufstellen von Kampfgruppen, da Regimenter, Bataillone und Kompanien zu starke Verluste haben. Das Panzerregiment „Großdeutschland" verfügt noch über einen Panzer! Aber wir haben noch einige Sturmgeschütze.

30.09.-07.10. Motor-Marsch nach Kamienka-Rastraum.

07.10.1943 Ich mache mit Fahrer und Melder Vorkommando über Kirowograd Nowo-Praga-Korssenijewka nach Njedaiwoda („Sie geben kein Wasser").

08.-11.10.43 Verlegen nach Sileni. Ich bekomme Heimaturlaub!

15.10.1943 Beginn des sowjetischen Großangriffs aus dem Brückenkopf beiderseits Mischurin-Rog. Absetzbewegungen und hinhaltende Kämpfe von zum Teil großer Härte nach Süden bis Sofijewka (ostwärts Kriwoi-Rog).

16.10.1943 Per Lkw nach Kirowograd und von dort per Bahn nach Snamenka.

19.-21.10.43 Bahnfahrt über Fastow-Stolbunow-Berditschew nach Kowel. Urlauber-Grenzbahnhof mit Entlausung und „Führerpaket"-Empfang!

22/23.10.43 Fronturlauber-Zug: Warschau-Lodz (Litzmannstadt)-Magdeburg-Hannover-Hagen!

23.10.-14.11. Heimaturlaub!

12.11.1943 Major Remer, 1. Kommandeur Schützenpanzerwagen/Panzergrenadierregiment „Großdeutschland" erhält das Eichenlaub zum Ritterkreuz.

14.-18.11.43 Rückfahrt zur Front: Hagen-Hannover-Leipzig-Cottbus-Litzmannstadt-Kowel Schepetowka-Crijopol-Migaero-Raszdelnaja Vigoda-Darcinaija-Odessa.

18./19.11.43 In Odessa wird mir der „Marschweg 2" zugewiesen, d.h. es geht über Apostolowo.

20.11.1943 Erreiche Schwarzmeerhafen Nikolaijew. (Hier erholen wir uns erst einmal von den bisherigen Reisestrapazen! Stadtbummel Kino Soldatenheim.)

22.11.1943 Früh um 04.00 Uhr Abfahrt nach Apostolowo.

23.11.1943 Weiter mit Lkw nach Michailowka (dort großes rückwärtiges Heeresmunitionslager für unsere Division). Es geht nicht weiter!

28.11.1943 Versuch, mit Lkw den Tross der 9. Kompanie/Grenadierregiment zu finden. Aber wir haben Motorschaden und bleiben in Felsenhut.

30.11.1943 Ich bin zum Unteroffizier zur besonderen Verwendung ernannt! Wegen verschlammter Wege mit einer Zugmaschine nach Michailowka zurück. Von dort mit Lkw des Panzergrenadierregiments „Großdeutschland" zum Tross 1/9. Kompanie, II. Bataillon/Panzergrenadierregiment „Großdeutschland". Wieder bei der Kompanie! Dort fühlte man sich „zu Hause".

01.12.1943 Beim Tross in Wodana.
13.12.1943 Ich fahre nach Petrowo-Dolina, dort zum Regimentsgefechtsstand. Zum IIa und Ib. Grund: Mein Gesuch für mein Studium.
15.12.1943 Zurück nach Wodana. – Abwarten!
18/19.12.43 Nach Nowoshitomir. Soll für die Kompanie Tannenbäume besorgen.
20.12.1943 Aus demselben Grund nach Kriwoi-Rog – abends zurück.
22.12.1943 Nach Petrowo-Dolina, zum Regimentsgefechtsstand (IIa, Ib).
23.-26.12.43 Wodana – Weihnachten.
27./30.12.43 Ich erhalte heute meine Abkommandierung zur Heeres-Veterinär-Akademie, Hannover. „Steter Tropfen höhlt den Stein."
31.12.1943 Wodana, Gefechtstross 1, Silvester. Abschied von der Kompanie.

1944

01.-03.01.44 Abwehrkämpfe ostwärts Kriwoi-Rog.
01.01.1944 Mit Lkws zur Rollbahn IV, bis Dolizewo, vor Kriwoi-Rog. Bahnfahrt bis Apostolowo. – Ich habe meinen Marschbefehl. Abkommandierung zum Studium der Veterinärmedizin an der Tierärztlichen Hochschule Hannover Heeresveterinärakademie.
02.01.1944 Bahnfahrt bis Nikolaijew, weiter mit Lkws nach Odessa (6 Stunden).
03.01.1944 Bahnfahrt durch Transnistrien-Shmerenka-Lemberg, weiter am
04.01.1944 nach Przemisl.
05./06.01.44 Breslau-Dresden-Hannover. Ankunft dort und Aufnahme in die Lehrgruppe II (Reserveoffizier).
07.-09.01.44 Kurzurlaub, Hagen.
10.01.1944 Hannover, Heeresveterinärakademie, 1 Trimester. Da die Lage an der Ostfront bedrohlich wurde und bei meiner Kommandierung seitens der Division irgendein Formfehler geschehen war, wurde ich zu meinem Ersatztruppenteil nach Cottbus versetzt und musste mein Studium nach wenigen Wochen abbrechen. Auf der Schreibstube sage ich dem Schreiber, der meinen Fahrausweis ausstellt: „Setzen Sie hinzu: Unteroffizier Rehfeldt fährt über Schwerin." Und der machte den Zusatz!
03./04.02.44 So fuhr ich also zuerst nach Schwerin! (Onkel Adolf, Tante Trudi, Ursel und Jürgen Rehfeldt)
05./06.02.44 Fahrt nach Berlin, dort „Zug überfüllt". Bescheinigung erhalten! Berlin erlebt!
07./08.02.44 Cottbus-Ersatztruppenteil. Hier wurde ich auch als „zur besonderen Verwendung" eingesetzt. Kurierfahrt nach Frankfurt/Oder. In Fürstenwalde Onkel Willi besucht, der war in Peenemünde (Ing.). Mit Tante Else einige schöne Stunden verbracht. Dann weiter im Auftrag des Oberkommandos des Heeres zu einer Kaserne, um Material abzuholen („Geheim! Walküre"). Das war ein versiegelter Umschlag, im Safe, den der Unteroffizier vom Dienst bewachen musste, und nur auf Befehl öffnen durfte. Kurzurlaub nach Hagen. Werde zurückgerufen. Der Grund: „Walküre" wurde ausgelöst. Das „Verstärkte Infanterieregiment mot. Großdeutschland-1029" wird

aus Genesenden und halbausgebildeten Rekruten neu aufgestellt. Als ich in Cottbus ankomme, sind die Kasernen leer. Das neu aufgestellte Regiment ist schon in die „Hohe Tatra“ abgefahren. Ich fahre mit wenigen „Verspäteten“ hinterher!

09.03.1944 Verlegung des „Verstärkten Infanterieregiments mot. 1029 Großdeutschland“ in die „Hohe Tatra“ – Poronin-Zakopane.

19.03.1944 Beteiligungen an der prophylaktischen Besetzung Ungarns.

24.03.1944 Es geht weiter nach Emöd. Dort lernte ich den ungarischen Junglehrer Kassai, Viktor und dessen Schwester kennen. (Nach dem Krieg haben wir uns besucht – da hatte er schon eine Familie. Der Kontakt hat lange bestanden.)

31.03.1944 „1029 Großdeutschland“ besetzt die Karpatenpässe an der ungarisch-rumänischen Grenze. Vama, Kimpolung, Dorna, Vatra und Gurahumorului.

09.04.-10.05. Abwehrkämpfe im genannten Gebiet. Nach Ablösungsfahrt durch das Tal der „Wilden Bistritza“ in den Rastraum der „Panzergrenadierdivision Großdeutschland“ westlich Jassy, Targul Frumos. Dort Auflösung von „1029 Großdeutschland“ und Eingliederung in die einzelnen Bataillone.

09.04.1944 Ostern! Die ersten Russen sind vor Gura Humorului! Zusammenarbeit mit sogenannten „Karpaten-Kompanien.“

11.04.1944 Kloster Vatra Moldavita. Wir erkunden die Gegend. Wo ist der Iwan?

15.04.1944 Heute meldet sich der Iwan mit den ersten Pak-Schüssen und auch mit Infanteriefeuer.

16.04.1944 Nächtliche leichte russische Vorstöße.

18.04.1944 Wir bauen Stellungen und sichern die Karpatenpässe.

10.05.1944 Vorstoß durch den Wald auf eine Höhe. Dort entdecken wir die „Ratschbumm“-Batterie, die uns lästig beschießt. Mit Vorgeschobenen Beobachtern der Artillerie auf einen hohen Baum – Beobachtungsstelle! Von dort Feuerbefehle an die 10,5 cm-Batterie. Die russische Batterie wird vernichtet! Ich bekämpfe mit meinen beiden Werfern die auf der Talstraße fahrenden russischen Kolonnen und Feldstellungen erfolgreich. Wir können den Russen aufhalten und den rumänischen Einheiten Rückhalt geben. Schließlich werden wir abgelöst und fahren durch das wildromantische Bistrita-Tal zu unserer Division, die bei Jassy einen erfolgreichen Abwehrkampf geführt hat.

08.-15.06.44 Nach schweren Angriffskämpfen bei Orsoaia wird die Division aus der Front herausgelöst und etwa 100 Kilometer südlich von Jassy in einen Rastraum verlegt. Regimentsfest!

15.-24.07.44 Das „Verstarkte Infanterieregiment (mot.) 1029 Großdeutschland“ stößt in dieser Zeit zur Division. Ich komme wieder in meine „alte“ 8. Kompanie/ II. Bataillon Grenadierregiment. Außer dem Kompanieführer, Hauptmann Schmelter, dem „besten Spieß der Wehrmacht“, Hauptfeldwebel Oskar Gellert und einer Handvoll Soldaten, kenne ich keine der derzeitigen Angehörigen der Kompanie. Gefallen, Verwundet, Vermisst! Traurig! Wir feiern im Rastraum etwa 100 Kilometer südlich von Jassy ein zünftiges Regimentsfest im Wald!

25.07.1944 Beginn der Verladung auf die Bahn zu „Blitztransporten“ nach Ostpreußen, Ausladung in Gumbinnen.

05.-09.08.44 Sammeln und erste Gegenangriffe bei Wirballen und Wilkowischken, wo der Iwan schon die Ostpreußen-Schutzstellung am ostwärtigen Rand der Stadt überwunden hat.

12.08.1944 Beginn der Verlegung westlich von Schaulen.

18.08.1944 Litauen. Erste Kämpfe dort zur Verhinderung eines russischen Durchbruchs zur Ostsee. Lage ziemlich unklar! Wir fahren, schießen! Augen zu und durch!

22.08.1944 Kämpfend nach Norden bis Autz-Doblen. Dort Bereitstellung zum Durchbruch nach Tukkum in den „Kurland-Kessel“. Der Angriff bleibt nach Anfangserfolgen vor Doblen liegen.

26.08.-02.10. Verbleiben in der erreichten Stellung.

01.09.1944 Kommandantenwechsel. An die Stelle von Generalleutnant von Manteuffel tritt der bisherige Kommandeur des Panzergrenadierregiments „Großdeutschland“ Oberst Lorenz. Von Manteuffel führte später die „Ardennen-Offensive“.

03.-05.10.44 Harte Abwehrkämpfe westlich Schaulen. Russischer Großangriff dort! Viele ernste Krisen!

06.-09.10.44 Schwere Abwehrkämpfe zwischen Schaulen und Memel.

10.10.-28.11. Brückenkopf Memel. (Klein – aber Oho!). – Schwerste Abwehr- und Stellungskämpfe um den Brückenkopf zwischen dem Reich und der Kurlandarmee. Dabei geben uns die Kreuzer „Prinz Eugen“ und die „Lützow“ von See her gute artilleristische Unterstützung. Feldwebel Legler, unser Zugführer, wird zu einem Kriegsoffizierslehrgang kommandiert. Ich übernehme den Granatwerfer-Zug der 8. Kompanie. Bisher war ich Halbzugführer, zusammen mit Unteroffizier Ramm, der den anderen Halbzug führte. Wir verfügen jeder über 4 Werfer (8,14 cm).

01.11.1944 Beginn der geplanten Aufstellung eines „Panzerkorps Großdeutschland“ in Ostpreußen. Dazu gehören neben der Panzergrenadierdivision „Großdeutschland“ einige Korpstruppen noch die Panzergrenadierdivision „Brandenburg“. Die Ereignisse an der Front überholten diese Pläne.

15.11.1944 I./Panzerregiment „Großdeutschland“ (Panther) kehrt zur Division zurück. Bisher war es an anderen Brennpunkten eingesetzt.

26.11.1944 Die seit Längerem im „Großdeutschland“-Verband kämpfende I./Panzerregiment 26 verlegt nach Ungarn. Wir verlegen ab Memel über See, den Seekanal, nach Königsberg. Von dort mit der Bahn in einen Rastraum um Sensburg.

27.12.1944 Das zu einer Panzerbrigade (vorher Führerbegleitbrigade „FBB“) verstärkte „Führerbegleitregiment“ verlegt unter Führung von Oberst Remer von Ostpreußen in die Eifel (Prüm und Daun) Auch andere, „Großdeutschland“-Einheiten nehmen Teil an der „Ardennen-Offensive“. Sie müssen nach schweren, verlustreichen Angriffskämpfen ab dem 31. Dezember 1944 zur Abwehr übergehen.

1945

01.-11.01.45 Verlegung mit den in der Neuaufstellung befassten „Großdeutschland"-Einheiten, den zusammengezogenen Korpstruppen und dem „Korpsstab Großdeutschland" in den Raum Willenberg (südliches Ostpreußen) als Reserve des Oberkommandos des Heeres.

12.01.1945 Abmarsch nach Süden ins polnische Gebiet, um die Übergänge über den Orzyc offen zu halten. Beginn der russischen Großoffensive nach Westen und Nordwesten.

13.01.1945 Panzergrenadierdivision „Brandenburg" – das Füsilierregiment „Großdeutschland" erhält den Befehl, um Lodz (Litzmannstadt) zu versammeln.

14.01.1945 Das Panzergrenadierregiment „Großdeutschland" zieht über Ploniawi-Leg, um die Übergänge über den Orzyc offen zu halten.

15.-30.01.45 Abwehrgefechte und Rückzug unter Kämpfen von Nordpolen, nach Norden, dabei die russische Angriffsspitzen abschneidend bis südwestlich von Königsberg. Dort mit Fallschirm-Panzerkorps „Hermann Göring". Soviel Land wie möglich halten, um den hier an der Küste dicht gedrängten Flüchtlingen den Abtransport über See zu ermöglichen. Häfen waren Rosenberg, Pillau und Königsberg. Fluchtwege führten auch über das Eis des „Frischen Haffs". Es gab westlich der bald eingekesselten Stadt Königsberg den größeren Kessel von Mehlsack-Heiligenbeil und Zinten, mit dem wir zwischen Königsberg eine Verbindung hielten.

15.01.1945 II. Bataillon/Grenadierregiment (Hauptmann Sommer) nach Golowiny, südwestlich von Gasewo (Höhe 109). Dann Borowe, Kreuzberg, Kryzewo, Dworskij – Hauptmann Sommer verwundet, das Bataillon übernimmt Oberleutnant Mackert (bis Kriegsende 1945).

16.01.1945 Absetzen der 5. und 6. Kompanie aus Borowe.

17.01.1945 Nach Ostroweck – Chorzele, Biertnaty – Lipa – Ch. Zalog.

19.01.1945 Nach Krasnocielc – Stegna – Szlachekin – Lipa – Swiniary – Ryciece – Polon (südlich von Flamberg).

21.01.1945 Omulef-Bach – Roggen – Malshöven – (südlich von Passenheim) – Willenberg – Ortelsburg – Mensguth – Groß-Rauschken (südlich von Gillau, Stellungen südlich des Purdensees).

22.-26.01.45 Am Serventsee entlang nach Graskau. Stellungen: Graskau – Groß-Rauschken – Mensguth.

27.01.1945 Bischofsburg.

28/29.01.45 Bartenstein: II. Bataillon macht Angriff auf Rössel. Es fällt Grenadier Walter (6. Kompanie).

29/30.01.45 Preußisch Eylau – Kreuzberg. Von den Russen fast eingeschlossen.

30.01.1945 Das I. Bataillon (Schützenpanzerwagen) unter Hauptmann Pfau und das II. Bataillon/Grenadierregiment erreichen Wesdehlen Jäskeim.

31.01.-18.03. Harte Abwehrkämpfe in unserem schmalen Verbindungsstreifen, dem Kessel der IV. Armee westlich von Königsberg. Kämpfe um und bei Jäskeim-Kaigen-Warthen-Wundlaken-Heide-Maulen-Wesdehlen-Katharinlauk-Morken-Konradswalde-Pörschken.

03.02.1945	Ausbruchsversuch Richtung Kalgen nach Westen auf, die B1. Nachts um 03.30 Uhr Angriffsbeginn. Aber die Panzeraufklärungsabteilung „Großdeutschland“ tritt nicht mit an. Es fällt Oberleutnant Ochmann, der gerade die 6. Kompanie übernommen hat. Iwan hält den Ort Warten.
04.02.1945	Neuer Angriff kurz nach Mitternacht mit Panzerunterstützung auf Warten. Das II. Bataillon mit den Resten des III. Bataillons und dabei 5., 6. und 7. Kompanie. Die 7. ganz rechts Verbindung zu den Füsilieren. Warten wird genommen. Nach Ablösung einige Tage Ruhe in Brandenburg.
04./05.02.45	Hauptmann Pfau führt I. Bataillon. Hauptmann Mackert führt II. Bataillon Grenadierregiment „Großdeutschland“. Angriff auf Vorwerk Colbnicken und Ziegelei Waldpothen und auf Seepothen. Gleich zu Anfang fällt Oberst Heesemann im „Pistolenwäldchen“ (Fünfspitz-Wäldchen). Die 5. Kompaniereserve, die 6. Kompanie (Leutnant Hofmann), die 7. Kompanie links davon. Nach Angriffsbeendigung werden wir mehr nach Süden verlegt. Gefechtsstand II. Bataillon Grenadierregiment „Großdeutschland“ in Gut Wesdehlen. Davor ein weites Überschwemmungsgebiet bis Bahnlinie Kobbelbude – Königsberg.
19./20.02.45	Iwan bricht bei Konradswalde ein! Sofort Gegenstöße an der Autobahn Königsberg – Elbing. Danach Rückverlegung in das Gut Wesdehlen. Kobbelbude an Bahnlinie wird von der 5. Kompanie Panzerjäger und den Panzerpionieren gehalten. Nach dem Tod von Oberst Heesemann wird Major Krützmann Führer des Panzergrenadierregiments „Großdeutschland“.
Ende Februar	Das I. Schützenpanzerwagen-Bataillon hat 8 Offiziere verloren, davon 4 gefallen. Bei Tykrigehnen südlich Kobbelbude. Die ganze 2. Kompanie ist aufgerieben! Feldwebel Frank kann sich durchschlagen. Die Lage ist mehr als „ernst“. Wir erhalten alle eine „Ostpreußenkarte“ mit dem Aufdruck „Tapfer und treu!“ Die müssen wir nach Hause schreiben. „Mensch, das sieht nach Abschied aus! Ich glaube hier sollen wir halten bis zum letzten Mann.“ Auch ich mache mir so meine eigenen Gedanken! Mit den Wunderwaffen ist es ja nun bisher noch nichts wieder geworden! – Wie soll das hier enden?
05./06.03.45	Der Russe wird immer stärker. Wir spüren es an allen Ecken und Enden! Erneuter Angriff auf Konradswalde, auf den Bahndamm zu. Beginn 03.00 Uhr in der Nacht! Dabei fallen Feldwebel Straßner und vier Grenadiere. Die 6. Kompanie hat mehr als 12 Verwundete. Angriff halt! Der 2. Angriff um 15.00 Uhr klappt auch nicht. Iwan ist hier schon sehr stark. Angriff abgeblasen! Es geht wieder nach Wesdehlen zurück. Vor Wesdehlen war ein „Sandberg“ bzw. eine „Sandkuhle“. Dort befanden sich viele Vorgeschobene Beobachter und auch deren Funkstellen. Auch ich hatte meine Beobachtungsstelle ganz oben an der Kante und konnte mit meinem kleinen Scherenfernrohr die Iwans sehen bei Seepothen und Jäskeim.
13.03.1945	Heute beginnt der russische Großangriff! – Nordnordwestlich von Gut Wesdehlen bricht der Russe durch! Es fallen Unteroffizier Drescher, die Gefreiten Feldmann und Fischer. Das I. Schützenpanzerwagen-Bataillon macht Gegenangriff. Die Front kommt zum Stehen! Ich bin in Morken.

14.03.1945 Armeebefehl: „Großdeutschland“ neue Stellungen etwas westlich vor dem Ort Pörschken. Hart nordostwärts vor Pörschken die Kompanie Welke, dann die Kompanie Pflasterer und die Kompanie Vogelsang. Bei der 5. Kompanie fällt bei Tengen der Gefreite Strohmeier, der Feldwebel Hafner und Pionier Müller. Das II. Bataillon liegt bei Vorwerk Poplitten. Dort auch meine Granatwerfer-Feuerstellungen. Ich selbst habe meine Beobachtungsstelle bei einem Bahnwärterhaus an der Bahnlinie Königsberg – Pörschken – Elbing.

16.03.1945 Bei russischem Angriff mit Panzern entlang der Bahnlinie kann ich mit der Panzerfaust einen Panzer abschießen.

17.03.1945 Russischer Großangriff zur Liquidierung dieses Kessels! Wir verlieren Pörschken. Am Waldrand hinter Pörschken werde ich zum zweiten Mal verwundet (Granatwerfersplitter). Über Wolitta nach Balga in die alte Kreuzritter-Kapelle neben der Burg. Mit Pferdegespann an der Küste entlang, unter Artillerie- und Fliegerbeschuss nach Rosenberg (kleiner Hafen mit Landesteg).

18.03.1945 Dort auf eine „Siebelfähre“ nach Pillau. Baracke im Hafengebiet. Unerwartete Gelegenheit, mit einem Schiff nach Schweden gebracht zu werden.

19.03.1945 Das Schiff ist überfüllt mit Flüchtlingen und Verwundeten, wird auf See angehalten und in die Danziger Bucht beordert, um von dort mit anderen Schiffen einen Geleitzug zu bilden. Der nimmt den „Niedrigwasserweg“ dicht unter der Küste. Ausladen in Swinemünde. Per Eisenbahn nach Bad Kleinen. Dort mache ich mich selbstständig. Fahre nach Schwerin zu meinen Verwandten. Am nächsten Tag mit Pferdewagen in ein Lazarett, von dort aber in ein anderes am Pfaffenteich (Humanistisches Gymnasium). Zuletzt in eine Schule in die Grenadierstraße verlegt.

27.03.1945 Der Krieg nähert sich seinem Ende! Die Russen nähern sich Schwerin! Die Angloamerikaner haben bei Boizenburg die Elbe nach Osten überschritten!

01.05.1945 Die Russen näherten sich der Stadt Schwerin. Daraufhin bin mit einem Kameraden nach Westen „marschiert“, um nicht in russische Hände zu fallen. Bei Zarrentin am Seeufer gerieten wir in amerikanische Gefangenschaft „Hungerlager Waschow“. Dort blieb ich bis etwa Mitte Juni. Dann Verladung auf Eisenbahn – Endstation Neustadt/H. Im Demobilisationsgebiet (d.h. Internierungsgebiet) marschierte ich bis Nessendorf. Unterkunft bei Landarbeiter Bernhard Schlünzen.

02.05.1945 Wir übernachten in Gadebusch. Am nächsten Morgen rücken die „Amis“ in die Stadt ein. Wir stellen uns nicht, wollen weiter nach Westen, möglichst noch über die Elbe, um weiter weg von den Russen zu kommen.

03.05.1945 Wenige Kilometer südlich von Lassahn von patrouillierenden Amis festgenommen. Unser erstes Gefangenenlager in Zarrentin.

04./05.05.45 Überführung in das große Gefangenenlager bei Waschow. Das hieß bald schon „Hungerlager“. Mein „Ausflug“ nach Schwerin zu Onkel Adolf. Die große Enttäuschung! Aber dann doch noch Erfolg meines Ausflugs! Wir hatten zu Essen!

Mitte/Ende Mai	Verlegung nach Ostholstein in ein sogenanntes Internierungsgebiet. Wir beide machten das Beste daraus!
17.07.1945	Entlassung nach vielen Hindernissen als „Landarbeiter". Mit Lkw bis Arnsberg, weiter per Eisenbahn nach Hagen!
19.07.1945	Wieder zu Hause! Die Eltern leben, das Haus steht noch! Es wurde nur durch wenige Bomben beschädigt! Jetzt heißt es, die Zukunft in die eigenen Hände nehmen!

Hans Heinz Rehfeldt

Geboren am 21. April 1923 in Hagen in Westfalen
1940 Abitur in Hagen
Nach Abitur: Meldung als Kriegsfreiwilliger (Wunsch: Panzersoldat)

Ausbildung in der Wehrmacht
Am schweren Granatwerfer (8,14 cm), schweren Maschinengewehr, oberflächlich am schweren Infanteriegeschütz (15 cm).
Sommer 1943: Spezialausbildung an Waffen und neuen Kampfverfahren.

Dienststellungen
Schütze und Werferführer in der 8. (9.) Kompanie/II. Bataillon/Grenadierregiment „Großdeutschland" vom November 1941 bis Juli 1942.
Halbzug und Gruppenführer im Granatwerfer-Zug.
Übernahme des Granatwerfer-Zuges der 8. Kompanie/II. Bataillon/Grenadierregiment.

Beförderungen
Zum Gefreiten am 1. August 1942.
Zum „Tapferkeitsunteroffizier" am 1. August 1943 (Unteroffizier zur besonderen Verwendung).

Auszeichnungen
Verwundeten-Abzeichen am 20. September 1942
Infanterie-Sturmabzeichen am 27. September 1942
Eisernes Kreuz II. am 30. März 1943
Eisernes Kreuz I. 1945 (im Felde)
Ostmedaille
Nahkampfspange

Kriegsende/Nachkriegszeit

3. Mai 1945	Von Amerikanern gefasst.
4./5. Mai 45	Überführung in ein Sammellager für viele tausend Soldaten: Waschow.
Mai/Juni	Per Bahn nach Neustadt/Holstein. Ostholstein – Internierungsgebiet.
17. Juli 1945	Mit List als Landarbeiter entlassen!
19. Juli 1945	Wieder zu Hause.
Dezember 45	Beginn des Studiums der Veterinär-Medizin.
	In Breckerfeld 30 Jahre Großtierpraktiker.
Ab 22.09.81	Fleischbeschau-Tierarzt, später stellvertretender Schlachthofleiter bis zum Erreichen der Altersgrenze.

Danksagung

Ich danke den Herren Michael Dürre und Gunther Grübler, die meine Aufzeichnungen dem Verlagshaus Würzburg haben zukommen lassen. Mein weiterer Dank gilt meinem geschätzten Kriegskameraden Josef Dörfler, der zahlreiche Bilder für die Veröffentlichung des Werkes zur Verfügung gestellt hat.

Dem Verlagshaus ist es gelungen, aus meinen Erlebnisberichten, Bildern und Dokumenten ein authentisches zweibändiges Werk zusammenzustellen und 2008 der Öffentlichkeit zu präsentieren.

Ich widme diese zwei Bände den gefallenen
und kriegsversehrten Kameraden
der „Großdeutschland"-Verbände.

Dr. Hans Heinz Rehfeldt
August 2008

Der erste Band dieses Werkes, in dem Dr. Hans Heinz Rehfeldt seine Kriegserlebnisse von 1941 bis zum Abbruch des Kursker Schlacht (Unternehmen „Zitadelle") 1943 beschreibt, ist unter folgendem Titel erschienen:

Dr. Hans Heinz Rehfeldt
Mit dem Eliteverband des Heeres „Großdeutschland"
tief in den Weiten Russlands
Erinnerungen eines Angehörigen des
Granatwerferzuges 8./Infanterieregiment (mot.)
„Großdeutschland" 1941–1943
ISBN 978-3-88189-773-0

Alfred Rubbel

Im Panzer IV und Tiger an der Ostfront

Das persönliche Kriegstagebuch des Alfred Rubbel Dezember 1939 – Mai 1945

256 Seiten, 395 S/W-Abbildungen,
Format 24 x 30 cm,
gebunden mit Schutzumschlag.

ISBN 978-3-8035-0008-3

€ 24,95 (D)/€ 25,70 (A)

Als Alfred Rubbel, am 28. Juni 1921 in Tilsit geboren, sich im Alter von 18 Jahren im September 1939 freiwillig zur Wehrmacht meldet, ahnt er noch nicht, welch ungewöhnliches Soldatenschicksal ihn erwartet.

Nach seiner Grundausbildung und anschließender Versetzung zur Panzerwaffe beginnt für den jungen Soldaten am 22. Juni 1941 mit dem Unternehmen „Barbarossa" der Russlandfeldzug. Zunächst als Lade-, dann als Richtschütze erlebt er den schnellen Vorstoß der Wehrmacht nach Osten und wird bei den Kämpfen um Leningrad im September 1941 durch Granatsplitter verwundet. Schon im Januar 1942 wieder bei seiner Einheit zurück, nimmt er an den schweren Gefechten am Wolchow teil. Ein langer Panzerraid führt ihn mit dem Panzerregiment 4 zum Kaukasus, der Ende 1942 erreicht wird.

Nach Umschulung auf den Panzer VI „Tiger" erfolgt seine Kommandierung zur Tigerabteilung 503, mit der er nun als Panzerkommandant bei der Operation „Zitadelle", den Rückzugskämpfen zum Dnjepr und bei der Öffnung des Kessels von Tscherkassy an vorderster Front zum Einsatz kommt. Nach Offizierslehrgängen in Ohrdruf und Krampnitz erlebt er – jetzt im Königstiger (Tiger II) – den aussichtslosen Kampf gegen die vorrückende Front der Roten Armee in Ungarn und Österreich. Nach der Kapitulation und wenigen Tagen in amerikanischer Gefangenschaft wird er in die Freiheit entlassen.

Leutnant der Reserve Alfred Rubbel kann auf eine Gesamtbilanz von 57 Panzerabschüssen, 81 Einsatztagen im Panzer und 41 Monaten an der Front zurückblicken. Seine persönlichen Schilderungen spiegeln neben den Eindrücken von den Strapazen und Schrecken des Krieges auch das Alltagsleben eines Panzersoldaten wider. Ergänzt wird dieser packende Erlebnisbericht durch mehr als 350 Bilder, Karten und Abbildungen von Originaldokumenten.